Politische Partizipation
zwischen Konvention und Protest

Beate Hoecker (Hrsg.)

Politische Partizipation zwischen Konvention und Protest

Eine studienorientierte Einführung

Verlag Barbara Budrich, Opladen 2006

Gedruckt auf säurefreiem und alterungsbeständigem Papier.

Die Deutsche Bibliothek – CIP-Einheitsaufnahme
Ein Titeldatensatz für die Publikation ist bei Der Deutschen Bibliothek erhältlich.

www.budrich-verlag.de

ISBN 10: 3-938094-33-8
ISBN 13: 978-3-938094-33-4

Umschlaggestaltung: disegno visuelle kommunikation, Wuppertal – www.disenjo.de
Satz: Johanna Boy, Brennberg
Druck: DruckPartner Rübelmann, Hemsbach
Printed in Germany

Vorwort

Die Beteiligung der Bürger und Bürgerinnen am politischen Prozess zählt zu den wichtigsten Merkmalen einer Demokratie. Studien zur politischen Partizipation haben insofern eine lange Tradition innerhalb der Politikwissenschaft, und wir verfügen inzwischen über ein breites Fundament an gesicherten Erkenntnissen zur politischen Beteiligung in ihren vielfältigen Formen.

Um so mehr muss es verwundern, dass bislang eine deutschsprachige Publikation fehlt, die diesen Wissensstand gebündelt präsentiert. Der vorliegende Sammelband will diese Lücke – zumindest ansatzweise – schließen. Er richtet sich vorrangig an Studierende und zielt darauf ab, einen umfassenden Überblick zu Entwicklungen und Erklärungsansätzen der politischen Partizipation in der Bundesrepublik Deutschland zu vermitteln. Wenn das Buch darüber hinaus zu einer vertiefenden Auseinandersetzung mit einer keineswegs trockenen, sondern überaus spannenden Thematik motivieren könnte, dann wäre das ein schöner Erfolg.

Konzipiert als eine Einführung in das breite Feld der Partizipationsforschung werden auf der Basis theoretischer wie methodischer Grundlagen die unterschiedlichen Formen politischer Beteiligung beleuchtet. Die einzelnen Beiträge analysieren u.a. Wahlbeteiligung und Wahlentscheidung, parteibezogene Partizipation, direktdemokratische Beteiligung sowie Protestverhalten. Daneben wird auch das politische Verhalten ausgewählter Bevölkerungsgruppen in den Blick genommen, und abschließend finden sich Perspektiven der politischen Partizipation.

Über das große Interesse und die spontane Bereitschaft der Autoren und Autorinnen, trotz zahlreicher anderer Verpflichtungen an diesem Buch mitzuwirken, habe ich mich sehr gefreut. Ihnen allen gilt mein besonderer Dank! Und nicht zuletzt freut es mich auch, dass die langjährige, gute Zusammenarbeit mit der Verlegerin *Barbara Budrich* eine Fortsetzung gefunden hat.

Hannover, im Januar 2006 *Beate Hoecker*

Inhalt

I. Einführung

Kapitel 1

Politische Partizipation: systematische Einführung

Beate Hoecker

Jede Demokratie lebt von der Beteiligung ihrer Bürger und Bürgerinnen oder – anders gesagt – „citizen participation is at the heart of democracy" (Verba/Schlozman/Brady 1995: 129). Auf diesen Zusammenhang weisen nahezu alle Studien zur politischen Partizipation hin und das aus gutem Grund, denn demokratische Herrschaft hat die bürgerliche Beteiligung zur Voraussetzung. Neben Freiheit und Gleichheit ist Partizipation konstitutiv für eine Demokratie und stellt somit einen Schlüsselbegriff politikwissenschaftlicher Theorie wie politischer Praxis dar.[1]

1. Politische Partizipation im Spiegel demokratietheoretischer Grundpositionen

Überblickt man die wissenschaftlichen Debatten der modernen Demokratietheorie, dann besteht über das Recht auf politische Partizipation sowie deren Notwendigkeit allgemein Konsens; unterschiedliche Auffassungen dagegen finden sich bei der Begriffsdefinition, den Formen und der Reichweite von politischer Partizipation sowie dem damit verbundenen Zweck. Hier können zwei Grundpositionen identifiziert werden, die auf einem jeweils anderen Demokratiemodell beruhen.

1.1 Demokratie als Methode: das instrumentelle Partizipationsverständnis

Eine der wohl am häufigsten zitierten Definitionen des instrumentellen Partizipationsbegriffes stammt von Verba/Nie/Kim aus dem Jahr 1978: „By political participation, we refer to those legal activities by private citizens that are more or less directly aimed at influencing the selection of governmental personnel and/or the actions they take" (S. 46). In Anlehnung daran definiert

1 Der Begriff leitet sich ab aus dem spätlateinischen *participatio*, d.h. Beteiligung im Sinn sowohl von Teilnahme als auch Teilhabe. Vgl. Schultze 1995: 396.

Max Kaase politische Beteiligung als „jene Verhaltensweisen von Bürgern .., die sie alleine oder mit anderen freiwillig mit dem Ziel unternehmen, Einfluss auf politische Entscheidungen zu nehmen" (Kaase 1992a: 339).

Politische Partizipation umfasst damit nur solche Handlungen, die bewusst auf die Erreichung eines politischen Ziels ausgerichtet sind, wobei als Adressaten der Einflussnahme die Entscheidungsträger in Regierung, Parlament, Parteien etc. gelten. Individuell sollen die Bedürfnisse und Interessen der einzelnen Bürger durchgesetzt werden. In makropolitischer Sicht verkörpern Wahlen das Instrument zur Einsetzung einer verantwortlichen Regierung.

Das instrumentelle Partizipationsverständnis ist eingebettet in die ‚empirische' oder auch ‚realistische' Demokratietheorie, für die Repräsentation und demokratische Elitenherrschaft zentral sind. Diese Richtung entstand in den 1940er Jahren zunächst in den USA und wurde dann auch in Europa rezipiert und weiterentwickelt. Den Anstoß für das neue Konzept gab zum einen die Kritik an den normativen und idealistischen Vorstellungen der liberalen Klassiker der Demokratietheorie; zum anderen beruhte es aber auch auf der Beobachtung der realen Demokratien in den USA und in Großbritannien sowie auf den Erfahrungen mit totalitären Systemen im 20. Jahrhundert (vgl. Abromeit 2002: 89ff).

Die Frage, „Was ist Demokratie?" hat Joseph A. Schumpeter als Vertreter des realistischen Ansatzes mit seiner viel beachteten Definition so beantwortet: „Die demokratische Methode ist diejenige Ordnung der Institutionen zur Erreichung politischer Entscheidungen, bei welcher einzelne die Entscheidungsbefugnis vermittels eines Konkurrenzkampfs um die Stimmen des Volkes erwerben" (Schumpeter 1950: 428). Diese Definition betont den politischen Wettbewerb zwischen Parteien wie Kandidaten und sieht in dem Wahlakt das zentrale Element zur Bestimmung der politischen Repräsentanten. Die vom Volk gewählten Vertreter sind Schumpeter zufolge nicht an Aufträge gebunden, stellen sich aber nach Ablauf ihrer Amtszeit erneut dem Votum der Wählerschaft. Demokratie ist nach diesem Verständnis somit nicht Herrschaft des Volkes, sondern Herrschaft der Politiker mit Zustimmung des Volkes.

Da es für Schumpeter weder ein eindeutig bestimmbares Gemeinwohl noch einen unabhängigen und rationalen Volkswillen gibt, verzichtet seine Definition von Demokratie konsequent auf jegliche normative Bestimmungen und reduziert Demokratie auf ein formales Verständnis, eben eine Methode. Die Rolle des Bürgers ist dabei auf das Wählen beschränkt; allerdings liegt die Funktion der Wahl keineswegs darin, dass die Wähler ihre Interessen durchsetzen; Zweck der periodisch stattfindenden Wahl ist es vielmehr, „eine Regierung hervorzubringen" (ebd.: 432).

Es fällt auf, dass das Volk – im Gegensatz zur klassischen Demokratietheorie[2] – hier weit an den Rand gedrängt wird. Warum sollen sich die Bürger

2 Ausführlich zu den Klassikern vgl. Schmidt 2000, Teil I.

und Bürgerinnen in ihren politischen Aktivitäten auf das Wählen beschränken? Der Grund liegt darin, dass Schumpeter den mündigen Bürger weitgehend für eine Fiktion hält und ihm stattdessen bei politischen Angelegenheiten einen geringen Wirklichkeitssinn, ein wenig ausgeprägtes Verantwortungsgefühl sowie inkohärente Willensäußerungen attestiert. Nach Schumpeter fällt der typische Bürger „auf eine tiefere Stufe der gedanklichen Leistung, sobald er das politische Gebiet betritt. Er argumentiert und analysiert auf eine Art und Weise, die er innerhalb der Sphäre seiner wirklichen Interessen bereitwillig als infantil anerkennen würde. Er wird wieder zum Primitiven. Sein Denken wird assoziativ und affektmäßig" (ebd.: 416f).

Andere Vertreter der empirischen Demokratietheorie sorgen sich insbesondere um die Stabilität des Systems bei einer ausufernden Partizipation. „Wie könnte eine Massendemokratie funktionieren, wenn alle Leute an der Politik größten Anteil nehmen würden? Mangelndes Interesse einiger Leute hat also auch seine Vorteile" (Berelson/Lazarsfeld/McPhee 1975: 101). Ähnlich argumentiert Seymour M. Lipset. Für ihn zählt ein gewisses Maß an politischer Apathie seitens der Wählerschaft zu den Stabilitäts- und Gleichgewichtsvoraussetzungen eines demokratischen politischen Systems: „Die Auffassung, dass ein hoher Stand aktiver Teilnahme stets gut für die Demokratie sei, ist nicht richtig" (Lipset 1962: 20).

Wenn man also nach Ansicht der realistischen Demokratietheorie von den Bürgern in politischen Fragen nur geringes Wissen, wenig Einsicht und wenig Urteilskraft erwarten kann – und zudem auch ein nur geringes Engagement –, dann müssen letztendlich aktive Minderheiten, nämlich Eliten, diese Aufgabe übernehmen und die Demokratie am Leben erhalten. „Elitenherrschaft ist deshalb für einen Realisten nicht nur etwas immer und überall Gegebenes, sondern letztlich auch etwas funktional Notwendiges und folglich Wünschenswertes" (Wiesendahl 1981: 64).

Die hier – insbesondere am Beispiel von Schumpeter – skizzierte Grundposition der empirischen Demokratietheorie hat im Laufe der Jahre insofern Veränderungen erfahren als sie dem gesellschaftsgeschichtlichen Kontext angepasst wurde. Die wesentlichen theoretischen Argumentationsfiguren jedoch sind auch über die Zeit hinweg überwiegend gleich geblieben, was im Übrigen auch für den normativen Ansatz gilt (vgl. Übersicht 1). Ausgehend von der demokratischen Wirklichkeit und unter weitgehendem Verzicht auf normative Vorstellungen richtet sich das primäre Erkenntnisinteresse der empirischen/realistischen Demokratietheorie nach wie vor auf die Frage, wie und unter welchen Bedingungen das Überleben und die Stabilität einer demokratischen politischen Ordnung gewährleistet werden können. Die zentralen Merkmale dieses Ansatzes fasst Schultze so zusammen:

Das „sog. realistische Demokratiemodell favorisiert ...

(1) die Beschränkung der P. auf die Sphäre des Politischen, setzt

(2) auf die Regulierung der gesellschaftlichen Konflikte durch Repräsentation und andere Formen der Institutionalisierung und Mediatisierung der P., versteht
(3) Demokratie als Methode und marktanalog als Wettbewerb zwischen konkurrierenden (Partei-)Eliten, sieht
(4) den Bürger als mehr oder weniger rational seinen individuellen Nutzen verfolgenden Konsumenten, betont
(5) die Bedeutung der Formalisierung und Generalisierung der P. und begreift
(6) P. vorrangig als Akt der Legitimation durch ‚Verfahren' (*Luhmann* 1989) sowie als Mittel der Übertragung von Handlungsvollmacht an die politischen Eliten für ‚konsensunabhängiges Entscheiden' (*Offe* 1976)" (Schultze 1995: 402f).

1.2 Demokratie als Herrschafts- und Lebensform: das normative Partizipationsverständnis

Der normative Ansatz versteht sich als bewusste Alternative zur empirischen/ realistischen Demokratietheorie und definiert Partizipation als „taking part in the process of formulation, passage and implementation of public policies" (Parry/Moyser/Day 1992: 16). Nach seiner Auffassung kann sich im Sinne Rousseaus Beteiligung nicht allein darin erschöpfen, Methode und Mittel zum Zweck zu sein; vielmehr ist Partizipation zugleich ein Ziel und Wert an sich. Im normativen Partizipationsverständnis stellt die aktive Teilnahme am politischen Entscheidungsprozess „den Schlüssel zur Selbstverwirklichung des Menschen dar. Es setzt auf den Prozess des Zusammenhandelns, geht über die Sphäre des Politischen hinaus und zielt auf politisch-soziale Teilhabe in möglichst vielen Bereichen der Gesellschaft" (Schultze 1995: 398).

Der Demokratiebegriff des normativen Ansatzes ist folglich materiell und zielgerichtet; „erst die tatsächliche Verwirklichung von vorgegebenen ethischen Zielsetzungen liefert ein Legitimationsmaß dafür, ob die Einrichtungen und Verfahrensregeln einer Demokratie in ihrem Sinne funktionieren" (Wiesendahl 1981: 102). Im Unterschied zum realistischen Ansatz liegt der Fokus somit nicht auf dem richtigen Funktionieren von Institutionen und Regeln; vielmehr „muss die Entscheidungsbildung in der Demokratie vom Volk soweit selbst getragen werden, dass seine Interessen und Bedürfnisse Gegenstand dieser Entscheidungen bilden. Erst dann kann wirklich von materieller Demokratie gesprochen werden." (ebd.). Demokratie ist nach dieser Vorstellung zugleich etwas Transitives, an dessen Vollendung stets gearbeitet werden muss.

Die zentrale Bedeutung der aktiven Beteiligung möglichst vieler Bürger und Bürgerinnen wird insbesondere von der partizipatorischen Demokratietheorie als einer Spielart des normativen Ansatzes betont.[3] „Wo nur wenige an Entscheidungen teilhaben, da ist wenig Demokratie; je mehr Partizipation in

---

3 Zur partizipatorischen Demokratietheorie vgl. auch Schmidt 2000: 251ff.

Entscheidungen gegeben ist, desto mehr ist Demokratie zugegen" (Verba/Nie 1972: 1). Direktdemokratische Formen der Partizipation stehen folglich im Zentrum dieses Ansatzes: „Der partizipatorische Demokratiebegriff zielt auf das Mischverhältnis von direkt und indirekt demokratischen Elementen. Mehr Partizipation, das heißt mehr direkte Demokratie, das heißt Zurückdrängung des (indirekt demokratischen) Repräsentationsgedankens. Mehr Partizipation, das heißt Stärkung der plebiszitären gegenüber der repräsentativen Komponente in einer Demokratie. Mehr Partizipation bedeutet die Aufforderung, trotz der harten Notwendigkeit politischer Arbeitsteilung das utopische Kernelement der Demokratie nicht außer acht zu lassen: die Selbstbestimmung eines Volkes von Gleichen" (Pelinka 1976: 38).

Im Unterschied zum empirischen/realistischen Ansatz wird das Volk durchaus als politisch kompetent angesehen, denn der Prozess des alltäglichen Zusammenhandelns gewährleistet die Erziehung zu demokratischem und bürgerschaftlichem Handeln. Die Bürger erwerben in diesem Prozess die notwendigen Kenntnisse, aber auch die erforderliche Sensibilität für die eigenen wie fremden Interessen und folglich Verantwortung für das Gemeinwesen. Durch „self transformation" werden sie somit zu verantwortungsbewussten Staatsbürgern (Warren 1992: 11; 1993: 209).

Den prozessualen Charakter von Partizipation betont auch Benjamin Barber, der mit seinem Modell einer „starken Demokratie" (1984) dem normativen Ansatz wichtige Impulse gegeben hat. Ihm zufolge umfasst aktive Partizipation drei Phasen: *erstens* die gemeinsame Diskussion politischer Angelegenheiten (talk); *zweitens* die konkrete Entscheidungsfindung (decision making) sowie *drittens* die Umsetzung dieser Entscheidungen durch gemeinschaftliches Handeln (common action).

Zusammenfassend bleibt festzuhalten, dass sich die beiden Grundauffassungen von politischer Partizipation keineswegs nur in Nuancen unterscheiden, vielmehr sind sie in den zentralen Dimensionen diametral entgegengesetzt (vgl. Übersicht 2). An beiden Ansätzen gibt es zudem vielfache Kritik. Hinsichtlich des instrumentellen Partizipationsverständnisses wird u.a. eingewandt, dass es die berechtigten Teilhabeforderungen der Bürger und Bürgerinnen vernachlassige und sie faktisch politisch unterfordere (vgl. Schultze 1995: 404); die Renaissance direktdemokratischer Verfahren gilt hierfür ebenso als Beleg wie die generelle Ausweitung der Partizipation im so genannten unkonventionellen Bereich. Mit Blick auf Schumpeter bleibt ferner die Frage ungelöst, warum „Wähler mit minimaler Rationalität befähigt sein (sollten), die richtigen Führer zu wählen?" (Schmidt 2000: 210). Zudem „ist im Licht der heutigen Partizipationsforschung sein pauschales Negativurteil über die Inkompetenz der Wählerschaft nicht länger haltbar" (ebd.). Die fast vollständige Ausblendung gesellschaftlicher Vermittlungsinstanzen (Parteien und Verbände, Kirchen sowie Bürgervereinigungen) stellt einen weiteren Kritikpunkt an Schumpeter dar.

Gegenüber dem normativen Partizipationsverständnis wird insbesondere das zu optimistische Menschenbild sowie die Überschätzung der Bürgerkompetenzen angeführt. Da die Wählerschaft in erster Linie individuelle Nutzenmaximierung anstrebe, sei sie zu gemeinwohlorientierten Entscheidungen nur unter besonderen Bedingungen gewillt (Elster 1986). Auch die Bereitschaft, sich umfassend politisch zu informieren und zu beteiligen, sei aufgrund vielfältiger anderer Interessen sowie knapper zeitlicher Ressourcen nicht gegeben (vgl. Schmidt 2000: 263f).

Übersicht 1: Das Demokratieverständnis normativer und realistischer Demokratietheorie im Vergleich

Unterscheidungskriterien	*Normatives Demokratieverständnis*	*Realistisches Demokratieverständnis*
Ausgangsproblem	Verwirklichung der Volkssouveränität	Demokratische Legitimation von Elitenherrschaft
Träger demokratischer Werte und Spielregeln	Das mündige Volk	Politische Eliten und Gruppen
Rolle des Volkes	Aktiver politischer Entscheidungsträger	Konsument und Zuschauer der Politik
Rolle von Eliten	Ausführungsorgan des Volkswillens	Unabhängige politische Entscheidungsträger
Inhalt demokratischer Willensbildung	Verwirklichung der Menschenrechte	Machtkampf um Wählerstimmen
Demokratisches Verfahren	Partizipation, Selbstbestimmung	Elitenkonkurrenz, Konsensbeschaffung
Mittel der Demokratie-erhaltung	Abbau und Kontrolle von Herrschaft	Begrenzte Partizipation der Massen, Elitenzirkulation, „checks and balances"
Bedrohungsfaktor von Demokratie	Verselbständigung gewählter Mandatsträger	Funktions- und Stabilitätsverlust des Regierungssystems
Nachweiskriterium für Demokratie	Reale Existenz demokratischer Werte und Spielregeln, reale Selbstbestimmung des Volkes	Legitimation der herrschenden Eliten durch Wahlen, effektive Konkurrenz

Quelle: Wiesendahl 1981: 101

Übersicht 2: Das normative und instrumentelle Partizipationsverständnis im Vergleich

Unterscheidungskriterien	*Normatives Partizipationsverständnis*	*Instrumentelles Partizipationsverständnis*
Begriff	Ziel und Wert an sich	Methode und Mittel zum Zweck
Funktion	Selbstbestimmung und Selbstverwirklichung des Menschen	Regulierung gesellschaftlicher Konflikte durch Repräsentation und Elitenherrschaft
Formen	Direktdemokratische Formen	Repräsentativ-demokratische Formen; insbesondere Wahlen
Reichweite	Politisch-soziale Teilhabe in möglichst vielen Gesellschafts- bereichen	Beschränkung auf die politische Sphäre
Intensität	Prozessual	Punktuell
Politische Kompetenzen der Bürger und Bürgerinnen	Erwerb durch Bildung und partizipatorische Praxis; „self transformation"	Mangel an Wissen, Einsicht und Engagement- bereitschaft
Politische Apathie	Ergebnis konkreter Herrschafts- verhältnisse; Abbau durch Ausweitung der Partizipation	Empirischer Tatbestand; funktional im Sinne der Systemstabilität

Quelle: Eigene Zusammenstellung

2. Formen politischer Partizipation

Um das breite Spektrum der politischen Partizipationsformen zu systematisieren, hat die Partizipationsforschung im zeitlichen Verlauf verschiedene Taxonomien (= Einordnungen) entwickelt.[4] Neben der Unterscheidung in repräsentativ-demokratische (z.B. Wahl, Parteimitgliedschaft) und direktdemokratische Beteiligungsformen (z.B. Referendum, Bürgerinitiative) sind folgende Differenzierungen von besonderer Bedeutung: nach dem Grad der institutionellen Verankerung in *verfasst* versus *unverfasst*, nach dem Rechts-

4 In seiner Zusammenfassung früher Partizipationsstudien ordnete Milbrath (1965) die politische Beteiligung hierarchisch nach ihrer Intensität und unterteilte die Bevölkerung in „Inaktive", „Zuschauer" und „Gladiatoren". Diese Eindimensionalität wurde aber in folgenden Studien zugunsten mehrerer Dimensionen aufgegeben.

status in *legal* versus *illegal* und nach dem Grad der öffentlichen Anerkennung in *konventionell* versus *unkonventionell* (Schultze 1998: 470f).

Nach Kaase gelten als verfasst „solche Handlungen, die in einen institutionell klar definierten Kontext eingebettet sind, so z.B. in das Grundgesetz oder in eine Gemeindeordnung. In diese Kategorie fallen in erster Linie alle Wahlen zu Parlamenten. Unverfasst sind hingegen jene Aktionsformen, die in einem spontanen oder geplanten Mobilisierungsprozess außerhalb eines institutionalisierten Rahmens entstehen" (Kaase 2003: 496).

Die zweite Klassifikation zielt auf den Unterschied zwischen legalen, d.h. gesetzmäßigen, und illegalen, d.h. nicht gesetzmäßigen Beteiligungsformen, wobei sich im historischen Zeitverlauf bei der Legalitätszuordnung durchaus Veränderungen ergeben können. Im illegalen Bereich wird noch zusätzlich zwischen gewaltsamen Aktionen, also Gewalt gegen Personen und Sachen, sowie nicht unmittelbar gewaltsamen Akten des zivilen Ungehorsams (wie z.B. Hausbesetzungen) differenziert (Kaase/Neidhardt 1990: 7–14).

Die dritte Unterscheidung zwischen konventionellen und unkonventionellen Partizipationsformen zielt auf den Grad der öffentlichen Anerkennung. „Als konventionell werden diejenigen Beteiligungsformen bezeichnet, die mit hoher Legitimitätsgeltung auf institutionalisierte Elemente des politischen Prozesses, insbesondere die Wahl bezogen sind. ... Als unkonventionell werden hingegen alle die Beteiligungsformen bezeichnet, die auf institutionell nicht verfasste unmittelbare Einflussnahme auf den politischen Prozess abstellen" (Kaase 1992b: 148). Die auf Barnes/Kaase u.a. (1979) zurückgehende Einteilung vermischte allerdings im unkonventionellen Bereich Aktivitäten mit unterschiedlichem Legalitätsstatus; spätere Arbeiten haben folglich den unkonventionellen Bereich zudem in legale und illegale Handlungen unterteilt (Kaase 2003: 497). Vor diesem Hintergrund kam Uehlinger 1988 zu einer fünfkategorialen Typologie politischer Partizipationsformen, die zwischen (1) Staatsbürgerrolle, (2) parteiorientierter Partizipation, (3) problemorientierter Beteiligung, (4) zivilem Ungehorsam sowie (5) politischer Gewalt gegen Personen und Sachen unterscheidet (Uehlinger 1988: 67–134). Die Zuordnung zu den Dimensionen politischer Partizipation zeigt Übersicht 3.

Inwiefern die Unterscheidung in konventionelle und unkonventionelle Beteiligung heute noch sinnvoll ist, erscheint allerdings fraglich. Da die unkonventionellen Beteiligungsformen inzwischen weite Verbreitung gefunden haben und zu einem festen Bestandteil im Partizipationsrepertoire der Bürger und Bürgerinnen geworden sind, schlägt Inglehart beispielsweise vor, statt dessen besser von die Eliten herausfordernden Aktivitäten zu sprechen (Inglehart 1997: 313).

Übersicht 3: Taxonomie politischer Partizipation

Dimension politischer Beteiligung	*Formen politischer Beteiligung*	*Konkrete Akte politischer Beteiligung*
Konventionell/verfasst	Staatsbürgerrolle	Sich an Wahlen beteiligen
	Parteiorientierte Partizipation	In eine Partei eintreten, aktiv mitarbeiten
Unkonventionell/unverfasst a) legal	Problemorientierte Partizipation	Mitarbeit in einer Bürgerinitiative
		Teilnahme an einer genehmigten Demonstration
		Unterschriften sammeln
		Sich in Versammlungen an öffentlichen Diskussionen beteiligen
b) illegal – gewaltlos	Ziviler Ungehorsam	Teilnahme an einer verbotenen Demonstration
		Beteiligung an wilden Streiks
		Hausbesetzungen/Blockaden
– gewaltsam	Politische Gewalt	Gewalt gegen Personen und Sachen

Quelle: Eigene Darstellung nach Uehlinger 1988

Generell zeigen empirische Studien zur politischen Partizipation im Zeitverlauf eine deutliche Ausweitung des Partizipationsrepertoires der Bevölkerung. Untersuchten Verba und Nie 1972 beispielsweise noch zehn politische Partizipationsformen, sind es bei Parry und seinen Kollegen 1992 bereits mehr als zwanzig verschiedene Beteiligungsformen.[5] Neue Technologien wie das Internet haben die Möglichkeiten von Partizipation in den letzten Jahren zusätzlich gesteigert.

5 Einen guten Überblick zum Repertoire von Partizipation in verschiedenen Studien bietet van Deth 2003: 175ff.

In jüngster Zeit erweitert sich das Spektrum politischer Partizipationsformen auch insofern, als die analytische wie empirische Trennung von politischer und sozialer Partizipation vielfach aufgegeben wird. Der Grund hiefür liegt darin, dass in modernen Gesellschaften eine klare Grenzziehung zwischen politischer und nicht-politischer Sphäre kaum noch möglich ist, da beide Bereiche eng miteinander verwoben sind. ‚Bürgerliche' Aktivitäten (z.B. Engagement in Freiwilligenvereinigungen), die früher klar zur sozialen Partizipation zählten, werden somit zunehmend als politische Partizipation erfasst (vgl. van Deth 2003: 172ff und 178).

3. Determinanten politischer Partizipation

Politische Aktivitäten finden offenkundig „nicht selbstinduziert im gesellschaftlich-politisch luftleeren Raum statt" (Kaase 1992b: 158), sondern sie unterliegen vielmehr bestimmten Einflussfaktoren. Die Partizipationsforschung hat hier die Bedeutung von *situativen* Elementen, z.B. im Sinne von mobilisierenden Ereignissen, als auch von Gruppeneinbindungen herausgestellt. Daneben spielen aber auch *subjektive Einstellungen* aus dem Bereich der politischen Kultur insofern eine wichtige Rolle, als sie die Wahrnehmung von individuellen Handlungsspielräumen strukturieren. So gelten beispielsweise die Überzeugung von eigenen effektiven Handlungsmöglichkeiten sowie das Vertrauen in die eigene politische Kompetenz als wichtige Partizipationsbedingungen. Schließlich stecken zudem *institutionelle Gegebenheiten*, wie z.B. das Wahlsystem oder auch die Zulassung von Volksentscheiden, den Rahmen für die Mitwirkung der Bürger/Bürgerinnen an politischen Entscheidungen ab.

„Jenseits dieser wichtigen Einflussgrößen ist es jedoch zuallererst die individuelle Ressourcenausstattung (in der Regel operationalisiert durch Schulbildung, Beruf und Einkommen), welche die Chancen für individuelle politische Mitwirkung massiv beeinflusst" (ebd.). Das von Verba und Nie (1972) entwickelte so genannte *sozioökonomische Standardmodell* der politischen Beteiligung besagt, dass konventionelles politisches Engagement positiv von den jeweiligen Ressourcen beeinflusst wird. Mit anderen Worten: je höher der Bildungsstand, je qualifizierter der Beruf und je höher das Einkommen, um so größer ist die Chance für konventionelle politische Teilnahme. Die damit verbundene politische Ungleichheit der Menschen, die lediglich über einen niedrigen sozioökonomischen Status verfügen, kann nach Auffassung der Forscher nur durch „angemessene institutionelle Arrangements, welche die Mobilisierung ressourcenschwacher Bevölkerungssegmente gewährleisten, kompensiert werden" (Kaase 2003: 498). Ergänzt wird dieses Modell durch die Einbeziehung demographischer Merkmale wie Alter und Geschlecht, die als unabhängige Variablen in ihrem Einfluss auf die politische Partizipation untersucht werden.[6] Wie weitere Studien gezeigt haben, gilt das Standardmodell nicht nur für den konventionellen Bereich, vielmehr folgen auch die unverfassten Partizipationsformen demselben Muster.

Für das Partizipationsverhalten in der Bundesrepublik Deutschland kann insgesamt festgehalten werden, dass seit den 1970er Jahren ein Anstieg unkonventioneller und direktdemokratischer Beteiligung zu verzeichnen ist, während die institutionelle Partizipation seit den 1980er Jahren deutlich an Attraktivität verloren hat; sinkende Wahlbeteiligung, abnehmende Parteiidentifikation sowie anhaltender Mitgliederschwund bei den Parteien sind hierfür Indizien. Diese Entwicklung ist als Folge des sozialen Wandels Ausdruck gelockerter struktureller Determinanten und Milieubindungen der politischen Partizipation. Insbesondere das Anwachsen der neuen Mittelschichten sowie die starke Abnahme religiöser Bindungen, aber auch die Vereinheitlichung der Lebensverhältnisse, verbesserte Bildung und Ausbildung, die hohe soziale und geographische Mobilität und nicht zuletzt die moderne Massenkommunikation haben zu Milieuverlust, gelockerten Parteiloyalitäten und schließlich einem veränderten Partizipationsverhalten geführt. „Einerseits wächst dadurch die Partizipationsbereitschaft, andererseits führt dies verstärkt zu Kosten-Nutzenorientiertem individuellen Entscheiden und damit zur kurzfristigen und situationsbezogenen Abwägung, ob man sich überhaupt polit. beteiligt und welche Formen für welches Ziel eingesetzt werden" (Schultze 1998: 471). Darüber hinaus scheint es Zyklen politischer Partizipation zu geben; nach Phasen mit einer hohen Beteiligung – wie z. B. die „partizipatorische Revolution" (Kaase) während der 1960er Jahre – folgt eine Abschwächung bzw. ein Rückzug ins Private.

4. Methoden der Partizipationsforschung

Der politischen Partizipationsforschung steht grundsätzlich zwar eine Vielzahl von Methoden offen, in der Praxis aber dominieren die *Meinungsumfragen* auf der Basis repräsentativer Bevölkerungsstichproben und mittels standardisierter Erhebungsinstrumente. Diese Dominanz ist insofern nicht verwunderlich, als die Partizipationsforschung ihren politikwissenschaftlichen Ursprung ja gerade in den Studien zum Wählerverhalten hat, für die ein „Aufschwung erst mit der systematischen Entwicklung der Umfrageforschung bei repräsentativen Bevölkerungsquerschnitten auf nationaler oder regionaler Grundlage,

6 Zur Kritik aus feministischer Sicht vgl. Hoecker 1994 und 1998; Hoecker/Fuchs 2004 sowie den Überblick von Geißel 2004.

in erster Linie in den USA in den 40er Jahren" (Kaase 2003: 496) zu verzeichnen ist.

Das von der Umfrageforschung bevorzugte Instrument der Individualdatenerhebung bildet nach wie vor die mündliche Befragung in Form des standardisierten Interviews, das als „Königsweg der empirischen Sozialforschung" gilt. Hierbei handelt es sich zumeist um Querschnittsuntersuchungen, d.h. die Befragung findet nur einmal zu einem bestimmten Zeitpunkt statt. Daneben werden aber auch vermehrt Längsschnittuntersuchungen (Panel) durchgeführt, die zu verschiedenen Zeitpunkten die Untersuchungsanordnung mit denselben Variablen und an denselben Personen wiederholen, um somit Aufschluss über Veränderungen zu erhalten. Beide Arten beziehen sich zumeist nur auf ein Land, aber auch international vergleichende Umfrageprojekte finden zunehmend Verbreitung (vgl. Niedermayer/Widmaier 2003: 79f). Zu beachten ist allerdings, dass mittels Umfragen stets nur die *Partizipationsbereitschaft* und/oder die *vergangene Partizipation* gemessen werden können. Je weiter das erfragte Verhalten zurückliegt, umso größer ist die Gefahr von fehlerhafter Erinnerung. Zudem besteht auch zwischen Verhaltensabsichten und tatsächlichem Verhalten oftmals eine Lücke.

Neben den Bevölkerungsumfragen kommen Umfragen auch bei anderweitig eingegrenzten Grundgesamtheiten zur Anwendung (z.B. Parteimitglieder, Abgeordnete), wobei stets die Bestimmung der Stichprobe das zentrale methodische Problem darstellt.

Liegt das eigentliche Ziel der Umfrageforschung als einer quantitativen Methode darin, bei genügender theoretischer Absicherung repräsentative Aussagen zu erhalten, so versucht demgegenüber die qualitative Forschung, vermehrte Erkenntnisse über Problemzusammenhänge zu erreichen, wobei auf statistische Repräsentativität verzichtet wird (vgl. Kromrey 2002: 527ff). Das auch hier zumeist angewandte Instrument der mündlichen Befragung findet in einer wenig oder nur teilweise strukturierten Interviewsituation statt.

Eine weitere, vergleichsweise ‚alte' Methode der Partizipationsforschung ist die Aggregatdatenanalyse. Unter Aggregatdaten versteht man Daten, die durch Zusammenfassung – also Aggregierung – von Individualdaten gewonnen werden, beispielsweise durch Summierung oder Bildung von Durchschnitts- bzw. Anteilswerten. Grundgesamtheit ist dabei stets ein Kollektiv (Beispiel: Stimmanteile von Parteien in einem Wahlbezirk). In der Aggregatdatenanalyse werden die Aggregatdaten zueinander in Beziehung gesetzt (z.B. der Arbeiteranteil in einem Wahlkreis und der SPD-Wähleranteil) und analysiert. Auf individuelles Verhalten kann man auf diese Weise aber nicht schließen; hierzu sind immer direkte Informationen von den Individuen selbst notwendig (Roth 1998: 7ff und 94ff).

5. Entwicklung der Partizipationsforschung

Im Folgenden soll ein knapper Überblick zu den wichtigsten Studien im Gebiet der Partizipationsforschung gegeben werden. Die Auswahl beschränkt sich dabei auf solche Arbeiten, die vom theoretischen wie methodischen Ansatz her neue Entwicklungen einleiteten (vgl. Gabriel 2003).

Die Anfänge der Partizipationsforschung liegen, wie erwähnt, in frühen Studien zum Wählerverhalten.[7] Im Mittelpunkt standen dabei Fragen nach der Erklärung der Wahlbeteilung wie der Stimmabgabe. In der Studie „The Perople's Choice" (1944) gingen *Lazarsfeld* u.a. diesen Fragen erstmals systematisch nach und begründeten den soziologischen Ansatz, der das individuelle Wahlverhalten vorrangig als sozialstrukturell determiniert versteht. Die wichtigsten Einflussgrößen sind hier der sozioökonomische Status (zusammengesetzt aus Bildung, Beruf und Einkommen, Konfession und Wohnort) sowie die damit zusammenhängenden Gruppenmitgliedschaften der Primär- und Sekundärumwelten (Familie, Freundesgruppe, Nachbarschaft bzw. Vereine, berufliche Organisationen etc.). Die Quintessenz dieses Ansatzes lautet: „A person thinks, politically, as he is socially. Social characteristics determine political preference" (Lazarsfeld u.a. 1955: 27).

Zu einem Perspektivenwechsel innerhalb des soziologischen Ansatzes, und zwar von der Mikro- zur Makroebene, führte dann die von *Lipset/Rokkan* (1967) entwickelte Cleavage-Theorie, der zufolge die Konfliktstruktur einer Gesellschaft als die zentrale Bestimmungsgröße für das Wählerverhalten und damit verbunden die Struktur des Parteiensystems anzusehen ist. Die Autoren konstatierten vier soziale Hauptkonflikte bzw. cleavages: die Konflikte von Zentrum versus Peripherie und Staat versus Kirche sowie die Konflikte von Stadt versus Land und Kapital versus Arbeit. Trotz eines Wandels der gesellschaftlichen Konfliktlinien in den letzten Jahrzehnten – einige haben sich abgeschwächt, andere, wie der Konflikt zwischen materialistischer und postmaterialistischer Politik, sind neu hinzugekommen – prägen auch heute noch sozialstrukturelle Faktoren das Wahlverhalten und schlagen sich im Parteiensystem nieder.

Einen anderen, nämlich sozialpsychologischen Ansatz verfolgte die Forschergruppe um *Angus Campbell* (1960). Sie identifizierte als entscheidende Faktoren des Wahlverhaltens insbesondere die politischen Einstellungen zu Kandidaten und Issues (Sachthemen) sowie die Parteiidentifikation. Diese, in der politischen Sozialisation erworbene Parteiidentifikation wurde dabei als der wichtigere Erklärungsfaktor angesehen, da sie die Einstellung zu Kandi-

---

7 Vor der Etablierung der Umfrageforschung kamen insbesondere die Wahlgeographie und die Wahlstatistik zur Anwendung. Vgl. Roth 1998: 7ff. – Ausführlich zu den Theorien des Wählerverhaltens vgl. auch den Beitrag von Broschek/Schultze in diesem Buch.

daten wie Sachthemen strukturiert. Sozialstrukturelle Merkmale spielen bei diesem Ansatz aber auch insofern eine Rolle, als sie auf die Entstehung der Parteibindung einwirken.

Eine Weiterentwicklung innerhalb des sozialpsychologischen Ansatzes stellt das Modell des „rationalen Wählers“ von *Downs* (1968) dar. Im Rahmen dieser Konzeption nimmt der Wähler die Parteien als konkurrierende Anbieter verschiedener Programme/Issues wahr, und er fällt seine Wahlentscheidung nach Abwägung möglicher Vor- und Nachteile. Individuelle Nutzenmaximierung und Kostenminimierung werden hier als die vorrangigen Entscheidungskriterien gesehen, zudem spielt aber auch die Lösungskompetenz, die der Wähler bzw. die Wählerin den einzelnen Parteien zuschreibt, beim „issue-voting“ eine wichtige Rolle.

Entscheidende Impulse für die Partizipationsforschung gingen auch von der viel zitierten „Civic-Culture“-Studie von *Almond* und *Verba* (1963) aus. Die Forscher befragten Bevölkerungsgruppen in fünf Ländern (Großbritannien, Deutschland, Italien, USA und Mexiko) nach ihren politischen Einstellungen und ihrem politischen Verhalten und fanden heraus, „dass kulturelle Normen und Werte das Verhalten der Bürger bestimmen, obwohl die Bürger nicht immer die nationalen Normen und Werte teilen“ (Niedermayer/Widmaier 2003: 79f). Für die weitere Partizipationsforschung bedeutsam war insbesondere die mit dieser Studie vorgenommene Einführung von Erklärungsvariablen, wie z.B. politisches Wissen, subjektive politische Kompetenz, soziale Aktivität und Primärsozialisation. Die von Almond und Verba erhobenen Daten wurden darüber hinaus in mehreren Sekundäranalysen unter partizipationstheoretischen Aspekten ausgewertet (z.B. Di Palma 1979; Nie/Powell/Prewitt 1969a und 1969b).

In den 1970er Jahren entstanden zwei weitere wichtige empirische Untersuchungen zur politischen Partizipation. Die erste wurde von *Verba* und *Nie* (1972) in den Vereinigten Staaten durchgeführt, die zweite war als Weiterführung konzipiert und international vergleichend angelegt (*Verba/Nie/Kim* 1978). Die Resultate dieser beiden Studien erwiesen sich für die weitere Entwicklung der Partizipationsforschung aus folgenden Gründen als wichtig: „Erstens behandelten sie zusätzlich zu den bis dahin dominierenden wahl- und parteibezogenen Aktivitäten nichtelektorale Aktivitäten. Zweitens nahmen sie eine empirische Prüfung ihrer Annahme über die Struktur von Beteiligungssystemen vor, und drittens ergänzten sie die bisherigen Erklärungsmodelle politischer Partizipation um neue Konzepte, insbesondere um den Faktor institutionelle Bindungen“ (Gabriel 2003).

So bedeutend diese Studien der Gruppe um Verba auch waren, gab es gleichwohl Kritik. Hauptpunkt der Kritik war, dass sie allein solche Aktivitäten erfassten, die dem institutionalisierten politischen Prozess zuzurechnen sind, während die damaligen Protestbewegungen in den Vereinigten Staaten wie Europa dagegen keine Beachtung fanden. Vor diesem Hintergrund entstand die „Political-Action“-Studie von *Barnes* und *Kaase* (1979), die erstmals Formen der unkonventionellen Beteiligung systematisch untersuchte. Das besondere Interesse dieser international vergleichenden Studie (einbezogen wurden die USA, Großbritannien, Deutschland, Niederlande, Österreich, Italien, Finnland und die Schweiz) galt dabei der Beziehung von konventioneller und unkonventioneller Beteiligung. Es sollte geklärt werden, „ob beide Dimensionen in einem komplementären oder nicht-komplementären Verhältnis zueinander stehen würden. Eine sich ausschließende Beziehung würde ein hohes Konfliktpotential in einer Gesellschaft erkennen lassen. Eine sich ergänzende Beziehung würde dagegen besagen, dass sich das politische Verhaltensrepertoire der Bürger verändert, erweitert hätte“ (Kaase 1982: 179f). Die empirischen Ergebnisse bestätigten die zweite Hypothese, d.h. beide Partizipationsformen kommen häufig gemeinsam vor, und folglich stellen unkonventionelle Formen eine Erweiterung des individuellen Beteiligungsrepertoires dar. Eine Wiederholung dieser Studie in den USA, Niederlanden und Deutschland fand 1980 statt (Jennings/van Deth u.a. 1990).

Auf der Basis der Arbeiten der Verba-Gruppe wie der Political-Action-Forscher entstanden weitere nationale wie international vergleichende Studien, die vorrangig das Verhältnis von konventioneller und unkonventioneller Partizipation näher zu bestimmen suchten (u.a. Muller 1982; Fuchs 1984; Uehlinger 1988; Parry/Moyser/Day 1992). Für den heutigen Stand der Forschung stellt Kaase bilanzierend fest: „Insgesamt scheint die politische Partizipationsforschung auf dem zu Beginn der 90er Jahre erreichten Niveau zu verharren“ (Kaase 2003: 499). Eine neue Entwicklung ist allerdings darin zu sehen, dass im Zusammenhang mit der Sozialkapital-Debatte verstärkt Fragen der sozialen Partizipation und ihrer Beziehung zur politischen Partizipation wissenschaftliche Aufmerksamkeit finden (vgl. ebd.; Beispiele sind van Deth u.a. 1999; Gabriel u.a. 2002). Zweifellos hat aber gerade auch die genderorientierte Partizipationsforschung insbesondere der 1980er und 1990er Jahre wichtige theoretische wie empirische Erkenntnisse hervorgebracht, was von der Mainstream-Forschung jedoch nach wie vor nur in Ausnahmefällen anerkannt wird (Geißel 2004).

Literatur

Abromeit, Heidrun (2002): Wozu braucht man Demokratie? Die postnationale Herausforderung der Demokratietheorie. Opladen: Leske + Budrich.

Almond, Gabriel A./Verba, Sidney (1965): The Civic Culture. Political Attitudes and Democracy in Five Nations. Boston: Little, Brown and Company.

Barber, Benjamin R. (1984): Strong Democracy. Participatory Politics for a New Age. Berkely: University of California Press.

Barnes, Samuel H./Kaase, Max u.a. (1979): Political Action. Mass Participation in Five Western Democracies. Beverly Hills: Sage.

Berelson, Bernard B./Lazarsfeld, Paul F./McPhee, William N. (1975): Demokratische Praxis und demokratische Theorie. In: Grube, Frank/Richter, Gerhard (Hrsg.):

Demokratietheorien. Konzeptionen und Kontroversen. Hamburg: Hoffmann und Campe, S. 95–103.
Campbell, Angus/Converse, Philip E./Miller, Warren E./Stokes, Donald E. (1960): The American Voter. New York: The University of Chicago Press.
Deth, Jan W. van (2003): Vergleichende politische Partizipationsforschung. In: Berg-Schlosser, Dirk/Müller-Rommel, Ferdinand (Hrsg.): Vergleichende Politikwissenschaft, 4. Auflage, Opladen: Leske + Budrich, S. 167–187.
Deth, Jan W. van/Maraffi, Marco/Newton, Ken/Whiteley, Paul F. (eds.) (1999): Social Capital and European Democracy. London/New York: Routledge.
Di Palma, Giuseppe (1970): Apathy and Participation. New York: The Free Press.
Downs, Anthony (1968): Ökonomische Theorie der Demokratie. Tübingen: Mohr.
Elster, Jon (1986): The Market and the Forum: Three Varieties of Political Theory. In: Ders./Hylland, Aamund (Hrsg.): Foundations of Social Choice Theory. Cambridge u.a., S. 103–132.
Fuchs, Dieter (1984): Die Aktionsformen der neuen sozialen Bewegungen. In: Falter, Jürgen W./Fenner, Christian/Greven, Michael Th. (Hrsg.): Politische Willensbildung und Interessenvermittlung. Opladen: Westdeutscher Verlag, S. 621–624.
Gabriel, Oscar W. (2003): Politische Partizipation. Konzept und Messung. Modul für das Projekt PolitikON. Online-Publikation: http://politikon.politik.uni-halle.de (8.3.2005).
Gabriel, Oscar W./Kunz, Volker/Rossdeutscher, Sigrid/van Deth, Jan W. (2002): Sozialkapital und Demokratie. Zivilgesellschaftliche Ressourcen im Vergleich. Wien: WUV Universitätsverlag.
Geißel, Brigitte (2004): Konflikte um Definitionen und Konzepte in der genderorientierten und Mainstream-Partizipationsforschung. Ein Literaturüberblick. Berlin: WZB; Veröffentlichungsreihe der Arbeitsgruppe „Politische Öffentlichkeit und Mobilisierung".
Hoecker, Beate (1994): Politische Partizipation von Frauen. Kontinuität und Wandel des Geschlechterverhältnisses in der Politik. Opladen: Leske + Budrich.
Hoecker, Beate (Hrsg.) (1998): Politische Partizipation von Frauen in Europa. Band 1: Die Mitgliedstaaten. Opladen: Leske + Budrich.
Hoecker, Beate/Fuchs, Gesine (Hrsg.) (2004): Politische Partizipation von Frauen in Europa. Band 2: Die Beitrittsstaaten. Wiesbaden: VS Verlag.
Inglehart, Ronald (1997): Modernization and Postmodernization. Cultural Economic and Political Change in 43 Societies. Princeton, NJ: Princeton University Press.
Jennings, M. Kent/van Deth, Jan W. u.a. (Hrsg.) (1990): Continuities in Political Action: A Longitudinal Study of Political Orientations in Three Western Democracies. Berlin/New York: de Gruyter.
Kaase, Max (1982): Partizipatorische Revolution – Ende der Parteien? In: Raschke, Joachim (Hrsg.): Bürger und Parteien. Ansichten und Analysen einer schwierigen Beziehung. Bonn: Schriftenreihe der Bundeszentrale für politische Bildung, S. 173–189.
Kaase, Max (1992a): Politische Beteiligung. In: Schmidt, Manfred G. (Hrsg.): Die westlichen Länder (Lexikon der Politik Bd. 3), München: Verlag C. H. Beck, S. 339–346.
Kaase, Max (1992b): Vergleichende politische Partizipationsforschung. In: Berg-Schlosser, Dirk/Müller-Rommel, Ferdinand (Hrsg.): Vergleichende Politikwissenschaft. Ein einführendes Studienbuch, 2. Auflage. Opladen: Leske + Budrich, S. 145–160.

Kaase, Max (2003): Politische Beteiligung/Politische Partizipation. In: Andersen, Uwe/Woyke, Wichard (Hrsg.): Handwörterbuch des politischen Systems der Bundesrepublik Deutschland, 5. Auflage, Opladen: Leske + Budrich (Lizenzausgabe für die Bundeszentrale für politische Bildung), S. 495–500.

Kaase, Max/Neidhardt, Friedhelm (1990): Politische Gewalt und Repression. Ergebnisse von Bevölkerungsumfragen. In: Schwind, Hans-Dieter/Baumann, Jürgen u.a. (Hrsg.): Ursachen, Prävention und Kontrolle von Gewalt. Analysen und Vorschläge der Unabhängigen Regierungskommission zur Verhinderung und Bekämpfung von Gewalt, Bd. IV, Berlin.

Kromrey, Helmut (2002): Empirische Sozialforschung, 10. Auflage. Opladen: Leske + Budrich.

Lazarsfeld, Paul F./Berelson, Bernard/Gaudet, Hazel (1955): The People's Choice, 2. Auflage. New York: Columbia University Press.

Lipset, Seymour M. (1962): Soziologie der Demokratie. Neuwied/Berlin-Spandau: Luchterhand.

Lipset, Seymour M./Rokkan, Stein (Hg.) (1967): Party Systems and Voter Alignments. New York/London: Free Press.

Luhmann, Niklas (1989): Legitimation durch Verfahren, 2. Auflage. Frankfurt/Main: Suhrkamp.

Milbrath, Lester W. (1965): Political Participation. Chicago: Rand McNally.

Muller, Edward N. (1982): An Explanatory Model for Differing Types of Participation. In: European Journal of Political Research, 10, S. 1–16.

Nie, Norman H./Powell, G. Bingham/Prewitt, Kenneth (1969a): Social Structure and Political Participation. Developmental Relationships, Part I. In: American Political Science Review 63, S. 361–376.

Nie, Norman H./Powell, G. Bingham/Prewitt, Kenneth (1969b): Social Structure and Political Participation. Developmental Relationships, Part II. In: American Political Science Review 63, S. 808–832.

Niedermayer, Oskar/Widmaier, Ulrich (2003): Quantitativ vergleichende Methoden. In: Berg-Schlosser, Dirk/Müller-Rommel, Ferdinand (Hrsg.): Vergleichende Politikwissenschaft, 4. Auflage. Opladen: Leske + Budrich, S. 77–101.

Offe, Claus (1976): Überlegungen und Hypothesen zum Problem politischer Legitimation. In: Ebbighausen, R. (Hrsg.): Bürgerlicher Staat und politische Legitimation. Frankfurt/Main: Suhrkamp, S. 80 105.

Parry, Geraint/Moyser, George/Day, Neil (1992): Political Participation and Democracy in Britain, Cambridge: Cambridge University Press.

Pelinka, Anton (1976): Politik und moderne Demokratie. Kronberg/Ts: Cornelsen/ Scriptor.

Roth, Dieter (1998): Empirische Wahlforschung. Ursprung, Theorien, Instrumente und Methoden. Opladen: Leske + Budrich.

Schmidt, Manfred G. (2000): Demokratietheorien. Eine Einführung, 3. Auflage. Opladen: Leske + Budrich.

Schultze, Rainer-Olaf (1995): Partizipation. In: Nohlen, Dieter/Schultze, Rainer-Olaf (Hrsg.): Politische Theorien (Lexikon der Politik Bd. 1), München: Verlag C. H. Beck, S. 396–406.

Schultze, Rainer-Olaf (1998): Partizipation. In: Nohlen, Dieter (Hrsg.): Politische Begriffe (Lexikon der Politik Bd. 7), München: Verlag C. H. Beck, S. 470–472.

Schumpeter, Joseph A. (1950): Kapitalismus, Sozialismus und Demokratie. Bern: Francke.
Uehlinger, Hans-Martin (1988): Politische Partizipation in der Bundesrepublik. Opladen: Westdeutscher Verlag.
Verba, Sidney/Nie, Norman H. (1972): Participation in America. Political Democracy and Social Equality. New York u.a.: Harper & Row.
Verba, Sidney/Nie, Norman H./Kim, Jae-On (1978): Participation and Political Equality. A Seven-Nation Comparison. Cambridge: Cambridge University Press.
Verba, Sidney/Schlozman, Kay L./Brady, Henry E. (1995): Voice and Equality. Civic Voluntarism in American Politics. Cambridge: Harvard University Press.
Warren, Mark E. (1992): Democratic Theory and Self-Transformation, in: ASPR, S. 8–23.
Warren, Mark E. (1993): Can Participatory Democracy Produce Better Selves? Psychological Dimensions of Habermas' Discursive Model of Democracy. In: Political Psychology 14, S. 209–234.
Wiesendahl, Elmar (1981): Moderne Demokratietheorie. Eine Einführung in ihre Grundlagen, Spielarten und Kontroversen. Frankfurt am Main/München: Verlag Moritz Diesterweg.

II. Institutionalisierte Formen politischer Partizipation

Kapitel 2

Wahlverhalten: Wer wählt wen?

Theoretische Erklärungsmodelle und empirische Befunde

*Jörg Broschek/Rainer-Olaf Schultze**

1. Einleitung

Im Vergleich zu anderen Formen politischer Partizipation sind Wahlen in der Demokratie nicht nur die konventionellste, sondern auch die einfachste und egalitärste Art der politischen Beteiligung. Mit dem Wahlakt ist ein vergleichsweise geringer Aufwand verbunden. Zudem ist er aufgrund der Zählwertgleichheit der Stimmen weitgehend blind gegenüber der unterschiedlich ausgeprägten und verteilten Bereitschaft der einzelnen Bürger, sich am politischen Geschehen zu beteiligen. Aus Sicht der liberalen Theorie sind kompetitive Wahlen deshalb ein konstitutives Merkmal von Demokratie und dienen zugleich auch der Abgrenzung zu anderen, nicht-demokratischen Herrschaftsformen (vgl. Verba/Nie/Kim 1978). In der repräsentativen Demokratie erfüllen Wahlen zahlreiche Funktionen, von denen die wichtigste zweifelsohne die Legitimationsfunktion ist, und zwar in einem doppelten Sinne (vgl. Nohlen 2004): Zum einen begründen Wahlen einen Legitimitätsanspruch der Gewählten auf dem Wege eines abstrakten, formalisierten und generalisierten Akts der Willensbildung, zum anderen festigen und verstärken sie dadurch gleichzeitig den Legitimitätsglauben an die Herrschaftsordnung.

Aus systemtheoretischer Perspektive fungieren Wahlen folglich als zentraler Mechanismus für die Übersetzung von Input-Funktionen (gesellschaftliche Forderungen und Unterstützungsleistungen) in Output-Funktionen (verbindliche Entscheidungen und Maßnahmen) des politischen Systems mittels effektiver und effizienter Bestellung des politischen Führungspersonals durch die Entscheidungsbetroffenen. Damit sind die wichtigsten Funktionen der Wahl allerdings noch nicht erschöpft. Wahlen in der Demokratie delegieren Handlungsvollmacht immer nur auf Zeit. Die Einsetzung, Bestätigung oder Abwahl einer Regierung durch Wahlen gewährleistet deshalb nicht nur eine effektive Kontrollmöglichkeit gegen Machtmissbrauch, sondern ermöglicht dem Wähler auch in gewissem Maße die Einflussnahme auf das jeweilige

* Die Autoren danken Nina Gerstenkorn für ihre Hilfen bei der Erstellung des Manuskripts.

Verhältnis von politischer Kontinuität und Stabilität einerseits, Wandel und Anpassung andererseits. Obwohl die Wahl also die konventionellste Partizipationsform darstellt, eröffnet sie dem Wähler beispielsweise auf dem Weg der Protest- oder Wechselwahl durchaus auch die Möglichkeit, „Voice-" zu artikulieren und so politischen Wandel zu forcieren.

Das Spannungsverhältnis von Kontinuität und Wandel bildet auch ein wichtiges Unterscheidungskriterium für alternative Erklärungsansätze des Wählerverhaltens je nachdem, ob sie es eher durch strukturelle Langfrist- oder situative Kurzzeitfaktoren bestimmt sehen. Das Wahlverhalten gehört dabei sicher zu den von Politikwissenschaft und politischer Soziologie am besten erforschten Gegenstandsbereichen. Im Zeitraum zwischen den 1940er und 1960er Jahren waren zunächst die wichtigsten, auch die heutige Debatte noch bestimmenden theoretischen Grundlagen gelegt worden, während seither eher die systematische Hypothesenprüfung und wechselseitige Anpassung der Grundmodelle sowie die Verfeinerung der methodologischen Grundlagen in den Mittelpunkt gerückt sind (vgl. Kaase/Klingemann 1983). Zu den heute als gesichert geltenden Erkenntnissen der Wahlsoziologie gehört dabei erstens, dass das Wählerverhalten aus dem Spannungsfeld zwischen den langfristig prägenden Faktoren Sozialstruktur bzw. Parteiidentifikation einerseits, politisch-situativen bzw. politisch-konjunkturellen Faktoren wie Kandidatenangebot und Sachfragen andererseits resultiert. Zweitens besteht weitgehend Einigkeit darüber, dass aufgrund des gesellschaftlichen, industriellen und berufsstrukturellen Wandels die politisch-situativen gegenüber den langfristigen Bestimmungsgründen des Wahlverhaltens tendenziell an Bedeutung gewonnnen haben (vgl. Schultze 1991a; 1994).

Und dennoch: Auch die Wahlsoziologie steht selbstverständlich noch vor ungeklärten, teilweise auch gar nicht abschließend klärbaren theoretischen wie methodischen Fragen und ist zudem permanent durch den Wandel des Erklärungsgegenstandes selbst, das Wahlverhalten, gefordert. Strittig zwischen den Vertretern der jeweiligen Grundmodelle ist beispielsweise nicht nur der theoretische Stellenwert, den die einzelnen Elemente der Determinanten-Trias Sozialstruktur/Parteiidentifikation – Kandidaten – Sachfragen jeweils haben, sondern auch wie sich ihre jeweilige Vermittlung konkret darstellt. Umstritten ist ferner die Antwort auf die Frage, ob die Lockerung bzw. Auflösung der langfristigen Bestimmungsfaktoren einhergeht mit der Entstehung neuer Bindungen, die das Wahlverhalten stabilisieren oder nicht. Mit kontroversen theoretischen Fragen sind zudem auch immer methodische bzw. methodologische Auseinandersetzungen verbunden. Der folgende Beitrag diskutiert diese zentralen Fragen der empirischen Wahlsoziologie vor dem Hintergrund der Entwicklungen in der Bundesrepublik.

2. Erklärungsansätze

Gegenstand der Wahlforschung sind die unterschiedlichsten Aspekte des Phänomens Wahl, wie beispielsweise das Wahlrecht, das Wahlsystem oder die Bedeutung von Wahlen als Akt der politischen Kommunikation und Politikvermittlung. Nur im engeren Sinne meint Wahlforschung (bzw. in diesem Verständnis auch Wahlsoziologie genannt) die Analyse des Wählerverhaltens, also die Beschäftigung mit der Frage: Wer wählte wen warum? Es geht folglich um die Beschreibung, Erklärung und Prognose von Wählerentscheidungen sowie die Verteilung von Partei-, Kandidaten- und Sachpräferenzen innerhalb der Wählerschaft.[1]

2.1 Expressive Erklärungsansätze des Wahlverhaltens

Grundsätzlich lassen sich die alternativen Erklärungsansätze des Wahlverhaltens in einem zweidimensionalen Schema verorten (Schaubild 1). Das vertikale Kontinuum bildet dabei ihre jeweilige Verankerung auf der strukturellen Makro- oder der individuellen Mikroebene ab. Die horizontale Dimension positioniert die Ansätze nach zeitlichen/temporalen Variablen, das heißt je nachdem, ob sie eher von einem langfristig stabilen oder aber von einem durch kurzfristig-situative Faktoren bestimmten Wählerverhalten ausgehen. Im ersten Fall spricht man auch von expressiven Ansätzen, während instrumentelle Theorien diese Dimension weitgehend ausblenden. Den Kern bildet in diesem Modell stattdessen der rationale Wähler, der seine Entscheidung unter Abwägung kurzfristiger Nutzenkalküle trifft.

Die Stabilität des Wählerverhaltens steht zunächst im Mittelpunkt des auf Paul Lazarsfeld (Lazarsfeld et al. 1944/1968) zurückgehenden soziologischen Gruppenansatzes sowie der von Seymour M. Lipset und Stein Rokkan (1967) formulierten Cleavage-Theorie. Lazarsfeld und die Columbia School betonen die soziale Determiniertheit des Wahlverhaltens durch die Einbindung des Individuums in relativ homogene Primär- und Sekundärumwelten wie beispielsweise soziale und/oder kulturelle Milieus sowie die Mitgliedschaft in gesellschaftlichen und politischen Organisationen. Die Columbia School knüpft damit an die Ende des 19. Jahrhunderts von Georg Simmel entwickelte Theorie sozialer Kreise an, wonach das Individuum in einen mehrstufigen gesellschaftlichen Kontext eingebettet ist, in dem unterschiedliche Normen wirksam sind. Diese Normen stabilisieren das Verhalten vor allem dann, wenn

---

1 Einführende Überblicke in die Wahlforschung liefern: Bürklin/Klein 1998; Roth 1998; Nohlen 2004; Falter/Schoen 2005 sowie die stichwortartigen Erläuterungen zu Wahlforschung, Wählerverhalten und den relevanten Begriffen und Methoden der empirischen Wahlforschung in: Nohlen/Schultze 2005.

das Individuum in einem homogenen Umfeld lebt und sie entsprechend gleichgerichtet sind. Bei Lazarsfeld et al. wird diese Grundannahme durch den so genannten Index der politischen Prädisposition operationalisiert. Dieser Index beinhaltet Variablen wie Einkommen, ökonomischer Status, Beruf, Konfession etc., die für die Bestimmung sozialer Gruppen mit vergleichsweise stabilem Wählerverhalten herangezogen werden. Die zentrale These des Ansatzes ist, dass das Wahlverhalten umso stabiler ist, je fester gefügt die Milieus, je stärker die Gruppenbindung und je gleichförmiger die durch Meinungsführer vermittelten Informationen sind. Umgekehrt treten Abweichungen von stabilem Wahlverhalten wie Wechselwahl oder Nichtwahl dann auf, wenn die Gruppenbindung des Wählers aufgrund eines heterogenen gesellschaftlichen Kontextes nur schwach ausgeprägt ist und er folglich verstärkt so genannten „cross pressures" ausgesetzt ist. Damit wird das Wahlverhalten letztlich trotz der sozialen Determiniertheit mit sozialpsychologischen Variablen erklärt, denn schließlich ist es das beim individuellen Wähler verankerte Bedürfnis, durch die Einhaltung von Regeln und Normen Dissonanzen und Spannungen zu vermeiden, das die Wahlentscheidung bestimmt.

Eindeutig auf der Makroebene angesiedelt ist hingegen die Cleavage-Theorie nach Lipset und Rokkan (1967). Demzufolge sind es vier Hauptkonfliktlinien, entlang derer die modernen (westeuropäischen) Gesellschaften gespalten sind und die sich im Strukturbild der Parteiensysteme je nach nationaler Konstellation dauerhaft verfestigt haben (vgl. Eith/Mielke 2001); sie gelten spätestens seit der Fundamentaldemokratisierung in ihrem Grundmuster als „eingefroren". Aus dem Prozess der Nationenbildung gingen erstens Zentrum versus Peripherie-Konflikte (bzw. Konflikte zwischen dominanter und unterlegener Kultur) und zweitens der Konflikt um die Stellung von Staat und Kirche in öffentlichen Angelegenheiten hervor. Die Industrialisierung als zweiter übergreifender Makroprozess der Moderne mündete in den strukturierenden Cleavages Stadt versus Land (bzw. Industrie- versus Agrarinteressen) sowie Kapital versus Arbeit. Um politisch wirksam zu werden, bedürfen gesellschaftliche Konflikte allerdings einer gruppenorganisatorischen Vermittlung. Kollektive Akteure wie Gewerkschaften, Verbände oder soziale Bewegungen müssen neben den Parteien folglich in der Lage sein, Grundkonflikte organisatorisch zu bündeln, zu artikulieren sowie über die Deutung und Interpretation des politischen Tagesgeschehens zu aktualisieren.

Mit Blick auf die langfristig wirksamen, gesellschaftsstrukturell verankerten Bestimmungsgründe der Wahl gehört das Cleavage-Konzept Stein/Rokkans auch heute noch zu den einflussreichsten innerhalb der empirischen Wahlforschung. In Folge des tiefgreifenden makrosozialen Wandels (z.B. Berufsstruktur, Konfession etc.) in den westlichen Industrienationen dreht sich die Debatte allerdings auch hier verstärkt um die Frage, wie Veränderungen im Wahlverhalten plausibel in das Modell integriert werden können. Während Vertreter der Dealignment-These von einer einseitigen Auflösung der traditionalen Bindungen mit der Folge einer gleichzeitig wachsenden Volatilität, das heißt Wechselwahlbereitschaft, in der Wählerschaft ausgehen, interpretieren Vertreter der Realignment-These diese Veränderungen als Restrukturierung.

Schaubild 1: Erklärungsansätze des Wählerverhaltens (WV)

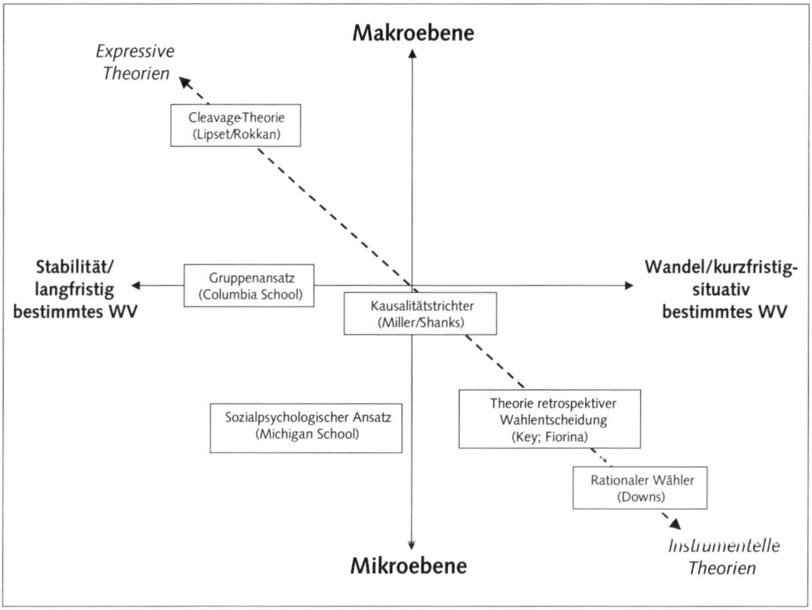

Quelle: Eigene Darstellung

Sozialstrukturell verankertes Wahlverhalten löst sich demnach nicht einfach auf, sondern wird vielmehr durch neue Konfliktlinien, die das Strukturbild der Parteiensysteme dauerhaft prägen, ergänzt („Realignment"). Dabei wird vor allem auf die Entstehung einer qualitativ neuen Konfliktlinie zwischen materieller und postmaterieller Politik (vgl. Inglehart 1977; Hildebrandt/Dalton 1977) bzw. zwischen einer Politik des ökonomisch-technologischen Wachstums auf der einen, einer der Nachhaltigkeit und Ökologie auf der anderen Seite, abgehoben (vgl. Raschke 1980; Schultze 1991a; Weßels 1991).

Während im Gruppenansatz und der Cleavage-Theorie also die langfristigen Bestimmungsfaktoren des Wahlverhaltens sowie die Makroebene im Vordergrund stehen, setzt der sozialpsychologische Ansatz in der Tradition der Michigan School ausschließlich am Individuum, der Frage nach dem Wechsel von Parteipräferenzen und somit auch stärker an der Frage nach den Ursachen für temporäre Abweichungen vom traditionalen Wahlverhalten an. Damit öffnete der Ansatz die Wahlsoziologie in stärkerem Maße auch für kurzfristig wirksame Variablen und legte gleichzeitig den Grundstein für die heute in ihren Grundzügen jedenfalls weitgehend anerkannte Determinanten-Trias Parteiidentifikation-Kandidaten-Issues. Das Konzept der Parteiidentifikation stellt einerseits als funktionales Äquivalent zum Index der politischen Prädisposition der Columbia School den langfristig stabilen Bestimmungsgrund des Wahlverhaltens dar. Es resultiert aus einer affektiven Bindung an eine politische Partei, die im Prozess der politischen Sozialisation erworben und aufgrund psychologisch erklärbarer Mechanismen wie selektiver Wahrnehmung und kognitiver Konsonanzen bzw. Dissonanzen in der Regel auf Dauer gestellt wird. Kurzzeiteinflüsse wie Sachfragen und Kandidaten ermöglichen andererseits die Erklärung von Wandlungstendenzen im Wählerverhalten, wobei im ursprünglichen Modell die Parteiidentifikation als Filter für die Bewertung solcher konjunkturellen Faktoren fungierte und dieser somit ein kausal höherer Stellenwert bei der Erklärung der Wahlentscheidung zukommt. Eine quantitative Bestimmung des jeweiligen Verhältnisses von langfristigen und kurzfristigen Einflussfaktoren erfolgt dabei beispielsweise durch die Kontrastierung der so genannten Normalwahl (*normal vote*) mit dem tatsächlichen Wahlergebnis (*actual vote*). Dabei wird das ausschließlich durch die Berücksichtigung der Parteiidentifikation ermittelte hypothetische Wahlergebnis dem tatsächlichen Resultat gegenübergestellt, um auf diesem Wege Rückschlüsse auf intervenierende Einflussfaktoren für die Wählerentscheidung zu gewinnen.

2.2 Instrumentelle Erklärungsansätze des Wählerverhaltens

Ein völlig anderes Bild des Wählers – und somit auch der Determinanten seiner Wahlentscheidung – als in den unterschiedlichen Varianten der expressiven Theorien liegt den instrumentellen Ansätzen zugrunde. Den Ausgangspunkt markiert hier der rationale, sich am individuellen Kosten-Nutzen-Kalkül orientierende Wähler, wie ihn ursprünglich Anthony Downs in seinem Werk *Ökonomische Theorie der Demokratie* (1968) erstmals für die Politikwissenschaft entworfen hat. Im Fokus dieser Ansätze befinden sich nicht mehr langfristige Bestimmungsfaktoren wie Sozialstruktur oder Parteiidentifikation, sondern Kandidaten sowie vor allem politisch kontroverse und aktuelle Sachfragen. Konstantes Wählerverhalten ist damit nicht notwendigerweise ausgeschlossen; es wird allerdings analog zu den Modellannahmen des aufgeklärten Konsumenten am Markt durch rationale Nutzenkalküle gesteuert, die viel eher konjunkturellen Schwankungen unterliegen als soziale Strukturen oder auch sozialpsychologisch verankerte kognitive Überzeugungen und affektive Werthaltungen (vgl. Tabelle 1).

Die Frage nach der Konstanz von Parteipräferenzen ist somit auch abhängig von den langfristig wirksamen Eigenschaften des Angebots auf dem politischen Markt, denn die Entscheidung ist Ergebnis der individuellen Abwägung der antizipierten Vor- und Nachteile bei der Wahl einer bestimmten Partei.

Instrumentelle Theorien der Wahlentscheidung, die an Downs Modell des rationalen Wählers anknüpften, fanden vor allem in Form der Theorie der retrospektiven Wahlentscheidung in die empirische Wahlforschung Eingang (Key 1966; Fiorina 1981). In Keys wie in Fiorinas differenzierterem Modell steht eine zeitliche Komponente im Mittelpunkt: Die aktuelle Wahlentscheidung wird geprägt durch retrospektive Erfahrungen sowie die vergangene Parteiidentifikation des Wählers, denn der Zugang zu Informationen über die Leistungen der Parteien in der Vergangenheit ist relativ leicht und zudem „kostengünstig". Diese Informationen werden bei der Nutzenkalkulation für die aktuelle Wahlentscheidung einbezogen und gleichzeitig in die Zukunft extrapoliert. Mit der expliziten Aufnahme der Parteiidentifikation in das Grundmodell Fiorinas erfolgt zudem eine Annäherung an den sozialpsychologischen Ansatz der Michigan School.

Eine interessante Mittlerposition zwischen den unterschiedlichen Erklärungsansätzen der empirischen Wahlforschung nehmen schließlich Miller und Shanks mit ihrer Variante des „Kausalitätstrichters" (vgl. Schaubild 2) im „New American Voter" (1996) ein. Die Wahlentscheidung geht hier aus einem komplexen, mehrstufigen Kausalzusammenhang hervor, der sich sowohl aus langfristigen wie kurzfristig-situativen Einflussfaktoren speist. Zu den Langfristdeterminanten gehören dabei die Wirtschafts- und Sozialstruktur auf der Makro-, Parteiidentifikation sowie ideologische Grundorientierung bzw. Selbsteinschätzung auf der Mikroebene. Diese Variablen beeinflussen dabei einerseits die spezifische Wahrnehmung konjunktureller Einflüsse aktueller Politik durch den Wähler – also Parteipräferenz, strittige Sachfragen, die Einschätzung der allgemeinen politischen Lage, ferner die retrospektive Leistungsbeurteilung der amtierenden Regierung sowie der zur Wahl stehenden Kandidaten und schließlich die damit verknüpften prospektiven Erwartungen. Die Wirksamkeit der Langfristdeterminanten bedarf andererseits allerdings der erfolgreichen Aktualisierung durch die Politik, zum Beispiel durch symbolische Mobilisierung (vgl. Schaubild 2).

Das Wahlverhalten resultiert also aus dem Spannungsfeld langfristig wie kurzfristig wirksamer Variablen. Hierüber besteht in der empirischen Wahlforschung im Grunde genommen Einigkeit, was sich nicht zuletzt auch daran ermessen lässt, dass sich die in der jüngeren Vergangenheit entwickelten Erklärungsansätze verstärkt aufeinander zu bewegten, Elemente der jeweils anderen Schule zu integrieren versuchten und von sparsamen, aber oftmals allzu realitätsfernen theoretischen Extrempositionen abrückten. Dennoch bleiben wichtige Fragen offen und strittig: Es sind dies auf der Ebene der Theoriebildung insbesondere die nach der Kausalität und der Bedeutung und Wirkung der einzelnen Determinanten, auf der Ebene der Methoden die nach der jeweils angemessenen Erhebungsweise und Datenbasis.

Schaubild 2: Der Kausalitätsrichter nach Miller/Shanks

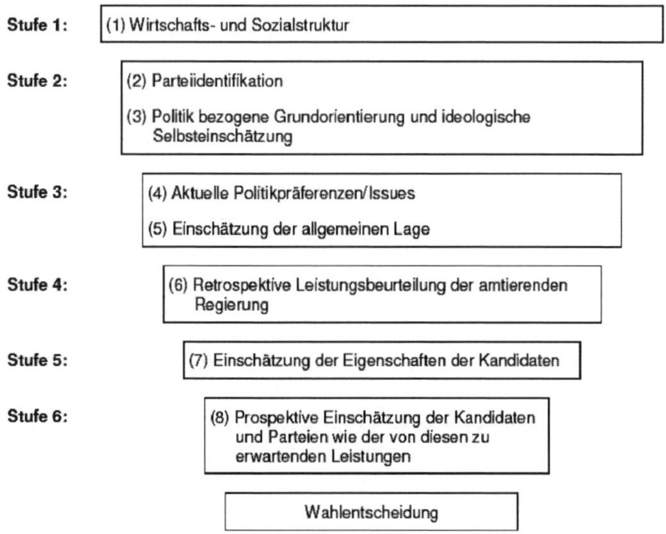

In Anlehnung an Warren E. Miller/J. Merrill Shanks 1996: The New American Voter.

3. Methoden und Methodenprobleme der empirischen Wahlforschung

Theorien und Methoden der empirischen Wahlforschung haben sich stets wechselseitig beeinflusst. Die einzelnen Theorien lassen sich in der Regel nicht nur relativ eindeutig einer speziellen Methodologie zuordnen, je nachdem, ob sie auf der vertikalen Achse in Schaubild 1 eher sozialstrukturell oder aber beim Individuum verankert sind. Vielmehr steht ihre Entstehung selbst in einem engen Zusammenhang mit Innovationen insbesondere bei der Datenerhebung und Datenverarbeitung. Trotz immenser Fortschritte in Folge der Entwicklung von umfangreichen Individualdatenbeständen, die die Wahlforschung seit den 1940er Jahren beachtlich vorangebracht hat, ist sie allerdings nach wie vor mit einem grundlegenden analytischen Problem behaftet: Sie möchte einerseits individuelles Wahlverhalten erklären, wofür ihr andererseits aufgrund der geheimen Stimmabgabe allerdings nur Aggregatdaten – wenn auch auf sehr unterschiedlichen Niveaus – zur Verfügung stehen. Daraus resultiert eine nicht zu schließende Lücke zwischen dem gemessenen Informationsgehalt der zu interpretierenden Daten und dem sich tatsächlich vollziehenden Geschehen, weshalb Annahmen über Kausalbeziehungen letztlich immer von Unwägbarkeiten bestimmt bleiben werden.

Aggregat- und Individualdatenanalyse[2] zeichnen sich beide durch spezifische Vorzüge und Nachteile aus, die bei der Entscheidung für eine der beiden Vorgehensweisen (oder im Zuge ihrer Verknüpfung durch die Mehrebenenanalyse) in Abhängigkeit vom Erkenntnisinteresse einer Untersuchung sowie den verfügbaren Datenbeständen ausgelotet werden müssen. Beide Forschungsstrategien gehen auf unterschiedliche Weise mit dem Grundproblem der empirischen Wahlforschung um, ohne es dabei selbstverständlich lösen zu können. Während Aggregatdatenanalysen forschungspraktisch nicht zuletzt aufgrund der Gefahr des ökologischen Fehlschlusses immer mehr an Bedeutung verloren haben, wird aufgrund des paradigmatischen Konsenses in den Behavioralismus und der sich bisweilen verselbstständigenden Methodendiskurse oftmals kaum mehr wahrgenommen, dass auch die Individualdatenanalyse mit spezifischen Problemen behaftet ist (vgl. Schultze 1991b). Zwar wurden im Hinblick auf die Behebung der klassischen Fehlerquellen der Wahrscheinlichkeitsstatistik durch Methodenverfeinerung teils beachtliche Fortschritte erzielt. Dies darf allerdings nicht den Blick darauf verstellen, dass über Umfragen gewonnene Daten lediglich Auskunft über Verhaltensabsichten geben, die nicht notwendigerweise mit tatsächlichem Verhalten übereinstimmen müssen (vgl. Eith/Mielke 2003: 324). Falschangaben, ob unbewusst oder beabsichtigt, müssen mit einkalkuliert werden ebenso wie die Tatsache, dass das in Umfragen gewonnene Bild lediglich eine Momentaufnahme darstellt. Zudem kann nicht unterstellt werden, dass die standardisierten Fragekataloge für die interviewten Personen durchweg die gleiche Bedeutung haben.

Es ist deshalb ausgesprochen problematisch, wenn, wie in Demoskopie und Wahlforschung immer wieder zu beobachten, von „dem Wählerwillen" gesprochen wird. Dieser ist vielmehr, wie Claus Offe treffend formuliert hat, nicht nur fehlbar und verführbar, sondern vor allem fiktiv sowie „[...] ein *Artefakt* derjenigen institutionellen Verfahren [...], die wir vorgeblich nur in seiner *Messung* verwenden. Der Volkswille *besteht* nicht *vor* diesen Verfahren und unabhängig von ihnen, sondern er *entsteht* in ihnen." (Offe 1992: 127f., Hervorhebungen im Original).

---

2 Zur Aggregat- und Individualdatenanalyse im Detail vgl. Bürklin/Klein 1998, Roth 1998, die entsprechenden Artikel in Falter/Schoen 2005 sowie Beate Hoecker in diesem Band.

4. Empirische Befunde: Das Wahlverhalten in der BRD

4.1 Langfristdeterminanten: Sozialstrukturelle Verankerung des Wahlverhaltens und Parteiidentifikation

Das Wahlverhalten in Westdeutschland war lange Zeit relativ klar konturiert. So lag beispielsweise die Wahlbeteiligung zwischen 1953 und 1987 kontinuierlich über 85 Prozent, in den 1970er Jahren sogar über 90 Prozent. Die Teilnahme bei Wahlen wurde von der großen Bevölkerungsmehrheit als staatsbürgerliche Pflicht begriffen, der Wahlakt selbst galt deshalb unangefochten als die bedeutsamste Form politischer Partizipation. Die Stabilität im Wahlverhalten äußerte sich in hohen Wiederwahl- und vergleichsweise geringen Wechselwähleranteilen. Bekanntlich kam es erstmalig in der deutschen Nachkriegsgeschichte bei der Bundestagswahl 1998 zur Abwahl einer amtierenden Regierung, ausgelöst durch entsprechende Bewegungen auf der Wählerebene (vgl. Tabelle 2).

Aus dem bestehenden Theorieangebot können deshalb vor allem die expressiven Ansätze für die Erklärung des Wahlverhaltens in der Bundesrepublik eine relativ hohe Plausibilität für sich in Anspruch nehmen. Neben dem Konzept der Parteiidentifikation erwies sich insbesondere die Cleavage-Theorie in Anlehnung an Lipset/Rokkan hier als besonders erklärungskräftig. Allerdings machen tiefgreifende Veränderungen wie Wertewandel und „partizipatorische Revolution", sozialstruktureller Wandel in Demographie, Berufsstruktur und Lebensstil sowie schließlich die Wiedervereinigung Modifikationen am ursprünglichen Konzept notwendig. Trotz einer zunehmenden Orientierung der Wähler an situativen und kurzfristigen Einflussfaktoren bleibt das Wahlverhalten in der Bundesrepublik jedoch noch immer zu einem großen Teil langfristig durch Sozialstruktur und affektive Parteibindungen geprägt.

4.1.1 Cleavages

Für die Bundesrepublik maßgeblich war und ist dabei zunächst die Konfliktlinie zwischen Kapital und Arbeit, charakterisiert durch das Spannungsverhältnis zwischen marktliberalen Orientierungen auf der einen, egalitären und auf Umverteilung zielenden Orientierungen auf der anderen Seite. Im Wahlverhalten kommt dieser Grundkonflikt vor allem und trotz einer leichten Abschwächung seit Ende der 1990er Jahre in einem historisch stabilen Zusammenhang zwischen Berufsgruppenzugehörigkeit und der Verteilung von Parteipräferenzen zum Ausdruck (vgl. Kornelius et al. 2005: 30). Dieser Zusammenhang stellt sich noch deutlicher dar, wenn man die Einflussgröße Gewerkschaftsmitgliedschaft zusätzlich mit in Betracht zieht. Die Sozialdemokraten schneiden traditionell in der Wählergunst von gewerkschaftlich organisierten Arbeitern, Angestellten und Beamten überdurchschnittlich gut ab (vgl. Tabelle 3). Besonders ausgeprägt ist die Parteipräferenz zugunsten der SPD bei Arbeitern mit Gewerkschaftsmitgliedschaft in den alten Bundesländern: Betrachtet man die Wahlen zwischen 1976 und 2002, so votierten im Schnitt knapp 63 Prozent dieser Wählergruppe für die SPD. Ein ähnlich gelagerter, langfristig stabiler Zusammenhang existiert offenkundig mit Blick auf die zweite, das Wahlverhalten in der BRD bestimmende sozialstrukturelle Konfliktlinie: die Konfession, operationalisiert durch Kirchenbindung beziehungsweise Kirchgangshäufigkeit. Hier zeigt sich eine überproportionale Bevorzugung der Unionsparteien durch die konfessionell stark gebundenen Katholiken, sowie – wenn auch weniger intensiv ausgeprägt – Katholiken mit mäßiger Kirchenbindung (vgl. Tabelle 4). So wählten etwa 75 Prozent aller Katholiken mit starker Kirchenbindung im Zeitraum zwischen 1976 und 2002 im Durchschnitt die Union. Unterrepräsentiert war sie hingegen vor allem bei den konfessionslosen Wählern, von denen im gleichen Zeitraum durchschnittlich lediglich 23 Prozent für die Union votierten. Bei den protestantischen Wählern zeigte sich eine überproportionale und relativ stabile Präferenz zunächst zugunsten der SPD. Seit Mitte der 1980er Jahre nimmt diese Ausprägung leicht ab und verteilt sich stattdessen auf SPD und Grüne: Beide Parteien kommen im Durchschnitt bei den Bundestagswahlen zwischen 1976 und 2002 zusammen auf 52,5 Prozent.

Die quantitativen wie qualitativen makrosozialen Veränderungen seit den 1960er Jahren berührten selbstverständlich auch die Art und Weise der strukturellen Verankerung des Wählerverhaltens. Für die BRD gilt dabei, dass sich der gesellschaftliche Wandel allerdings nicht nullsummengleich in einer abnehmenden Bedeutung langfristiger zugunsten von kurzfristig-situativen Bestimmungsfaktoren äußerte, sondern vielmehr in veränderten Formen der Vermittlung und Aktualisierung gesellschaftlicher Cleavages einerseits sowie der Entstehung eines qualitativ neuen, ökologischen Grundkonflikts andererseits.

(1) So wurden die qualitativen wie quantitativen Veränderungsprozesse auf der sozialstrukturellen Ebene bereits während der 1960er Jahre wirksam. Die Bindungskraft der tradierten Milieus lockerte sich zunächst im Zuge vor allem des berufsstrukturellen und sozio-kulturellen Wandels und führte zu einem politischen Standortwechsel des neuen Mittelstandes, also bei Beamten und Angestellten. Von dieser „Säkularisierungswelle", ausgelöst durch gesellschaftliche Einstellungsveränderungen, profitierte in erster Linie die SPD auf Kosten der CDU, von der sich viele Wähler aus anti-klerikalen oder anti-religiösen Gründen abwendeten (Pappi 1977: 209ff.). Die veränderten Wirkungen, die seither vom konfessionellen Cleavage ausgingen, zogen somit eine Homogenisierung des Wahlverhaltens von Angestellten und Beamten einerseits, den Arbeitern andererseits, nach sich.

(2) Nach wie vor in hohem Maße prägend ist indessen der wohlfahrtsstaatliche Cleavage. Eine wichtige Aktualisierung erfuhr dieser Strukturkonflikt zunächst vor allem nach dem Bruch des keynesianischen Basiskonsenses und

dem neoliberalen Paradigmenwechsel seit den 1980er Jahren. Die qualitativen Veränderungen dieses Cleavages sind in der BRD dabei durch mindestens zwei Besonderheiten charakterisiert. Erstens durch eine wachsende Inkongruenz zwischen dem neoliberalen Diskurs auf der Ebene der politischen Eliten einerseits, den mehrheitlich pro-wohlfahrtsstaatlichen Einstellungen auf der Wählerebene andererseits. Während sich die öffentliche Diskussion und politische Programmatik primär um Maßnahmen des Um- oder Abbaus wohlfahrtsstaatlicher Leistungen dreht, spricht sich die Bevölkerung nach wie vor in Umfragen mehrheitlich für die Aufrechterhaltung beziehungsweise eine Anhebung des Niveaus sozialstaatlicher Aktivitäten aus (vgl. Roller 2000). Die wachsende Inkongruenz zwischen dem politischem Diskurs auf Elitenebene und der Präferenzverteilung innerhalb der Bevölkerung kommt dabei in einer Renaissance und Aktualisierung der sozioökonomischen Konfliktdimension zum Ausdruck, die sich besonders offenkundig in den Ergebnissen der Bundestagswahlen seit 1998 widerspiegelt (vgl. Eith/Mielke 2000; 2003; ähnlich auch Raschke 2002). Zweitens stellt sich der aktualisierte sozioökonomische Grundkonflikt seit der Wiedervereinigung auch in territorialer Hinsicht neu dar (vgl. Eith/Mielke 2000; Schultze 2002). So unterscheiden sich ideologische Grundeinstellungen und politischer Wertehaushalt zwischen West- und Ostdeutschland besonders prägnant gerade im Hinblick auf wohlfahrtsstaatliche Orientierungen sowie die diesen zugrunde liegenden Gerechtigkeitsvorstellungen. Die an den Staat mit Blick auf seine Rolle bei der Herstellung sozialer Gerechtigkeit und bei der Beseitigung der Arbeitslosigkeit gerichteten Erwartungen treten im Osten in noch viel deutlicherem Maße zum Vorschein als in den alten Bundesländern. Für die beiden, territorial unterschiedlichen Ausprägungen des sozioökonomischen Cleavages gilt jedoch gleichermaßen, dass sie sozialstrukturell verankert sind, wobei ein positiver Zusammenhang zwischen abnehmenden sozialem Status und der Forderung nach mehr sozialer Gerechtigkeit und wohlfahrtsstaatlichen Ansprüchen existiert.

(3) Der gesellschaftliche Wertewandel der späten 1960er und 1970er Jahre manifestierte sich in Westdeutschland in einer neuen, durch das Spannungsfeld von ökologischer Politik auf der einen, einer Politik des ökonomisch-technischen Wachstums auf der anderen Seite, charakterisierten Konfliktlinie. Diese postmateriell-ökologische Konfliktlinie liegt dabei quer zu den beiden tradierten Grundkonflikten (vgl. Schultze 1991a) und kommt auf der Ebene des Parteiensystems in der dauerhaften Etablierung der Grünen zum Ausdruck. Die sozialstrukturelle Verankerung dieses Grundkonfliktes wird dabei vor allem deutlich, betrachtet man die diachrone Entwicklung des Stimmenanteils der Grünen nach Altersstruktur (vgl. Tabelle 5). Die These vom „Ergrauen der Grünen“ bestätigt die ursprünglich von Karl Mannheim entwickelte Generationenhypothese, wonach Einstellungen und Verhaltensmuster innerhalb der Generationenkohorten relativ stabil bleiben (vgl. Schultze 2003: 90ff.). So zeigt der Längsschnittvergleich der Wahlen 1983, 1990 und 2002 in Tabelle 5 nicht nur eine zunehmende Angleichung bei den Stimmenanteilen in den

Altersgruppen unter 60 Jahren, wobei die Grünen 2002 ihr bestes Ergebnis in der Gruppe der 35–45 Jährigen erzielten. Besonders deutlich ist darüber hinaus vor allem der Stimmenzuwachs in den beiden Altersgruppen 45–60 Jahre sowie ab 60 Jahren zwischen 1990 und 2002, ein Indiz für die relative Stabilität des Wahlverhaltens innerhalb der Kohorten.

(4) Methodisch ist es grundsätzlich schwierig, die Wirkung geschlechtspezifischer Unterschiede auf das Wahlverhalten als unabhängigen Faktor zu isolieren. Fraglich ist dabei vor allem, inwieweit Differenzen im Wahlverhalten von Frauen und Männern tatsächlich dem Geschlecht geschuldet sind oder aber vielmehr andere, kurzfristig-situative wie langfristige Determinanten reflektieren. Dennoch ist es bemerkenswert, dass bei der Bundestagswahl 2002 die Unterschiede im Verhalten von Frauen und Männern wieder deutlicher zu Tage getreten sind, nachdem sie sich seit den 1970er Jahren zunehmend angeglichen hatten (vgl. Neu/Molitor 1999). Während Frauen in der Wählerschaft von SPD sowie Bündnis 90/Die Grünen 2002 deutlich überrepräsentiert waren, stellten umgekehrt die Männer den größten Anteil in der Wählerschaft von Union und FDP. Bei der Bundestagswahl 2005 haben sich die Verhaltensweisen wieder etwas angenähert. Während die beiden großen Parteien bei Frauen und Männern eine in etwa gleich starke Unterstützung fanden, hatte hingegen das schwarz-gelbe Lager in der Präferenz der Männern noch immer einen deutlich größeren Vorsprung gegenüber dem rot-grünen (46 versus 40 Prozent; alle Daten aus: Infratest Dimap 2005). Deutliche Unterschiede werden zudem sichtbar, zieht man neben dem Geschlecht auch noch das Alter mit in die Betrachtung ein. So hat sich die ohnehin schon große Kluft zwischen SPD- und Unionswählerinnen in der Altersgruppe zwischen 18 und 24 Jahren bei der Bundestagswahl 2005 mehr als verdoppelt, wobei die SPD leicht hinzugewinnen konnte, während die Union 7 Prozentpunkte verlor: 42 Prozent aller Frauen in dieser Altersgruppe wählten SPD (2002: 40 Prozent), die Union sackte hingegen ab auf 25 Prozent (2002: 32 Prozent). Umgekehrt wird die Union noch immer überproportional von Frauen ab 60 Jahren gewählt, wobei sich allerdings der schon seit längerem beobachtbare Abwärtstrend auch bei der letzten Bundestagswahl weiter fortgeschrieben hat. Lag der Anteil der Unionswählerinnen ab 60 Jahre bis in die 1990er Jahre noch deutlich über 50 Prozent, waren es 2005 nur noch 43 Prozent (und damit ein Prozentpunkt weniger als 2002). Dieser demographisch und kohortenspezifisch bedingte Vorteil für die Union wird deshalb wohl auch in Zukunft weiter zusammenschmelzen.

(5) War das Wählerverhalten in Westdeutschland also trotz unübersehbarer Wandlungstendenzen weitgehend stabil und klar konturiert, scheint für Ostdeutschland genau das Gegenteil zuzutreffen. Nicht nur auf der Ebene des Parteiensystems, sondern auch auf der Ebene des Wahlverhaltens unterscheiden sich die beiden Landesteile 15 Jahre nach der Wiedervereinigung noch immer deutlich. Besonders hervorgehoben wird dabei in der Wahlforschung die augenscheinlich situationsbezogenere Entscheidung bei der Stimmabgabe. Die Wähler in Ostdeutschland entscheiden sich demzufolge in viel stärkerem

Ausmaß unter Berücksichtigung kurzfristiger Kalküle, weshalb die Wechselbereitschaft (Volatilität) hier wesentlich größer sei als in Westdeutschland, was beispielsweise in deutlich stärkeren Schwankungen in den Parteistärken abzulesen ist. Tatsächlich ist der so genannte Pedersen-Index, mit dem die Aggregatvolatilität bei Wahlen in diachroner Perspektive gemessen wird, bei den Bundestagswahlen seit 1990 in den neuen Bundesländern nahezu doppelt so hoch wie im Westen (vgl. Niedermayer 1999). Entsprechend plausibel erscheint deshalb eine Interpretation des ostdeutschen Wahlverhaltens auf der Basis der situativ-kurzfristigen Erklärungsfaktoren des Michigan-Modells beziehungsweise des rational-choice Ansatzes: Positions- und Valenzissues sowie die Kandidatenorientierung sind demzufolge aufgrund fehlender affektiver Parteibindungen nach westdeutschem Muster einerseits, nur schwach ausgeprägter sozialstruktureller und organisatorischer Vermittlung andererseits die bestimmenden Faktoren des Verhaltens der Wähler in den neuen Bundesländern.

Dieser Interpretationslinie (auch „Stunde Null"-Hypothese) wurde seitens Vertretern des sozialstrukturellen Ansatzes entgegengehalten, dass auch in Ostdeutschland tieferliegende, langfristig wirksame und strukturierende Determinanten zu einem beachtlichen Ausmaß wirksam sind („Kontinuitätsthese"; vgl. im Detail Schultze 2002). Aus diesem Blickwinkel hat sich – ähnlich wie in Westdeutschland während der ersten Hälfte der 1950er Jahre – im Gefolge der „kritischen" Bundestagswahl 1994 und den Landtagswahlen der Jahre 1994/95 ein mittelfristig stabiles Muster in Wählerverhalten und Parteiensystem herausgebildet, das nicht zuletzt mit der prägenden Wirkung spezifisch ostdeutscher Cleavages erklärt werden kann. Abgehoben wird dabei vor allem auf die Zentrum-Peripherie-Konflikte zwischen dem Norden und Süden sowie zwischen Stadt und Land (vgl. Emmert/Roth 1995), während der ökologische Grundkonflikt anders als im Westen hier kaum eine Rolle spielt. Eine besondere Bedeutung hat zudem der konfessionelle Cleavage. Einerseits existiert hier trotz abnehmender Tendenz noch immer ein relativ deutlicher Zusammenhang zwischen Konfessionszugehörigkeit und Parteipräferenz zugunsten der Union, wobei dieser vergleichsweise stark bei den Katholiken ausgeprägt ist. Bei den Protestanten scheint sich dieser Anfang der 1990er Jahre noch deutlich erkennbare Zusammenhang zunehmend aufzulösen; bei der Bundestagswahl 2002 votierten mit 39 Prozent erstmals mehr Protestanten für die SPD als für die Union, die auf nur mehr 37 Prozent der Stimmen kam (vgl. Kornelius et al. 2005: 37). Zum zweiten relativiert sich die Bedeutung dieses Cleavages trotz des konstanten Gruppeneinflusses jedoch erheblich, zieht man den sehr niedrigen Anteil konfessionsgebundener Wähler – zumal der Katholiken mit etwa 3 Prozent – an der Gesamtbevölkerung des „säkularisierten" Ostens in Betracht (vgl. auch Dalton/Bürklin 1995).

Ein etwas anderes Bild stellt sich im Blick auf die Berufsstruktur in Ostdeutschland dar; es betrifft vor allem die Arbeiter, die, für viele Beobachter überraschend, zunächst überproportional die Union wählten und gleichzeitig einen vergleichsweise hohen Anteil an der Wählerschaft stellen. Seit der Bundestagswahl 1998 liegt die SPD in dieser Berufsgruppe allerdings klar vor der Union, ebenso wie in der von der Forschungsgruppe Wahlen zusammengefassten Gruppe Angestellte/Beamte (vgl. die Datenreihen in Kornelius et al. 2005: 32). Hier liegt zudem eine überdurchschnittlich hohe (und gerade im Vergleich mit der Arbeiterschaft höhere) und stabile Präferenz zugunsten der PDS vor. Eine dauerhafte Bindung der Arbeiter an die Union, wie sie als Teilhypothese von den „zwei Elektoraten" von Dalton und Bürklin zunächst formuliert wurde, blieb somit aus. Für die These von den zwei Elektoraten sprechen indessen nach wie vor nicht nur die unbestreitbar größere Rolle situationsbezogener Determinanten, sondern vielmehr auch die spezifische politische Regionalkultur (Schultze 2002: 23), die die Problemperzeptionen und Einstellungshaltungen auch in Ostdeutschland mittel- bis langfristig auf Dauer stellte. Aus der Perspektive der Kontinuitätsthese lässt sich somit festhalten, dass das Wahlverhalten in Ostdeutschland durchaus auch stabilen Mustern folgt. Die an dieser Stelle diskutierten sozialstrukturellen Variablen sind wirksam, allerdings erzeugen sie weder eine Angleichung des Wahlverhaltens zwischen Ost und West, noch sind es die gleichen Konfliktlinien, die es beeinflussen und stabilisieren. Der Ökologie-Cleavage spielt im Osten kaum eine Rolle, und auch die Konfession hat als solche aus rein quantitativen Gründen nur wenig Einfluss auf die aggregierten Wahlergebnisse. Von zentraler Bedeutung sind indessen neben dem regional bestimmten Nord-Süd-Cleavage sowie dem zwischen Stadt und Land vor allem der sozioökonomische Grundkonflikt. Dieser ist als einziger Großkonflikt der BRD gesamtgesellschaftlich prägend, wobei auch hier eine unterschiedliche Wahrnehmung und Bewertung zwischen den beiden Teilelektoraten charakterisierend ist und somit das Wahlverhalten in teils unterschiedliche Richtungen lenkt.

4.1.2 Parteiidentifikation

Neben dem Cleavage-Ansatz erklärt das Konzept der Parteiidentifikation des Michigan-Modells langfristig stabile Muster des Wahlverhaltens. Wie aus Abbildung 1 ersichtlich wurde, liegt die Ursache hierfür allerdings nicht in den Eigenschaften der gesellschaftlichen Makrostruktur begründet, sondern in den individuell verankerten und während der Sozialisation ausgebildeten affektiven Bindungen an eine Partei.

Allgemein stellt sich der Befund zum Wahlverhalten in der BRD aus dem Blickwinkel der Parteiidentifikation ähnlich dar wie aus dem der Cleavage-Theorie. Zum einen ist der Trend abnehmender Parteiidentifikation zurückzuführen auf die veränderte Zusammensetzung des Elektorates infolge der quantitativen Reduktion und Lockerung der langfristigen Bindungen in der Wählerschaft (Kompositionseffekte). Zum zweiten – und in ihrer Beurteilung innerhalb der Wahlforschung umstritten – ist die Bedeutung so genannter Transitionseffekte, das heißt der Neigung der Wähler, von der Parteipräferenz kurzfristig abzuweichen (vgl. Falter/Schoen 1999). So ist erstens in der Langfristperspektive ein klar rückläufiger Trend zu verzeichnen, betrachtet man die Wähler mit affektiver Parteibindung. Zwischen 1976 und 1998 nahm ihr Anteil an der gesamten Wählerschaft kontinuierlich um insgesamt etwa 15 Prozentpunkte ab. Er ist in der westdeutschen Wählerschaft mit 70 Prozent indessen noch immer vergleichsweise groß. Zweitens ist auch bei denjenigen Wählern ein rückläufiger Trend zu beobachten, die eine Parteiidentifikation aufweisen und ihre Zweitstimme dann auch tatsächlich im Einklang mit dieser affektiven Bindung abgeben. Während dieser Anteil zwischen 1972 und 1990 stets über 90 Prozent lag (bei einer Schwankungsbreite zwischen 93,1 und 95,5 Prozent), gaben 1994 nur noch 86,9 und 1998 84,9 Prozent an, ihre Stimme im Einklang mit der Parteiidentifikation abzugeben (Falter/Schoen 1999: 467). Strittig ist indessen, ob von diesen qualitativen und quantitativen Verschiebungen tatsächlich ein „partisan dealignment" mit einer einseitigen Aufwertung kurzfristig-situativer Faktoren einhergeht, wie dies insbesondere Vertreter des rational-choice Ansatzes betonen, oder aber ob lediglich die spezifische Vermittlung von kurzfristig und langfristig wirksamen Determinanten – beispielsweise durch wechselseitige Filter- und Verstärkungsfunktionen – komplexer wird. Frappierend und nicht von der Hand zu weisen bleibt angesichts der Zahlen indessen die Tatsache, dass gerade trotz der tiefgreifenden gesellschaftlichen Veränderungsprozesse und des Bedeutungszuwachses kurzfristiger Einflussfaktoren für den weitaus größten Teil der Wählerschaft in Westdeutschland von der Parteiidentifikation noch immer beachtliche Wirkungen ausgehen.

Zweifellos niedriger ist die Parteiidentifikation indessen im Osten ausgeprägt. Sie lag in den vergangenen Jahren zwischen 50 und 60 Prozent. Ähnlich wie im Fall der Cleavages wäre es allerdings kurzschlüssig, die durchaus auch dort vorhandene Wirksamkeit von Langfristdeterminanten in Gestalt affektiver Parteibindungen zu unterschätzen; immerhin verfügt eine klare Mehrheit der Wähler über eine solche. Erklärt werden kann diese zum einen mit bereits zu DDR-Zeiten existierenden Quasi-Parteibindungen der Ostdeutschen an westdeutsche Parteien (Bluck/Kreikenbom 1991). Denn die Politik in Westdeutschland stellte – vermittelt über die Medien – bereits damals für viele DDR-Bürger einen exogenen Bestandteil ihres Erfahrungshorizontes bzw. Sozialisationsraumes dar, mit dem die Ausbildung von Parteipräferenzen einherging und die erstmals während der Volkskammerwahl 1990 auch artikuliert werden konnten. Zum zweiten manifestieren sich sozialstrukturelle und durch Parteiidentifikation bestimmte Langfristdeterminanten vor allem in der für viele Beobachter überraschend stabilen Wählerbasis der PDS. Auf die überproportionale Parteipräferenz der ostdeutschen Angestellten und Beamten (im Unterschied zu den Arbeitern) für die PDS wurde bereits hingewiesen. Hinzu kommen Arbeitslose und in Ausbildung befindliche junge Leute, die überdurchschnittlich und im Längsschnitt relativ stabil für die PDS votierten. Ihre Stammwählerschaft ist somit charakterisiert durch ein hohes Maß an innerer Kohärenz, das aus klaren Bezügen zu sozialstrukturellen Merkmalen, einer starken Ausprägung von Parteiidentifikation und relativ klar konturierten politisch-ideologischen Grundüberzeugungen resultiert (vgl. hierzu u.a. Gabriel 1997; Schultze 2002).

4.2 Kurzfristig-situative Determinanten: Das Wahlverhalten in der BRD im Lichte von Kandidaten- und Sachorientierungen sowie dem „rationalen Wähler"

Die kurzfristig-situativen Bestimmungsfaktoren werden offenkundig für die Erklärung des Verhaltens eines wachsenden Teils der Wählerschaft in Deutschland immer wichtiger. Damit müssten entsprechend Ansätze, die, wie beispielsweise im Michigan-Modell, Kurzzeiteinflüsse in Form von Kandidatenauswahl oder Sachfragen theoretisch aufgreifen, an Plausibilität und Erklärungskraft gewinnen. Dies gilt mindestens ebenso für instrumentelle Theorien, die aufgrund der abnehmenden Bindungskraft sozialstruktureller Faktoren im Gefolge eines Dealignment-Prozesses parallel von einer wachsenden „Rationalität" innerhalb der Wählerschaft ausgehen. Insbesondere die Positionsissues sind es demzufolge, entlang deren Beurteilung sich die Wählerschaft scheidet und in Abhängigkeit vom programmatischen Angebot der politischen Parteien unter Kosten-Nutzen Abwägung ihre Entscheidung trifft.

Ein solcher Trend ist grundsätzlich nicht von der Hand zu weisen. Gerade die Interpretation der Bundestagswahlen seit 1994 war in weiten Teilen der veröffentlichten Meinung, gestützt auf die Momentaufnahmen der Demoskopie, aber auch vieler politikwissenschaftlicher Analysen geleitet von der grundlegenden Annahme, dass die Erklärung des Wahlausgangs letztlich auf kurzfristig wirksame Variablen zurückgeführt werden müsse (zur Kritik vgl. Raschke 2002; Schultze 2003). So wurde beispielsweise

- die Bundestagswahl 1998 als persönliche Niederlage Helmut Kohls und als Sieg des Herausforderers Gerhard Schröder gewertet (Jung/Roth 1998), und/oder komplementär hierzu
- mit der steigendenden Zahl von Wechselwählern, vor allem der „Neuen Mitte", begründet;
- die Bundestagswahl 2002 situativ, unter dem Eindruck von Ereignissen wie Flutkatastrophe und Irakkrieg, interpretiert (vgl. Niedermayer 2003) ebenso wie
- die Bundestagswahl 2005, bei deren Analyse Schröders Aufholjagd im Vordergrund stand.

Diese spannungsgeladenen Interpretationen eines „horce race" mögen zwar mit Blick auf das Bild, das in Schaubild 3 zum Ausdruck kommt, augenscheinlich nahe liegen und zudem den Anforderungen und Erwartungshaltungen der Mediengesellschaft genügen. Spätestens nach der ersten Hochrechnung am Wahlabend setzt indessen aufgrund des scheinbar überraschend anders gelagerten Wahlergebnisses große Ernüchterung ein: sowohl auf Seite der Demoskopen, die offenkundig mal wieder völlig falsch lagen, als auch seitens der Politiker, die den Zahlen Glauben schenkten. So lag die Summe der Abweichungen bei den Stimmenanteilen der Parteien zwischen Prognose und Endergebnis der fünf wichtigsten deutschen Umfrageinstitute bei der Bundestagswahl 2005 durchweg bei deutlich mehr als 10 Prozent (Der Spiegel 2005: 63). Damit wurden insbesondere aufgrund der gravierenden Fehleinschätzung des Abschneidens von Union und FDP die bereits bei der Bundestagswahl 2002 beachtlichen Abweichungswerte nochmals übertroffen. Als letzte Erklärungsmöglichkeit verbleibt dann scheinbar nur noch die These vom „last minute swing".

Schaubild 3: Politische Stimmung in Deutschland vor und nach der Bundestagswahl 2005

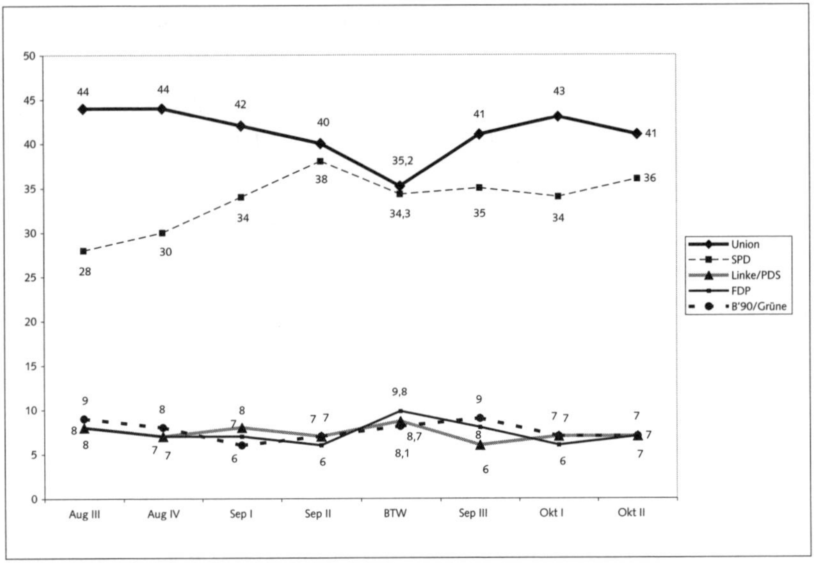

Quelle: Forschungsgruppe Wahlen: Politbarometer

Die verlässliche Prognose des Wahlausgangs wird also offenkundig trotz immer ausgefeilterer Methoden der Demoskopie aufgrund verschiedenartiger Unwägbarkeiten zusehends schwieriger. Da sich die Stärkerelationen der beiden großen politischen Lager langfristig zunehmend angeglichen haben, reichen mittlerweile relativ kleine Veränderungen im Verhalten der Wähler aus, um über Bestand oder Abwahl einer Regierung zu befinden. Der Wahlausgang ist somit zusehends kontingent. Die Fokussierung auf Meinungsklima und Kurzzeiteinflüsse führt aber genau deshalb zu gravierenden Fehleinschätzungen, die sich vermeiden ließen, gerieten langfristige Wirkungszusammenhänge auf Kosten der Momentaufnahme nicht aus dem Blick. Denn der Bedeutungszuwachs situativer Faktoren ist nicht unabhängig von der nach wie vor existierenden Prägekraft langfristiger Determinanten zu sehen. Was vielmehr vorherrscht ist eine „strukturierte Vielfalt" (Schultze 2003).

4.2.1 Kandidatenorientierung und Personalisierung

Im Gegensatz zum in der Medienöffentlichkeit oftmals erweckten Eindruck einer zunehmenden Personalisierung von Wahlkämpfen lassen sich in der empirischen Wahlforschung nur eingeschränkt Anhaltspunkte für die These finden, dass die Kandidaten einen signifikant wachsenden, von anderen Faktoren unabhängigen Einfluss auf die Wahlentscheidung haben. Zwar nahmen die Spitzenkandidaten im Wahlkampf in Deutschland traditionell eine herausgehobene Position ein, was vor allem politisch-institutionell durch die wichtige Stellung des Bundeskanzlers innerhalb des Regierungssystems bedingt ist. Dieser Trend wurde durch die Logik der Medienberichterstattung in den letzten Jahrzehnten sicherlich verstärkt und mit der Einführung von Fernsehduellen zwischen den Spitzenkandidaten seit 2002 weiter auf die Spitze getrieben. Betrachtet man allerdings die unterhalb dieser öffentlichen Wahrnehmung liegenden Wirkungszusammenhänge, ergibt sich ein anderes Bild. So gibt es eine weitgehende Deckungsgleichheit von Kandidaten- und Partei- (bzw.) Lagerpräferenzen, weshalb eher von einer wechselseitigen Verstärkung der beiden Einflussfaktoren auszugehen ist. So favorisierten beispielsweise 98 Prozent der SPD-Anhänger, 96 Prozent der Grünen-Anhänger und 85 Prozent der Anhänger der PDS bei der Bundestagswahl 2002 Gerhard Schröder als den von ihnen gewünschten Bundeskanzler, während umgekehrt 82 Prozent der Unionswähler Edmund Stoiber bevorzugten. Lediglich bei den Anhängern der FDP gab es ein ausgewogenes Verhältnis, wobei 48 Prozent für Stoiber, 45 Prozent für Schröder votierten (Kornelius et al. 2005: 39).

Es gilt folglich analytisch zu unterscheiden zwischen einer wachsenden Personalisierung der Medienberichterstattung und, als Reflex hierauf, den in den Parteizentralen verfolgten Anpassungsstrategien (beispielsweise in Gestalt einer Entkopplung von Partei und Kandidat) einerseits, der Frage nach den Auswirkungen dieser Veränderungsprozesse auf das Wahlverhalten andererseits. Mit Blick auf die ungebundenen Wähler ist dabei durchaus davon auszugehen, dass die jeweilige Wahrnehmung der Spitzenkandidaten ihre Wahlentscheidung maßgeblich beeinflussen kann (Brettschneider 2001: 388). Gerade Landtagswahlen in Ostdeutschland, wo die deutlichen absoluten Stimmenmehrheiten von Ministerpräsidenten wie Kurt Biedenkopf, Bernhard Vogel oder Manfred Stolpe nahezu präsidential-plebiszitäre Züge aufwiesen, sind hierfür ein Indiz. Die Kandidaten erklären indessen auch hier bei weitem nicht alles, denn obwohl sie aufgrund der höheren Volatilität bessere

Möglichkeiten haben, einen größeren Teil der Wählerschaft (vor allem ohne bzw. mit nur schwacher langfristiger Bindung) zu mobilisieren, reflektieren die Wahlergebnisse mindestens ebenso sehr einen Strukturkonflikt zwischen dem mehrheitlich eher konservativen Süden und dem sozialdemokratischen Norden innerhalb der neuen Bundesländer. Dieses Grundmuster ostdeutschen Wahlverhaltens hat sich seit Anfang der 1990er Jahre auch in Abwesenheit außerordentlich beliebter Landesfürsten weitgehend fortgeschrieben. Es ist deshalb plausibler anzunehmen, dass die Personalisierung der Politik und des Wahlkampfes dieses Muster eher verstärkt als ursächlich hergestellt hat.

Stellt man also in Rechnung, dass die Wahlentscheidung für den weitaus größten Teil der Wählerschaft noch immer durch langfristige Faktoren bestimmt ist, relativiert sich der Kandidateneinfluss faktisch nicht nur beachtlich, sondern ist auch die analytische Isolierung der Variable innerhalb eines Erklärungsmodells, zumal wenn damit auf die eher unpolitischen, emotionalen Eigenschaften abgehoben wird, mit Blick auf das Wahlverhalten in Deutschland fragwürdig. Zumindest können die zur Wahl stehenden Personen nicht losgelöst von anderen Faktoren gesehen werden, die allerdings durch sie erfolgreich aktualisiert und verstärkt werden können. In diesem Zusammenhang wurde vor allem auf die Wechselwirkung zwischen den Kandidaten und ihrer wahrgenommenen Problemlösungskompetenz in Sachfragen, die als bedeutsam eingeschätzt werden, hingewiesen. So spricht etwa Frank Brettschneider treffend von der „themenbezogenen Kandidatenorientierung“ (Brettschneider 2001: 388).

4.2.2 Sachfragen

Neben oder in Wechselwirkung mit den Kandidatenorientierungen zählen die Sachfragen zu den wichtigsten kurzfristigen Determinanten der Wahlentscheidung. In noch viel stärkerem Maße als im Michigan-Modell wird der theoretische Stellenwert der Issues in den unterschiedlichen Spielarten des rational-choice Ansatzes hervorgehoben. Nicht zuletzt aufgrund der konsequenten und analytisch sparsamen Modellierung des rationalen Wählers wurde im Kontext der sich verbreitenden Einschätzung, dass die langfristigen Bezüge des Wahlverhaltens im Auflösen begriffen sind, sogar von einem „[...] Paradigmenwechsel vom sozialpsychologischen Ansatz der Michigan-Schule zum Rational-Choice-Ansatz [...]“ gesprochen (Kühnel/Fuchs 1998: 317). Wie im Kapitel 2 bereits skizziert wurde, greifen rational-choice Ansätze dabei durchaus auch Elemente anderer Ansätze auf und integrieren sie in Form von intervenierenden Variablen in ihre Modelle, die unter anderem der Konzeptionalisierung von Komplexitätsreduktion bei der Informationsverarbeitung des Individuums dienen. Im Kern werden Wahlergebnisse allerdings immer auf die Nutzenkalküle rational handelnder Individuen zurückgeführt. Die Sachthemenorientierung rückt darüber hinaus notwendig an vorderste Stelle, denn Kosten-Nutzen-Differentiale beziehen sich in der Regel auf den materiellen Nutzen, den sich ein Individuum von einer Entscheidung verspricht.

Betrachtet man die so genannten „wahlentscheidenden Themen“ der beiden letzten Bundestagswahlen, so ergibt sich ein Bild, das von weitgehender Stabilität gekennzeichnet ist. Bemerkenswert ist dabei auch hier vor allem die Kohärenz der Wahrnehmung von Issues innerhalb der einzelnen Wählergruppen (vgl. Tabelle 6). Die drei wichtigsten Sachfragen bezogen sich aus Sicht der Wähler bei beiden Wahlen auf die Wirtschaftspolitik (38 Prozent), gefolgt von der Arbeitsmarkt- (31 bzw. 34 Prozent) und Sozialpolitik (30 bzw. 33 Prozent). Für die Wähler von Union und FDP war dabei die Wirtschaftspolitik mit Abstand am wichtigsten, während für die Anhänger von SPD und Grünen sowie, noch deutlicher der PDS, die Frage der Sozialen Gerechtigkeit den höchsten Stellenwert hatte. Bei den Grünen-Anhängern erzielte nur ihr ureigenstes Thema, die Umweltpolitik, höhere Werte als die Sozialpolitik.

Gerade in Anbetracht der hohen Konstanz in der Einschätzung der wichtigsten Sachfragen während der letzten beiden Bundestagswahlen ist es aufschlussreich, parallel die Wählerwanderungsbilanzen – wie methodisch problematisch sie auch sein mögen (vgl. Hilmer/Kunert 2005) – mit in Betracht zu ziehen. Dadurch lässt sich immerhin ein Eindruck von der Größenordnung gewinnen, in der sich Wähler aus interessenrationalen Motiven heraus anderen Parteien zuwenden, weil sie sich davon einen größeren Nutzen versprechen. Ausweislich der Daten von Infratest Dimap (2005) lag dabei zunächst der Anteil derjenigen Wähler, die die Partei wechselten, mit 28 Prozent etwas höher als bei der Bundestagswahl 2002, befindet sich aber immer noch im Rahmen; das Wechselwählerpotential in Deutschland liegt erfahrungsgemäß zwischen 20 und 25 Prozent. Umgekehrt bedeut dies, dass das Wahlverhalten von immerhin 72 Prozent der Wähler stabil war. Die SPD verlor im Vergleich zur Wahl 2002 dabei insgesamt 2,3 Mio. Stimmen (im Saldo 2 Mio.), wobei der weitaus größte Teil im Saldo mit fast 1 Mio. lagerintern zur neuformierten Linkspartei/PDS abwanderte. Erst an zweiter Stelle mit 750 000 Stimmen rangiert der Wähleranteil, der sich dem bürgerlichen Lager zuwandte, wobei 630 000 Wähler per Saldo der Union ihre Stimme gaben. Immerhin 370 000 ehemalige SPD-Wähler blieben der Wahl gänzlich fern. Ebenfalls lagerintern vollzog sich der größte Wählerstrom in der Bilanz der Union, wo etwa 1,1 Mio. Wähler zur FDP abwanderten. Die zweitgrößte Abwanderung erfolgte mit 640 000 ins Lager der Nichtwähler, 280 000 ehemalige Unionswähler gaben bei der Bundestagswahl 2005 ihre Stimme – lagerübergreifend – der Linkspartei/PDS.

Alle Wanderungsbewegungen können aus Sicht der individuellen Wähler dabei durchaus als rationale Handlung interpretiert werden. Sie verlaufen allerdings zugleich innerhalb vorgelagerter, strukturierter Bahnen, denn die Wechselwähler sind keinesfalls eine homogene Gruppe. So erfolgte erstens der größte Abwanderungsstrom bei SPD und Union lagerintern zur – mit Blick auf das programmatische Profil – jeweils authentischeren Alternative. Im Zuge von Agenda 2010, wachsender sozialer Verunsicherung und steigenden Arbeitslosenzahlen votierten die meisten ehemaligen SPD-Wähler für die Linkspartei/PDS, die nicht zuletzt aufgrund der gelungen Neuformation nur wenige Monate vor der Wahl für viele eine neue Alternative auf der Angebotsseite darstellte. Während für diese Wählergruppe in Anbetracht des vorangegangenen Wahlkampfes die Modernisierungsreformen unter der rot-grünen Bundesregierung nicht nur unerwartet kamen, sondern darüber hinaus in die völlig falsche Richtung gingen, wandte sich umgekehrt das Gros der ehemaligen Unionswähler der FDP zu in der Hoffnung, genau diesen wirtschafts- und sozialpolitischen Politikwandel möglichst unverfälscht fortgeführt zu wissen.

Eine rationale Wahlentscheidung kann zweitens ebenso eine Nichtwahl beinhalten. Nur so erklärt sich, dass der zweitgrößte Abwanderungsstrom von der Union sowie der drittgrößte von den Sozialdemokraten ins Nichtwählerlager übertrat, denn viele unzufriedene Wähler enthalten sich eher ihrer Stimme als sie einer Partei zu geben, die sich nicht im Einklang mit ihren jeweiligen politisch-ideologischen Grundüberzeugungen befindet.

Drittens schließlich spiegelt sich rationales Wählen unter der Bedingung „strukturierter Vielfalt" deutlich im so genannten Stimmensplitting wider. Bekanntlich erlaubt es das deutsche Wahlsystem dem Wähler, seine Erst- und Zweitstimme unterschiedlichen Parteien zu geben. Der Anteil der Wähler, die von dieser Möglichkeit in der Vergangenheit Gebrauch gemacht haben, stieg kontinuierlich an: zunächst in den 1980er Jahren auf über 10 Prozent, bei den Bundestagswahlen 1994 und 1998 auf 16,3 bzw. 20,9 Prozent, und schließlich bei den Wahlen 2002 und 2005 auf 21,3 bzw. 24,4 Prozent.[3] Allerdings herrscht auch hier keinesfalls Beliebigkeit oder Willkür vor. Das Stimmensplitting findet in erster Linie lagerintern statt und wird vor allem von FDP- sowie Grünen-Wählern praktiziert. Infratest Dimap (2005) ermittelte dabei für die Bundestagswahl 2005, dass 63 Prozent aller FDP-Zweitstimmenwähler mit ihrer Erststimme Unionskandidaten wählten. Damit wurde nach dem Einschnitt von 2002, als die FDP im Wahlkampf auf eine Koalitionsaussage verzichtete, wieder dieselbe Relation erzielt wie bei der Bundestagswahl 1998. In einer ähnlichen Größenordnung bewegt sich auch das Stimmensplitting im rot-grünen Lager. So gaben bei der Bundestagswahl 1998 52 Prozent, bei den Wahlen 2002 und 2005 jeweils 60 Prozent der Grünen-Zweitstimmenwähler ihre Erststimme dem sozialdemokratischen Wahlkreiskandidaten.

Festzuhalten bleibt also Widersprüchliches:

(1) Einerseits entscheiden sich die Wähler zunehmend rational, ziehen situationsbezogen Stimmensplitting, vor allem aber auch Wechsel- oder Nichtwahl in Erwägung. Andererseits ist dieses abweichende Verhalten durchaus

3 Daten bis 2002 aus der amtlichen Repräsentativstatistik, für 2005 Infratest Dimap Wahlreport 2005.

strukturiert und reflektiert größtenteils langfristige ideologische Spaltungen innerhalb der deutschen Gesellschaft, die die Wählerschaft polarisieren.

(2) Die Wechselwähler sind deshalb einerseits keine homogene Gruppe, sondern haben unterschiedliche Motive für ihr Handeln. Nur ein geringer Anteil unter ihnen lässt sich dabei dem Idealtyp des ungebundenen Wechselwählers zuordnen, der seine Entscheidung rein situationsbezogen trifft. Andererseits kann diese kleine Gruppe aufgrund der zunehmenden Angleichung der Kräfteverhältnisse zwischen den politischen Lagern während der letzten Jahre (vgl. Schaubild 4) tatsächlich einen wichtigen Einfluss auf die Wahlentscheidung nehmen.

(3) Genau deshalb sehen sich einerseits vor allem die beiden Großparteien dazu genötigt, die Stimmen dieser Wechselwähler zu gewinnen. Andererseits ist es für sie jedoch mindestens genauso wichtig, über die erfolgreiche Aktualisierung langfristiger Konfliktlinien oder, anders formuliert, über mit den ideologischen Grundüberzeugungen ihrer Wählerschaft weitgehend konforme Deutungsmuster und konkrete Leistungsangebote ihre Stammwählerschaft zu mobilisieren. Dies gilt in besonderem Maße für die SPD, die wohl dauerhaft und mittlerweile nicht mehr nur im Osten Deutschlands mit der Linkspartei/PDS in Konkurrenz steht.

Schaubild 4. Lagerkräfteverhältnis bei Bundestagswahlen 1980–2005 (Zweitstimmenanteile in Prozent)

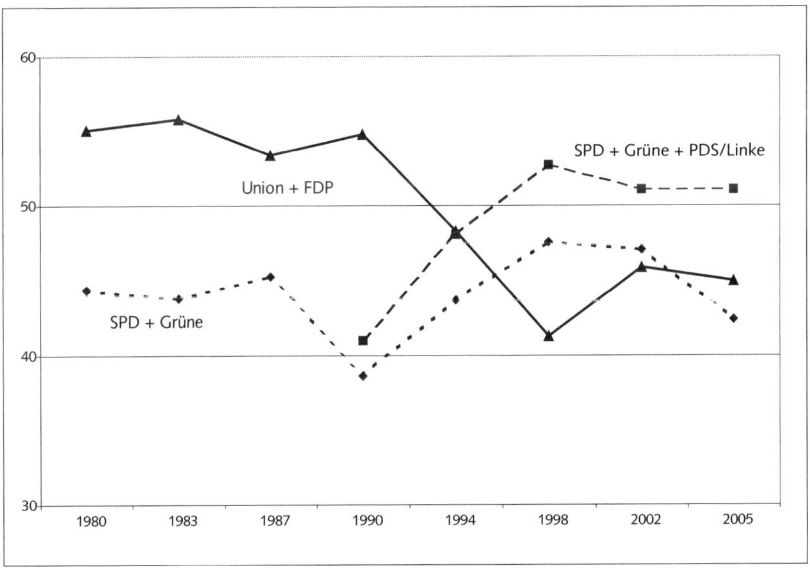

Quelle: Zusammengestellt auf der Basis der amtlichen Wahlstatistik

5. Schlussbetrachtung: Wählerverhalten und Politisches System

Dem Begriff politischer Partizipation liegen zwei, ideen- und theoriegeschichtlich unterschiedlich verwurzelte Verständnisse zugrunde (vgl. Schultze 1995a): ein instrumentelles und konfliktorientiertes, das primär auf die individuelle Interessendurchsetzung abhebt sowie ein normatives, indem es primär um die Selbstverwirklichung des Menschen im Prozess des gesellschaftlichen Zusammenhandelns geht. Im Gegensatz zu vielen alternativen Partizipationsformen insbesondere direkter und nicht-verfasster Art steht bei Wahlen dabei der instrumentelle Aspekt im Vordergrund.

Die tiefgreifenden Veränderungen sowohl auf der gesellschaftlichen Makroebene als auch im Zuge der partizipatorischen Revolution spiegeln sich in einer graduellen Neuorientierung der Einschätzungen über den jeweiligen Stellenwert der beiden Partizipationsverständnisse in der politischen Praxis wider. Diese Wandlungstendenzen haben erstens Konsequenzen für den Stellenwert der Wahl im Vergleich zu anderen, formalisierten wie informellen Beteiligungsformen, sowie zweitens für das Wählerverhalten selbst.

(1) Obwohl in Deutschland bei Bundestagswahlen die Wahlbeteiligung mit rund 80 Prozent noch immer vergleichsweise hoch ist, ist sie seit den 1980er Jahren dennoch stets rückläufig (vgl. Renz 1997). Die Gründe hierfür sind vielfältig; sie können situativ, konjunkturell oder aber systemstrukturell bestimmt sein (vgl. im Detail Schultze 1995b: 475–484). Eine zentrale Ursache liegt aus der Sicht vieler Bürger aber zweifellos in der Aufwertung direkt-demokratischer Beteiligungsformen, wodurch sich die Bedeutung der Wahl notwendig relativiert. Vor allem die lange Zeit verbreitete Einschätzung, dass politisch hochinteressierte Bürger stets beide Partizipationsformen, konventionelle wie unkonventionelle, wahrnehmen und miteinander kombinieren, ist längst nicht mehr ausgemacht. Es ist vielmehr plausibel davon auszugehen, dass gerade in Anbetracht einer abnehmenden Responsivität der etablierten politischen Akteure sowie der wachsenden Inkongruenz zwischen neo-liberalem Elitendiskurs einerseits, den politischen Präferenzen eines Großteils der Wählerschaft andererseits, der Stellenwert von Wahlen weiter abnehmen wird. Zu einem Problem für den legitimatorischen Gesamtzusammenhang des politischen Systems kann dieser Trend unter Umständen dann führen, wenn er sich in seiner Richtung weiter fortsetzt und schließlich in politische Apathie umschlägt. Denn Wahlen sind in der repräsentativen Demokratie nicht nur in funktionaler Hinsicht ein existenzieller Bestandteil; sie ermöglichen es den Wählern zudem im Unterschied zu anderen Formen politischer Partizipation weitgehend unmittelbar, ohne großen Aufwand und deshalb egalitär auf das jeweilige Verhältnis von Kontinuität und Wandel durch die Bestätigung oder Abwahl einer amtierenden Regierung einzuwirken.

(2) Die gesellschaftlichen Veränderungsprozesse betreffen zudem, wie beispielhaft aufgezeigt, vor allem das Wählerverhalten selbst. Die Wähler sind mobiler geworden und machen von den verschiedenen institutionalisierten Variationsmöglichkeiten bei der Stimmabgabe zunehmend Gebrauch, vielfach allerdings innerhalb der politischen Lager oder zwischen Wahl und Nichtwahl. Damit spielen für eine beachtliche Mehrheit in der Wählerschaft nach wie vor langfristig stabile Grundmuster im Prozess der Formierung der individuellen Wahlentscheidung eine zentrale Rolle. Dies ungeachtet der Tatsache, dass sich die Bindungen der Bürger an die intermediären Großgruppen des vorpolitischen Raumes in der letzten Zeit stark gelockert oder gar gänzlich aufgelöst haben. An die Stelle affektiver Bindungen sind damit zunehmend die politisch-ideologischen Grundüberzeugungen als Bewertungsmaßstab für die parteipolitischen Angebote getreten. Diese entsprechen allerdings den traditionellen Konfliktlinien (unter Einschluß des postmateriellen und/oder ökologischen Cleavage) und ideologischen Spaltungen in der deutschen Gesellschaft.

(3) Wie an anderer Stelle (Schultze 2003) im Einzelnen ausgeführt sind politisch-ideologische Grundüberzeugungen weniger stark organisiert und sie sind – anders als die Parteiidentifikation – weniger affektiv, sondern kognitiv und auf die konkrete Verwirklichung der parteipolitischen Programme bezogen. Für die Wahlstrategien der Parteien resultiert hieraus ein strategisches Dilemma, dem sie sich nur schwer entziehen können: Einerseits wird von ihnen ein möglichst differenziertes, sachliches Programmangebot entlang der ideologischen Grundüberzeugungen ihrer potentiellen Wählerschaft(en) gefordert, andererseits unterliegen sie weitreichenden gesellschaftsstrukturellen Handlungsnotwendigkeiten und institutionellen sowie koalitionspolitischen Restriktionen, wodurch ihre unterschiedlichen Profile immer weniger wahrnehmbar werden. Die insbesondere von den Großparteien, im deutschen Fall also Union und Sozialdemokratie, verfolgte Strategie, diesem Dilemma durch die Personalisierung und Emotionalisierung von Wahlkämpfen zu begegnen, stellt indessen bestenfalls einen scheinbaren Ausweg dar, der die ohnehin zu beobachtende Entfremdung zwischen Wählern und Gewählten weiter vorantreiben wird.

Tabelle 1: Konstanz und Wandel im Wählerverhalten in expressiven und instrumentellen Theorien

		Konstanz im WV	Wandel im WV
Expressive Theorien	*Cleavage-Theorie*	Konfliktlinien führen zu „Einfrieren" der Parteiensysteme	„Auftauen" der Parteiensysteme durch Re- oder Dealignment
	Gruppenansatz	Gruppeneinbindung führt zu stabilem WV aufgrund von gleichförmigen Informationen, Verhaltenserwartungen und Normerfüllung	„Cross Presssure" begünstigt Abweichung in Form von Nichtwahl und/oder Wechselwahl
	Sozialpsychologischer Ansatz	Parteiidentifikation	Issues/Sachfragen und Kandidatenorientierung
↑ ↑ ↑ **Mittlerposition** ↓ ↓ ↓	*„New American Voter"*	Perzeption der aktuellen Politik durch die Filterfunktion von Langfristvariablen	Mangelnde Aktualisierung von Langfristdeterminanten durch aktuelle Politik
Instrumentelle Theorien	*Theorie retrospektiver Wahlentscheidung*	Erfolgreiche Aktualisierung retrospektiver Parteiidentifikation und Erfahrungen durch Politik	Leistungen der Gewählten in der Vergangenheit entsprechen nicht den Leistungserwartungen
	Rationaler Wähler	Positives Parteiendifferential Kontinuität des politischen Angebots	Negatives Parteiendifferential Veränderungen auf der Angebotsseite

Quelle: Eigene Darstellung

Tabelle 2: Bundestagswahlen seit 1990 (Zweitstimmenanteile in Prozent)

Wahljahr	**1990**	**1994**	**1998**	**2002**	**2005**
Wahlbeteiligung	77,8	79,0	82,2	79,1	77,7
Union	43,8	41,5	35,1	38,5	35,2
SPD	33,5	36,4	40,9	38,5	34,2
FDP	11,0	6,9	6,2	7,4	9,8
Grüne	5,0	7,3	6,7	8,6	8,1
PDS/Linke	2,4	4,4	5,1	4,0	8,7
Sonstige	4,2	3,6	5,9	3,0	3,9

Quelle: Zusammengestellt auf Basis der amtlichen Wahlstatistik

Tabelle 3: Wahlentscheidung und Gewerkschaftsmitgliedschaft nach Berufsgruppen in Prozent (Wahlgebiet West)

Alle Befragten										
	Mitglieder					Nichtmitglieder				
Wahlentscheidung	1976	1983	1990	1998	2002	1976	1983	1990	1998	2002
Union	28	37	31	23	28	53	53	47	40	43
FDP	8	0	7	3	6	8	6	12	8	8
SPD	62	57	53	60	52	39	34	31	39	35
Grüne	-	5	5	7	10	-	7	5	8	10
PDS	-	-	-	2	2	-	-	-	1	1
N=	213	174	3032	2742	2734	879	744	11360	11930	12263
Arbeiter										
	Mitglieder					Nichtmitglieder				
Wahlentscheidung	1976	1983	1990	1998	2002	1976	1983	1990	1998	2002
Union	28	32	29	19	29	44	48	43	36	44
FDP	2	0	5	2	6	5	3	7	4	7
SPD	68	68	58	66	56	50	47	40	46	40
Grüne	-	0	2	3	5	-	2	3	4	4
PDS	-	-	0	2	1	-	-	0	1	1
N=	94	101	1167	1078	1149	240	195	1434	2132	3050
Angestellte und Beamte										
	Mitglieder					Nichtmitglieder				
Wahlentscheidung	1976	1983	1990	1998	2002	1976	1983	1990	1998	2002
Union	28	45	31	21	21	52	55	46	37	40
FDP	15	1	8	4	5	10	5	13	9	8
SPD	57	46	51	58	58	39	33	32	41	38
Grüne	-	8	6	11	12	-	7	5	9	11
PDS	-	-	0	2	2	-	-	0	1	1
N=	108	60	1527	889	967	372	320	5001	4814	5641

Quelle: Kornelius et al. 2005: 29 (ausgewählte Ergebnisse)

Tabelle 4: Wahlentscheidung und Kirchenbindung (Wahlgebiet West, in Prozent)

	Katholiken														
	stark					mäßig					keine				
Wahlent-scheidung	1976	1983	1990	1998	2002	1976	1983	1990	1998	2002	1976	1983	1990	1998	2002
Union	84	78	78	70	73	65	65	58	50	58	31	50	38	35	41
FDP	3	3	5	5	4	7	8	9	6	6	6	4	11	7	9
SPD	13	16	12	20	16	26	26	26	36	26	63	33	40	43	37
Grüne	-	3	2	3	5	-	1	3	4	7	-	13	7	8	10
PDS	-	-	0	0	0	-	-	-	0	1	-	-	0	1	1
N=	226	152	1780	1234	1060	155	110	1894	2008	2049	156	142	2589	2899	2909

	Protestanten					Ohne Konfession				
	1976	1983	1990	1998	2002	1976	1983	1990	1998	2002
Union	35	41	39	32	36	17	27	25	22	26
FDP	9	5	13	8	8	14	3	11	7	9
SPD	55	49	41	48	44	61	47	46	47	42
Grüne	-	5	4	7	9	-	22	11	13	16
PDS	-	-	-	1	1	-	-	0	4	3
N=	498	475	7324	6410	6225	52	41	1534	1976	2468

Quelle: Kornelius et al. 2005: 36 (ausgewählte Ergebnisse)

Tabelle 5: Das Ergrauen der Grünen 1983–2002; Stimmenanteil der Repräsentativauszählung in den alten Bundesländern

Alter	1983	1990	2002
		Alte Bundesländer	
18–25	13,9	9,8	12,2
25–35	10,8	9,8	12,8
35–45	4,4	6,1	14,0
45–60	2,4	1,8	10,0
60-	1,2	0,7	4,0

Quelle: Zusammengestellt auf der Basis der amtlichen Wahlstatistik

Tabelle 6: Wahlentscheidende Themen bei den Bundestagswahlen 2002 und 2005 in Wählergruppen

	Alle		SPD		Union		Grüne		FDP		PDS	
	2002	2005	2002	2005	2002	2005	2002	2005	2002	2005	2002	2005
Wirtschaftspolitik	**38**	**38**	28	27	**53**	**53**	15	20	**51**	**56**	17	23
Ausländerpolitik	16	11	12	10	19	11	17	11	14	7	11	8
Arbeitsmarktpolitik	31	34	24	26	41	42	11	16	34	42	28	42
Innere Sicherheit	13	9	12	9	16	11	4	5	10	7	10	7
Umweltpolitik	15	11	18	13	4	3	**64**	**52**	5	3	10	6
Steuerpolitik	16	19	11	15	21	24	5	8	30	31	8	17
Soziale Gerechtigkeit	30	33	**42**	**45**	15	17	39	40	18	16	**61**	**59**
Schul-/Bildungspolitik	14	12	13	13	14	10	14	15	21	14	19	16
Außen-/ Sicherheitspolitik	18	13	24	23	12	6	29	28	9	5	21	8

Quelle: Infratest Dimap: Wahlreport 2002; 2005 (das jeweils wichtigste Thema ist fett markiert)

Bibliographie

Bluck, Carsten/ Kreikenbom, Henri (1991): Die Wähler in der DDR: Nur issue-orientiert oder auch parteigebunden? In: ZParl, 22. Jg., S. 495–503.

Bürklin, Wilhelm/ Klein, Markus [2] (1998): Wahlen und Wählerverhalten. Eine Einführung. Opladen: Leske+Budrich.

Brettschneider, Frank (2001): Candidate-Voting. Die Bedeutung von Spitzenkandidaten für das Wählerverhalten in Deutschland, Großbritannien und den USA von 1960–1998. In: Klingemann, Hans-Dieter/ Kaase, Max (Hrsg.), S. 351–400.

Brettschneider, Frank et al. (Hrsg.) (2004): Die Bundestagswahl 2002. Analysen der Wahlergebnisse und des Wahlkampfes. Wiesbaden: VS Verlag für Sozialwissenschaften.

Campbell, Angus u.a. (1960): The American Voter. New York: Wiley.

Dalton, Russell J./ Bürklin, Wilhelm (1995): The Two German Electorates. The Social Basis of the Vote in 1990 and 1994. In: German Politics and Society, 13, S. 75–99.

Der Spiegel (2005): Wahlsonderheft. Hamburg.

Downs, Anthony (1968): Ökonomische Theorie der Demokratie. Tübingen: Mohr (engl. zuerst 1957).

Eith, Ulrich/ Mielke, Gerd (2000): Die soziale Frage als „neue" Konfliktlinie? Einstellungen zum Wohlfahrtsstaat und zur sozialen Gerechtigkeit und Wahlverhalten bei der Bundestagswahl 1998. In: Deth, Jan von et al. (Hrsg.): Die Republik auf dem Weg zur Normalität? Opladen: Leske+Budrich, S. 93–115.

Eith, Ulrich/ Mielke, Gerd (Hrsg.) (2001): Gesellschaftliche Konflikte und Parteiensystem. Wiesbaden: Westdeutscher Verlag.

Eith, Ulrich/ Mielke, Gerd [4](2003): Wahlforschung. Zur Bedeutung und Methodik empirischer Sozialforschung in der Politikwissenschaft. In: Mols, Manfred et al. (Hrsg.): Politikwissenschaft. Eine Einführung. Paderborn: Schöningh, S. 315–344.

Emmert, Thomas/ Roth, Dieter (1995): Zur wahlsoziologischen Bedeutung eines Modells sozialstrukturell verankerter Konfliktlinien im vereinten Deutschland. In: Historical Social Research, 20, S. 119–160.

Falter, Jürgen W. (1991): Hitlers Wähler. München: C.H. Beck.

Falter, Jürgen W./ Schoen, Harald (1999): Wahlen und Wählerverhalten. In: Ellwein, Thomas/ Holtmann, Everhard (Hrsg.): 50 Jahre Bundesrepublik. Opladen: Westdeutscher Verlag, S. 454–470.

Falter, Jürgen W./ Schoen, Harald (Hrsg.) (2005): Handbuch Wahlforschung. Wiesbaden: VS Verlag für Sozialwissenschaften.

Falter, Jürgen W. et al. (Hrsg.) (2005): Wahlen und Wähler. Analysen aus Anlass der Bundestagswahl 2002. Wiesbaden: VS Verlag für Sozialwissenschaften.

Fiorina, Morris P. (1981): Retrospective Voting in American National Elections. New Haven: Yale UP.

Forschungsgruppe Wahlen (2005): Bundestagswahlen 2005. Mannheim.

Gabriel, Oskar W. (Hrsg.) (1997): Politische Orientierungen und Verhaltensweisen im Vereinigten Deutschland. Opladen: Leske+Budrich.

Hildebrandt, Kai/ Dalton, Russell J. (1977): Die neue Politik. Politischer Wandel oder Schönwetterpolitik? In: Kaase, Max (Hrsg.): S. 230–256.

Hilmer, Richard/ Kunert, Michael (2005): Wählerwanderung: Das Modell von Infratest dimap. In: Falter, Jürgen W. et al. (Hrsg.): Wahlen und Wähler. S. 134–156.

Infratest dimap (2005): Wahlreport – Wahl zum 16. Deutschen Bundestag, 18. September 2005. Berlin (hekt.).

Inglehart, Ronald (1977): The Silent Revolution. Changing Values and Political Styles Among Western Publics. Princeton: Princeton UP.

Jesse, Eckhard (Hrsg.) (2003): Bilanz der Bundestagswahl 2002. Wiesbaden: Westdeutscher Verlag.

Jung, Matthias/ Roth, Dieter (1998): Wer zu spät geht, den bestraft der Wähler. In: APuZ B52, S. 3–15.

Kaase, Max (1977): Wahlsoziologie heute. Analysen aus Anlaß der Bundestagswahl 1976. Politische Vierteljahresschrift 18. Jg. Heft 2/3. Wiesbaden: Westdeutscher Verlag.

Kaase, Max/ Klingemann, Hans-Dieter (Hrsg.) (1983): Wahlen und politisches System. Opladen: Westdeutscher Verlag.

Kaase, Max/ Klingemann, Hans-Dieter (Hrsg.) (1994): Wahlen und Wähler. Analysen aus Anlaß der Bundestagswahl 1990. Opladen: Westdeutscher Verlag.

Kaase, Max/ Klingemann, Hans-Dieter (Hrsg.) (1998): Wahlen und Wähler. Analysen aus Anlaß der Bundestagswahl 1994. Opladen: Westdeutscher Verlag.

Key, Valdimer O. (1966): The Responsible Electorate. Rationality in Presidential Voting, 1936–1960. New York: Vintage Books.

Klein, Markus et al. (Hrsg.) (2000): 50 Jahre empirische Wahlforschung in Deutschland. Wiesbaden: Westdeutscher Verlag.

Klein, Markus/ Pötschke, Manuela (2000): Wählen im sozialen Kontext. In: Klein, Markus et al. (Hrsg.), S. 182–211.

Klingemann, Hans-Dieter/ Kaase, Max (Hrsg.) (1986): Wahlen und politischer Prozess. Opladen: Westdeutscher Verlag.

Klingemann, Hans-Dieter/ Kaase, Max (Hrsg.) (2001): Wahlen und Wähler. Analysen aus Anlaß der Bundestagswahl 1998. Opladen: Westdeutscher Verlag.

Kornelius, Bernhard et al. (2005): Zweite Runde für Rot-Grün: Die Bundestagswahl vom 22. September 2002. In: Falter, Jürgen W. et al. (Hrsg.), S. 15–49.

Kühnel, Steffen M./ Fuchs, Dieter (1998): Nichtwählen als rationales Handeln. In: Kaase, Max/ Klingemann, Hans-Dieter (Hrsg.), S. 317–356.

Lazarsfeld, Paul F. et al. [3](1968): The People's Choice. How the Voter makes up his Mind in a Presidential Campaign. New York/ London: Columbia UP, (zuerst 1944).

Lipset, Seymour M./ Rokkan, Stein (Hrsg.) (1967): Party Systems and Voter Alignments: Cross-National Perspectives. New York/ London: Collier-Macmillan.

Miller, Warren E. /Shanks, J. Merrill (1996): The New American Voter. Cambridge: Harvard UP.

Neu, Viola/Molitor, Ute (1999): Das Wahlverhalten der Frauen bei der Bundestagswahl 1998: Kaum anders als das der Männer. In: Zeitschrift für Parlamentsfragen 30, S. 252–267.

Niedermayer, Oskar (Hrsg.) (1999): Die Parteien nach der Bundestagswahl 1998. Opladen: Leske+Budrich.

Niedermayer, Oskar (2003): Wandel durch Flut und Irak-Krieg? In: Jesse, Eckhard (Hrsg.), S. 37–70.

Nohlen, Dieter [4](2004): Wahlrecht und Parteiensystem. Olpaden: Leske+Budrich.

Nohlen, Dieter/ Schultze, Rainer-Olaf (Hrsg.) [3](2005): Lexikon der Politikwissenschaft. 2 Bde., München: C.H. Beck.

Offe, Claus (1992): Wider scheinradikale Gesten. In: Hofmann, Gunter/ Perger, Werner A. (Hrsg.): Die Kontroverse. Frankfurt/M.: Eichborn, S. 126–142.

Pappi, Franz Urban (1977): Sozialstruktur, gesellschaftliche Wertorientierungen und Wahlabsicht. In: Kaase, Max (Hrsg.) 1977, S. 195–229.

Pappi, Franz Urban (1990): Klassenstruktur und Wahlverhalten im sozialen Wandel. In: Kaase, Max/ Klingemann, Hans-Dieter 1990, S. 143–192.

Raschke, Joachim (1980): Politik und Wertewandel in den westlichen Demokratien. In: APuZ B36, S. 23–45.

Raschke, Joachim (2002): Zwei Lager, drei Mehrheiten und der regierende Zufall. Zur Einordnung der Bundestagswahl 2002. In: Forschungsjournal Neue Soziale Bewegungen, H. 1/2002.

Renz, Thomas (1997): Nichtwähler zwischen Normalisierung und Krise: Zwischenbilanz zum Stand einer nimmer endenden Diskussion. In: ZParl 28 Jg., S. 572–591.

Roller, Edeltraud (2000): Ende des sozialstaatlichen Konsenses? In: Niedermayer, Oskar/ Westle, Bettina (Hrsg.): Demokratie und Partizipation. Opladen: Westdeutscher Verlag, S. 88–114.

Roth, Dieter (1998): Empirische Wahlforschung. Opladen: Leske+Budrich.
Schultze, Rainer-Olaf (1991a): Wählerverhalten und Parteiensystem. In: Wehling, Hans-Georg (Red.) 1991, S. 11–43.
Schultze, Rainer-Olaf (1991b): Außengeleitete Innovation und innengeleiteter Methodenrigorismus. Deutsche Wahlsoziologie auf dem Prüfstand internationalen Vergleichs. In: ZParl 22. Jg., S. 481–494.
Schultze, Rainer-Olaf (1994): Aus Anlass des Superwahljahres: Nachdenken über Konzepte und Ergebnisse der Wahlsoziologie. In: ZParl 25. Jg., S. 472–493.
Schultze, Rainer-Olaf (1995a): Partizipation. In: Nohlen, Dieter/ Schultze, Rainer-Olaf (Hrsg.): Politische Theorie (Lexikon der Politik Bd.1). München: Beck, S. 398–406.
Schultze, Rainer-Olaf (1995b): Widersprüchliches, Ungleichzeitiges und kein Ende in Sicht: die Bundestagswahl vom 16. Oktober 1994. In: ZParl 26. Jg., S. 326–352.
Schultze, Rainer-Olaf (2002): Eine Bundestagswahl oder zwei? Wählerverhalten in Deutschland Ost und Deutschland West. In: Der Bürger im Staat, 52. Jg., S. 16–25.
Schultze, Rainer-Olaf (2003): Strukturierte Vielfalt als Wählerentscheidung heute? In: Jesse, Eckhard (Hrsg.), S. 71–100.
Verba, Sidney/ Nie, Norman/ Kim, Jae-On (1978): Participation and Political Equality. A Seven-Nation Comparison. New York: Cambridge UP.
Wehling, Hans-Georg (Red.) (1991): Wahlverhalten. Kohlhammer Taschenbücher 1093, Stuttgart.
Weßels, Bernhard (1991): Erosion des Wachstumsparadigmas: Neue Konfliktstrukturen im politischen System der Bundesrepublik. Opladen: Westdeutscher Verlag.

Kapitel 3

Wahlenthaltung: Ein vielschichtiges Phänomen mit wachsender politischer Bedeutung

Wählen ist nicht mehr Konvention, Enthaltung nicht mehr nur Desinteresse

Michael Eilfort

1. Enthaltung bleibt im Trend

Bei der Bundestagswahl am 18. September 2005 wurde mit einer Beteiligung von 77,7% das niedrigste (Bundestags-)Wahlengagement in der Geschichte der Bundesrepublik Deutschland verzeichnet. Ungeachtet des bis zuletzt ungewissen Ausgangs konnten die angetretenen Parteien weniger Wähler mobilisieren als bei allen vorherigen Entscheidungen, etwas weniger sogar als bei der ersten gesamtdeutschen Wahl 1990, die bereits im Vorfeld als entschieden galt. Das Resultat 2005 ist in besonderer Hinsicht bemerkenswert, weil durch das Antreten der aus PDS und „Wahlalternative Soziale Gerechtigkeit" (WASG) zusammengesetzten „Linken" ein neues Angebot für potentielle Wähler der bis dahin amtierenden rot-grünen Bundesregierung bestand, die besonders von der SPD enttäuscht, aber nicht bereit waren, in das andere politische Lager überzulaufen.

Weit jenseits von Bundestagswahlen sprechen die Beteiligungswerte der Jahre 1976 bis 2006 insgesamt eine klare Sprache: Wahlenthaltung liegt im Trend, seit der Jahrtausendwende haben sich die Nichtwähler sogar als numerische „Hauptgewinner" fast aller Wahlgänge erwiesen. Abgesehen von den Bundestagswahlen haben sich meist mehr Wahlberechtigte enthalten als für die jeweils stärkste Partei entschieden. Bei nahezu allen Abstimmungen – auf Landesebene mit Ausnahme nur der Landtagswahlen in Berlin 2001, Bremen 2003, Brandenburg 2004 und Nordrhein-Westfalen 2005 mit dem nach 1947 immer noch zweitschlechtesten Beteiligungswert – fiel im Vergleich zum jeweiligen Urnengang zuvor die Beteiligung ab, meistens in starkem Maß: So unter anderem 2002 um gleich 15 und 2006 weitere 12 Prozentpunkte in Sachsen-Anhalt, 2003 um 12,7 in Bayern, 2006 um 9,2 in Baden-Württemberg, 2002 um 8,8 in Mecklenburg-Vorpommern, 2001 um 8,7 in Rheinland-Pfalz, 2004 um 7,2 im Saarland und 2003 um 6,8 in Niedersachsen. In ähnlicher Weise wurden bei vielen Kommunalwahlen früher nicht für möglich gehaltene Werte erreicht bzw. verfehlt. Die 50-Prozent-Marke ist bei Kommunalwahlen nicht mehr gesetzt und fiel auf Landesebene erstmals 2006 in Sachsen-Anhalt mit 44,4prozentigem Wahleifer. Von der unterschätzten Europawahl gar nicht zu sprechen – die in Brandenburg dabei 2004 „erzielten" 26,9% Beteiligung sind schwer zu unterbieten.

Schaubild 1: Wahlbeteiligung: 30 Jahre Rückgang

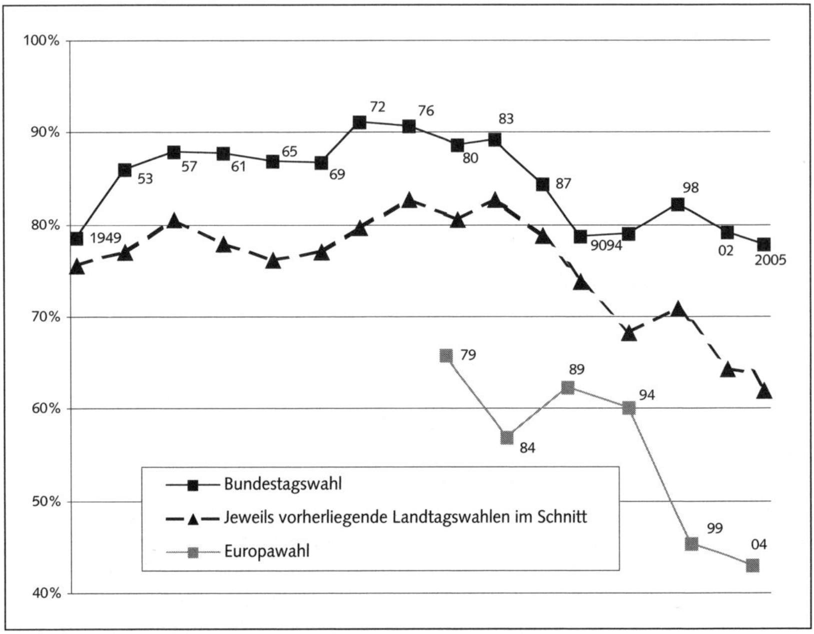

Quelle: Eigene Darstellung anhand der Daten im Wahllexikon 2004, hrsg. von der Konrad-Adenauer-Stiftung

Der seit Mitte der 80er Jahre erkennbare langfristige Trend zur Zunahme der Wahlenthaltung auf allen Ebenen setzt sich also fort. Das starke Anwachsen der Nichtwählerzahlen – eines der herausragenden politischen Phänomene der letzten zwei Jahrzehnte – führt offensichtlich weiterhin zu immer neuen Rekordtiefen der Wahlbeteiligung. Auch in den neuen Bundesländern ging, nachdem die Euphorie der Wiedervereinigung und der Reiz des Neuen verflogen waren, der Wahleifer rasch und stark zurück.

All das bedeutete insgesamt die Umkehr einer Entwicklung, die in Deutschland länger als ein Jahrhundert andauerte. Nach Einführung des allgemeinen, bis 1919 aber auf die Männer beschränkten Wahlrechts hatte die Wahlbeteiligung generell relativ kontinuierlich zugenommen, so z.B. von der Reichstagswahl 1871 mit 51,0 Prozent bis zur Bundestagswahl 1972 mit 91,1 Prozent. Dann blieb sie mehr als ein Jahrzehnt auf hohem Niveau annähernd konstant, bis mit den Bundestagswahlen 1987 und 1990 eine Tendenzwende augenfällig (ausführlich Eilfort 1994:44ff.) und seitdem insgesamt bestätigt wurde (vgl. Tabelle 1).

Tabelle 1: Wahlbeteiligung bei Bundestagswahlen 1949 bis 2005 (in %)*

Jahr	1949	1953	1957	1961	1965	1969	1972	1976	1980	1983	1987	1990	1994	1998	2002	2005
WBT	78,5	86,0	87,8	87,7	86,8	86,7	91,1	90,7	88,6	89,1	84,3	77,8	79,0	82,2	79,1	77,7

* Bis 1987: alte Bundesländer ohne Berlin (West), ab 1990: alte und neue Bundesländer
Quelle: Statistisches Bundesamt

2. Nichtwähler: Sammelbecken, keine „Partei"

Die verbreitete Annahme, diese sinkendenden Wahlbeteiligungswerte kündeten von einer Krise der Demokratie oder zumindest der politischen Institutionen der Bundesrepublik, ist auch auf den schon vom ersten deutschen „Nichtwahlforscher" Würzburger eingeführten, irreführenden Begriff von der „Partei der Nichtwähler" (Würzburger 1907: 381) zurückzuführen. So griffig aber dieser insbesondere von den Medien immer noch gern benutzte Ausdruck ist, so falsch ist er, weil eine Homogenität vorgegaukelt wird, die es erstens nicht gibt und die zweitens noch in eine bestimmte Richtung interpretiert wird: Durch das Wort von der „Partei der Nichtwähler" ist verbal auch ein Gegensatz, eine Abgrenzung zu den anderen Parteien konstruiert – denn „die" Nichtwähler müssten ja mit „den" Parteien unzufrieden sein, weil sie sonst wählen würden.

In Wahrheit jedoch waren, sind und werden die Nichtwähler auch in Zukunft keine „Partei" sein, sondern ein Sammelbecken mit von Wahl zu Wahl unterschiedlicher Zusammensetzung. Das einzige, was Nichtwähler verbindet, ist die Tatsache, dass sie nicht wählen. Es gibt Nichtwähler, die gar nicht existieren, Gleichgültige, Kranke, Verreiste, Einsame und viele mehr.

Schon in Zeiten höheren Wahleifers in Deutschland hatten unterschiedlichste Gründe Wahlenthaltung zur Folge, z.B. Fehler in Wählerverzeichnissen. Die anhand der Zahl der Wahlberechtigten sowie der abgegebenen Stimmen ermittelte statistische Wahlbeteiligung fällt prinzipiell geringer aus als die wirkliche Wahlbeteiligung. So gehen zwischen der Erstellung der Wählerverzeichnisse und dem Wahltag Verstorbene sowie ohne Abmeldung Verzogene als Nichtwähler in die amtliche Statistik ein, obwohl sie am entsprechenden Ort gar nicht wählen konnten. Zu diesen „unechten Nichtwählern" kommen „Nichtwähler wider Willen". Das sind z.B. kurzfristig erkrankte oder verreiste Bürger, die ohne erheblichen Aufwand keine Möglichkeit zur Stimmabgabe hatten, und Briefwähler, deren Stimmzettel zu spät oder ohne beiliegenden Wahlschein eintreffen. Des weiteren hinzuaddieren müßte man grundsätzliche Nichtwähler wie z.B. die meisten Obdachlosen oder andere besonders schwere Ausprägungen so genannter „Randständigkeit", ebenso die Zeugen Jehovas, die, da sie sich bei jeder Wahl enthalten, nicht für politische Veränderungen sorgen (vgl. Lavies 1973: 31ff.).

Die Zahl all der eben genannten, strukturellen und grundsätzlichen „Nichtwähler" dürfte trotz verbesserter statistischer Erfassungsmethoden und administrativer Erleichterungen insbesondere beim Zugang zur Briefwahl zusammen generell bei vermutlich 4 – 5 Prozent der jeweils ausgewiesenen „Wahlberechtigten" liegen. In der Bundesrepublik wäre darum – wie übrigens im Ergebnis tatsächlich in Ländern mit gesetzlicher Wahlpflicht – maximal eine Wahlbeteiligung von 95 Prozent erreichbar.

Sieht man einmal von der demokratietheoretischen Bewertung der quasi systematischen elektoralen Ausdruckslosigkeit ganzer Bevölkerungsgruppen wie der Obdachlosen in Deutschland oder vielerorts noch der Indianer oder Schwarzen in den USA ab – politisch interessant(er) sind Nichtwähler als potentielle „Wechselwähler" zwischen Teilnahme und Enthaltung. Derartige Nichtwähler stehen auch im Zentrum dieser Betrachtung. Denn für politische Veränderungen von Wahl zu Wahl sorgen logischerweise nicht strukturelle, grundsätzliche Nichtwähler. Politische Auswirkungen hat konjunkturelle, also einer jeweils vorherrschenden politischen Konjunktur bzw. Lage geschuldete Wahlenthaltung.

3. Der systematische Oppositionseffekt – politische Auswirkung von Wahlenthaltung

Dass nach langen Jahren schrumpfender Milieus und damit auch abnehmender Parteibindungen die politische Konjunktur immer bedeutsamer und die Spontaneität bzw. Kurzfristigkeit der Wahlentscheidungen immer größer werden, hat im September 2005 auch die Union – für sie wie für viele Demoskopen überraschend – erfahren. Sie konnte, anders als angenommen, ihre potentiellen Wähler nicht umfassend mobilisieren: Viele verzichteten sozusagen in letzter Minute auf den Wahlgang und bestätigten so den Trend zu wachsender Unberechenbarkeit des immer wechselbereiteren Wahlvolks wie die damit wachsende politische Bedeutung des Phänomens Wahlenthaltung. Schon länger machen in Deutschland nicht mehr nur die Wähler Regierungen.

So war auch eine zentrale politische Veränderung zwischen 1999 und 2005, nämlich erst der Wechsel der Mehrheitsverhältnisse im Bundesrat und dann die dort erdrückende Dominanz der Union, auf eine große Gruppe von konjunkturellen – und damit vorübergehenden – Nichtwählern zurückzuführen, deren Wahlverzicht besonders der CDU und – im Osten – auch der PDS nützte: frustrierte SPD-Wähler der Bundestagswahlen 1998 und 2002. SPD-Stamm- wie Laufkunden sind scharenweise den Wahllokalen ferngeblieben. Was 1998 die „neue Mitte" gewesen sein soll, wurde die neue Leere – in den Urnen. Wo die Wahlbeteiligung merklich sank, verlor tendenziell vor allem die in der Hauptstadt regierende SPD deutlich, z.B. in Niedersachsen und Bayern 2003. Nur bei der Bundestagswahl 2002 konnte sie zwischenzeitlich nochmals ausreichend mobilisieren.

Neu ist diese Erscheinung nicht, sondern schon länger als „systematischer Oppositionseffekt“ (vgl. Feist/Liepelt 1981:36) bekannt. Er hängt mit der traditionellen, fest in den Köpfen der Menschen verankerten Wahlhierarchie zusammen: Sie räumen der Bundestagswahl die mit Abstand größte Bedeutung ein, dann folgt die Landtagswahl und darauf wiederum mit großem Abstand die Europawahl sowie am Ende die Kommunalwahlen (Eilfort 1994:299). Je unbedeutender eine Wahl eingeschätzt wird, desto größer die Neigung, Unmut oder Enttäuschung auszuleben und an der normalerweise bevorzugten Partei sein Mütchen zu kühlen, z.B. durch bewusste Wahlenthaltung oder, einen Schritt weitergehend, durch Protestwahl.

Wer nun auf der als wichtigsten Ebene und besonders intensiv wahrgenommenen, im Bund, in der Regierungsverantwortung steht, macht fast zwangsläufig auch Fehler, enttäuscht vielleicht Erwartungen, muss Kompromisse suchen. Schnell treten Widersprüche und Streit zutage, wo vor der Machtübernahme niemand so genau hinschaute. Die Folge: Die Bonner und jetzt Berliner Regierenden können bei Landtags- und Kommunalwahlen ihre möglichen Wähler weniger gut motivieren als die Opposition im Bund, die von der dann geringeren Wahlbeteiligung mit prozentualen Gewinnen profitiert – ohne dabei zwangsläufig die eigenen Stimmen zu mehren.

Bis 1969 waren es eher bürgerliche Wähler, die regionale und kommunale Wahlen zum Protest nutzten, während nach dem Bonner Machtwechsel die Union ihrerseits in den 70er Jahren fast jedesmal hinzugewann, wo die Beteiligung gegenüber der Vorwahl absank. Von 1982 bis 1998 wiederum erwiesen sich Landtags- und Kommunalwahlen tendenziell als Ventil für Unzufriedene aus dem regierenden bürgerlichen Lager. Mit der bekannten Folge, dass die Opposition im Bundestag über den Bundesrat je nach Sprachgebrauch mitregieren oder blockieren und in den Ländern personelle Alternativen entwickeln kann. Genau dies geschah bis zum Frühjahr 2005 mit umgekehrten Vorzeichen: Nichtwähler haben, um nur einige Beispiele aus der Landespolitik zu nennen, die Erfolge von Roland Koch in Hessen 1999, Peter Müller im Saarland 1999, Bernhard Vogel in Thüringen 1999, Ole von Beust in Hamburg 2001, Wolfgang Böhmer in Sachsen-Anhalt 2002, Christian Wulff in Niedersachsen 2003 und Peter Harry Carstensen in Schleswig-Holstein 2005 erst möglich gemacht. Schon bei den nordrhein-westfälischen Kommunalwahlen 1999 und 2004 war das Muster erkennbar gewesen: Sinkender Wahleifer ging zu Lasten der in Berlin und Düsseldorf regierenden SPD, während die Union ihr Wählerpotential weitgehend ausschöpfen konnte.

Mit dem auch von nunmehr die Union wählenden, vormaligen Nichtwählern verursachten Ende der letzten rot-grünen Landesregierung und dem Verlust der Regierungsbeteiligung der SPD in ihrem Stammland Nordrhein-Westfalen änderte sich im Mai 2005 die politische Agenda auch in Berlin dramatisch: Das Vorziehen der Bundestagswahl um ein Jahr war im Wesentlichen eine Folge der Serie von verheerenden Wahlniederlagen für die SPD auf Landes- und Kommunalebene, mithin ein Ausfluss des „systematischen Oppositionseffekts“. Genauso zeigte das deutlich bessere Ergebnis der SPD in Nordrhein-Westfalen bei der Bundestagswahl 2005, dass viele potentielle Wähler mit entsprechender Parteineigung bei dem als am wichtigsten wahrgenommenen Urnengang dann eher wieder zu tatsächlichen Wählern eben ihrer eigentlichen Favoriten werden, die Bundestagswahl also kaum als Denkzettelwahl gesehen wird.

Diejenigen jedenfalls, die den „Oppositionseffekt“ verursachen, können also – in den meisten Fällen wohl ungewollt – politische Weisheit an den Tag legen. Nichtwählen wird zum Politikum, weil es die Bundesregierung entweder daran hindert, zu mächtig zu werden oder, wie 2004/2005, ihre nicht mehr vorhandene Legitimation aufdeckt und Neuwahlen erzwingt. Wahlenthaltung entfaltet so eine ausgleichende Wirkung für das politische System, die Umfragen zufolge von der großen Mehrheit der Bevölkerung auch gewünscht und begrüßt wird: Als Krisenzeichen wäre sie somit nur für die in Berlin regierenden Parteien zu sehen, für das politische System dagegen nicht nur als Normalisierung oder besser Normalität, sondern sogar als ausgleichender und damit stabilisierender Faktor.

Ernüchterung nach Regierungswechseln ist demokratische Normalität. „Politikverdrossenheit“ im Sinne allgemeiner Demokratieunzufriedenheit muss das nicht automatisch zur Folge haben. Erst wenn eine in Umfragen festgestellte breite Unzufriedenheit mit der jeweiligen Bundesregierung in eine Aversion gegen die Politik generell umschlägt, eine Wirtschaftskrise und/oder als politische Affären wahrgenommene Ereignisse nachhaltig die Stimmung trüben, wie in den letzten „Verdrossenheitshochkonjunkturen“ 1992/93 und 2000, sind mehr als tagespolitische Sorgen angebracht.

4. Die Stimmabgabe ist nicht mehr Bürgerpflicht

Worin also liegen die zentralen Gründe der in Deutschland seit Mitte der 1970er Jahre zunehmenden Wahlenthaltung? Die erste bedeutende Ursache spricht dafür, weiter zunehmende Nichtwählerzahlen vornehmlich als Ergebnis eines Normalisierungsprozesses gerade im internationalen Vergleich zu werten und sie ebensowenig dem politischen System und seinen Akteuren anzulasten: Die Wahlteilnahme wird immer weniger als Bürgerpflicht empfunden (vgl. Eilfort 1994:322ff.). Dies ist ein zentraler, struktureller Grund dafür, dass immer mehr konjunkturelle Nichtwähler zu registrieren sind: Weil eine strukturelle Motivation für Wahlteilnahme in den letzten Jahren des 20. Jahrhunderts abhanden kam und der Wahlgang heute nicht mehr als „Muss", sondern als „Kann" gesehen wird, entscheidet eben die jeweilige politische Konjunktur nicht nur über das Wie, sondern auch über das Ob der Wahlentscheidung.

Die starke soziale Norm des Wählen-Müssens war jahrzehntelang ein Charakteristikum der politischen Kultur in der Bundesrepublik und trug zu der im internationalen Vergleich enorm hohen Wahlbeteiligung entscheidend bei. Heute wird infolge des Wertewandels das Wahlrecht weitaus weniger als Wahlpflicht verstanden. Dies macht sich umso bemerkbarer, je jünger die Wahlberechtigten sind. Im Ergebnis führen viele und oft profane Gründe, die früher keinen vom Wahlgang abgehalten hätten, inzwischen zu Wahlenthaltung. Mit dem Rückgang der Auffassung von der Wahlteilnahme als Pflicht entstand wahrscheinlich erst die Voraussetzung dafür, dass es aus verschiedenen Gründen, die zuvor nur verdeckt wurden, zu vermehrter Wahlabstinenz kommen konnte. Diese erste wichtige Ursache abnehmender Wahlneigung muss also nicht quantitativ die bedeutsamste sein, steht aber in einer zur möglichen Enthaltung führenden „Entscheidungskette" an vorderer Stelle.

Und kann man dabei nicht annehmen, dass gerade mäßig motivierte Bürger, die vormals des moralischen wie des persönlichen Anstoßes zur Stimmabgabe bedurften, heute die Nichtwähler sind, deren Enthaltung als aus Zufriedenheit entstandene Apathie bezeichnet werden kann? Dass sie die Normalisierungsthese untermauern, die davon ausgeht, dass bei stabilen politischen Verhältnissen über einen längeren Zeitraum hinweg, bei Vertrauen in das politische System und seine Institutionen und bei einer allgemeinen Zufriedenheit mit der Funktionsweise des Systems die Bürger zu einer geringeren Beteiligung bei Wahlen neigen? Dies ist leicht in alten und etablierten Demokratien wie den USA oder der Schweiz zu beobachten.

So hat der Wertewandel mit der Abnahme staatsbürgerlichen Pflichtbewusstseins in den Jahren vor dem Wechsel 2005 zur großen Koalition wohl auch zur in diesem Ausmaß bisher unbekannten Ausprägung des „Oppositionseffekts" beigetragen. Da man sich nicht mehr auf den Wahleifer verlassen kann, sondern viele Menschen nicht nur inhaltlich überzeugen, sondern überhaupt erst einmal zum Wahlgang motivieren muss, schlägt die negative Stimmung gegenüber der Bundesregierung doppelt durch – ganz besonders bei den Jungen: Diejenigen, die wählen gehen, bevorzugten immer mehr die Union, und ein noch größerer Teil als bisher üblich enthielt sich eben. Dabei hätten – dies am Rande als gravierende politische Konsequenz von Wahlenthaltung – Jüngere eigentlich viel Interesse daran, sich gerade mehr als bisher zu beteiligen. Weil nämlich die über 60jährigen nicht nur schon bald mehr als ein Drittel der Wahlberechtigten stellen, sondern auch wesentlich eifriger bei der Stimmabgabe sind, liegt ihr Anteil bei den Wählern entsprechend höher. Angesichts der bekannten demographischen Zahlen fällt es also nicht schwer, zu prognostizieren, dass im Deutschland des 21. Jahrhunderts Ältere fast allein Wahlen entscheiden und die Interessen Jüngerer – z.B. in der Rentendiskussion – für Wahlkampfstrategen wenig Bedeutung haben mögen.

An altbekannten soziologischen Mustern der Wahlbeteiligungsneigung hat sich in den letzten Jahrzehnten jedenfalls nur graduell etwas, substantiell aber wenig verändert. Das gilt zuallererst für den Zusammenhang zwischen Alter und Wahlbeteiligung. Eine einfache Regel bestätigt sich nicht nur in Deutschland bei Wahlen auf allen Ebenen: Die Neigung zur Wahlbeteiligung nimmt mit dem Alter stetig zu, erreicht ihren Gipfel bei den über 60-Jährigen und fällt im hohen Alter wieder ab. Die Differenz zwischen den Extremgruppen, den wahlfaulen 21 bis 24-Jährigen nach dem verflogenen Reiz des Neuen und den höchst regen über 60-Jährigen, hat dabei seit den 1970er Jahren insgesamt zugenommen. Die Erklärung des Phänomens dürfte eher im so genannten „Lebenszyklus-Modell" liegen, nach dem das Wahlverhalten des Einzelnen stark von seiner Stellung im Lebenszyklus abhängt. Mit beruflicher Tätigkeit, familiärer Bindung und vor allem Kindern, insgesamt also seiner „Etablierung", entwickelt der Einzelne mehr Interesse für die Politik und schätzt deren Bedeutung für ihn selbst höher ein. Nicht von der Hand zu weisen ist indes genauso der Ansatz der „politischen Generationen", die in der Jugend vom jeweiligen historisch-politischen Umfeld geprägt würden und dann Partizipationsprofile und Parteineigungen entwickelten, die sich nur noch wenig änderten (vgl. Eilfort 1994:199).

Die fehlenden Daten amtlicher Repräsentativstatistiken unter anderem für die Bundestagswahlen 1994 und 1998 sind in diesem Zusammenhang ebenso zu bedauern wie bezüglich der Wahlneigung nach Geschlecht. Dass Männer eher als Frauen zur Wahlbeteiligung geneigt sind, war Jahrzehnte auch für Deutschland einer der am gründlichsten bewiesenen Zusammenhänge. Es fand zwar schon lange Jahre eine Nivellierung statt, durchbrochen wurde die Regel allerdings nicht. Im Bund haben sich bei den Wahlen 1990 wie 2002 und 2005 die Frauen insgesamt nach wie vor in etwas geringerem Umfang engagiert, liegen aber in fast allen Altersgruppen unterhalb von 60 Jahren vorne. Hier deutet sich eine Verschiebung zumindest an (vgl. Tabelle 2).

Grundsätzlich wenig verändert haben sich auch die Beziehungen zwischen Konfession, Bildung, Einkommen und Wahlneigung: Je stärker die Bindung an eine Kirche, je höher der formale Bildungsgrad und – meist damit zusammenhängend – je höher das Einkommen, desto größer die Wahlneigung. Damit ist auch das entscheidende Thema „Integration" berührt, deren Fehlen die zweite und quantitativ vielleicht folgenreichste Ursache zunehmender Enthaltung sein dürfte.

Tabelle 2: Wahlbeteiligung bei den Bundestagswahlen 1990, 2002 und 2005 nach Alter und Geschlecht (in %)

Alter (von... bis...)	1990[1] Männer	1990[1] Frauen	2002[2] Männer	2002[2] Frauen	2005[2] Männer	2005[2] Frauen
18–20	66,3	63,1	70,3	70,1	69,1	68,5
21–24	63,2	60,4	67,8	68,5	65,4	65,3
25–29	66,3	66,4	71,5	72,8	68,5	70,4
30–34	70,6	72,1	75,4	78,0	71,8	74,6
35–39	75,2	76,3	78,6	80,6	77,3	79,0
40–44	79,3	79,8	79,1	81,0	78,2	79,6
45–49	82,2	82,0	80,4	81,7	78,5	80,5
50–59	85,0	84,2	83,6	84,3	81,4	82,6
60–69	88,2	85,3	86,9	85,9	84,9	84,3
ab 70	81,3	71,3	84,4	75,2	81,4	72,8
alle	77,0	75,7	79,9	79,4	77,9	77,4

1 Ohne Personen mit Wahlschein
2 Anteil der Wähler mit Stimm- und Wahlscheinvermerk im Wählerverzeichnis an den Wahlberechtigten

Quellen: Statistisches Bundesamt (Hrsg.) 1991, 2003, 2005

5. Ohne Integration kaum Partizipation

In jedem Fall bedeutungsvoll für um Stimmen werbende Parteien und Politiker ist die Erkenntnis, dass bezüglich der Frage der Beteiligung an Wahlen die alte These, Wählerverhalten sei Gruppenverhalten, neue Nahrung bekommen hat. Die Realität sieht oft anders aus als die verbreitete Ideal- oder Wunschvorstellung, der mündige Bürger entscheide nach reiflicher und unbeeinflusster Überlegung für oder gegen die Stimmabgabe, für eine Partei oder einen Kandidaten. Dass Wahlbeteiligungsverhalten in starkem Maß ein Gruppenverhalten ist, zeigt sich schon daran, dass die meisten Wahllokalwähler nicht allein zur Stimmabgabe kommen. Gerade die Entscheidung für oder gegen die Stimmabgabe ist in vielen Fällen gar keine – Wahlbeteiligung oder Wahlenthaltung können relativ zufällig zustandekommen. Bei der gemeinsamen Unternehmung „Urnengang“ und unter Umständen selbst dann, wenn die Stimmabgabe einzeln erfolgt, mag nämlich ein stärker motivierter Wahlberechtigter einen anderen mitziehen. Auch deswegen beteiligen sich Verheiratete oder in eheähnlicher Gemeinschaft Lebende immer in deutlich höherem Maß an Wahlen als alleinlebende Ledige, Geschiedene und Verwitwete. Auch deswegen wächst tendenziell die Neigung zur Stimmabgabe mit der Zahl der in einem Haushalt lebenden Personen. Besonders deutlich fällt der Unterschied zwischen Single- und Zwei-Personen-Haushalten aus (vgl. Eilfort 1994:233ff.).

Der positive Einfluß von „Geborgenheit" auf die Neigung zur Stimmabgabe liegt vor allem in einem simplen Mitnahme-Effekt sowie dem nicht zu unterschätzenden sozialen Druck: Wahlberechtigte mit vorhandener, aber nicht starker Motivation zur Wahlbeteiligung werden im Wortsinn zum Mitläufer, wenn nahestehende Personen zur Wahl gehen. Je mehr Menschen das enge Umfeld ausmachen und je enger die Bindung ist, desto größer also die Chance, dass, falls der eigene Drang zur Wahlurne nicht ausreicht, ein ausschlaggebender Impuls von außen erfolgt.

Im Hinblick auf die Wahlbeteiligung spielt die mitmenschliche Verbundenheit überhaupt eine wesentliche Rolle. Die Neigung eines Wahlberechtigten, seine Stimme abzugeben, ist umso größer, je mehr Kontakt er zu anderen Menschen hat, je mehr Anteil er am Gesellschaftsleben nimmt. Es erstaunt darum nicht, wenn tendenziell die Wahlbeteiligung in einer Gemeinde oder Stadt umso höher ist, je weniger Einwohner diese hat: In der Regel nimmt mit wachsender Größe einer Kommune die Anonymität zu und die relative Menge an Kontakten ab. Aus dem gleichen Grund wächst der Wahleifer auch mit der Ortsansässigkeit, was sich besonders bei kommunalen Wahlen bemerkbar macht. Je länger jemand in einer Gemeinde oder Stadt lebt, desto eher dürfte er dort verwurzelt, sozial integriert sein.

Die Vereinzelungsdynamik in der Gesellschaft macht nicht Halt bei der Familie. Genauso nehmen Bindungen an Kirchen, Gewerkschaften, Vereine und andere Organisationen ab – und damit auch die Wahlbeteiligung. Den positiven Zusammenhang insbesondere zwischen dem Wahleifer und dem Engagement in Vereinen und anderen Organisationen bestätigen die Angaben der in Stuttgart befragten Bürger. Erstaunlich ist dabei weniger, in welchem Maß z.B. der Wahleifer von Nicht-Vereinsmitgliedern von dem der Mitglieder eines Vereins abweicht, sondern vielmehr, wie er mit größer werdender Zahl der Vereinsmitgliedschaften fast linear zu steigen scheint.

Auch dem zufolge ist nicht oder kaum vorhandene soziale Integration einer der Hauptschlüssel zur strukturellen Erklärung auch von konjunktureller Wahlabstinenz. Der allgemeine Rückgang der Beteiligung bei Wahlen in der Bundesrepublik ist in starkem Maß durch die Abnahme sozialer Bindungen bedingt und so ein Stück weit die logische und normale Folge gesellschaftlicher Entwicklungen. Langfristig wird sich die Zunahme der so begründeten Wahlenthaltung wohl fortsetzen, da ein Ende oder gar eine Umkehr der Prozesse, die zu immer mehr Desintegration führen, nicht absehbar ist: Die Individualisierung schreitet voran, und „Instanzen" wie Kirchen, Vereine, Familie, deren Wirken positive Folgen für die Neigung des Einzelnen zur Stimmabgabe hat, verlieren weiter an Einfluss.

Durch gesellschaftliche Auflösungsprozesse begründete bzw. von diesen zumindest mitverursachte Wahlenthaltung mag man als Symptom einer Krise der Gesellschaft verstehen, die sich auf die Politik auswirkt. Für beides, für so begründete Wahlabstinenz wie für eine mögliche Gesellschaftskrise „die" Politik oder das politische System in die Verantwortung nehmen zu wollen, erscheint in jedem Fall gewagt, denn sie können sicher wenig dafür, dass die Mobilisierungsmotoren Familie, Kirche oder Verein immer weniger Menschen ansprechen und zum Wahlgang ermuntern.

6. Die wählenden Nichtwähler – auch ein methodisches Problem

Wie gezeigt, gibt es mehrere Aspekte, die eine gelassenere Bewertung, wenn nicht Entdramatisierung wachsender Nichtwählerzahlen nahelegen. Dies bedeutet gleichwohl nicht, dass sie völlig verharmlost werden können. Denn zu einem in der Regel kleineren Teil stellt wachsende Wahlenthaltung durchaus ein Krisensymptom dar, weil es einen neuen Nichtwählertyp gibt. Hier wird die dritte wesentliche Ursache für wachsende Wahlenthaltung in Deutschland zu suchen sein.

Nichtwähler dieses neueren Typ stellten in Deutschland bis Mitte bzw. Ende der 80er Jahre keine messbare Größe dar. Bis zu diesem Zeitpunkt galt Nichtwählen als eindeutige Funktion des politischen Interessiertheitsgrades: Hohes Interesse führe zur Stimmabgabe, niedriges zur Abstinenz. Dies traf tendenziell zu, auch wenn es – besonders in den frühen Jahren der Bundesrepublik – mehr Wähler als politisch interessierte Bürger gab. Kam es zur Wahlenthaltung, war diese kaum als bewusste politische Handlung zu deuten. Nach wie vor zu Recht kann man sagen: Je mehr sich ein Bürger für Politik interessiert und je mehr er sich darüber informiert, umso größer ist die Wahrscheinlichkeit, dass er an Wahlen teilnimmt. Nurmehr von eingeschrankter Aussagekraft ist der Umkehrschluss: Ausgeprägtes politisches Interesse hat nicht mehr die Stimmabgabe als quasi automatische Folge.

Beileibe nicht der Nichtwähler schlechthin, aber ein neuer Nichtwählertyp zeichnete sich nachweisbar anlässlich der Bundestagswahl 1990 durch starkes Interesse an Politik aus (vgl. Eilfort 1994:253ff.). Dass sich dieser neue Typus von Nichtwählern danach in Wohlgefallen aufgelöst hätte, um das Feld wieder allein den „klassischen Nichtwählern“ (vgl. Campbell u.a. 1960:89ff.), also den an der Politik kaum oder keinen Anteil nehmenden, zu überlassen, ist kaum anzunehmen. Wahlenthaltung als Ergebnis einer bewussten, politischen Entscheidung durch politisch interessierte und informierte Bürger dürfte, nach der Schwächung der Wahlbeteiligungsnorm und dem Rückgang gesellschaftlicher Integration, eine weitere wichtige Ursache der allgemeinen Abnahme der Beteiligung bei Wahlen sein. Viele Nichtwähler sind Wähler, haben sich bewusst für die Enthaltung entschieden. Ein Hinweis darauf liegt auch in der Tatsache, dass es trotz des stetig gestiegenen Bildungsniveaus und trotz des vielfach belegten generellen Anstiegs des politischen Interesses in Deutschland zu dem beschriebenen Rückgang der Wahlbeteiligung kam.

Wenn in anderen Studien die Zahl politisch interessierter, bewusster Nichtwähler als vernachlässigbare Größe erscheint oder deren Existenz gar völlig verneint wird, liegt das wohl vor allem daran, dass gerade diese Nichtwähler dazu neigen, sich bei Umfragen der sozialen Norm des Wählen-Müssens anzupassen und deshalb falsche Angaben zu machen. Auch aus diesem Grund geben bis heute bei Vorwahlbefragungen immer deutlich mehr Bürger an, wählen gehen zu wollen, als es nachher tatsächlich tun.

Nun ist der natürlich von Wahl zu Wahl differierende Anteil der wählenden Nichtwähler an der Gesamtnichtwählerschaft jeweils kaum präzise zu quantifizieren – methodische Probleme sprechen gegen die Seriosität jedes Versuchs, dies dennoch zu tun: Rationalisierung, andere Verzerrungen durch Erhebungssituation und Erhebungsart und vor allem Probleme bei der Erfassung der Nichtwähler stehen dem im Weg.

Die Stuttgarter Untersuchung 1991 (vgl. Eilfort 1994:95ff.) war die erste und bislang auch einzige in Deutschland, bei der sich die Möglichkeit ergab, anhand der Wählerverzeichnisse die von den Befragten gemachten Angaben zu überprüfen. Um Antworten zur jeweiligen Motivation von Nichtwählern und Wählern zu finden, wurden über 20.000 repräsentativ ausgewählte Bürger schriftlich befragt. Knapp zwei Drittel beteiligten sich an der Untersuchung, letztlich ausgewertet wurden 5336 Stellungnahmen von Wählern und 2116 von Nichtwählern. Dabei stellte sich heraus, dass mehr als ein Viertel der erwiesenen Nichtwähler, die an der Befragung – in Form eines schriftlichen Fragebogens – teilnahmen, dort falsche Angaben machten. Und, noch wichtiger: Es waren dies weit überdurchschnittlich politisch interessierte, bewusste Protest-Nichtwähler, die ihre Enthaltung wohl auch deshalb verschwiegen, weil sie die Wahlteilnahme-Norm besonders bejahten und demzufolge ein schlechtes Gewissen hatten.

Es ist zu keinem Zeitpunkt der Eindruck erweckt worden, dass die Stuttgarter Bevölkerung 1991 bzw. die aus ihr zufallsausgewählten Befragten vollständig repräsentativ für die Bevölkerung der Bundesrepublik waren. Nicht unbegründet ist auch der Einwand, dass als Folge der gewählten Befragungsmethode politisch Interessierte auch unter den teilnehmenden Nichtwählern überrepräsentiert waren (vgl. Gabriel/Völkl 2004:241). Dementsprechend wurde immer klargestellt, dass die wählenden Nichtwähler nicht einen Löwenanteil unter den Nichtwählern ausmachten, mithin die Wahlbeteiligung grundsätzlich bzw. in starkem Maße weiter eine Funktion der politischen Interessiertheit bleibe.

Und dennoch: Im Overreporting liegt eindeutig die Schwäche aller herkömmlichen Umfrage- und Auswertungstechniken bei der Erforschung der Gründe von Wahlenthaltung. Das räumen auch jene ein, die in stärkerem Maß oder fast ausschließlich ein Mehraufkommen „klassischer Nichtwähler“ für die Zunahme der Enthaltung verantwortlich machen (vgl. Gabriel/Völkl 2004:224). Jede noch so ausgeklügelte Umfragemethode oder -ergebnisinterpretation muss an diesen eben nicht bekennenden, sondern unaufrichtigen

Nichtwählern ihre Grenze finden, solange nicht nachgewiesene, sondern nur angegebene, mehr oder weniger direkt erfragte Wahlbeteiligung Grundlage der Untersuchung ist. Und, noch wichtiger, soweit, wie für Stuttgart belegt, die unaufrichtigen Nichtwähler eben nicht dem Durchschnitt der Nichtwähler entsprechen, es durch das Overreporting also nicht nur zu geringeren Fallzahlen an erfassten Nichtwählern, sondern auch zu einer qualitativen Fehleinschätzung bezüglich ihrer Motivation kommt.

Offen wird auch in anderen Untersuchungen auf diese problematische Beziehung von Nichtwählern und Meinungsumfragen eingegangen, zwei kommen mit ihren Ansätzen dem Problem sehr nahe. Gleichwohl müssen Zweifel bleiben, ob mit denjenigen, die man als „heimliche Nichtwähler"[1] oder „potentielle Nichtwähler"[2] einordnet, die besonders unaufrichtigen, politisch interessierten Nichtwähler erfasst werden können.

Gleiches gilt für den Versuch, mit einem „gepoolten Querschnittsdatensatz" vorzugehen (Gabriel/Völkl 2004:222), mit dem sich das geschilderte „Problem etwas entschärfen" lasse. Dass es sich in naher Zukunft von selbst erledigt, ist nicht unbedingt zu erwarten: Zwar geht, wie geschildert, die Verankerung der Auffassung von dem Wahlgang als Pflicht und damit auf Aggregatebene die Intensität der sozialen Norm zurück – was wohl auch zur festgestellten Zunahme in Umfragen bekennender Nichtwähler beigetragen hat. Aber mindestens Teile derjenigen, die man gerne erfassen würde, bleiben wohl unerreichbar, da sie diese Norm immer noch am stärksten bejahen – also in Umfragen vermutlich weiterhin unaufrichtig sein werden. Ohne Zugriff auf die Wählerverzeichnisse – bei gleichzeitiger Wahrung des Wahlgeheimnisses bzw. der Anonymität wie 1991 in Stuttgart – wird der Anteil der „wählenden Nichtwähler" an den Nichtwählern insgesamt eher eine große Unbekannte bleiben.

7. Nichtwählen wg. „Politikverdrossenheit"

Wogegen richtet sich nun der Protest eines Teils der Nichtwähler? Als Gründe der subjektiv empfundenen Unzufriedenheit werden wählende Nichtwähler in der Regel politische Skandale und Affären („alle korrupt"), Bürgerferne („die da oben machen doch, was sie wollen"), ungelöste Probleme und fehlende Al-

1 Gemeint sind Befragte, die kurz vor der Wahl „angeben, nicht zu wissen, ob sie zur Wahl gehen oder aber keine Partei angeben können, für die sie sich entscheiden wollen" (Hoffmann-Jaberg/Roth 1994: 137).

2 Hiermit sind in Bezug auf die Bundestagswahl 1990 diejenigen Befragten gemeint, „die im Frühsommer 1990 entweder schon mit Sicherheit angeben konnten, sie würden nicht zur Wahl gehen oder dies noch nicht genau zu sagen wußten" (Falter/Schumann 1994: 183).

ternativen („Parteien sind alle gleich") benennen – kurz: vieles, was man gern mit dem Totschlagswort „Politikverdrossenheit" umschreibt. Wahlenthaltung ist ein neues Ventil für die gewiss nicht neue Erscheinung „Politikverdrossenheit" geworden. Fast erstaunlich ist dabei auch, dass sich diese diffuse Unzufriedenheit eher als ein schicht- denn als ein altersspezifisches Problem erweist. Die Vorstellung von den korrupten und schlechten Politikern, der Glaube an die eigene Ohnmacht ist vor allem bei den so genannten „kleinen Leuten" verbreitet – wohl einer der Gründe dafür, dass z.B. bei den Arbeitern die Neigung zu Wahlenthaltung wie zum oft nächsten, zweiten Schritt, der Protestwahl, zugenommen hat (vgl. Eilfort 1994:261ff.).

Nichtwählen als politisches Votum dürfte allerdings im Gegensatz zu der Hochphase der „Politikverdrossenheit" zu Beginn der 1990er Jahre etwas an Bedeutung verloren haben. Der 1998 erstmals nicht durch Koalitionswechsel, sondern durch Wählerentscheid herbeigeführte Regierungswechsel mag zudem dem demokratischen Souverän den möglichen Erfolgswert der Stimmabgabe wieder deutlich gemacht haben.

Ebenso scheint bei manchem Bürger, der 1992/1993 und abgeschwächt auch um 2000 seiner Verdrossenheit bei jeder Gelegenheit Ausdruck verlieh, die Bereitschaft gewachsen zu sein, subjektiv empfundene Unzufriedenheit zu hinterfragen. Es konnte wohl auch kaum alles, was da auf Politikern und Parteien abgeladen wurde, objektiv von ihnen zu verantworten sein! Zum Anstieg der „Politikverdrossenheit" und damit der Wahlenthaltung dürften eine veränderte Wahrnehmung politischer Geschehnisse durch Medien und Bürger sowie außen- und innenpolitische Wandlungsprozesse mit der Folge von Orientierungslosigkeit, nachlassendem Gemeinsinn und vielleicht überhöhten Erwartungen an die Politik zumindest beigetragen haben.

In jedem Fall sollte man sich davor hüten, Nichtwähler zu Helden zu erklären: Nicht jeder Akt von bewusster Abstinenz, vor allem nicht jeder erklärte, ist als Mahnung an die eigene Partei oder als flammender Protest und Produkt wachsamer Intelligenz eines um die Demokratie besorgten Staatsbürgers zu sehen. Weil es vielmehr immer gut aussieht, wenn man sich als solcher ausgibt, äußert auch so mancher, der es schlicht aus Bequemlichkeit nicht zum Wahllokal geschafft hat, in Umfragen angeblichen Verdruss: Rationalisierung trägt stark zur Überschätzung der „Politikverdrossenheit" bei.

Bezüglich des Zusammenhangs zwischen Bundestagswahlkämpfen und der Neigung zur Wahlbeteiligung lautet eine zentrale Erkenntnis: Polarisierung mobilisiert! Es ist kein Zufall, dass die höchste jemals bei Bundestagswahlen erreichte Beteiligung mit 91,1 Prozent bei der Wahl 1972 erzielt wurde, als sich mit Willy Brandt und Rainer Barzel die Kandidaten wie ihre Politikinhalte, z.B. die Ostpolitik, diametral gegenüberstanden. Die Menschen wählen eben lieber zwischen Schwarz und Weiß als zwischen Dunkelgrau und Hellgrau. So genannte „tweedledee-tweedledum-choices", wie die Engländer sagen, locken mäßig interessierte und eher ungebundene Wahlberechtigte kaum hinter dem Ofen hervor.

Es gibt sehr viele Nichtwähler, die mangelnde Unterschiede zwischen den Parteien und damit eine fehlende Auswahl beklagen und mangels Angebot auf die Nachfrage am Wahltag verzichten. Es gibt auf der anderen Seite jedoch einige Nichtwähler, die, ausgehend von einem vielleicht eher „unpolitischen" Standpunkt, Streit ablehnen, am liebsten überall Konsens hätten und mit dem Hinweis auf die schlimmen Auseinandersetzungen in der Politik ihre Abstinenz begründen (vgl. Eilfort 1994:272ff.). Kurz: Man kann es sowieso nicht allen recht machen – ein weiterer Grund dafür, das Phänomen Wahlenthaltung nicht zu dramatisieren.

8. Qualität einer Demokratie nicht an Wahlbeteiligung messbar

Nichtwähler sind nicht die Helden und genausowenig die Totengräber der Demokratie. Wahlenthaltung bzw. die Höhe der Wahlbeteiligung sollte also weder idealisiert noch dramatisiert werden. Sie sagt ohnehin kaum etwas über das Funktionieren einer Demokratie aus. Noch keine – siehe die Beispiele Schweiz und USA – ist an zu niedriger Beteiligung gescheitert. Eher eine, nämlich die Weimarer Republik, an zu hoher Beteiligung, weil es der NSDAP offensichtlich gelang, in der Weltwirtschaftskrise politisch weniger interessierte, vormalige Nichtwähler zu mobilisieren. Einen Beleg dafür, dass die Stimmabgabe kein Wert an sich ist, stellten die Landtagswahlen in Sachsen-Anhalt 1998 und 2002 dar: In den Wahlkreisen mit den höchsten Zuwachsraten bei der Wahlbeteiligung erzielte die DVU 1998 ihre besten Ergebnisse! 2002 sank die Beteiligung um fast unglaubliche 15 Prozentpunkte – und die DVU schied sang- und klanglos aus dem Landtag in Magdeburg aus. Auch das Ausscheiden der „Republikaner" aus dem baden-württembergischen Landtag 2001 bei Rekordwahlenthaltung oder der mit Hilfe einer niedrigeren Wahlbeteiligung 2004 in Hamburg erreichte „Schill-Out" unterstreichen, dass Wahlabstinenz durchaus positive Seiten haben mag.

Überhaupt wird immer noch viel zu oft die Diskussion über Nichtwähler von falschen Annahmen geprägt, mit irreführenden Begriffen geführt, zuweilen zu politischen Zwecken instrumentalisiert. Penetrant hält sich in der Politik, in der politischen Bildung wie unter Journalisten die Auffassung, steigende Wahlbeteiligung signalisiere, alles sei in bester Ordnung, während man bei sinkender Wahlbeteiligung sofort auf eine Krise des Systems schließen und die Schuldigen dingfest machen müsse – je nach Perspektive „die" Politik generell oder die jeweils anderen Parteien.

Wie hoch aber eine „richtige" Wahlbeteiligung sein sollte, ist nicht normativ festzulegen. Die Beurteilung hängt, was zur Versachlichung der Diskussion über Nichtwähler nicht oft genug gesagt werden kann, vom demokratietheoretischen Blickwinkel ab. Nach der inputorientierten Demokratietheorie sollen in den politischen Prozess die Ansichten und Wünsche aller Bürger einfließen und das zu wählende Gremium sie möglichst vollständig repräsentieren. Die Stimmabgabe wird so zum Wert an sich, angestrebt wird ein Beteiligungsmaximum. Wahlenthaltung wäre also durchweg negativ zu bewerten. Dagegen sieht die outputorientierte Demokratietheorie in der Wahl vor allem ein Mittel zum Zweck. Macht soll zugewiesen und die Leistungsfähigkeit eines Systems garantiert werden (vgl. Scharpf 1970:25ff.). Eine hohe Wahlbeteiligung ist dazu nicht nötig, anzustreben wäre ein Beteiligungsoptimum. Wahlenthaltung kann nach dieser Theorie nützlich sein, insbesondere dann, wenn sie von Menschen ausgeübt wird, die nicht dem Idealbild des „mündigen Staatsbürgers" entsprechen. In diesem Sinne argumentierte 1972 der damalige bayerische Kultusminister Hans Maier, als er, politisch unkorrekt und sehr umstritten, von einer „erschreckend hohen Wahlbeteiligung" sprach.

Dabei hängen Wahlbeteiligung und -enthaltung von so vielen Faktoren ab und können auf so unterschiedlicher Basis betrachtet werden, dass pauschale Bewertungen wohl kaum sachgerecht sein können. Die Stimmabgabe darf beileibe nicht in jedem Fall als Ausdruck „guter", „demokratischer" Gesinnung oder als Unterstützung für das System bzw. Parteien und Politiker überhöht werden – schließlich gibt es nach wie vor auch „Formaldemokraten", die nur wählen, weil „es sich gehört", radikale Protestwähler und im Grunde unzufriedene „Gerade-noch-Wähler" etablierter Parteien. Auch Wahlenthaltung mag Ausfluss bewusster und durchdachter Entscheidungen „guter" Demokraten sein, kann überdies gerade Systemzufriedenheit ausdrücken nach dem Motto: „Wer schweigt, stimmt zu".

Systemopposition nach dem APO-Motto von 1969, „Schweine regieren, Esel wählen", ist damals wie heute empirisch jedenfalls nicht feststellbar und der Sponti-Spruch „Wenn Wahlen etwas ändern würden, wären sie verboten" spätestens seit 1998 ad absurdum geführt. Derjenige, bei dem ein wie auch immer ausfallendes Wahlergebnis nicht zu existentiellen Ängsten führt, mag leichteren Herzens einmal auf die Stimmabgabe verzichten.

Leider ist das Vorurteil, eine hohe Wahlbeteiligung zeige an, wie stabil ein politisches System und wie demokratisch gesinnt die Menschen seien, nirgends so verbreitet wie in Deutschland. Deshalb konnte und kann es immer noch nicht überraschen, dass der Rückgang des allgemeinen Wahleifers von der breiten Öffentlichkeit und auch vielen politischen Akteuren vor allem als Krisenzeichen empfunden wurde – und immer wieder wird. Die dadurch ausgelöste eifrige Suche nach den Gründen der – vermeintlichen? – Krise förderte die angebliche „Politikverdrossenheit" der Deutschen wahrscheinlich mehr, als manches, was bei der Suche letztendlich ausgemacht wurde.

9. Schluss

Auch deutlich niedrigere Wahlbeteiligungswerte beeinträchtigen das Funktionieren eines politischen Systems nicht zwangsläufig bzw. können sogar förderlich sein. Die Frage, ob Nichtwählen eher ein strukturelles oder eher ein konjunkturelles Problem sei, könnte man demnach durchaus mit der Gegenfrage beantworten, ob Wahlenthaltung überhaupt als Problem zu bewerten sei. Die Reaktion müsste dann wohl ein Hinweis auf die Notwendigkeit einer differenzierten Betrachtung von Fall zu Fall sein.

Die Zunahme der Nichtwähler seit Mitte der 1970er Jahre ist, soweit man doch den Versuch einer Generalisierung wagen will, wohl ein Stück weit als Krisensymptom zu sehen, dürfte vor allem anderen aber Ausdruck einer Normalisierung bzw. von demokratischer Normalität sein – besonders im internationalen Vergleich. Dass sich beide Deutungen zwar auf der individuellen Ebene, nicht jedoch im Aggregat widersprechen, wurde wiederholt zu Recht festgestellt. Es gilt, Wahlenthaltung weder zu dramatisieren noch zu verharmlosen, vor allem aber, sie nie pauschal zu bewerten.

Schwierig, wenn nicht unmöglich ist auch das Bestreben, die jeweilige Bedeutung der beschriebenen Ursachen wachsender Wahlenthaltung genauer zu quantifizieren. In Zahlen gegossene Präzision gilt auch in den Sozialwissenschaften oft als Tugend für sich und wird von den Medien bevorzugt aufgegriffen. Sie stellt in diesem Fall aber bestenfalls den Anschein mathematischer Genauigkeit her. Die Frage, wieviel Prozent „der" (neuen) Nichtwähler auf wachsende Desintegration, wieviel auf den Wertewandel, wieviel auf „Politikverdrossenheit" oder andere Gründe zurückzuführen sind, ist nicht seriös zu beantworten. Sie scheitert methodisch schon an der bei jeder Wahl veränderten Zusammensetzung und Motivation „der" Nichtwähler. Dazu liegen manche potentiellen Ursachen der Enthaltung eng beisammen, können Gründe zur Abstention sich verstärken, aber zuweilen auch aufheben.

Was ist letztlich Ursache, was Wirkung? Was gibt am Ende (zufällig) den Ausschlag? Mit Massen- bzw. Aggregatdaten ist dies sowieso nicht zu beantworten, Individualdaten wiederum haben andere Grenzen. Zu klären wäre dies nie allgemein, sondern nur für den konkreten Fall einer bestimmten Wahl und dann am besten durch unmittelbar darauf folgende Tiefeninterviews mit allen deutschen Wahlberechtigten.

Eine gelassene, nüchtern abwägende Betrachtung empfiehlt sich auch bei der Debatte um die Konsequenzen, die aus Wahlenthaltung zu ziehen seien – oder auch nicht: Mögliche Reformen in den Parteien, in der Festlegung, Gestaltung, Vermittlung von Politik und in den Verfassungen von Bund und Ländern sollte man nie ausschließen – blinden Aktionismus aber vermeiden. Die Wahlpflicht, mit der sich in regelmäßigen Abständen einzelne Politiker eine Tages-Schlagzeile sichern, ist als Förderprogramm für Protestparteien ebenso kritisch zu sehen wie die in manchen Bundesländern im Fall der Kommunalwahlen schon beschlossene Senkung des Wahlalters auf 16 Jahre. Ob die oft ins Spiel gebrachten „plebiszitären Elemente“ mehr sein können als eine Spielwiese für die Aktiveren der Bildungsbürger, ist auch nicht sicher. Man kann ihre vermehrte Anwendung sicher aus demokratietheoretischen Erwägungen fordern, sollte diesen Punkt aber nicht mit dem Phänomen Wahlenthaltung verknüpfen: Der Anteil der Nichtwähler, der sich durch andere Arten von Abstimmungen an die Urne locken ließe, dürfte sehr gering sein.

Wegen des nachlassenden „staatsbürgerlichen Pflichtbewusstseins“ und wegen der Abnahme von gesellschaftlichen Bindungen wird die Wahlbeteiligung in Deutschland jedenfalls langfristig eher weiter absinken. Darin kann, aber muss kein Problem liegen. Laut Grundgesetz sind die Wahlen gleich, unmittelbar, geheim und frei. Letzteres schließt auch das Recht ein, nicht zu wählen. Wenn Bürger dieses Recht wahrnehmen, sollte man sie deswegen nicht verurteilen und, wenn es eine größere Anzahl ist, die Demokratie nicht gleich am Abgrund sehen. Deutschland wird sich an niedrigere Beteiligungsraten so oder so gewöhnen müssen. Für die Parteien in Deutschland werden die Nichtwähler, wird vor allem deren Mobilisierung in Wahlkämpfen eine noch zentralere Herausforderung werden. Eine Herausforderung bleibt der gelassene Umgang mit dem Phänomen „Wahlenthaltung“ auch für eine aufgeklärte und gefestigte demokratische Gesellschaft.

Literatur

Arzheimer, Kai (2002): Politikverdrossenheit. Bedeutung, Verwendung und empirische Relevanz eines politikwissenschaftlichen Begriffs, Wiesbaden.

Campbell, Angus/Converse, Philip/Miller, Warren/Stokes, Donald (1960): The American voter, New York.

Eilfort, Michael (1994): Die Nichtwähler. Wahlenthaltung als Form des Wahlverhaltens, Paderborn.

Falter, Jürgen/Schumann, Siegfried (1994): Der Nichtwähler – das unbekannte Wesen. In: Kaase, Max/Klingemann, Hans-Dieter (Hg.): Wahlen und Wähler, Analysen aus Anlaß der Bundestagswahl 1990, Opladen, S. 161–213.

Feist, Ursula (1994) Nichtwähler 1994. Eine Analyse der Bundestagswahl 1994. In: Aus Politik und Zeitgeschichte, B51–52/1994, S. 35–46.

Feist, Ursula/Liepelt, Klaus (1981): Stärkung und Gefährdung der sozialliberalen Koalition. In: Zeitschirft für Parlamentsfragen, Jg. 12, Heft 1/1981, S. 26–33.

Gabriel, Oscar/Völkl, Kerstin (2004): Auf der Suche nach dem Nichtwähler neuen Typs. Eine Analyse der Bundestagswahl 2002. In: Brettschneider, Frank/Roller, Edeltraud/van Deth, Jan (Hg.): Die Bundestagswahl 2002. Analysen der Wahlergebnisse und des Wahlkampfes, Opladen, S. 221–248.

Hoffmann-Jaberg, Birgit/Roth, Dieter (1994): Die Nichtwähler. Politische Normalität oder wachsende Distanz zu den Parteien? In: Bürklin, Wilhelm/Roth, Dieter (Hg.): Das Superwahljahr, Köln, S. 132–159.

Kepplinger, Hans Matthias (1998): Die Demontage der Politik in der Informationsgesellschaft. Freiburg/München (Alber-Reihe Kommunikation, Band 24).

Kleinhenz, Thomas (1995): Die Nichtwähler, Opladen.
Konrad-Adenauer-Stiftung (Hrsg.) (2004): Wahllexikon 2004. Wahlergebnisse in der Bundesrepublik Deutschland und in den Ländern 1946–2004; bearbeitet von Anna Müller. Berlin.
Krämer, Jürgen/Rattinger, Hans (1995): Wahlnorm und Wahlbeteiligung in der Bundesrepublik Deutschland: Eine Kausalanalyse. In: Politische Vierteljahresschrift, Heft 2/1995, S. 267–285.
Kühnel, Steffen (2001): Kommt es auf die Stimme an? Determinanten von Teilnahme und Nichtteilnahme an politischen Wahlen. In: Koch, Achim/Wasmer, Martina/ Schmidt, Peter (Hg.): Politische Partizipation in der Bundesrepublik Deutschland. Empirische Befunde und theoretische Erklärungen. Opladen, S. 11–42.
Lavies, Ralf-Rainer (1973): Nichtwählen als Kategorie des Wahlverhaltens. Empirische Untersuchung zur Wahlenthaltung in historischer, politischer und statistischer Sicht, Düsseldorf.
Meier, Jürgen (2000): Politikverdrossenheit in der Bundesrepublik Deutschland. Dimensionen – Determinanten – Konsequenzen, Opladen.
Renz, Thomas: Nichtwähler zwischen Normalisierung und Krise: Zwischenbilanz zum Stand einer nimmer endenden Diskussion, in: ZParl, Heft 4/1997, S. 287–303.
Roth, Dieter/Kornelius, Bernhard (2004): Politische Partizipation in Deutschland. Ergebnisse einer repräsentativen Umfrage. Gütersloh (Herausgeber und Verlag Bertelsmann Stiftung).
Scharpf, Fritz (1970): Demokratietheorie zwischen Utopie und Anpassung. Kronberg/ Taunus.
Schumpeter, Joseph (1950): Kapitalismus, Sozialismus und Demokratie, Bern.
Statistisches Bundesamt (Hrsg.) (1991): Wahl zum 12. Deutschen Bundestag am 2. Dezember 1990, Heft 4: Wahlbeteiligung und Stimmabgabe der Männer und Frauen nach dem Alter, Wiesbaden.
Statistisches Bundesamt (Hrsg.) (2003): Wahl zum 15. Deutschen Bundestag am 22. September 2002, Heft 4: Wahlbeteiligung und Stimmabgabe der Männer und Frauen nach dem Alter, Wiesbaden.
Statistisches Bundesamt (Hrsg.) (2005): Wahl zum 16. Deutschen Bundestag am 18. September 2005. Sonderheft: Erste Ergebnisse aus der Repräsentativen Wahlstatistik, Wiesbaden.
Völker, Marion und Bernd (1998): Wahlenthaltung. Normalisierung oder Krisensymptome? Wiesbaden.
Würzburger, Eugen (1907): Die „Partei der Nichtwähler". In: Jahrbücher für Nationalökonomie und Statistik, 1907, Jg. 33, Folge III, S. 381–388.

Kapitel 4

Partizipation in Parteien: Ein Auslaufmodell?

Elmar Wiesendahl

1. Einleitung

Parteien zählen, seitdem sie sich vor mehr als 100 Jahren auf lokaler Ebene dauerhafte Mitgliederorganisationen zugelegt haben, zu den traditionellen Partizipationsanbietern des politischen Beteiligungssektors. Es ist deshalb von Interesse zu erfahren, welche Einflussmöglichkeiten sich durch Partizipation in Parteien erschließen lassen, aber auch welche Aufwendungen dabei gleichzeitig in Rechnung zu stellen sind. Da in Wirklichkeit von einer Parteimitgliedschaft nur wenige Gebrauch machen, soll aufgezeigt werden, wer diese sind, welche Beweggründe Parteimitglieder antreiben, wie sie sich zusammensetzen und wie unterschiedlich sie die gegebenen Beteiligungsmöglichkeiten nutzen. Die rückläufigen Mitgliederzahlen der Parteien werden mit Blick auf die gewandelten Partizipationspräferenzen und den Strukturwandel des politischen Beteiligungsmarktes beleuchtet. Und zum Schluss wird die Frage angegangen, inwieweit sich der Trend zu wählerorientierten Berufspolitikerparteien auf die innerparteilichen Partizipationsspielräume der Mitglieder auswirkt.

In die Betrachtung fließen diverse Mitgliederdaten ein, die auf Auskünften der Parteizentralen fußen. Die Parteien haben am Ende der 1960er Jahre elektronisch erfasste Mitgliederdateien angelegt, die einen genaueren Einblick in die Entwicklung sowie die Alters-, Berufs- und Geschlechtszusammensetzung der Parteimitglieder erlauben. Über solche verwendbaren Strukturdaten verfügen in erster Linie die Großparteien SPD, CDU und CSU, während über die FDP und PDS, erst recht die Bündnisgrünen, nur unvollständige Daten vorliegen. Dies ist bei Trendaussagen zu beachten.

2. Partizipation in Parteien aus der Kosten-Nutzen-Perspektive

Wer in eine Partei eintritt, dem werden, unabhängig davon ob sie genutzt werden, weitreichende politische Gestaltungs- und Einflussnahmerechte eingeräumt, die all das in den Schatten stellen, was man durch Teilnahme an

Wahlen, an Demonstrationen und Unterschriftenaktionen oder Mitwirkung in Bürgerinitiativen politisch erreichen und durchsetzen kann. Das herausgehobene Einfluss*potenzial* von Parteimitgliedern hat mit der privilegierten Stellung zu tun, die Parteien im Verfassungsgefüge und realiter als Instanzen politischer Willensbildung in Deutschland einnehmen. Abgesichert durch Artikel 21 des Grundgesetzes („Die Parteien wirken an der politischen Willensbildung mit") und durch § 2 des Parteiengesetzes von 1967 üben die Parteien faktisch ein Monopol über die Auslese des politischen Führungspersonals auf Bundes-, Landes- und, eingeschränkt, kommunaler Ebene aus. Einbezogen sind auch die Abgeordneten des Europaparlaments. Obendrein üben Parteien mit ihren Programmvorstellungen, die sie zur Wahl stellen, einen maßgeblichen Einfluss auf die Kursbestimmung der Politik aus. Dadurch, dass die Parlamente aus Parteivertretern bestehen und die Parteien auch noch mit aus ihren Reihen stammenden Mandatsträgern die Regierungsstellen besetzen, konzentriert sich in ihren Händen eine einzigartige Macht, mit der sie die Schaltstellen staatlicher Macht kontrollieren. Auch dem politischen Entscheidungsprozess können sie ihren Stempel aufdrücken. Aus diesen Gründen ist die Bundesrepublik häufiger als Parteienstaat beschrieben worden.

Wer in Parteien als Mitglied mitwirkt, kann vor diesem Hintergrund im Zusammenspiel mit anderen Mitgliedern folgende politischen Einflussnahme- und Teilhaberrechte in Anspruch nehmen, die Nichtmitgliedern verwehrt sind. Parteiengesetzlich verbürgt und durch Satzungen festgeschrieben, können sie

- an der Auswahl und Wiederwahl der innerparteilichen Funktionsträger und Führungspersonen mitwirken,
- sich an der Aufstellung der Kandidaten für öffentliche Ämter auf allen Ebenen beteiligen,
- sich selbst zur Wahl stellen und eine politische Karriere anstreben,
- an der Formulierung von Grundsatzprogrammen mitwirken und Wahlprogramme bestätigen,
- an Parteitagen teilnehmen und Entschließungen für Parteitage mitverfassen,
- in Facharbeitskreisen mitarbeiten und sich mit persönlichem Sachverstand einbringen
- und über Satzungsfragen mitentscheiden, die Rechte und Pflichten festlegen und die innerparteiliche Willensbildung regeln.

Es ist klar, dass die formal allen Mitgliedern gleichermaßen zustehenden Rechte bei ihrer Anwendung faktisch an bestimmte Positionen und Zugangsmöglichkeiten geknüpft sind. Schon von der Kreisebene an aufwärts und erst recht auf Landes- und Bundesebene organisiert sich die innerparteiliche Willensbildung in Gremien und auf Parteitagen, die durch gewählte Delegierte besetzt sind. Auch für die Teilnahme an Personalwahlen muss man zumeist als Delegierter gewählt sein. Das Delegierten- und Gremienprinzip wurde eingeführt, um Parteien, die sich an der Basis aus über das ganze Bundesgebiet verstreute, in die Tausende gehenden Ortsgruppen zusammensetzen, nach oben hin entscheidungs- und handlungsfähig zu machen.

Bei dem Genuss von exklusiven politischen Teilhabeprivilegien, die mit einer Parteimitgliedschaft verbunden sind, darf nicht übersehen werden, dass sich auch noch weitere private Vorteile erschließen lassen. So haben Parteien auch noch so genannte selektive materielle Anreize zu bieten, durch die eine Mitgliedschaft interessant wird. Zu denken ist daran, dass sich als Parteimitglied Geschäftskontakte anbahnen lassen oder man in den Genuss von Patronage gelangen kann. Gerade in den großstädtischen Parteiorganisationen sind außergewöhnlich viele Angehörige des öffentlichen Dienstes vertreten, von denen sich mancher nicht zu Unrecht einen leichteren Aufstieg auf der Karriereleiter erhofft. Und auch der Bauunternehmer, der sich über seine Parteimitgliedschaft in den Bauausschuss des Kommunalparlaments wählen lässt, bildet ein weiteres Beispiel. Die hohen Mitgliederzahlen der österreichischen Parteien ließen sich bis in die Achtziger damit erklären, dass Parteimitgliedern der Zugang zu staatlichen Wohnungen, aber auch zu Unternehmen im Staatsbesitz erleichtert wurde. Um die Attraktivität der Parteimitgliedschaft in selektiver Hinsicht zu steigern, sind Parteien längst dazu übergegangen, auch den geselligen Bereich anzusprechen und etwa gemeinschaftliche Urlaubsreisen zu organisieren. Neuerdings können Neumitglieder sogar Mitglieder-Cards erwerben, die Einkaufsrabatte einräumen.

Wie deutlich wird, sehen die Anreize, die Parteien als Partizipationsanbieter Eintrittsinteressierten zu bieten haben, gar nicht so schlecht aus. Aber was ist umgekehrt der Beitrag, der Kostenfaktor, der für ein Mitglied zu Buche schlägt, wenn es eingetreten ist und mitarbeitet? Individuelle Aufwendungen und Vorleistungen zu erbringen, legen es nahe zu fragen, inwieweit sich ein Beitritt überhaupt lohnt. In der Parteienforschung wird dieses Problem aus einer anreiz-beitrags-theoretischen Perspektive behandelt (Wiesendahl 1997: 363f., 2006: 70ff.). Unterstellt wird dabei, dass Menschen auf der Basis eines rationalen Kosten-Nutzen-Kalküls prüfen, was ihnen eine Mitgliedschaft einbringt und welche Kosten gleichzeitig dafür anfallen. Ein Eintritt würde aus diesem Blickwinkel heraus nur dann vollzogen, wenn er sich rechnet, also sich lohnt.

Unmittelbar einleuchtend ist, dass Mitarbeit in Parteien zeitaufwendig ist und auf ein Dauerengagement hinausläuft. Anders als mal hier und da an einer Demonstration teilzunehmen oder eine Unterschrift zu leisten, lässt man sich auf eine feste dauerhafte organisatorische Bindung mit einer Partei ein, was durch einen formellen Beitritt und durch einen Mitgliederausweis besiegelt wird. Regelmäßige Mitgliedsbeiträge sind ebenfalls zu entrichten, wenngleich es einem selbst überlassen ist, welchen Beitrag man nach der Beitragsstaffel zu bezahlen bereit ist. Die Pflichtmitgliedsbeiträge fallen aber finanziell nicht wirklich schmerzend ins Gewicht, weil sie sich unmittelbar von der Steuerschuld abschreiben lassen.

Partizipation in Parteien kostet gleichwohl Geld, Zeitaufwand, Energie und abendliche Präsenz, ohne dass sich diese unentgeltlich bereitgestellten

Ressourcen mit Aussicht auf viel Spaß, Action und kurzweilige Zerstreuung bzw. Entspannung vergolden ließen. Bei aller Geselligkeit bedeutet Mitarbeit in Parteien, sich mit ernsthaften politischen Angelegenheiten und anspruchsvollem Informationsaustausch zu befassen. Mitgliederversammlungen und Gremiensitzungen laufen nach festen Regeln und ermüdenden Ritualen ab, und man muss schon argumentationsstark und diskussionsfreudig sein, um unter den Anwesenden Einfluss zu nehmen und Gehör zu finden. Diese nicht weg zu diskutierenden Ansprüche und Anforderungen an eine Parteimitgliedschaft haben Whiteley und Seyd (2002: 1) dazu veranlasst, von „high-intensity political participation" zu sprechen.

In der Tat verlangt Partizipation in Parteien nach einem hohen physischen und psychischen Aufwand, ohne dass Parteimitglieder – mit Ausnahme bezahlter Amtsträger – für ihren Einsatz mit unmittelbar greifbaren Gegenleistungen rechnen könnten. Hierunter fällt auch die freiwillige Mitarbeit bei Wahlkämpfen. Sie bewegt sich auf vergleichsweise niedrigem Anspruchs- und Selbstverwirklichungsniveau, und prestigearm ist sie auch noch. Mit viel gesellschaftliche Achtung und Anerkennung ist generell nicht zu rechnen (Hallermann 2003: 96). Zudem findet man als ausgewiesener Parteigänger im privaten und beruflichen Umfeld nicht überall Freunde. Überdies hat man sich als Jungmitglied einer Partei damit abzufinden, unter Altersgleichen nicht gerade als „cool" eingeschätzt zu werden (Wiesendahl 2001: 16ff.).

Wegen dieser noch nichtmals vollständig genannten Beitrittsschwellen wird unter Parteienforschern auch von einem Attraktivitätsverlust der Mitarbeit in Parteien gesprochen (Jun 2004: 98).

Wem das alles zum Zweck einer politischen Karriere nichts anhaben kann, hat gleichwohl als zeitraubende Sisyphusarbeit zunächst die so genannte Ochsentour einzuschlagen. Sie verlangt rund 10 Jahre selbstlosen Einsatz für die Parteibasis, ehe sich die – ungewisse – Aussicht auf eine Politikkarriere eröffnet (Wiesendahl 2004: 135f.). Zum Kosten-Nutzen-Vergleich gehört, dass bei einer Beitrittsentscheidung auch noch die so genannten Opportunitätskosten zu berücksichtigen sind. Sie fallen zwangsläufig an, weil mit einer Parteimitgliedschaft auf womöglich viel attraktivere und nutzbringendere Freizeitgestaltungs- und Partizipationsmöglichkeiten verzichtet werden muss, die einem Beitragsgeneigten auch noch zur Wahl stehen. Längst gibt es nämlich in Konkurrenz zur anspruchsvollen Parteimitgliedschaft einen Markt für „low-intensity participation", der befristetes, ungebundenes und punktuelles Kurzzeitengagement ermöglicht. Vor diesem Hintergrund verwundert es nicht, dass sich nur eine kleine Minderheit unter der Aktivbürgerschaft organisatorisch fest an Parteien bindet.

3. Warum und wozu sich engagieren? Motive und Formen innerparteilicher Partizipation

Sich in Parteien zu engagieren, bildet von jeher eine wenig verbreitete Ausnahmeerscheinung. Nur weniger als drei von 100 wahlberechtigten Bundesbürgern verfügen über ein Parteibuch. Im europäischen Ausland sind es überwiegend mehr, ohne jedoch – mit Ausnahme Österreichs – die 10%-Hürde zu überspringen (Wiesendahl 2006: 65ff.). Einerseits hat rund die Hälfte der kleinen Gruppe an Organisierten durch eigenen Antrieb den Weg in eine Partei gefunden. Die anderen wurden andererseits durch Familienangehörige, Freunde oder Parteiwerber für eine Mitgliedschaft gewonnen. Sich Online einer Partei anzuschließen, verbreitet sich immer stärker. Der Kreis, der überhaupt ein Interesse an einen Parteibeitritt bekundet, umfasst nach nicht mehr ganz frischen Umfragedaten rund 15% der Bundesbürger (Wiesendahl 1997: 355). Aus dieser Personengruppe rekrutieren die Parteien ihren Mitgliedernachwuchs. Allerdings besteht zwischen dem Mitgliederpotenzial und den tatsächlich Rekrutierten eine Lücke, die sich in letzter Zeit stärker verbreitert.

Die Parteienforschung ist seit je daran interessiert zu ergründen, aus welchen Motiven heraus Menschen den Weg in Parteien finden und in welcher Form sie an deren Binnenleben teilnehmen. Leicht fällt der Zugang zu den Eintrittsbeweggründen nicht, weil Parteimitglieder retrospektiv gefragt werden müssen, was sie zum Beitritt bewegt hat und bei ihrem weiteren Engagement antreibt. Anfangs richtungweisend für die Forschung erwies sich ein Modell von Clark und Wilson (1961), das materielle, zielorientierte und solidarisch-gemeinschaftliche Anreize als Bezugspunkte unterschied, welche Menschen zu einer Eintrittsentscheidung veranlassen würden. Später ist auf eine andere Art und Weise nach expressiven und instrumentellen Bindungsmotiven klassifiziert worden (Niedermayer 1989: 110ff., 131 ff.). Erstere haben einen Eigenwert zur Befriedigung affektiv-emotionaler und normativer Bedürfnisse, während letztere Mittel-Zweckcharakter besitzen. Dabei kann es sich um zielbezogene politische Bestrebungen handeln oder um materielle Vorteile, die verfolgt werden. Die analytisch getrennten Motive können sich realiter überlagern und mit der Verweildauer auch noch verändern.

Bei verschiedenen empirischen Mitgliederbefragungen stellten sich zwei Beitrittsmotive als ausschlaggebend heraus. Neumitglieder identifizieren sich zuallererst mit den Prinzipien und politischen Zielen ihrer Partei und wollen durch Beteiligung und Teilhabe politisch etwas bewegen und durchsetzen (Wiesendahl 2006: 141ff.). Emotional entleerte, materielle und instrumentell-nutzenorientierte Motive spielen dagegen keine gewichtige Rolle. Ideologische Verbundenheit und Übereinstimmung mit der Partei und zielgerichtetes politisches Teilhabe- und Mitgestaltungsstreben bringt Parteimitglieder als Gemeinschaft von Gleichgesinnten zusammen, die politisch etwas bewegen und mithelfen wollen, dass die von der Partei verfochtenen Ziele und Politikvorstellungen Anklang finden und durchgesetzt werden können (Biehl 2005: 129). Mit ihrem Motivhintergrund sind Parteimitglieder als willige Mitläufer und Parteisoldaten für von oben diktierte Parteiziele und Programme nicht zu gebrauchen. Im Gegenteil vertreten sie höchst selbstbewusst feste Überzeugungen und anspruchsvolle Mitspracheerwartungen. Werden diese nicht erfüllt, sind Parteimitglieder in ihrem Engagement – bei nicht ausbleibenden Enttäuschungen und Ohnmachtserfahrungen – umso frustrationsanfälliger.

Während sich Parteimitglieder in ihren Beitrittsmotiven ähneln, differieren sie stark in ihrer innerparteilichen Partizipation. Parteimitgliedern ist – bis auf die monatliche Beitragspflicht – vollständig freigestellt, was sie aus ihrer Mitgliedschaft machen. Insofern befinden sie ganz nach eigenem Belieben selbst darüber, mit welchem Aufwand sie sich am Binnenleben beteiligen. Schon den Klassikern der Parteienforschung wie Robert Michels und Maurice Duverger entging nicht, wie sehr die Freiwilligkeit des Engagements mit einem krassen parteiinternen Partizipationsgefälle einhergeht. Nach von Alemann (2002: 104f.) lässt sich das Gefälle als Pyramide vorstellen, die durch vier Etagen aufgeschichtet wird. Unten befindet sich die Basis mit den einfachen, beitragzahlenden Mitgliedern. Zweitens folgen die ehrenamtlichen Aktiven. Darüber sind drittens die Funktionäre oder hauptamtlichen Aktiven angesiedelt, und auf der höchsten Stufe befinden sich die Mandatsträger.

In diesem Vier-Schichten-Modell wird allerdings etwas vermengt, was auseinandergehalten werden sollte. Denn mit der innerparteilichen Partizipation wird sowohl die Dimension der Aktivität oder Beteiligung als auch die der politischen Teilhabe oder des Einflusses angesprochen. Einfluss verbindet sich zumeist mit einem Amt, so dass sich Mitglieder einerseits nach ihrer Aktivität und andererseits nach ihrem Status unterscheiden lassen (Hallermann 2003: 30). Wenn man beide Partizipationsdimensionen in Beziehung setzt, wird ein innerparteiliches Beteiligungs- und Status- bzw. Einflussgefälle unter den Mitgliedern sichtbar.

Die Matrix (Abb. 1) macht deutlich, dass sich Mitglieder einmal nach ihrem Zeitaufwand und dem Grad ihrer Beteiligung in drei Gruppen, – Inaktive, Gelegenheitsaktive und Hochaktive –, unterscheiden lassen. Die Hochaktiven schlüsseln sich nochmals statusmäßig danach auf, ob sie zu den ämterlosen Aktiven, der ehrenamtlichen mittleren Führungsschicht oder der Spitzenführungsschicht zählen. Die besoldeten Angestellten des Parteiapparats bleiben hier außen vor, weil sie nicht gewählt werden, sondern gegenüber der Parteispitze in einem Abhängigkeitsverhältnis stehen.

Mit Erhebungsdaten aus diversen Mitglieder- und Parteielitenstudien lässt sich die Aufschlüsselung der Mitglieder nach Aktivität und Status, wenn auch die Größenangaben variieren, empirisch untermauern. Die jüngsten bundesweiten Daten werden von der Potsdamer Mitgliederstudie von 1998 beigesteuert (Heinrich/Lübker/Biehl 2002: 26 ff.). Was den Grad der Beteiligung angeht, wird die stärkste Gruppe mit 40 bis 60 Prozent von den Inaktiven gebildet. Sie leisten ihre monatlichen Mitgliedsbeiträge, ohne ansonsten Zeit

Abb. 1: Beteiligungs- und Statusgefälle unter Parteimitgliedern

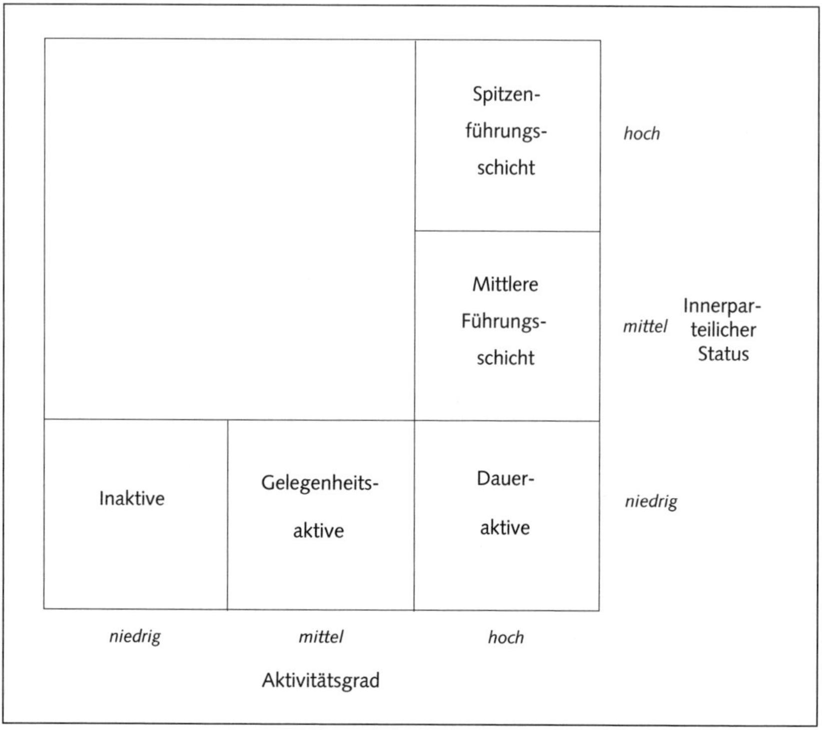

und Aufwand für die Beteiligung am Parteibinnenleben aufzubringen. Rund ein weiteres Viertel wird von Gelegenheitsaktiven gestellt, die es bei einem diskontinuierlichen, temporären Einsatz für die Partei belassen. Die Daueraktiven unter den Mitgliedern reichen ebenfalls an eine Gruppenstärke von rund einem Viertel heran, wobei sich unter ihnen nochmals mit rund 10 bis 15 Prozent ein harter Kern von Hochaktiven herausschält. Die Grenzen zwischen Aktiven und Inaktiven sind fließend. Selbst unter den Inaktiven befinden sich Personen, die aus privat-beruflichen Gründen oder aus Enttäuschung von den Aktiven ins Lager der Passiven übergewechselt sind.

Ohne den freiwilligen, zeitlich aufopfernden Einsatz der kleinen Schar an Aktivmitgliedern ließe sich das Organisationsleben der Parteien nicht aufrecht erhalten. Im Inneren stellen die Parteiaktiven die Elitennachwuchsreserve dar, zumal die ehrenamtlichen Funktionsträger, die Spitzenschicht und die Kandidaten für öffentliche Ämter aus ihren Reihen rekrutiert werden. Nur von den Aktiven kann behauptet werden, dass sie dauerhaft in das innerparteiliche Kontakt- und Kommunikationsnetzwerk integriert sind. Aktive allein nutzen die neuen Möglichkeiten innerparteilicher Onlinekommunikation und Partizipation. Sie sind es zudem, die die Freiwilligen für den Straßenwahlkampf der Parteien stellen. Besonders auffällig an der kleinen Aktiven- und Ehrenamtlichengruppe ist, dass sie neben der Parteiarbeit auch noch weitere Energien für Vereinstätigkeiten, für zivilgesellschaftliches Engagement und für unkonventionelle politische Partizipationsformen aufbringt. An der Multiaktivität dieser Parteiaktiven lässt sich sehr gut die Aufwärtsspirale politischer Partizipation, die Engagierte noch engagierter werden lässt (Norris 2001: 228), belegen. Nach Gabriel (2004: 71, 73) stehen Parteiaktive für einen Kumulationseffekt, oder allgemeiner formuliert: „Die parteipolitische Aktivität begünstigt die Beteiligung an anderen Formen politischer Partizipation“.

Was die innerparteiliche Status- und Ämterhierarchie angeht, besteht, wie Abbildung 1 aufzeigt, unter den Aktiven und Positionsträgern noch einmal ein deutliches Engagement- und Einflussgefälle. Auszugehen ist davon, dass mit der Höhe der Position auf der innerparteilichen Karriereleiter auch der Einfluss der Amts- und Funktionsträger wächst. Unten stehen Hochaktive, die über keine Ämter verfügen. Dann kommt die stattliche Zahl der Ehrenamtlichen, die als Vorständler und Delegierte die organisatorische Präsenz der Parteien auf Orts- und Kreisebene sicherstellen. In Doppelfunktion verfügt diese mittlere Führungsschicht häufiger noch über aufreibende ehrenamtliche Kommunalmandate. Die Spitzenführungsschicht beginnt ab den Vorstandsmitgliedern auf Landes- bis zur Bundesebene aufwärts. Der eingegrenzte Personenkreis wird weit überwiegend von Berufspolitikern gestellt, die als bezahlte Landtags-, Bundestags- und Europaabgeordnete von der Politik leben können. Dieser privilegierte Kreis umfasst nicht mehr als knapp 2.700 Personen. Zur Topelite der Parteien stößt vor, wer Präsidiumsmitglied ist und gleichzeitig in Personalunion ein öffentliches Spitzenamt bekleidet.

Wer auf der Karriereleiter Stufe um Stufe in diese höchsten Positionen vorgedrungen ist, wird zumeist durch die Medien in den Rang eines Starpolitikers gehoben. Zwar bedürfen alle Parteioberen der Wahl und Wiederwahl durch die Ehrenamtlichen und Aktivmitglieder. Doch ist das innerparteiliche Einflussgefälle zwischen oben und unten dadurch nicht einzuebnen. Partizipation in Parteien folgt weder von der Ausschöpfung von Partizipationsmöglichkeiten noch der Einflussmöglichkeiten der demokratischen Gleichheitsnorm, sondern begünstigt diejenigen, die es nach oben geschafft haben.

Parteimitglieder sind noch aus einem weiteren Grund heterogen, weil sie sich in ihrem Rollenverständnis deutlich unterscheiden (Wiesendahl 1998: 156ff.). So leuchtet ein, dass Inaktive von ihrem Selbstverständnis her ihre Parteien nur als Gunsterweis finanziell unterstützen wollen. Als so genannte Sponsormitglieder unterscheiden sie sich kaum von den in den USA weit verbreiteten, nicht organisierten Scheckbuchmitgliedern, die, angesprochen über das Internet, regelmäßig für eine Partei spenden. Gelegenheitsaktive und Aktive differieren darin, ob sie eher zur Gruppe der Gesinnungsaktiven (Policy-Seekers), Karrieristen (Office-Seekers) oder Lobbyisten zählen. Policy-Seekers setzen sich für die Grundsätze der Partei ein und wollen politisch etwas bewegen. Ihre Prinzipienfestigkeit hat ihnen von Teilen der Parteienforschung immer wieder den Vorwurf eingebracht, als „Ideologen", „Puristen" und „Militante" den vorrangigen Stimmenmaximierungsinteressen von Parteien zu schaden. Karrieristen dagegen streben zuförderst innerparteiliche und öffentliche Ämter an und stellen damit die politische Elitenreserve. Ihnen wird häufiger „Pragmatismus" nachgesagt und dass sie – schon aus Eigeninteresse – den Wahlerfolg der Parteien im Auge hätten. Lobbyisten sind nur deshalb zu erwähnen, weil es Parteimitglieder gibt, die mit ihrem Einsatz private Vorteile wie Berufs- oder Geschäftsinteressen verfolgen. Mitglieder nach ihrem Selbstverständnis zu befragen, fällt schwer, weil es eher inopportun ist, sich als Parteimitglied zu politisch anrüchigen Karriere- oder persönlichen Vorteilsnahmeinteressen zu bekennen.

4. Der Mitgliederniedergang der Parteien und dessen Hintergründe

Die Möglichkeit Parteimitglied zu werden, ist bei den Bundesbürgerinnen und Bürgern über die letzten Jahrzehnte zunächst stark angestiegen, um dann aber immer weniger Anklang zu finden (Wiesendahl 2006: 31ff.). Die im Bundestag vertretenen Parteien SPD, CDU, CSU, FDP, Bündnisgrüne und PDS organisieren gegenwärtig (Ende 2005) rund 1,5 Millionen Mitglieder in ihren Reihen. Damit verfügen 2,6 Prozent aller wahlberechtigten Bundesbürger über ein Parteibuch. Dies waren 1983 allein in Westdeutschland beim Mitgliederhöchststand wesentlich mehr, nämlich 1,94 Millionen Registrierte. Damals war der Organisationsgrad der Parteien auf die Bestmarke von 4,1 Prozent hochgeklettert. Und nach der deutschen Einheit wurde im Jahre 1991, nun unter Einschluss der ostdeutschen Parteimitglieder, ein erneuter gesamtdeutscher Gipfelstand mit 2,2 Millionen Organisierten erzielt. Seither geht es mit der Mitgliederentwicklung offensichtlich unaufhaltsam abwärts (Wiesendahl 2006: 34ff.). Eine leichte Talfahrt war bereits zwischen 1983 und 1989 zu verzeichnen, nachdem zuvor in den Siebzigern die Parteien von einer Eintrittsschwemme mit Hunderttausenden von Neumitgliedern überrascht wurden. Dieser charakteristische Konjunkturzyklus in der Mitgliederentwicklung der (westdeutschen) Parteien über die letzten 35 Jahre mit einem rasanten Anstieg des Zulaufs, dann einem Gipfelpunkt 1983 und danach einer langanhaltenden Abschwungphase lässt auf veränderliche gesellschaftliche Einflussfaktoren schließen, die sich auf das über die Zeit so wechselhafte individuelle Eintrittsverhalten in Parteien ausgewirkt haben müssen.

Da in der Tat der Mitgliederniedergang der Parteien weniger auf Austritte bzw. Abgänge beruht, sondern in erster Linie auf ausbleibenden Mitgliedernachwuchs zurückgeführt werden muss, ist erklärungsbedürftig, warum der Mitgliederzulauf zu den Parteien erst befristet stark anschwoll, um dann in eine lang anhaltende Talfahrt überzugehen. Schaut man sich die Mitgliederentwicklung, wie in Abbildung 2 dargestellt, genauer an, weisen die Parteien sogar voneinander abweichende Trends auf, für die sich gesonderte Erklärungen finden lassen.

Abb. 2: Die Mitgliederentwicklung der Bundestagsparteien von 1968 bis 2004

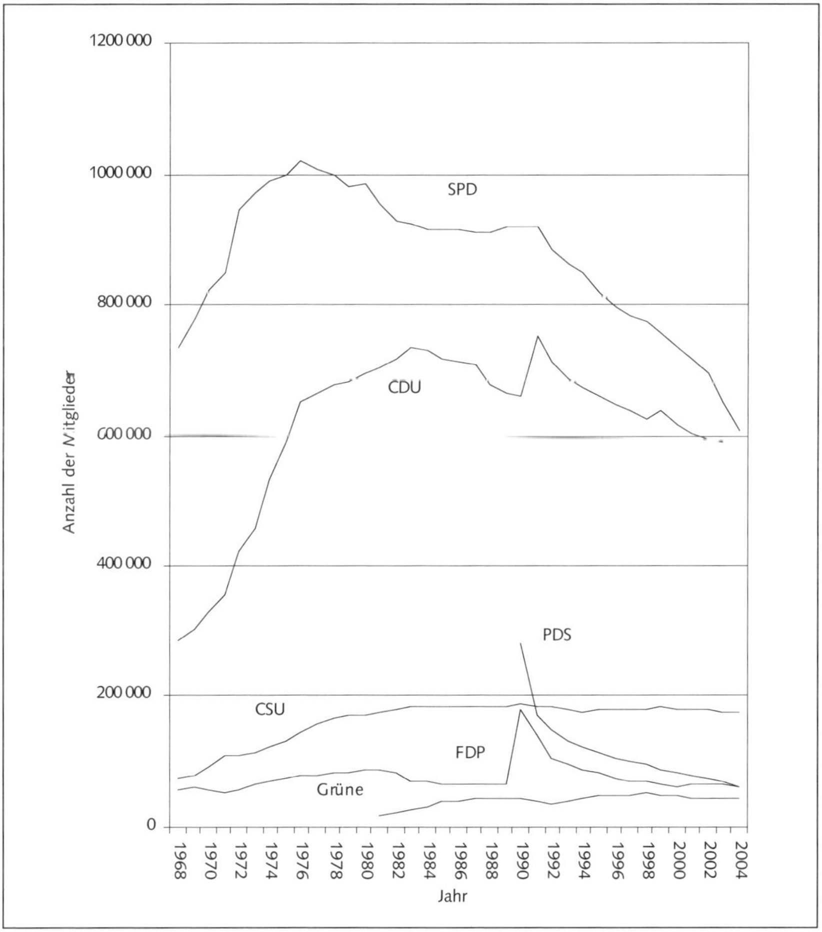

Quelle: Angaben der Parteigeschäftsstellen

Tab. 1: Mitgliederentwicklung der Bundestagsparteien 1968–2005

Jahr	SPD	CDU	CSU	FDP	Grüne	PDS
1968	732446	286541	73618	57034		
1969	778945	303532	76655	58750		
1970	820202	329239	93220	56531		
1971	847456	355745	109785	53302		
1972	945394	422968	106951	57757		
1973	973601	457393	111913	63205		
1974	990682	530500	122794	70938		
1975	998471	590482	132591	74032		
1976	1022191	652010	144433	79162		
1977	1006316	664214	159475	79174		
1978	997444	675286	165710	80928		
1979	981805	682781	169274	82546		
1980	986872	693320	172420	85989		
1981	956490	705116	175295	86600	15262	
1982	926070	718889	178523	81500	20242	
1983	925630	734555	185428	71456	25222	
1984	916485	730395	184228	71183	31078	
1985	916386	718590	182852	66727	37024	
1986	912854	714089	182369	64500	38170	
1987	910063	705821	184293	65200	42419	
1988	911916	676747	182738	64417	40768	
1989	921430	662598	185853	65997	41171	
1990	920618	658411	186197	178625	41316	280882
1991	919871	751163	184513	137853	38873	172579
1992	885958	713846	181757	103488	36320	146742
1993	861480	685343	177289	94197	39761	131406
1994	849374	671497	176250	87992	43899	123751
1995	817650	657643	179647	80431	46410	114940
1996	793797	645786	179312	75038	48034	105029
1997	781100	636220	178457	69621	48980	98624
1998	775036	626342	179520	67897	51812	94627
1999	755066	638056	181873	64407	49488	88594
2000	734667	616722	178347	62721	46631	83475
2001	717513	604135	177852	64063	45048	78356
2002	693894	594391	177667	66560	43881	75000
2003	650798	587244	175942	65192	43000	70000
2004	605807	579526	173328	61146	44250	61753
2005	590485	571881	170083	65022	45105	58053

Quelle: Angaben der Parteigeschäftsstellen

Zunächst einmal lösten die gesellschaftlichen Unruhe- und Aufbruchjahre in den späten Sechzigern und frühen Siebzigern, die größtenteils mit der sozialliberalen Reformära unter Willy Brandt („mehr Demokratie wagen") synchron gingen, einen politischen Mobilisierungsschub aus, dem sowohl die SPD als auch CDU und CSU ihren Massenzulauf an neuen Mitgliedern zu verdanken haben. In die SPD traten vor allem linkspolitisierte jüngere Menschen aus dem Gymnasial- und Hochschulbereich ein, während sich im Sog der Gegenmobilisierung eher etwas ältere und politisch konservative Bürgerinnen und Bürger den beiden Unionsparteien zuwandten. Spätestens mit dem Antritt der Schmidt-Regierung 1974 war die beitrittsstimulierende Reformeuphorie unter der Linksjugend verflogen, und der Mitgliederstrom für die SPD begann sich von da an abzuschwächen und später – ab den Neunzigern – auf ein Rinnsal zu verkümmern. Dagegen sammelte sich die durch die 68er-Bewegung und die Mitte der 70er Jahre aufkommenden neuen sozialen Bewegungen verschreckte konservative Aktivbürgerschaft weiter anhaltend in CDU und CSU. Erst als mit dem Regierungsantritt Helmut Kohls 1982/83 die erhoffte geistig-moralische Wende in der Außen- und Innenpolitik ausblieb, begann auch im konservativen Lager die politische Bindungsbereitschaft rasch zu verflüchtigen. Der Mitgliederzulauf zur FDP vollzog sich davon separiert, weil die Partei durch ihren zweimaligen Koalitionswechsel 1969 und 1982 starke Austrittsverluste zu verkraften hatte. Die 1980 gegründeten Grünen kamen nie über den Status einer Partei mit schwacher Mitgliederbasis hinaus, weil sich das ihnen zugewandte Bewegungsumfeld nie für den Gedanken an ein festes grünes Parteibuch erwärmen konnte.

Nach der Deutschen Einheit erlebten CDU und FDP einen kurzzeitigen Mitgliederboom, weil sie sich die Mitgliederbestände ehemaliger Blockparteien aus der DDR einverleibten. Die PDS übernahm 1990 ebenfalls größere Teile des SED-Altbestandes, der sich einmal auf 2,3 Millionen Organisierte belief. Keine der drei Parteien wurde allerdings des Mitgliedererbes wirklich froh, zumal die nur formal verbuchten Altmitglieder nicht gehalten werden konnten. Neueintritte hatten die ostdeutschen Parteigliederungen dagegen kaum zu verzeichnen. Die Folgen dieses Schwunds sind an den dramatischen Bestandsverlusten der Parteien abzulesen. Die PDS ist zwischen 1990 und 2004 von 280.882 auf 61.753 Mitglieder abgerutscht und die sind noch dazu völlig überaltert. Die FDP ist von 106.966 auf 9.767 Mitglieder abgesackt und fristet nur noch ein Schattendasein. Auch die CDU hat einen Substanzverlust von 145.069 auf 52.690 Mitglieder hinzunehmen. Der SPD ist in Ostdeutschland als ihrem historischen Stammland gar nicht erst der Wiederanschluss an ihre alte Mitgliederstärke geglückt und hat sich mit rund 25.000 Organisierten zu begnügen. Den Bündnisgrünen fällt die Rolle des Schlusslichts zu, zumal sie sich auf nicht einmal 2.500 Mitglieder abstützen können. Alle ostdeutschen Parteigliederungen verlieren weiterhin Mitglieder.

Während die Mitgliedermalaise der ostdeutschen Parteien auf eine nachtotalitäre Engagementschwäche der neuen Bundesbürger zurückzuführen ist, hat die seit Mitte der 70er Jahre einsetzende Nachwuchsebbe der westdeutschen Parteien andere gesellschaftliche Gründe. Die damalige Lage gibt darüber Auskunft. So sind politisch Engagementwillige deshalb in den Siebzigern in außergewöhnlich großer Zahl in Parteien hineingeströmt, weil es um polarisierende Richtungsalternativen der Parteien ging, die sich in einer aufgeheizten Konfrontationshaltung gegenüberstanden. Diese beitrittsmobilisierende Überhitzungssituation (Wiesendahl 2002: 163ff.) nahm dann mit der Wende zu den 1980ern ihr Ende. Von der 16jährigen Kohl-Ära ging kein weiterer mobilisierungsträchtiger Anreiz aus, der die damals politisch mündig werdenden jungen Erwachsenen zum Parteibeitritt hätte bewegen können.

Zudem konnten nach wie vor links- und grünalternativ politisierte Aktivbürger ihr gewandeltes Partizipationsbedürfnis auf einem erweiterten politischen Beteiligungsmarkt befriedigen. Schon Anfang der Siebziger kamen Bürgerinitiativen auf, die ein punktuelles, befristetes Single-Issue-Engagement in selbst bestimmter Form ermöglichten. Ab Mitte der Siebziger lösten die Umweltschutz-, Anti-AKW- und dann die Friedensbewegung einen politischen Mobilisierungszyklus aus, der Hunderttausende von Aktivbürgern zur Teilnahme an den Demonstrationen und Protestaktionen bewegte.

Die Parteien als Anbieter konventioneller und institutionell verfasster politischer Partizipation mussten mit ansehen, wie sich Anhänger der Protestbewegung von ihnen abwandten und ihr Engagement auf die neuen unkonventionellen Formen des politischen Engagements verlagerten. Von der Partizipationsforschung wird diese bürgerschaftliche Partizipationsverlagerung damit erklärt, dass sich heutige Aktivbürger nicht mehr dauerhaft auf Großorganisationen wie Parteien, aber auch Gewerkschaften und Kirchen einlassen und stattdessen befristete, aktionsbetonte und thematisch eng begrenzte und selbst bestimmte Formen politischer Aktivität bevorzugen würden (Wiesendahl 2005: 33f.). Gegen diesen Trend zur „Low-Intensity"-Partizipation können Parteien als Anbieter von dauerhafter „High-Intensity"-Partizipation nur wenig ausrichten.

Zwar ist in Reaktion auf die veränderten Partizipationspräferenzen Außenstehenden längst erlaubt, als Schnuppermitglieder auf Zeit und befristet bei innerparteilichen Projekten mitzuwirken. Auch direktdemokratische Erweiterungen der Mitgliederpartizipation wurden eingerichtet (Florack/Grunden/Korte 2005: 102ff.). Doch selbst mehr direkte Demokratie und die gezielte Öffnung der Parteien gegenüber Nichtmitgliedern fruchteten kaum. Dagegen haben Parteien ihre liebe Not, bei den Trägern des freiwilligen zivilgesellschaftlichen Engagements überhaupt noch Anschluss zu finden (Mielke 2003: 161). Ohne einen nirgendwo in Aussicht stehenden neuen politischen Mobilisierungsschwung wird die Organisationsunwilligkeit der Aktivbürger gegenüber den Parteien weiter anhalten.

5. Wer engagiert sich in Parteien? Zum Sozialprofil von Parteimitgliedern

Um sich zum Sprachrohr der gesellschaftlichen Gruppen- und Interessenvielfalt aufschwingen zu können, ist es für Parteien wichtig, breit in der Gesellschaft verankert zu sein. Dieser Anspruch wäre dann legitimiert, wenn Parteimitglieder in ihrem Sozialprofil einen Querschnitt der Bevölkerung bilden würden. Damit ist schwerlich zu rechnen. In der Tat bilden die 1,5 Millionen Parteimitglieder in ihrer sozialen Zusammensetzung einen Mikrokosmos für sich, der deutlich verzerrt die Bevölkerungsstruktur widerspiegelt.

Dies beginnt mit der Berufsstruktur der Mitglieder, die parteiintern nach dem Berufsstatus (Selbständige, Arbeiter, Angestellte, Beamte) erfasst wird. Misslich ist dabei, dass die Parteien bei der Verteilung der Mitglieder nach Berufen auch die Nichterwerbstätigen mit einberechnen. Die hier präsentierten Verteilungsdaten wurden, um solche Verzerrungen zu vermeiden, nur auf der Basis der erwerbstätigen Parteimitglieder von SPD und CDU errechnet.

Wie Abbildungen drei und vier verdeutlichen, hat sich die berufliche Repräsentationsspanne der in Parteien organisierten Mitglieder seit den Sechzigern deutlich verengt. Mit dem damals einsetzenden stürmischen Mitgliederwachstum wurden die alten Mitgliederbestände der Parteien umgewälzt. Massenhaft in die Parteien dringende Angehörige der neuen Mittelschichten, Angestellte und Beamte, gelang es durch diesen Prozess, Angehörige des besitzbürgerlichen Mittelstandes, Selbständige und Landwirte, und der Arbeiterschicht, ungelernte und gelernte Arbeiter, zu majorisieren. Die Dominanz der neuen Mittelschichten ist vor allem in den großstädtischen Gliederungen der Parteien übermächtig.

Einerseits zeigt der Strukturwandel der Parteien zu Partizipationskanälen der neuen Mittelschichten an, dass sie sich an den Trend zur modernen postindustriellen Dienstleistungsgesellschaft angepasst haben (Gabriel/Niedermayer 2001: 296). Andererseits ist weiterhin erkennbar, dass Parteien als Interessenrepräsentationsinstanzen früher einmal enge Allianzen mit gesellschaftlichen Großgruppen und Lagern eingegangen sind. So erinnert der nach wie vor überproportional hohe Katholikenanteil unter den CDU- und CSU-Mitgliedern (Gabriel/Niedermayer 2001: 294 f., Niclaus 2002: 190 f.) an die immer noch nachwirkende Verwurzelung beider Parteien im katholischen Milieu.

Auch der Arbeiteranteil unter den erwerbstätigen Mitgliedern der SPD hat mit ihrem ehemaligen Charakter als Partei der städtischen Industriearbeiterschaft und der Verwurzelung im Arbeitermilieu zu tun. Der Anteil ist allerdings zwischen 1960 und Ende 2004 von zwei Dritteln auf unter 20 Prozent herabgesunken. Der gleichzeitige Anstieg der Angestellten von 19,2 auf 54,1 Prozent hat die Arbeiterpartei zu einer Arbeitnehmerpartei des industriellen und öffentlichen Dienstleistungssektors gewandelt. Die PDS-Mitglieder setzen sich ebenfalls zu zwei Dritteln aus Angestellten und nur noch zu 17,4 Prozent

Abb. 3: Berufsstruktur der erwerbstätigen CDU-Mitglieder 1968–2004

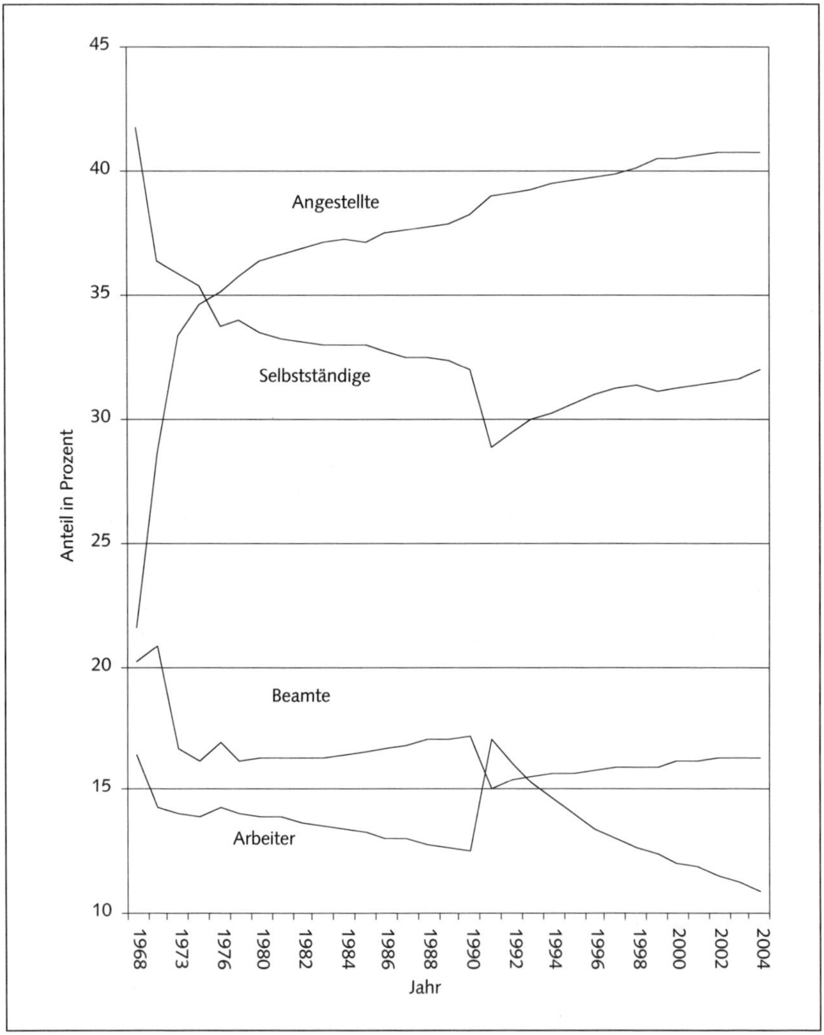

Quelle: Mitgliederstatistik der CDU

aus Arbeitern zusammen (Chrapa/Wittig 2001: 27). Die alte besitzbürgerliche Milieuverankerung der CDU wird an ihren nach wie vor überproportional hohen Selbständigenanteilen unter den erwerbstätigen Mitgliedern deutlich. 1968 lag dieser noch bei 42 Prozent und ist dann bis zu Beginn der Neunziger

Abb. 4: Berufsstruktur der erwerbstätigen SPD-Mitglieder 1968–2004

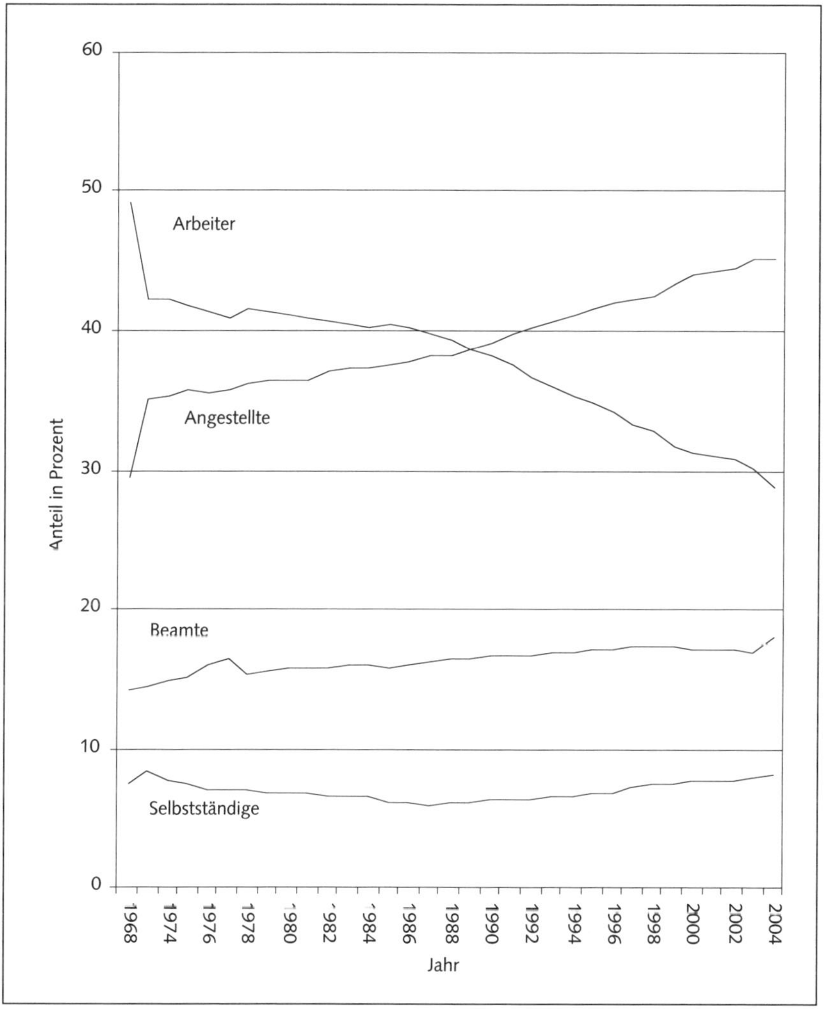

Quelle: SPD-Parteivorstand, Mitgliederstatistik

auf 29 Prozent zurückzufallen. Danach ist bis 2004 wieder ein leichter Anstieg auf 32 Prozent zu verzeichnen. Auch unter den CSU-Mitgliedern sind nach wie vor ein Drittel Selbständige und Landwirte vertreten. Bei aller beruflichen Angleichung gilt bis heute fort, dass es Arbeiter unter den Parteimitgliedern eher zur SPD und umgekehrt Selbständige und Landwirte eher zu den bürgerlichen Parteien CDU, CSU und FDP hinzieht (Biehl 2005: 101). Innerparteilich sind diese zentralen Trägergruppen der alten Industriegesellschaft mittlerweile aber auf nicht mehr tonangebende Minderheitengruppen zurückgedrängt worden. Trotz der historisch gewachsenen Profilkerne der Parteien kommen in ihnen heutzutage Menschen ohne feste Milieuverankerung zu Wort, die ihrem Broterwerb in eher wirtschaftsfernen, unproduktiven Sektoren der Gesellschaft nachgehen.

Die gesellschaftliche Besserstellung der Parteimitglieder wird auch an ihrem höheren Bildungsstatus und ihrem überdurchschnittlichen Einkommensverhältnissen deutlich. So hat jedes zweite Parteimitglied Abitur, wenn nicht sogar einen akademischen Bildungsabschluss aufzuweisen. In der Gesamtbevölkerung sind es nur 15 von 100 (Biehl 2005: 120). Kurz gefasst rekrutieren sich Parteimitglieder in ihrer sozialen Komposition in erster Linie aus den höheren Bildungs-, Einkommens- und beruflichen Statusgruppen der Mittel- und Oberschichten. Dies korrespondiert mit dem Befund, dass sich Parteimitglieder mit 28 Prozent überproportional häufig den oberen Mittelschichten zurechnen (Heinrich/Lübker/Biehl 2002: 10f.). Nicht so gut gestellte Bevölkerungskreise sind dagegen krass unterrepräsentiert.

Die Partizipations- und Parteimitgliederforschung hat für dieses allgemein gültige strukturelle Repräsentationsgefälle eine plausible Erklärung (Verba/Schlozmann/Brady 1995). Nur solche Personen, so wird angenommen, die über eine hohe individuelle physische, kognitive und psychische Ressourcenausstattung verfügen, gelingt es, die Schwelle zur Parteimitgliedschaft zu überwinden. Und diese Ressourcen werden vor allem Menschen mit höherem sozioökonomischen Status und kulturellem Kapital aus den gehobenen Gesellschaftsschichten mitgegeben.

Der Minderheitenstatus von Frauen in Parteien ließe sich aus einem ähnlichen gesellschaftlichen und biografischen Erklärungszusammenhang herleiten. Gleichwohl haben, wie Abbildung 5 aufzeigt, Frauen über die letzten Jahrzehnte in einer männerdominierten Gesellschaft Boden gutgemacht, und dies hat sich in einem stetigen Anstieg des Frauenanteils unter den Parteimitgliedern niedergeschlagen. Der Frauenvormarsch gestaltet sich je nach Partei aber höchst unterschiedlich. Eine Spitzenstellung wird Ende 2004 von der PDS mit über 45% Frauenanteil eingenommen. Mit rund 37% finden auch die Bündnisgrünen unter Frauen hohen Zuspruch. Mit gehörigem Abstand folgen SPD (30,2%), CDU (25,2%) und FDP (24,6 %). Mit 17,9% wird die CSU von Frauen eher gemieden. Der gebremste Anstieg der Zahlen seit den Neunzigern signalisiert einerseits, dass der Frauenzulauf an Schwung verloren hat. Andererseits geht von Parteien ein unterschiedlich starker Anreiz auf Frauen aus, sich ihnen anzuschließen. Höheren Zulauf haben solche Parteien aufzuweisen, die für Frauen strikte Quotenregelung bei der Ämterbesetzung eingeführt haben. Der Reihenfolge nach haben die Grünen (1986: 50%), die SPD (1988: 40%) und die PDS (1990: 50%) Muss-Regeln in ihren Statu-

Abb. 5: Frauenanteil unter den Mitgliedern der Bundestagsparteien 1971–2004

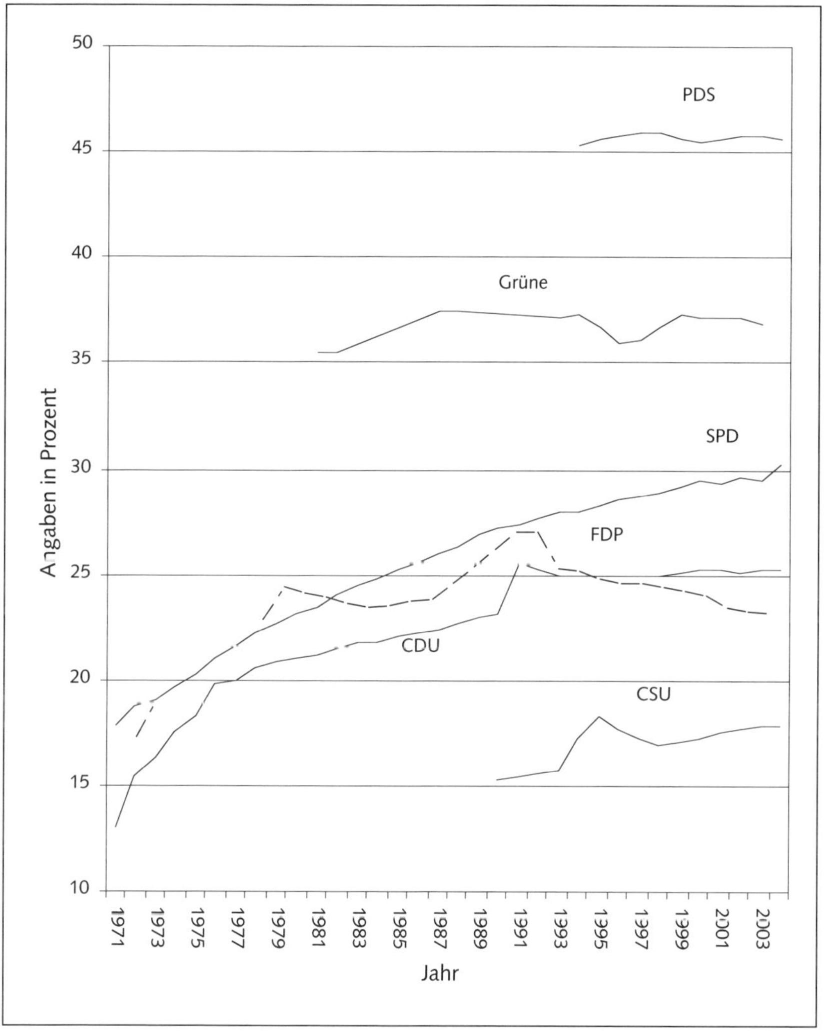

Quelle: Angaben der Parteigeschäftsstellen; fehlende Daten wurden durch gleitenden Durchschnitt ersetzt

Tab. 2: Frauenanteil unter den Mitgliedern der Bundestagsparteien 1971–2004

Jahr	SPD	CDU	CSU	Grüne	PDS	FDP
1971	17,8	13,0				15
1972	18,7	15,4				
1973	19,0	16,3				
1974	19,7	17,6				17,2
1975	20,2	18,3				19
1976	21,1	19,8				
1977	21,7	20,0				22
1978	22,2	20,6				
1979	22,7	20,8				
1980	23,1	21,0				23
1981	23,4	21,2				24,6
1982	24,0	21,4		35,5		24,3
1983	24,5	21,7				24,1
1984	24,8	21,8				23,8
1985	25,3	22,0				23,6
1986	25,6	22,2				23,7
1987	25,9	22,4				23,9
1988	26,4	22,7		37,5		24
1989	26,9	22,9				24,8
1990	27,2	23,1	15,3			25,6
1991	27,3	25,6	15,4			26,45
1992	27,6	25,2	15,6			27,3
1993	27,9	25,0	15,7			27,3
1994	28,0	24,9	18,8	37,2	45,4	25,5
1995	28,2	24,9	*17,8*	37,4	45,8	25,4
1996	28,5	24,9	*17,7*	36,1	45,9	25
1997	28,7	24,9	16,7	35,9	46	24,8
1998	28,9	25,0	*17,0*	36,2	46	24,8
1999	29,1	25,1	*17,1*	37,4	45,3	24,6
2000	29,4	25,2	17,4	*37,3*	45,6	24,4
2001	29,4	25,2	17,6	37,2	45,7	24,2
2002	29,7	25,1	17,7	37,2	45,8	23,6
2003	29,4	25,2	17,9	37,1	45,7	23,4
2004	30,2	25,2	17,9	36,7	45,6	23,3

Quelle: Angaben der Parteigeschäftsstellen

ten verankert. Die CDU begnügte sich 1996 bei einer Soll-Quote von 33%. CSU und FDP verfügen über keine Quotenregelungen. Obgleich sich bei den Neumitgliedern der Frauenanteil nicht mehr nach oben bewegen will, ist bei der innerparteilichen und öffentlichen Ämterverteilung die Männerdominanz gebrochen worden. Noch nie boten Parteien Frauen einen dermaßen offenen Aufstiegskanal, der ihnen im Vergleich zur Wirtschaft und Verwaltung die bei weitem günstigsten Aussichten auf eine politische Karriere bis in höchste politische Spitzenpositionen ermöglicht.

Eine weitere, gegenwärtig deutlich unterrepräsentierte Gruppe stellen Jugendliche dar, deren wachsende Organisationsunlust eine Mitgliedernachwuchskrise bei den Parteien ausgelöst hat (Wiesendahl 2006: 49ff.). So sind die Jungmitglieder bis 25 Jahre in der SPD zwischen 1974 und 2004 von 107.000 auf 16.000 abgesackt. Bei der CDU reduzierten sich zwischen 1984 und 2004 die Zahlen der bis 24-jährigen Mitglieder von 29.000 auf 14.000. Die Jungmitgliederebbe hat, wie in Abbildung 6 dargestellt, längst zu einer Überalterung der Parteien geführt, die sich infolgedessen mit einer Regenerationskrise herumschlagen.

Parteimitglieder unter 30 Jahren entwickelten sich zu einem raren Gut, während gleichzeitig der Überhang an über 60-jährigen stark angestiegen ist. Von dieser starken Verzerrung des Alterskegels sind die Großparteien SPD, CDU und CSU gleichermaßen betroffen. Für Jugendliche verliert dadurch eine Parteimitgliedschaft weiter an Attraktivität. Und die älteren und ganz alten Mitglieder bleiben ohne frische Blutzufuhr unter sich. Die Parteien entwickeln sich infolgedessen immer mehr zur Partizipationsplattform für Vorruheständler, aus dem Erwerbsleben Ausgeschiedene und betagte Menschen.

Insgesamt organisieren die Parteien 2,6% von Bürgerinnen und Bürger, die eine kleine herausgehobene Minderheit bilden, welche deutlich älter, männlicher, gebildeter und sozioökonomisch besser gestellt ist als der Bevölkerungsdurchschnitt. Eher wird sich zukünftig die Überalterung und soziale Exklusivität von Parteimitgliedern noch verstärken.

6. Partizipation in Parteien in Zeiten wählerorientierter Berufspolitikerparteien

Partizipation in Parteien lebt von dem Versprechen an politisch engagementwillige Bürgerinnen und Bürger, unmittelbar auf die Rekrutierung von Berufspolitikern und die Richtungsbestimmung politischer Willensbildung Einfluss nehmen zu können. Dem Idealverständnis nach wären Parteien aus diesem Blickwinkel dann politische Willensbildungsinstanzen, in denen sich gleichgesinnte Aktivbürger zusammengeschlossen haben, um Politikgestal-

Abb. 6: Anteil der unter 30- und über 60jährigen Mitglieder der CDU und SPD 1975 – 2004

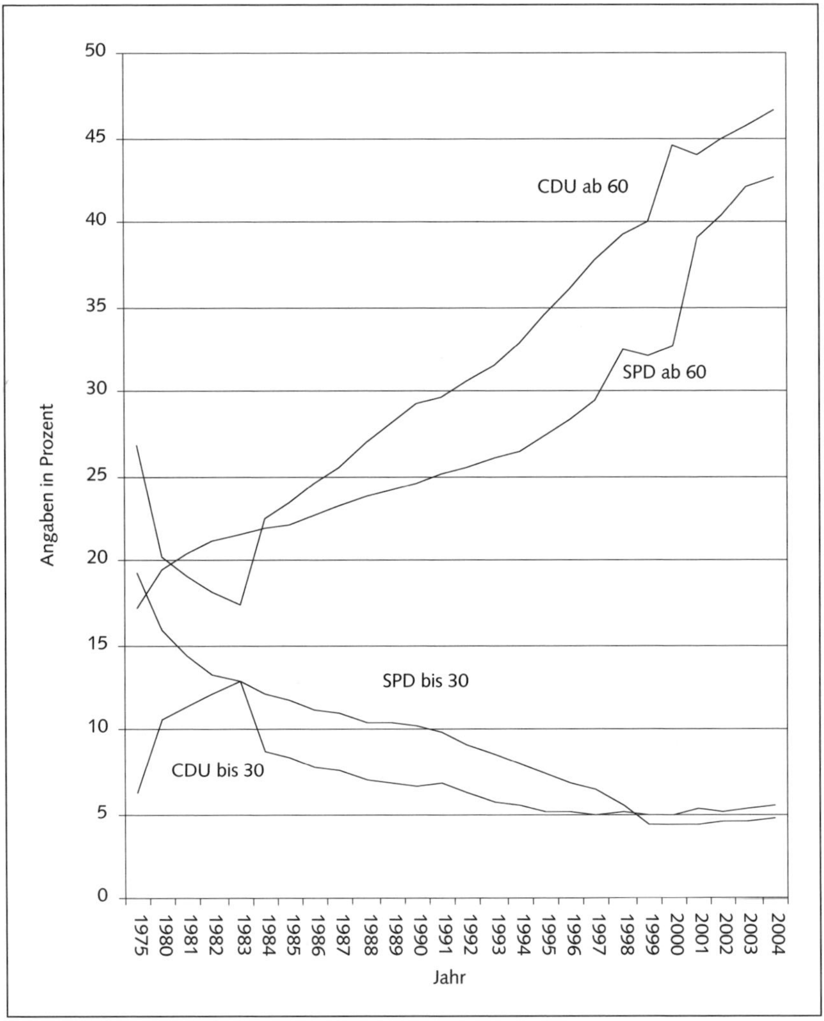

Quelle: Angaben der Parteigeschäftstellen, eigene Berechnungen

tungsvorstellungen zu formulieren, die von Wortführern aus ihren Reihen der Öffentlichkeit vorgestellt und bei Wahlen zur Abstimmung gestellt werden. Im Falle eines Wahlerfolgs würden die in Parteiprogrammen niedergeschriebenen Politikvorstellungen von den gewählten Abgeordneten der Parteien zur

Tab. 3: Anteil der unter 30- und über 60jährigen unter den Mitgliedern in CDU und SPD 1975–2004

Jahr	**bis 30 CDU**	**bis 30 SPD**	**CDU ab 60**	**SPD ab 60**
1975	6,4	19,3	26,9	17,1
1980	10,5	15,9	20,3	19,4
1981	11,3	14,3	19,1	20,4
1982	12,1	13,2	18,2	21,2
1983	13,0	12,8	17,3	21,6
1984	8,8	12,1	22,6	22,0
1985	8,3	11,7	23,5	22,1
1986	7,8	11,2	24,5	22,6
1987	7,6	10,9	25,6	23,2
1988	7,0	10,5	27,0	23,7
1989	6,8	10,5	28,1	24,1
1990	6,6	10,2	29,2	24,6
1991	6,9	9,9	29,6	25,2
1992	6,2	9,1	30,7	25,6
1993	5,7	8,5	31,6	26,0
1994	5,4	8,1	33,0	26,4
1995	5,2	7,1	34,5	27,3
1996	5,1	6,9	36,0	28,3
1997	4,9	6,5	37,7	29,4
1998	5,0	5,6	39,3	32,4
1999	5,0	4,4	40,0	32,1
2000	5,0	4,4	44,5	32,7
2001	5,3	4,3	44,0	39,2
2002	5,2	4,6	44,9	40,4
2003	5,4	4,6	45,7	42,2
2004	5,5	4,8	46,7	42,7

Quelle: Angaben der Parteigeschäftsstellen, eigene Berechnungen

Grundlage ihrer parlamentarischen Arbeit gemacht werden. Genauso bestände die Aufgabe der aus Parteivertretern gestellten Regierungen darin, die Parteiforderungen in politische Entscheidungen umzusetzen. Dieses Idealmodell einer programmorientierten Mitgliederpartei ist von Wright (1971) als „party democracy model“ genauer beschrieben worden. Verschiedentlich befragte Parteimitglieder tun ihre Vorliebe für dieses Bottom-up-Modell kund, weil ihnen darin eine Schlüsselrolle, wenn nicht gar das Sagen über die politische Ausrichtung ihrer Partei eingeräumt wird. Für sie sind dabei die Ziele, Grundsätze und die daraus hervorgehenden Politikvorstellungen der Partei dermaßen sakrosankt, dass sie sogar eher Wahlniederlagen der Partei in Kauf nehmen würden, als daran Abstriche zu dulden.

Was den tatsächlichen Einfluss der einfachen Mitglieder auf Führung und Kurs ihrer Parteien angeht, machen sich diese allerdings keine Illusionen. Dies spiegelt sich in der immer wieder geäußerten Unzufriedenheit mit erlebter Ohnmacht und ungleich verteilten Einflussspielräumen im Binnenleben der Parteien wider (Wiesendahl 1997: 360f.). Zwischen Wunsch und Wirklichkeit vertieft sich sogar die Kluft, weil sich die Entwicklung der Parteien über die letzten Jahrzehnte gegen die Parteimitglieder wendete. Vom Ausgangspunkt dieser Entwicklung ist zunächst unstrittig, dass Parteien in ihrem ureigensten Streben nach Macht Wahlen gewinnen müssen, um Schaltstellen staatlicher Macht zu besetzen und dem politischen Entscheidungsprozess ihren Stempel aufzudrücken. Mitglieder und die nach einer Karriere als Berufspolitiker strebenden Führungskräfte ziehen bei dieser unerlässlichen elektoralen Ausrichtung ihrer Partei solange an einem Strang, wie sich beide Gruppen als Richtschnur auf die Parteiprinzipien und die Einhaltung des von den Mitgliedern legitimierten Parteikurses verpflichten.

Für Wahlerfolge auf dem hart umkämpften Wählermarkt kann sich aber die hochgehaltene Parteilinie auch als hinderliche Fessel erweisen. So kann es nämlich für das strategische Ziel, den eigenen Stimmenanteil bei Wahlen möglichst zu maximieren, für die Parteispitzen viel erfolgsversprechender sein, den Wahlkampf ganz und gar auf die Wählerwünsche auszurichten. Sich strategisch an mehrheitlich gehegten Wählerwünschen zu orientieren, wurde mit dem Aufstieg der politischen Meinungsforschung seit den sechziger Jahren möglich. Die auf kurzfristige Wahlerfolge erpichten Parteispitzen und ihre Wahlkampfexperten griffen diese Möglichkeiten begierig auf. Gleichzeitig ließ es das sich rasch ausbreitende Fernsehzeitalter zu, die auf die Wählerwünsche ausgerichteten politischen Versprechungen und Lösungsvorschläge der Parteien mit der persönlichen Ausstrahlung und dem Kompetenzprofil einiger weniger Spitzenakteure zu verbinden.

Heute ist diese auf Demoskopie und Medienpräsenz ausgerichtete Stimmenmaximierungsstrategie zum Maßstab des von Starpolitikern beherrschten Parteienkonkurrenzkampfes geworden. Parteiendemokratie verengt sich so zur medienzentrierten Elitendemokratie, in der Parteien als Assoziationen von Hunderttausenden von mitsprachewilligen Aktivbürgern nicht mehr vorkommen. Die aufgezeigte Entwicklung wurde von den immer noch aus den Parteien hervorgehenden Berufspolitikern, der politischen Klasse (von Beyme 1993) forciert, die damit zuallererst ihr Eigeninteresse an einer dauerhaften politischen Karriere und soliden Existenzsicherung verfolgten.

Parteienforscher, die sich unter diesem Blickwinkel mit dem Strukturwandel der Parteien befasst haben, sind davon überzeugt, dass sich die parteiinterne

Machtbalance zwischen den Parteimitgliedern, der „party on the ground", hin zu den „public office holders", den Berufspolitikern („party in public office"), die die Parteispitze und den zentralen Parteiapparat (party central office") kontrollieren würden, verlagert habe. Sich von den Fesseln der Parteimitglieder zu befreien, sei geglückt, weil sich die Berufspolitiker über die Medien direkt an ihre Anhänger und Wähler wenden könnten. Zugleich hätten sie sich mit der Staatsfinanzierung eine eigenständige Finanzierungsquelle für den Aufbau eines professionellen Parteiapparats und für kostspielige mediale Wahlkampagnen erschlossen (Katz 1990: 146, von Beyme 2000: 84). Die dem Strukturwandel zugrundeliegende „Dominanz der Berufspolitiker" geht nach von Beyme (2001: 325ff.) derart weit, dass mit dem Übergang zu den Achtzigern ein Epochenwechsel hin zu „Berufspolitikerparteien" stattgefunden habe. Katz und Mair (1995) behaupten sogar, dass die Parteien sich unter dem Betreiben der Berufspolitiker zu integralen Teilen des Staates und Trägern eines selbstbezogenen Selbstbegünstigungskartells („cartel parties") entwickelt hätten.

Für politische Mitwirkung und Einflussnahme von Parteimitgliedern bleibt jedenfalls unter den Bedingungen verselbstständigter, staatsverflochtener Berufspolitikerherrschaft nicht viel Platz. Als Finanzierungsquelle für die Partei und als kostenlose Parteisoldaten für nicht mehr zeitgemäßen Straßenwahlkampf seien sie nutzlos geworden. Sie würden von oben dirigiert, und mehr als in die Rolle von „cheerleaders" zu schlüpfen, würde von ihnen bei diesem Spiel auch nicht erwartet werden (Katz/Mair 1995: 20). Wenn es um die Parteilinie und die politische Richtungsbestimmung geht, müssen sich Mitglieder ohne höheres Amt mit Pseudopartizipation und einer elitenkonformen Akklamationsrolle begnügen. Es ist vor allem dieser Hintergrund, der erklärt, warum Parteien unter Aktivbürgern als Anbieter dauerhaften und institutionell verfassten bürgerschaftlichen Engagements und unmittelbarer politischer Einflussnahme stark an Attraktivität eingebüßt haben.

Literatur

Alemann, Ulrich von (2002): Das Parteiensystem der Bundesrepublik Deutschland. 2. Aufl. Opladen: Leske + Budrich.

Beyme, Klaus von (1993): Die politische Klasse im Parteienstaat, Frankfurt a.M.: Suhrkamp.

Beyme, Klaus von (2000): Parteien im Wandel. Wiesbaden: Westdeutscher Verlag.

Beyme, Klaus von (2001): Funktionswandel der Parteien in der Entwicklung von der Massenmitgliederpartei zur Partei der Berufspolitiker. In: Gabriel, Oscar W./Niedermayer, Oskar/Stöss, Richard (Hrsg.): Parteiendemokratie in Deutschland. 2. akt. Aufl. Bonn: Bundeszentrale für politische Bildung, S. 315–339.

Biehl, Heiko (2005): Parteimitglieder im Wandel. Partizipation und Repräsentation. Wiesbaden: VS-Verlag.

Chrapa, Michael/Wittich, Dietmar (2001): „Die Mitgliedschaft, der große Lümmel". Studie zur Mitgliederbefragung 2000 der PDS. o.O.

Clark, Peter B./Wilson, James A. 1961: Incentive Systems: A Theory of Organizations, in: Administrative Science Quarterly, 6, S. 129–166.

Gabriel, Oscar W. (2004): In welchen Arenen spielen sie? Außerparteiliche Partizipation und Politikerkontakte von Parteimitgliedern. In: Walter-Rogg, Melanie/Gabriel, Oscar W. (Hrsg.) (2004): Parteien, Parteieliten und Parteimitglieder in einer Großstadt. Wiesbaden: VS-Verlag, S. 69–94.

Gabriel, Oscar W./Niedermayer, Oskar (2001): Parteimitgliedschaften: Entwicklung und Sozialstruktur In: Dies./Stöss, Richard (Hrsg.) Parteiendemokratie in Deutschland. 2. akt. Aufl. Bonn: Bundeszentrale für politische Bildung, S. 277–300.

Hallermann, Andreas (2003): Partizipation in politischen Parteien. Vergleich von fünf Parteien in Thüringen. Baden-Baden: Nomos.

Heinrich, Roberto/Lübker, Malte/Biehl, Heiko (2002): Parteimitglieder im Vergleich. Partizipation und Repräsentation. Kurzfassung des Abschlussberichts zum gleichnamigen DFG-Projekt, Universität Potsdam.

Jun, Uwe (2004): Der Wandel der Parteien in der Mediendemokratie. SPD und Labour Party im Vergleich. Frankfurt am Main: Campus.

Katz, Richard S. (1990): Party as linkage: A vestigal function? In: European Journal of Political Research, 18, S. 143–161.

Katz, Richard S./Mair, Peter (1995): Changing Models of Party Organization and Party Democracy. The Emergence of the Cartel Party. In: Party Politics 1. 1, S. 5–28.

Mielke, Gerd (2003): Parteien zwischen Kampagnenfähigkeit und bürgerschaftlichem Engagement. In: Deutscher Bundestag – Enquetekommission „Zukunft des bürgerschaftlichen Engagements“ (Hrsg.): Bürgerschaftliches Engagement in Parteien und Bewegungen. Opladen: Leske + Budrich, S. 157–166.

Niclaus, Karlheinz (2002): Das Parteiensystem der Bundesrepublik Deutschland. 2. Aufl. Paderborn usw.: Ferdinand Schöningh.

Niedermayer, Oskar (1989): Innerparteiliche Partizipation. Opladen: Westdeutscher Verlag.

Norris, Pippa (2001): Digital Divide? Civic Engagement, Information Poverty and the Internet Worldwide. Cambridge: University Press.

Verba, Sidney/Schlozmann, Kay Lehmann/Brady, Henry (1995): Voice and Equality. Civic Voluntarism in American Politics. Cambridge, Mass./London: Harvard Uni Press.

Whiteley, Paul/Seyd, Patrick (2002): High-Intensity Participation. The Dynamics of Party Activism in Britain. Ann Arbor.

Wiesendahl, Elmar (1997): Noch Zukunft für die Mitgliederparteien? Erstarrung und Revitalisierung innerparteilicher Partizipation. In: Klein, Ansgar/Schmalz-Bruns, Rainer (Hrsg.): Politische Beteiligung und Bürgerengagement in Deutschland – Möglichkeiten und Grenzen. Bonn: Bundeszentrale für politische Bildung, S. 349–381.

Wiesendahl, Elmar (1998): Parteien in Perspektive. Theoretische Ansichten der Organisationswirklichkeit politischer Parteien. Opladen/Wiesbaden: Westdeutscher Verlag.

Wiesendahl, Elmar (2001): Keine Lust mehr auf Parteien. Zur Abwendung Jugendlicher von den Parteien. In: Aus Politik und Zeitgeschichte, B 10, S. 7–19.

Wiesendahl, Elmar (2002): Überhitzung und Abkühlung: Parteien und Gesellschaft im Zeitenwechsel der siebziger und achtziger Jahre. In: Axel Schildt (Hrsg.):

Transformationen des deutschen Parteiensystems. Hamburg: Ergebnisse Verlag, S. 138–169.

Wiesendahl, Elmar (2004): Elitenrekrutierung in der Parteiendemokratie. Wer sind die Besten und setzten sie sich in den Parteien durch? In: Gabriel, Oscar W./Neuss, Beate/Rüther, Günther (Hrsg.): Konjunktur der Köpfe? Eliten in der modernen Wissensgesellschaft. Düsseldorf: Droste Verlag, S. 124–143.

Wiesendahl, Elmar (2005): Das Ende der Mitgliederpartei. Die Parteiendemokratie auf dem Prüfstand. In: Dettling, Daniel (Hrsg.) Parteien in der Bürgergesellschaft. Zum Verhältnis von Macht und Beteiligung. Wiesbaden: VS-Verlag, S. 23–42.

Wiesendahl, Elmar (2006): Mitgliederparteien am Ende? Eine Kritik der Niedergangsdiskussion. Wiesbaden: VS-Verlag.

Wright, William E. 1971: Comparative Party Models: Rational-Efficent and Party Democracy, in: Ders. (Hrsg.): Comparative Study of Party Organization. Columbus, Ohio: Charles E. Merrill, S. 17–54.

Kapitel 5

Direktdemokratische Beteiligung in Ländern und Kommunen

Bärbel Martina Weixner

1. Einleitung

Als „Prämie für jeden Demagogen" bezeichnete Theodor Heuss im Parlamentarischen Rat 1948/49 in der Folge der Erfahrungen in der Weimarer Republik die plebiszitären Elemente und warnte nachdrücklich vor ihrer Aufnahme in das Grundgesetz. Vor mehr als drei Jahrzehnten hingegen setzte Willy Brandt das Politik-Postulat „Mehr Demokratie wagen". Und auch Karl Valentin könnte man an dieser Stelle zur zögerlichen Haltung der Deutschen in den frühen Jahren der Bundesrepublik gegenüber der direkten Demokratie zitieren: „Mögen hätten wir schon wollen, aber dürfen haben wir uns nicht getraut".

Doch spätestens seit Beginn der 1990er Jahre scheinen Volksbegehren und Volksentscheid, Bürgerbegehren und Bürgerentscheid „gesellschaftsfähig" geworden zu sein. Während auf Bundesebene die Diskussion um die Einführung des Volksentscheids anhält, sind die Instrumente inzwischen in allen 16 deutschen Bundesländern vollständig und systematisch verankert, sowohl auf Landes- als auch auf Gemeinde- bzw. Kreisebene, und werden in vielen Bundesländern rege genutzt. Volksbegehren und Volksentscheid sind aus dem politischen Prozess, insbesondere auf kommunaler Ebene, nicht mehr wegzudenken. Empirische Befunde belegen, dass sich der Einfluss der direktdemokratischen Instrumente auf Landesebene in den vergangenen 15 Jahren erheblich verstärkt hat. Dabei hängen Erfolg und Misserfolg plebiszitärer Initiativen entscheidend von der Ausgestaltung der volksunmittelbaren Verfahren ab, von Zulassungsbeschränkungen und Abstimmungsquoren, aber auch vom Interesse der Bürger an den Formen und Inhalten der direkten Demokratie.

Im Folgenden gilt es, die wichtigsten Begriffe zu klären und die historische Entwicklung der direkten Demokratie in Deutschland, besonders seit Beginn der Bundesrepublik, zu betrachten. Anschließend sollen die Instrumente der unmittelbaren Demokratie auf Landes- und kommunaler Ebene erläutert und kritisch bewertet werden.

2. Begriffsbestimmungen und historischer Überblick

2.1 Definitionen wichtiger Begriffe zum Thema „Direkte Demokratie"

Was bedeutet „Direkte Demokratie"? Als Grundvoraussetzungen müssen die Begriffe Volkssouveränität, Gleichheit und Freiheit gelten, wie sie in Deutschland im Grundgesetz im Grundrechtskatalog der Artikel 1 bis 19 und dem zentralen Artikel 20 GG mit der Fundamentierung von Demokratie und Volkssouveränität verankert sind. Eine vermehrte Teilhabe des Volkes an politischen Entscheidungen über die Wahlen hinaus kann dabei die politische Freiheit erhöhen, eine stärkere Identifizierung mit dem politischen System – angesichts der anhaltenden Krise der Parteienstaatlichkeit – herstellen. Das idealtypische Bild der direkten Demokratie als einer Identität zwischen Regierenden und Regierten nach Rousseau aber wird in der modernen verfassungsstaatlichen Massendemokratie nicht angestrebt und abgelehnt. Grundlagen des bundesdeutschen Staates bleiben Gewaltenteilung und Pluralismus in einer Konkurrenz- und Wettbewerbsdemokratie, Basis jeder Entscheidung das Mehrheitsprinzip, unter Umständen auch, angesichts unterschiedlicher Ressourcen der verschiedenen Interessengruppen, auf Kosten der Gleichheit.

Damit wird direkte Demokratie in der Bundesrepublik Deutschland nicht verstanden als eigenständige *Staatsform* in Abgrenzung zur *repräsentativen Demokratie*. Es ist keine *Basisdemokratie*, die auf repräsentative Organe wie Volksvertreter verzichtet, sondern ein *Verfahren* zur unmittelbaren Beteiligung von Bürgerinnen und Bürgern an politischen Entscheidungen in einem demokratisch legitimierten Gemeinwesen, demnach Teil der *partizipatorischen Demokratie*. Legt man den weiten Begriff der partizipatorischen Demokratie zugrunde, würde direkte Demokratie alle verfassten und nicht-verfassten Beteiligungs- und Entscheidungsmöglichkeiten des Bürgers umfassen. Als nicht-verfasste Formen wären Bürgergutachten oder Planungszelle anzusehen. Hier soll die Definition jedoch auf die verfassten Rechte Volksbegehren und Volksentscheid bzw. Bürgerbegehren und Bürgerentscheid sowie einleitende Verfahren wie Bürgerantrag und Volksinitiative beschränkt werden. Dabei ergänzen die Elemente der direkten Demokratie die vorrangigen parlamentarischen Verfahren, ohne sie zu ersetzen.

Im engeren Sinne sind Gegenstand direktdemokratischer Abstimmungen ausschließlich Entscheidungen über Sachfragen, z.B. Gesetzesentwürfe, und die plebiszitäre Parlamentsauflösung; im weiteren Sinne – so auch hier – werden zudem Entscheidungen über Personen als Amtsträger, z.B. Urwahl von Bürgermeistern und Landräten, als verfasste Elemente der direkten Demokratie mit einbezogen. – Damit ist die im Grundgesetz verankerte begriffliche Trennung zwischen Wahlen und Abstimmungen (Art. 20 Abs. 2 GG) verwischt.

Basisdemokratisch definiert versteht man unter direktdemokratischen oder volksunmittelbaren Elementen nur solche Abstimmungen, die vom stimmberechtigten Volk initiiert werden, also keine Abstimmungen, die ein Staatsorgan herbeiführt (im engeren Sinn als *Plebiszit* bezeichnet) oder die Verfassung vorschreibt (im engeren Sinn als *Referendum* bezeichnet). In diesem Zusammenhang werden aus Gründen der vollständigen Erfassung als direktdemokratische Abstimmungen alle *dezisiven* Entscheidungen des Volkes angesehen. Dabei ist es unerheblich, ob

a) diese von der Verfassung verpflichtend vorgegeben sind, z.B. Verfassungsentscheid in Bayern oder Hessen (*obligatorisches Referendum*),
b) sie zwingend unter bestimmten Voraussetzungen durchzuführen sind, z.B. Volksbegehren wird vom Parlament nicht unverändert angenommen (*bedingt obligatorisches Referendum*),
c) sie auf Verlangen, z.B. einer Parlamentsminderheit oder einer festgelegten Zahl von Stimmbürgern (*fakultatives Referendum*) stattfinden müssen,
d) oder sie einen vom Volk initiierten politischen Entscheidungsprozess (*Initiative)* abschließen.

Das *Referendum* sei hier also als jede materielle und formelle Art der *Volksabstimmung* definiert, wie sie die folgende Übersicht zusammenfasst:

Übersicht 1: Das Referendum

Referendum (= Volksentscheid)	
Formell	*materiell*
Obligatorisch bedingt obligatorisch fakultativ volksinitiiert	Verfassunggebung Verfassungsänderung Gesetzgebung Personalentscheidung sonstige Abstimmungsinhalte

Quelle: Weixner 2002: 89

So wie sich das Referendum auf den Abschluss der direktdemokratischen Beteiligung bezieht, zielt die *Initiative* auf die Einleitungsphase plebiszitärer Willensbildung, auf die Initiativkompetenz des Volkes.[1]

1 Die im nachfolgenden Schaubild verwendeten Begriffe werden im Zusammenhang mit den unterschiedlichen plebiszitären Elementen auf Landesebene in Abschnitt 3. erläutert.

Übersicht 2: Die Verwendung des Begriffs „Initiative“

Initiative		
Befassung mit Inhalten ohne Vorlage eines konkreten Gesetzentwurfs	*Bei dreistufiger Volksgesetzgebung*	*Bei zweistufiger Volksgesetzgebung*
– alle geplanten plebiszitären Ansätze – *Volkspetition*	bei *Volksinitiative* – formulierte Gesetzesvorlage – Befassung des Landtages mit Inhalten	------
	bei Volksbegehren – Antrag auf Zulassung eines Volksbegehrens – Antrag entfällt nach Volksinitiative	*bei Volksbegehren* – Volksantrag bzw. – Antrag auf Zulassung des Volksbegehrens

Quelle: Weixner 2002: 90

Abschließend soll auch der Begriff *Plebsizit* möglichst weit definiert werden. Das *Plebiszit* wird nicht nur als auf die ursprüngliche Bedeutung des lateinischen Wortes plebis scitum, den im alten Rom von der Versammlung der Plebejer gefassten Beschluss beschränkt, sondern kann im Sinne der Verwendung des Begriffs *plebiszitäre Elemente* alle Arten von *Volksrechten* umfassen. Dabei ist es unerheblich, ob die Beteiligung des Volkes abschließend entscheidenden (*deziven*) oder lediglich beratenden (*konsultativen*) Charakter hat, wie z.B. die Volksbefragung. In die nachfolgende Übersicht sind alle plebiszitären Elemente aufgenommen, die sich begrifflich in den heutigen deutschen Verfassungen finden lassen.

Übersicht 3: Das Plebiszit

Plebiszit (= Volksrecht)		
Einleitungsphase	*Beschlussphase*	*sonstige Formen*
Volksinitiative Volksantrag Bürgerantrag Volksbegehren Bürgerbegehren	Volksabstimmung Volksentscheid Bürgerentscheid	Volkspetition Volksbefragung Bürgerversammlung Landsgemeindetag (Schweiz)

Quelle: Weixner 2002: 87

Die Ausgestaltung der Plebiszite in den Landesverfassungen ist nach Form und Verfahren äußerst vielfältig, auch abhängig vom Zeitpunkt ihrer Aufnahme in die Verfassungen.

2.2 Historische Entwicklung seit 1945

Wie eingangs bereits erwähnt wollten die „Mütter" und „Väter" des Grundgesetzes nach kontroversen Diskussionen im Hauptausschuss des Parlamentarischen Rates nach den Erfahrungen mit Plebisziten in der Weimarer Republik die direkte Demokratie nicht in das Grundgesetz aufnehmen.

In der Weimarer Republik räumte der Art. 73 der Verfassung der Bevölkerung das Recht ein, dem Parlament mit mindestens 10 Prozent der Unterschriften der Wahlberechtigten einen Gesetzesvorschlag zu machen. Stimmte das Parlament diesem Entwurf nicht zu, kam es zum Volksentscheid, dessen Erfolg davon abhing, dass 50 Prozent des Wahlvolkes daran teilnahmen und überdies die Mehrheit der Teilnehmenden dem Volksbegehren zustimmte. Alle drei Versuche eines Volksbegehrens scheiterten.[2]

Obwohl keine der extremistischen Initiativen Erfolg beim Volk hatte, werden die Erfahrungen von Weimar immer wieder als Argument gegen direkte Demokratie in Deutschland verwendet, da die Extremisten Gelegenheiten zur Agitation erhalten hätten. Schließlich war das Volksbegehren vom Dezember 1929 vor allem eine Hetzkampagne der Nationalsozialisten gegen die Republik. Die drei zur Zeit des Nationalsozialismus durchgeführten Plebiszite[3] waren unklar und suggestiv formuliert und boten zudem nur die Möglichkeit, bereits vollzogenen Maßnahmen im Nachhinein zuzustimmen.

Obwohl nach dem Grundgesetz vom Mai 1949 nur drei volksunmittelbare Beteiligungsmöglichkeiten genannt sind (Art. 29 GG Neugliederung des Bundesgebietes, Art. 118 GG Neugliederung von Baden-Württemberg, Art. 146 GG Volksabstimmung über eine neue Verfassung), widerspricht es nicht dem Homogenitätsgebot des Art. 28 Abs. 1 GG, dass sich viele Bundesländer nach dem Zweiten Weltkrieg in den verfassunggebenden Versammlungen offen gegenüber plebiszitären Elementen zeigten und diese in ihre Landesverfassungen aufnahmen.

Im Wesentlichen lässt sich eine zeitliche Dreigliederung in der Entwicklung der deutschen Landesverfassungen erkennen:

a) westdeutsche Verfassungen, die vor der Ausarbeitung des Grundgesetzes entstanden sind (ältere oder präföderale Verfassungen), vor allem Verfassungen der Länder der einstigen amerikanischen und französischen Be-

---

2 Es scheiterte 1926 die „Fürstenenteignung", unterstützt von KPD und SPD mit einer Beteiligung von 39,6% an der 50%-Hürde. Bei 96,1% Ja-Stimmen stimmten insgesamt 36,3% aller Wahlberechtigten zu. „Gegen den Panzerkreuzerbau", unterstützt von der KPD, scheiterte 1928 mit 1,2 Mio. Unterschriften bereits am 10%-Quorum. Der Volksentscheid gegen den „Young-Plan", der von NSDAP und DNVP unterstützt worden war, scheiterte 1929 mit nur 14,9% Stimmbeteiligung, davon 94,5% Ja-Stimmen, also eine Unterstützung von 13,8% aller Wahlberechtigten.

3 Austritt aus dem Völkerbund 1933, Amt des Reichspräsidenten 1934, Anschluss Österreichs 1938.

satzungszonen. Sie alle enthielten plebiszitäre Elemente und wurden auch durchweg per Volksabstimmung verabschiedet (Ausnahme Saarland).

b) Verfassungen der westdeutschen Bundesländer, die unmittelbar nach der Gründung der Bundesrepublik erarbeitet wurden (neuere bzw. postföderale Verfassungen), vorwiegend von Ländern der ehemaligen britischen Besatzungszone. Sie stellen sich nicht wie die älteren Verfassungen als Vollverfassungen dar, sondern als Organisationsstatute, die sich dem Grundgesetz aus demokratisch-rechtsstaatlicher Sicht beiordnen und in dessen Sinne auf Elemente direkter Demokratie verzichten oder sie nur schwach ausgestalten (z.B. Nordrhein-Westfalen, Baden-Württemberg).

c) Verfassungen der deutschen Länder, die ab 1990 entstanden sind (neueste oder proföderale[4] Verfassungen). Hier sind alle Verfassungen der neuen Bundesländer sowie totalreformierte Verfassungen alter Bundesländer (Schleswig-Holstein, Niedersachsen) eingeschlossen. Sie alle enthalten ausgeprägte Instrumente unmittelbarer Bürgerbeteiligung, in der Regel in einer so genannten *dreistufigen Volksgesetzgebung.*[5] Auch diese Verfassungen wurden zum Teil durch Volksabstimmung zusätzlich zur parlamentarischen Verabschiedung legitimiert (Berlin, Mecklenburg-Vorpommern, Thüringen). Als neueste Verfassung fällt in diese Periode die Verfassung von Berlin 1995.

Übersicht 4: Plebiszitäre Verfassunggebung in den Ländern (nur heutige Bundesländer und Verfassungen)

	Annahme durch Volksabstimmung[1)]			
Bundesland	*ja/nein*	*am*	*Abstimmungs-beteiligung in % der Wahl-berechtigten*	*Zustimmung in % der Abstimmenden*[4)]
Baden-Württemberg[2)]	nein	--	--	--
Bayern	ja	01.12.1946	75,7	70,6
Berlin	ja	22.10.1995	68,6	75,1

4 Die Begriffe „präföderal“ und „postföderal“ bei Bushart, Christoph: Verfassungsänderung in Bund und Ländern. München 1989, S.3, S.15; der Begriff „proföderal“ wurde selbst entwickelt, um die Ausgestaltung Deutschlands als föderatives System und die Eigenständigkeit der Landesverfassungen zu unterstreichen; vgl. Weixner 2002: 116f.

5 Das heißt: Dem Volksbegehren ist eine Initiative vorgeschaltet, durch die der Landtag mit politischen Anliegen befasst werden kann, ohne dass ein ausgearbeiteter Gesetzentwurf zugrunde liegen muss; in der Regel nicht notwendige Voraussetzung für ein Volksbegehren (vgl. 3.1).

	Annahme durch Volksabstimmung[1]			
Bundesland	*ja/nein*	*am*	*Abstimmungsbeteiligung in % der Wahlberechtigten*	*Zustimmung in % der Abstimmenden*[4]
Brandenburg	ja	14.06.1992	47,9	94,0
Bremen[3]	ja	12.10.1947 16.10.1994	67,7 78,3	72,4 76,1
Hamburg	nein	--	--	--
Hessen	ja	01.12.1946	72,9	76,8
Mecklenburg-Vorpommern	ja	12.06.1994	65,0	60,1
Niedersachsen	nein	--	--	--
Nordrhein-Westfalen	ja	18.06.1950	71,6	61,8
Rheinland-Pfalz	ja	18.05.1947	77,7	53,0
Saarland	nein	--	--	--
Sachsen	nein	--	--	--
Sachsen-Anhalt	nein	--	--	--
Schleswig-Holstein	nein	--	--	--
Thüringen	ja	16.10.1994	75,4	70,1

1) ohne plebiszitäre Verfassungsänderung (obligatorische Verfassungsreferenden wie in Bayern und Hessen)
2) Abstimmungen über die Verfassung in den ursprünglichen Ländern des heutigen Südweststaates: Württemberg-Baden am 24.11.1946; Wahlbeteiligung 71,7%, Zustimmung 86,6%; Baden am 18.05.1947, Wahlbeteiligung 67,8%, Zustimmung 67,9%; Württemberg-Hohenzollern am 18.05.1947, Wahlbeteiligung 66,3%, Zustimmung 69,8%
3) umfassende Revision der Verfassung 1994
4) Zustimmungsquorum durchweg bei mindestens 50% der Stimmberechtigten

Quelle: Weixner 2002: 137f.

Bis heute haben sich alle Bundesländer in teilweise umfangreichen Verfassungsreformen plebiszitär geöffnet (z.B. Hamburg) und die Verfahren für Volksbegehren und Volksentscheid oftmals vereinfacht (z.B. Nordrhein-Westfalen).

Übersicht 5: Plebiszitäre Elemente in den Landesverfassungen seit 1945

Land	*Art/Datum der Verfassung*[1)]	*Plebiszitäre Elemente*[2)]	*Änderungen der normativen Voraussetzungen der direkten Demokratie bis heute / Anmerkungen*
Württemberg-Baden	VV v. 28.11.46	ja	1953 Verfassung von Baden-Württemberg 1956 Einführung des kommunalen Bürgerentscheids
Hessen	VV v. 01.12.46	ja	1991 Einführung der Direktwahl von Bürgermeistern und Landräten 1993 Einführung von Bürgerbegehren und Bürgerentscheid
Bayern	VV v. 02.12.46	ja	1993/1999 Versuch zur Herabsetzung von Quoren per Volksbegehren 1995 Einführung von Bürgerbegehren und Bürgerentscheid per Volksentscheid
Thüringen	OS v. 20.12.46	ja	1952 faktisch außer Kraft gesetzt
Sachsen-Anhalt	OS v. 10.01.47	ja	1952 faktisch außer Kraft gesetzt
Mark Brandenburg	OS v. 06.02.47	ja	1952 faktisch außer Kraft gesetzt
Mecklenburg	OS v.12.03.47	ja	1952 faktisch außer Kraft gesetzt
Sachsen	OS v. 15.03.47	ja	1952 faktisch außer Kraft gesetzt
Rheinland-Pfalz	VV v. 18.05.47	ja	1994 Einführung von Bürgerbegehren und Bürgerentscheid 2000 Einführung v. Volksinitiativen, Hürden b. Volksbegehren gesenkt, Zustimmungsquorum eingeführt
Baden	VV v. 19.05.47	ja	1953 Verfassung von Baden-Württemberg
Württemberg-Hohenzollern	VV v. 20.05.47	ja	1953 Verfassung von Baden-Württemberg
Bremen	VV v. 21.10.47	ja	1994 umfangreiche Verfassungsreform; Quorum f. Volksbegehren gesenkt, Einführung von Volksbegehren und Volksentscheid in den Städten Bremen und Bremerhaven 1997 Hürde für Volksentscheide über Landesgesetze gesenkt

Land	*Art/Datum der Verfassung*[1)]	*Plebiszitäre Elemente*[2)]	*Änderungen der normativen Voraussetzungen der direkten Demokratie bis heute / Anmerkungen*
Saarland	VV v.15.12.47	ja	1956/1979 Einführung vollständiger Volksgesetzgebung 1997 Einführung der kommunalen direkten Bürgerbeteiligung
Schleswig-Holstein	OS v.13.12.49	nein	1990 neue Verfassung 1990 Einführung von Bürgerbegehren und Bürgerentscheid
Nordrhein-Westfalen	VV v.10.07.50	ja	1994 Einführung der Direktwahl von Bürgermeistern, Bürgerbegehren und Bürgerentscheid 2002 Reform der landesweiten Volksgesetzgebung (Einführung von Volksinitiative, Senkung der Hürden beim Volksbegehren)
Berlin	VV v. 01.09.50	ja	1974 Aufhebung von Volksbegehren und Volksentscheid 1995 neue Verfassung
Niedersachsen	OS v. 13.04.51	nein	1993 neue Verfassung
Hamburg	OS v. 06.06.52	nein	1996 umfangreiche Verfassungsreform, Einführung der dreistufigen Volksgesetzgebung 1998 Einführung kommunaler Bürgerbegehren und -entscheid per Volksentscheid; Senkung der Hürden bei Landesregelungen per Volksentscheid gescheitert 2001 im Mai senkt der Landtag im Ausführungsgesetz die Quoren bei Volksinitiative, Volksbegehren und Volksentscheid
Baden-Württemberg	OS/VV v. 11.11.53	teilweise	1956 Einführung von Bürgerbegehren und Bürgerentscheid auf kommunaler Ebene 1974 Einführung von vollständiger zweistufiger Volksgesetzgebung
Schleswig-Holstein	VV v. 13.06.90	ja	1990 Einführung vollständiger dreistufige Volksgesetzgebung in d. neuen Verfassung 1990 Einführung von kommunalen Bürgerbegehren und Bürgerentscheid
Sachsen	VV v. 27.05.92	ja	1993 Einführung von Kommunalplebisziten
Sachsen-Anhalt	VV v. 16.07.92	ja	1993 Einführung ausgeprägter Bürgerrechte in der Kommunalverfassung 1995 Senkung der Hürden bei Volksbegehren und Volksentscheid im Ausführungsgesetz

Land	*Art/Datum der Verfassung*[1)]	*Plebiszitäre Elemente*[2)]	*Änderungen der normativen Voraussetzungen der direkten Demokratie bis heute / Anmerkungen*
Brandenburg	VV v.20.08.92	ja	1993 Einführung von Plebisziten auf kommunaler Ebene
Niedersachsen	VV v. 19.05.93	ja	1993 neue Verfassung mit dreistufiger Volksgesetzgebung 1996 Einführung von Bürgerbegehren und Bürgerentscheid in die Kommunalverfassung
Mecklenburg-Vorpommern	VV v. 23.05.93	ja	1994 Kommunalverfassung mit Bürgerbegehren und Bürgerentscheid
Thüringen	VV v.25.10.93	ja	1993 Kommunalverfassung mit Direktwahl von Bürgermeistern und Bürgerbegehren/Bürgerentscheid
Berlin	VV v. 23.11.95	ja	1995 neue Verfassung mit plebiszitären Elementen 2005 Einführung von Bürgerbegehren und Bürgerentscheid in den Bezirken

1) nicht vorläufige Verfassungen wie in Niedersachsen, Berlin oder Schleswig-Holstein; VV = Vollverfassung; OS = Organisationsstatut; jeweils Datum der Verkündung im Landesgesetzblatt
2) Stand bei Verkündung der Verfassung

Quelle: Weixner 2002: 139ff. aktualisiert

Die plebiszitäre Öffnung der Landesverfassungen ab 1990 umfasst auch die kommunale Ebene. Mit Ausnahme Baden-Württembergs, das schon 1956 Bürgerbegehren und Bürgerentscheid eingeführt hatte, schufen seit 1990 alle Bundesländer dieses Instrument der unmittelbaren Bürgerbeteiligung, zuletzt die Länder Saarland 1997 und Berlin 2005, im Wege der parlamentarischen Gesetzgebung. Nur in Bayern 1995 und in Hamburg auf Bezirksebene 1998 wurden Bürgerbegehren und Bürgerentscheid im Wege von Volksbegehren und Volksentscheid eingeführt, zwei der größten Erfolge unter den bisherigen plebiszitären Initiativen in Deutschland. Als letztes Bundesland beschloss das Berliner Abgeordnetenhaus im Juni 2005 die Einführung der Volksrechte in den Bezirken der Stadt. Damit gibt es in allen sechzehn Bundesländern Instrumente direkter Demokratie in Stadt und Land. Die Erfahrungen mit ihnen sind jedoch in allen Bundesländern unterschiedlich. Am stärksten fanden Volksbegehren und Volksentscheid ebenso wie Bürgerbegehren und Bürgerentscheid in Bayern und Hamburg Anwendung, was vor allem an vergleichsweise niedrigen Eingangsquoren liegt. Bislang fanden auf Landesebene vierzehn durch Volksbegehren initiierte Volksentscheide in sechs verschiedenen Bundesländern statt.[6] Davon waren jedoch nur fünf für die Initiatoren erfolgreich. Die lückenlose statistische Erfassung von Bürgerentscheiden in Gemeinden und Kreisen ist sehr viel schwieriger.[7]

Im Folgenden werden die plebiszitären Elemente auf Landesebene genauer betrachtet.

3. Direkte Demokratie in den Ländern der Bundesrepublik Deutschland

3.1 Normative Voraussetzungen

Die terminologischen und historischen Grundlagen haben bereits einen Einblick in die Fülle plebiszitärer Verfahren gewährt. Zur besseren Übersicht sollen an dieser Stelle die verschiedenen Volksrechte nach formalen, inhaltlichen und beschreibenden Merkmalen systematisch erfasst werden.

Verankert sind die Elemente direkter Demokratie in den Landesverfassungen; auf Landesebene werden die Regelungen zu Volksbegehren und Volksentscheid durch entsprechende Ausführungsgesetze und -verordnungen[8] ergänzt.

Übersicht 6: Verfassungsrechtliche Normen zur Volksgesetzgebung[1)]

	Verfassung	*Verfassungsnormen*		
Bundesland	*v. Fundstelle*[2)]	*Antrag/ Initiative*	*Begehren*	*Entscheid*
Baden-Württemberg	11.11.1953 GBl. S.173	–	Art.59 (2)	Art.60
Bayern	02.12.1946 BayRS 100–1-S	–	Art.74 (1–5)	Art.73, 74 (6–7)
Berlin	23.11.1995 GVBl. S.779	Art.61	Art.62	Art.63
Brandenburg	20.08.1992 GVBl.I S.298	Art.76	Art.77	Art.78

6 Volksentscheide, die als obligatorisches Verfassungsreferendum in Bayern und Hessen vorgeschrieben sind, bleiben unberücksichtigt.

7 Darum bemüht sind „Mehr Demokratie e.V." und die „Forschungsstelle Bürgerbeteiligung und Direkte Demokratie" an der Philipps-Universität Marburg

8 Evtl. Landeswahlgesetz und -ordnung, z. B. Bayern

	Verfassung	*Verfassungsnormen*		
Bundesland	*v. Fundstelle*[2)]	*Antrag/ Initiative*	*Begehren*	*Entscheid*
Bremen	01.11.1994 GBl. S.289	Art.87	Art.71, 123 Art.76 (1b)	Art.69 bis 74 Art.76 (2)
Hamburg	20.06.1996 GVBl. S.129	Art.50 (1)	Art.50 (2–3)	Art.50 (2–6)
Hessen	01.12.1946 GVBl. S.229	–	Art.124 (1, 2, 4)	Art.124
Mecklenburg-Vorpommern	23.05.1993 GVBl. S.372	Art.59	Art.60 (1–2)	Art.60 (3–4)
Niedersachsen	19.05.1993 GVBl. S.107	Art.47	Art.48, 50	Art.49
Nordrhein-Westfalen	28.06.1950 GS NW 100 S.3	Art.67a	Art.68 (1–2)	Art.68 (3–5)
Rheinland-Pfalz	18.05.1947 GVBl. S.471	Art.108a	Art.109 (1–3)	Art.109 (4) Art.115
Saarland	15.12.1947 BS Saar 100–1	–	Art.99	Art.100
Sachsen	27.05.1992 GVBl. S.243	Art.71, 73	Art.72 (1–3) Art.73	Art.72 (2–4) Art.73
Sachsen-Anhalt	16.07.1992 GVBl. S.600	Art.80	Art.81 (1–2, 6)	Art.81 (3–4)
Schleswig-Holstein	13.06.1990 GVBl. S.391	Art.41	Art.42 (1–2)	Art.42 (2–3)
Thüringen	25.10.1993 GVBl. S.625	Art.68	Art.82 (1–5)	Art.82 (6)

1) gemäß Landesverfassung für einfache Gesetze; eigene Verfassungsnormen zur Verfassungsänderung, plebiszitären Personalentscheidungen und zum Themenausschluss hier nicht beinhaltet
2) Tag der Ausfertigung bezogen auf die letzte Totalrevision

Quelle: Weixner 2002: 101f. aktualisiert

Zu den verfassungsrechtlichen Normen, die die einfache Landesgesetzgebung betreffen, kommen die Regelungen zur Änderung der Landesverfassung.[9] Wei-

9 Plebiszitäre Verfassungsänderungen sind entweder ausdrücklich untersagt (Berlin, Saarland), notwendige Bedingung (Bayern, Hessen) oder unter bestimmten Bedingungen mög-

terhin beinhalten die Verfassungen Normen über den Ausschluss bestimmter Themen für plebiszitäre Verfahren; in der Regel sind das Initiativen über Abgaben-, Besoldungs- und Staatshaushaltsgesetze.[10] Da die meisten vom Volk angestrebten Gesetzesinitiativen die Finanzen eines Landes berühren, ist deren Zulassung oftmals gefährdet. Die Entscheidung über die Zulässigkeit obliegt letztinstanzlich meist den Landesverfassungsgerichten, denen überhaupt eine große Bedeutung im gesamten direktdemokratischen Verfahrenweg zukommt (Weixner 2002: 246–264).

3.2 Volksinitiative

Übersicht 7 verdeutlicht noch einen weiteren Unterschied in den verfassungsrechtlichen Normen der Länder: die Differenzierung nach so genannter *zwei- und dreistufiger Volksgesetzgebung.* Länder mit zweistufiger Volksgesetzgebung kennen nur Volksbegehren und Volksentscheid; Länder mit dreistufiger Volksgesetzgebung haben zusätzlich das plebiszitäre Element „Volksinitiative" eingeführt. Mittlerweile besteht in den meisten Bundesländern die Möglichkeit, nicht nur ein Gesetzgebungsverfahren durch ein erfolgreich durchlaufenes Volksbegehren in Gang zu setzen, sondern daneben kann der Landtag auch mit anderen, in die Landeskompetenz fallenden Angelegenheiten befasst werden, im Wege der *Volksinitiative*[11]. Nur noch vier Bundesländer kennen das zweistufige Verfahren, demzufolge dem Antrag auf Zulassung immer ein ausgearbeiteter, begründeter Gesetzentwurf zugrunde liegen muss. Der Volksinitiative *kann* ein Gesetzentwurf zugrunde liegen, *muss aber nicht*, was die Antragstellung erheblich erleichtert. Gerade juristisch einwandfreie Formulierungen und die Prüfung, ob alle Anliegen genau dem Wortlaut der Verfassung entsprechen, bilden oft ein Hemmnis für die formal „strengeren" Volksbegehren.

---

lich (fakultativ und bedingt fakultativ: alle anderen Bundesländer). In jedem Fall gibt es in jeder Landesverfassung eigene Regelungen für plebiszitäre Verfassungsänderungen.

10 Das gilt für alle Länder außer Sachsen (nach Urteil des Verfassungsgerichtshofs von Sachsen im Juli 2002 sind finanzwirksame Volksbegehren zugelassen); Bayern schließt nur den Staatshaushalt aus; Berlin und Saarland auch Änderungen der Verfassung; Hamburg explizit Bauleitpläne; Berlin, Brandenburg, Bremen, Thüringen Personalentscheidungen.

11 Begriff „Volksinitiative" in Brandenburg, Hamburg, Mecklenburg-Vorpommern, Niedersachsen, Nordrhein-Westfalen, Sachsen-Anhalt, Schleswig-Holstein; Begriff „Bürgerantrag" in Bremen, Thüringen; Begriff „Volksantrag" in Sachsen; Begriff „Einwohnerantrag" in Berlin.

Übersicht 7: Zwei- und dreistufige Volksgesetzgebung

Länder mit zweistufiger Volksgesetzgebung	*Länder mit Dreistufiger Volksgesetzgebung*
Volksbegehren + Volksentscheid	*Volksinitiative + Volksbegehren + Volksentscheid*
Baden-Württemberg Bayern Hessen Saarland	Berlin Brandenburg Bremen Hamburg Mecklenburg-Vorpommern Niedersachsen Nordrhein-Westfalen Rheinland-Pfalz Sachsen Sachsen-Anhalt Schleswig-Holstein Thüringen

Quelle: Weixner 2002: 107 aktualisiert

Das modernere dreistufige Verfahren ist jedoch nur sinnvoll, wenn das Unterstützerquorum für die Volksinitiative niedrig gehalten ist, also etwa bei 1 Prozent der Wahlberechtigten liegt, die Unterschriftensammlung frei, also nicht in den Gemeindebehörden, erfolgen kann und keine oder eine längere Frist für die Sammlung der Unterschriften gewährt wird (bis zu einem Jahr oder länger). Zudem sollte die Volksinitiative, wenn der Landtag ihr nicht entspricht und die Initiatoren ein anschließendes Volksbegehren anstreben, diese den Antrag auf Zulassung bereits ersetzen. Dies ist nicht der Fall in Berlin, Bremen, Niedersachsen, Nordrhein-Westfalen und Thüringen.[12]

Übersicht 8: Volksinitiativen in den Bundesländern

Bundesland	*Unterschriften-quorum*	*Unterschriften-sammlung*	*Frist*	*Erste Stufe der Volksgesetz-gebung*
Berlin	90.000 (3,7%)	Frei	6 Monate	nein
Brandenburg	20.000 (0,9%)	Frei	1 Jahr	ja

12 Bei diesen Ländern kann man von „vierstufiger" Volksgesetzgebung im negativen Sinn sprechen, vgl. Weixner 2002: 154f.

Bundesland	*Unterschriften-quorum*	*Unterschriften-sammlung*	*Frist*	*Erste Stufe der Volksgesetz-gebung*
Bremen	2% (ca. 9.800)	Frei	keine	nein
Hamburg	10.000 (0,8%)	Frei	6 Monate	ja
Mecklenburg-Vorpommern	15.000 (1,1%)	Frei	kein	ja
Niedersachsen	70.000 (1,2%)	Frei	1 Jahr	nein
Nordrhein-Westfalen	0,5% (ca. 65.000)	Frei	1 Jahr	nein
Rheinland-Pfalz	30.000 (1%)	frei	1 Jahr	ja
Sachsen	40.000 (1,1,%)	frei	kein	ja
Sachsen-Anhalt	35.000 (1,6%)	frei	keine	ja
Schleswig-Holstein	20.000 (0,9%)	frei	1 Jahr	ja
Thüringen	50.000 (2,6%)	frei	6 Monate	nein

Quelle: Mehr Demokratie e.V.; ebenso bei Kost 2005: 367

Bürgerfreundliche Regelungen sind bei der Anwendung des Instruments der Volksinitiative besonders wichtig. So gab es beispielsweise in Brandenburg allein in den ersten fünf Jahren seit Verabschiedung der Verfassung 1992 dreizehn Volksinitiativen.

Analytisch interessant sind im Folgenden die beiden plebiszitären Instrumente, die es in allen Bundesländern gibt: Volksbegehren und Volksentscheid, mit ihrer unterschiedlichen Ausgestaltung und bisherigen praktischen Anwendung.

3.3 Volksbegehren und Volksentscheid

Ein Volksbegehren kann darauf gerichtet sein, ein bestehendes Landesgesetz oder die Landesverfassung zu ändern oder ein neues Gesetz zu schaffen. Geht man von einer Rechtshierarchie aus, so ist die Kompetenz des Volkes, die Verfassung zu ändern als höher zu bewerten als die Einflussnahme auf Landesgesetze. In allen Landesverfassungen gibt es Regelungen über die Zulässigkeit plebiszitärer Verfassungsänderungen. Die Zustimmungsquoren bei Verfassungsentscheiden nach erfolgreichen Volksbegehren[13] sind durchweg höher angesetzt als bei der Abstimmung über einfache Gesetze.

Übersicht 9: Die plebiszitäre Verfassungsänderung in den Ländern

Bundesland	*Norm*	*Quorum*
Baden-Württemberg	Art.64 (3)	mehr als 50% der Stimmberechtigten
Bayern[1)]	Art.80 LWG	mehr als 25% der Stimmberechtigten
Berlin	Art.62 (5)	Unzulässig
Brandenburg	Art.78 (3)	zwei Drittel der Abstimmenden und mind. 50% der Stimmberechtigten
Bremen	Art.72 (2)	mehr als 50% der Stimmberechtigten
Hamburg	Art.50 (4)	zwei Drittel der Abstimmenden und mind. 50% der Stimmberechtigten
Hessen	Art.123 (2)	Mehrheit der Abstimmenden[2)]
Mecklenburg-Vorpommern	Art.60 (4)	zwei Drittel der Abstimmenden und mind. 50% der Stimmberechtigten
Niedersachsen	Art.49 (2)	mind. 50% der Wahlberechtigten
Nordrhein-Westfalen	Art.68 (4) Art. 69 (2)	Mehrheit der abgegebenen Stimmen[3)] Mehrheit der Stimmberechtigten[4)]
Rheinland-Pfalz	Art.129 (1)	Mehrheit der Stimmberechtigten
Saarland	Art.100 (4)	unzulässig[5)]
Sachsen	Art.74 (3)	Mehrheit der Stimmberechtigten

13 Das Verfassungsreferendum nach Abschluss des parlamentarischen Verfassungsänderungsverfahren bleibt hier unberücksichtigt; obligatorisches Referendum in Hessen und Bayern; fakultatives Referendum (nach Anordnung durch ein Staatsorgan) in Baden-Württemberg, Bremen, Nordrhein-Westfalen und Sachsen.

Bundesland	*Norm*	*Quorum*
Sachsen-Anhalt	Art.81 (5)	zwei Drittel der Abstimmenden und mind. 50% der Wahlberechtigten
Schleswig-Holstein	Art.42 (2)	zwei Drittel der Abstimmenden und mind. 50% der Stimmberechtigten
Thüringen	Art.83 (2)	Mehrheit der Stimmberechtigten

1) Als einziges Bundesland nennt Bayern die Zustimmungsbedingungen im Landeswahlgesetz, nicht in der Verfassung. Dieses wurde aber nach der Entscheidung des BayVerfGH vom 17.9.1999 noch nicht geändert, die Einführung des 25%igen Zustimmungsquorums wird aber angewandt; bislang galt: die Mehrheit der Abstimmenden entscheidet.
2) bei obligatorischem Verfassungsreferendum
3) bei Annahme, dass Volksbegehren über die Verfassung zulässig sind und sie wie andere Gesetzesvorlagen behandelt werden
4) bei fakultativem Verfassungsreferendum
5) ausdrücklich: Volksbegehren zulässig, aber kein Volksentscheid über die Verfassung

Quelle: Weixner 2002: 151

In zwölf Ländern sind Volksbegehren und Volksentscheid über die Verfassung sicher erlaubt. In Nordrhein-Westfalen und Hessen gibt es in der verfassungsrechtlichen Literatur darüber unterschiedliche Auslegungen. Im Saarland ist zwar ein Volksbegehren über die Verfassung zugelassen, der Entscheid aber ausdrücklich verboten. In Berlin sind Verfassungsbegehren und -entscheid eindeutig ausgeschlossen.

Dieses plebiszitäre Element hat bislang nur in Bayern Bedeutung erlangt, wo viermal die Verfassung auf der Grundlage eines Volksbegehrens geändert wurde.[14] Ein Verfassungsentscheid in Hamburg scheiterte am Zustimmungsquorum.[15]

Bei Verfassungsänderungen und einfachen Landesgesetzen gelten in der Initiativphase die gleichen Anforderungen.[16] Bei allen Volksbegehren besteht die Einleitungsphase aus zwei Schritten: 1. dem Antrag auf Zulassung eines Volksbegehrens und 2. dem eigentlichen Volksbegehren.

Der Antrag auf Zulassung entfällt in einigen Bundesländern, wo dem Volksbegehren die Volksinitiative vorausgeht (Brandenburg, Hamburg, Sachsen und Schleswig-Holstein) sowie in Mecklenburg-Vorpommern, wo die Einreichung der frei gesammelten Unterstützerunterschriften fürs Volksbegehren gleichzeitig den Antrag auf Zulassung des Volksbegehrens bedeutet.

---

14 1967 Einführung der Christlichen Gemeinschaftsschule, 1973 Rundfunkfreiheit; 1995 Einführung des Bürgerentscheids, 1998 Abschaffung des Bayerischen Senats.
15 1998 Änderung der Volksgesetzgebung
16 Nur in Bremen gilt: 20 statt 10 Prozent.

Die Sammlung von Unterschriften auf so genannten „freien Listen“ über einen längeren Zeitraum hinweg stellt ein weitaus bürgerfreundlicheres Verfahren dar als die Eintragung zu einem Volksbegehren in den Gemeindebehörden mit geregelten Öffnungszeiten. Der Eintragungszeitraum zum Volksbegehren sollte wenigstens zwei Monate betragen. Das Eintragungsquorum beim Volksbegehren sollte idealerweise keinesfalls höher als 10 Prozent der Wahlberechtigten liegen. Brandenburg (ca. 4%), Hamburg (5%) und seit 2002 Nordrhein-Westfalen (8%) können diese partizipationsfreundliche und demokratische Zielsetzung deutlich erfüllen.

Übersicht 10: Verfassungsrechtlich vorgeschriebene Quoren bei Volksgesetzgebung in den Bundesländern

Bundesland	*Antrag auf Zulassung zum Volksbegehren*	*Volksbegehren*	*Eintragungsfrist* *Amt (A) oder frei (F)*	*Volksentscheid (Zustimmungsquorum für einfache Gesetze)*	*Art des Volksentscheids* *Konkurrenzvorlage des Landtages*
Baden-Württemberg	10.000 Stimmberechtigte	16,7 % (ca. 1.209.000)	14 Tage A	33%	bedingt obligatorisch ja
Bayern	25.000 Stimmberechtigte	10 % (ca. 887.500)	14 Tage A	Mehrheitsprinzip	bedingt obligatorisch ja
Berlin	25.000 Stimmberechtigte	10 % (ca. 244.000)	2 Monate A	33%[4]	bedingt obligatorisch ja
Brandenburg	20.000 Stimmberechtigte[7]	80.000 (ca .4%)	4 Monate A	25%	bedingt obligatorisch ja
Bremen	5.000 Stimmberechtigte	10 % (ca. 49.500) 20% (ca. 99.000) [3]	3 Monate F	25%	bedingt obligatorisch nein
Hamburg	10.000 Stimmberechtigte[7]	5 % (ca. 121.400)	21 Tage A	20%	bedingt obligatorisch ja
Hessen	3 % Stimmberechtigte	20 % (ca. 859.000)	14 Tage A	Mehrheitsprinzip	bedingt obligatorisch ja

Bundesland	*Antrag auf Zulassung zum Volksbegehren*	*Volksbegehren*	*Eintragungsfrist* *Amt (A) oder frei (F)*	*Volksentscheid (Zustimmungsquorum für einfache Gesetze)*	*Art des Volksentscheids* *Konkurrenzvorlage des Landtages*
Mecklenburg-Vorpommern	– [1]	140.000 (ca. 10%)	Keine Frist[5] F	33%	bedingt obligatorisch ja
Niedersachsen	25.000 Stimmberechtigte	10 % (ca. 595.500)	12 Monate F	25%	bedingt obligatorisch ja
Nordrhein-Westfalen	3.000 Stimmberechtigte	8 % (ca. 1.047.000)	8 Wochen A	15%	bedingt obligatorisch ja
Rheinland-Pfalz	20.000 Stimmberechtigte	10 % (ca. 301.500)	2 Monate A	Mehrheitsprinzip bei 25% Beteiligungsquorum	bedingt obligatorisch ja
Saarland	5.000 Stimmberechtigte	20 % (ca. 165.500)	14 Tage A	50%	bedingt obligatorisch ja
Sachsen	40.000 Stimmberechtigte[7]	ca. 13 % (mind. 450.000, jedoch nicht mehr als 15 %)	8 Monate F	Mehrheitsprinzip	bedingt obligatorisch ja
Sachsen-Anhalt	10.000 Stimmberechtigte	250.000 (ca. 11 %)	6 Monate F	25% oder Mehrheitsprinzip[2]	bedingt obligatorisch ja
Schleswig-Holstein	20.000 Stimmberechtigte[7]	5 % (ca.107.000)	6 Monate[6] A	25%	obligatorisch ja
Thüringen	5.000 Stimmberechtigte	10 % (ca. 197.000) F 8% (ca. 158.000) A	4 Monate F 2 Monate A	25%	bedingt obligatorisch ja

1) Der Antrag auf Zulassung des Volksbegehrens ist nach Sammlung der für das Volksbegehren erforderlichen Unterstützungsunterschriften zu stellen.

2) Legt der Landtag einen Konkurrenzentwurf vor, reicht die Mehrheit der Abstimmenden
3) Bei verfassungsändernden Volksbegehren
4) Bei einer Beteiligung von 50 % entfällt die Klausel
5) Auf Antrag auch zweimonatige Amtseintragung möglich
6) Weitere Eintragungsstellen können beantragt werden.
7) Vorangehende Volksinitiative ersetzt Antrag auf Zulassung

Quelle: eigene Zusammenstellung

Beim Volksentscheid ist nach Ansicht der Befürworter direkter Demokratie die Entscheidung der Mehrheit der Abstimmenden als demokratiekonform anzusehen. Jedoch kann ein geringes Beteiligungsquorum (etwa 25 % der Stimmberechtigten) durchaus die Akzeptanz volksunmittelbarer Entscheidungen fördern. Interessant erscheint die Variante Sachsen-Anhalts, das auf ein Zustimmungsquorum verzichtet, wenn der Landtag einen Konkurrenzentwurf vorlegt. Zu den Zielsetzungen künftiger direktdemokratischer Regelungen gehört auch eine angemessene Kostenerstattung für die Initiatoren bei Erfolg eines Volksbegehrens oder nach dem Volksentscheid. Dies leisten die Länder Hamburg, Niedersachsen, Sachsen, Sachsen-Anhalt und Schleswig-Holstein, wobei Sachsen bei Volksbegehren und Volksentscheid geringe Beträge auszahlt; Hamburg und Schleswig-Holstein bieten eine umfassende Erstattungsregelung für den Volksentscheid an, die mit der staatlichen Wahlkampfkostenerstattung vergleichbar ist. Am bürgerfreundlichsten sind plebiszitäre Elemente in Schleswig-Holstein und Hamburg bezüglich Quoren und Fristen geregelt, in Sachsen Fristen und Kostenerstattung betreffend sowie in Sachsen-Anhalt im Hinblick auf die differenzierten Regelungen in der Initiativ- und Entscheidungsphase. Diese Länder machen direkte Demokratie von unten möglich, geben den Organisatoren von Plebisziten und staatlichen Organen weitgehend gleiche Chancen bei der Interessendurchsetzung und schaffen mit ihren Verfahrensnormen eine sinnvolle Ergänzung zur rein parlamentarischen Demokratie.

Bis Ende 2004 zählte der Verein „Mehr Demokratie e.V." 162 plebiszitäre Initiativen, d.h. angestrebte Volksinitiativen und Volksbegehren. Dabei sind Bayern mit über einem Fünftel aller Verfahrensansätze (37), Brandenburg mit rund 12 Prozent (20) und Hamburg mit etwa elf Prozent (18) regionale Schwerpunkte.[17] Temporär gesehen fanden nahezu 90 Prozent aller Initiativen ab 1990 statt, nach dem Zuwachs durch die fünf neuen Bundesländer und den plebiszitären Verfassungsreformen in den alten Bundesländern. Thematisch gesehen liegt der Schwerpunkt von volksunmittelbaren Ansätzen im Themenbereich „Schule, Bildung und Erziehung"; über ein Drittel aller Verfahren finden hier statt. Des Weiteren waren natürlich Initiativen zur Verbesserung

---

17 Zur Relation: in Brandenburg gibt es direkte Demokratie seit 1992, in Hamburg seit 1996, in Bayern seit 1946.

der Volksgesetzgebung auf Landes- und kommunaler Ebene (rund 15 Prozent) wichtig.

3.4 Plebiszitäre Personalentscheidungen

Eine besondere Form von plebiszitärer Sachentscheidung ist die Möglichkeit des so genannten „recall“, der Abberufung von gewählten Amts- und Mandatsträgern durch das Volk oder gar – wie in einem Sonderfall in Bayern – der Abschaffung eine Verfassungsorgans im Wege des Volksentscheids. Sieben Länder kennen das Institut der plebiszitären Parlamentsauflösung; zwei Länder ermöglichen auch die Abberufung der Regierung durch Volksentscheid. In Bayern wurde der Bayerische Senat 1998 nach erfolgreichem Volksbegehren und Volksentscheid abgeschafft.

Plebiszitäre Parlamentsauflösung

Die Verfahrensregeln für Auflösungsbegehren entsprechen grundsätzlich denen für sonstige Volksbegehren mit in der Regel höheren Quoren.

Übersicht 11: Plebiszitäre Parlamentsauflösung

Bundesland	*Norm*	*Begehren*	*Entscheid*
Baden-Württemberg	Art.43 (2)	1/6 der Wahlberechtigten innerhalb von 14 Tagen	Mehrheit der Stimmberechtigten
Bayern	Art.18 (3) Art.83 LWG	1 Million Wahlberechtigte innerhalb von 14 Tagen	Mehrheit der Abstimmenden
Berlin	Art.62 (3, 4) Art.63 (3)	10% der Wahlberechtigten innerhalb von 2 Monaten	20% der Wahlberechtigten bei mind. 50% Beteiligung
Brandenburg	Art.76 (1) Art.77 (3) Art.78 (3)	VI: mind. 150.000 VB: mind. 200.000 Stimmberechtigte innerhalb von 4 Monaten	zwei Drittel der Abstimmenden u. mind. 50% der Wahlberechtigten
Bremen	Art.76 (1b) Art.76 (2)	1/5 der Stimmberechtigten innerhalb von 3 Monaten	Mehrheit der Stimmberechtigten

Bundesland	*Norm*	*Begehren*	*Entscheid*
Nordrhein-Westfalen	Art.35 (2) i.V.m. 68 (3)	Verlangen der Landesregierung	Mehrheit der Abstimmen-den nimmt v. Landtag abgelehntes Gesetz an -> Landesregierung kann Landtag auflösen[1)]
Rheinland-Pfalz	Art.109 (1, 3) Art.109 (4)	1/5 der Stimmberechtigten innerhalb von 14 Tagen	Mehrheit der abgegebenen Stimmen bei 25%igen Beteiligungsquorum

1) Bei Ablehnung im Volksentscheid muss die Landesregierung zurücktreten.

Quelle: Weixner 2002: 183

Nur zweimal wurde das Instrument bis heute praktisch angewandt: 1971 in Baden-Württemberg (Volksentscheid gescheitert) und 1981 in Berlin (Volksbegehren erfolgreich, Abgeordnetenhaus beschloss daraufhin Selbstauflösung).

Abberufung der Regierung durch das Volk

Zwei Landesverfassungen regeln die Abberufung der Regierung über unmittelbare Volksbeteiligung. Jedoch kann die Initiative nicht vom Volk ausgehen. So kann der Rücktritt des Bremer Senats herbeigeführt werden, wenn die Bürgerschaft ein Anliegen des Senats dem Volk zur Abstimmung vorlegt und die Senatsvorlage scheitert. In Nordrhein-Westfalen kann die Regierung einen von ihr eingebrachten und vom Landtag abgelehnten Gesetzentwurf zur Volksabstimmung bringen. Wird er jedoch vom Volk auch abgelehnt, muss die Landesregierung zurücktreten. Bisher fanden diese verfassungsrechtlichen Regelungen keine Anwendung.

Abschaffung eines Verfassungsorgans durch das Volk

Einzigartig in der Geschichte plebiszitärer Entscheidungen und wohl kaum wiederholbar war die Abschaffung der Zweiten Kammer in Bayern. Im Wege eines ganz normalen erfolgreichen Volksbegehrens 1997 und anschließenden obligatorischen Verfassungsentscheids im Februar 1998 wurde der Bayerische Senat mit seinen 60 Mitgliedern aus verschiedenen Verbänden mit Wirkung zum 1. Januar 2000 abgeschafft. Da die Arbeit des Bayerischen Senats in der Öffentlichkeit kaum wahrgenommen wurde, ist auch diese plebiszitäre Personalentscheidung, die eigentlich vom Verfahren her einer Sachentscheidung entspricht, für die politische Praxis als eher nachrangig einzustufen.

Dies gilt auch für die oben genannten verfassungsrechtlichen Möglichkeiten plebiszitärer Personalentscheidung. Ganz anders sieht dies auf kommunaler Ebene aus.

4. Direkte Demokratie in den Kommunen der Bundesrepublik Deutschland

Die kommunale Selbstverwaltung ist unabdingbarer Bestandteil jedes demokratischen Staatswesens. In Deutschland ist sie in Art. 28 Abs. 2 des Grundgesetzes verankert. Kommunalpolitische Entscheidungen finden in gegenwärtig 13.844 Gemeinden und 323 Landkreisen statt. Große Gestaltungsspielräume bleiben den Gemeinden bei den so genannten „Aufgaben des eigenen Wirkungskreises"[18], d.h. „freiwilligen Aufgaben" (z.B. Theater, Museen, Jugend- und Seniorentreffs) und staatlichen „Pflichtaufgaben ohne Weisung" (z.B. Energieversorgung, Abfallbeseitigung, Schulträgerschaft). Daher ist die Einbindung der Mitglieder der Kommunen, also der Landkreis- und Gemeindebürger, von großer Bedeutung. Je vielfältiger die Beteiligungsmöglichkeiten sind, umso lebendiger wird das öffentliche Leben auf den untersten staatlichen Ebenen. Die Möglichkeiten von Bürgerbegehren und Bürgerentscheid tragen seit ihrer Einführung viel zu einer konstruktiven demokratischen Streitkultur bei; die Direktwahl von Bürgermeistern und Landräten stärkt Integration und Identifizierung mit dem Gemeinwesen. Die Bedingungen und Verfahren der unmittelbaren Bürgerbeteiligung auf kommunaler Ebene finden sich in den so genannten Kommunalverfassungen (Gemeindeordnung, Landkreisordnung).

4.1 Bürgerbegehren und Bürgerentscheid

Auf kommunaler Ebene gibt es inzwischen in allen sechzehn Bundesländern Bürgerbegehren und Bürgerentscheide.[19] Baden-Württemberg führte diese Beteiligungsinstrumente 1956 als erstes Bundesland ein. In allen anderen Ländern sind diese Instrumente erst Ergebnis neuester Verfassungs- und Parlamentarismusdiskussion. Bayern ist das einzige Bundesland, in dem die unmittelbare Bürgerbeteiligung nicht durch die Landesparlamente, sondern „von unten" durch das Volk selbst initiiert und per Volksentscheid eingeführt

---

18 Im Gegensatz zu den Selbstverwaltungsaufgaben im übertragenen Wirkungskreis, d.h. staatliche „Auftragsangelegenheiten" (z.B. Pass- und Ausweiswesen) und „Pflichtaufgaben mit Weisung" (z.B. Feuerwehr, Bauordnungswesen).

19 Ausführungen beschränken sich auf Gemeindeebene; in den Landkreisen der Flächenstaaten bestehen i.d.R. analoge Regelungen.

worden ist.[20] Die Verfahrensregelungen unterscheiden sich gerade deshalb von denen anderer Länder. Mit Ausnahme Bayerns[21] wird in allen Ländern beim Bürgerentscheid ein Zustimmungsquorum, in der Regel auch ein Beteiligungsquorum gefordert. In Baden-Württemberg, Rheinland-Pfalz und Sachsen-Anhalt beträgt das Zustimmungsquorum 30 Prozent, in allen anderen Ländern 20 bis 25 Prozent. Berlin sieht ein moderates Beteiligungsquorum von 15 Prozent vor.

Zu Bürgerentscheiden kommt es in der Regel durch ein vorausgegangenes erfolgreiches Bürgerbegehren. Das notwendige Beteiligungsquorum für einen Erfolg des Begehrens richtet sich meist nach der Gemeindegröße, mit der Regel: je größer die Gemeinde, desto weniger Unterschriften müssen anteilig gesammelt werden. In Baden-Württemberg und Rheinland-Pfalz liegt das Quorum zwischen 8 und 15 Prozent, in Niedersachsen zwischen 6 und 15 Prozent, in Nordrhein-Westfalen bei 3 bis 10 Prozent, in Sachsen-Anhalt zwischen 6 und 15 Prozent, in Bayern nur bei 3 bis 10 Prozent, in Brandenburg, Bremen, Hessen und Schleswig-Holstein bei durchweg 10, in Thüringen gar bei 20 Prozent.

Übersicht 12: Verfahren für kommunale Bürgerbegehren und Bürgerentscheide in den Bundesländern

Bundesland	eingeführt	*Themen*[1)]	*Bürgerbegehren – Unterstützung*[2)]	*Bürgerentscheid – Abstimmungsklausel*[7)]
Baden Württemberg	1956	*	8 15 %	30 %
Bayern	1995	***	3 – 10 %	10 – 20 %[8)]
Berlin (Bezirke)	2005	***[5)]	3 %	15 %
Brandenburg	1990/ 1993[3)]	**	10 %	25 %
Bremen (Stadt)	1994	**	10 %	25 %
Bremerhaven[4)]	1995	**	15 %	30 %
Hamburg (Bezirke)	1998	***[5)]	2 – 3 %	nein, Mehrheitsprinzip

---

20 Einführung des Bezirksbürgerentscheids in Hamburg zum 1. Oktober 1998 per Volksentscheid am 27.9.98.

21 Vorläufig geändert zum 1.4.99, als Folge eines Urteils des BayVerfGH vom 29.8.97; Gegenvolksbegehren zum Schutz des kommunalen Bürgerentscheids in Bayern nicht zugelassen; jetzt: Quorum 20% bei Gemeinden bis 50.000 Einw., 15% bis 100.000 Einw., 10% bei über 100.000 Einw.

Bundesland	einge- führt	*Themen*[1]	*Bürgerbegehren – Unterstützung*[2]	*Bürgerentscheid – Abstimmungsklausel*[7]
Hessen	1993	***	10 %	25 %
Mecklenburg-Vorpommern	1990/ 1993[3]	**	2,5 – 10 %	25 %
Niedersachsen	1996	**	10 %	25 %
Nordrhein-Westfalen	1994	**	3 – 10 %	20 %
Rheinland-Pfalz	1994	**	6 – 15 %	30 %
Saarland	1997	**	5 – 15 %	30 %
Sachsen	1990/ 1993[3]	***	15 %[6]	25 %
Sachsen-Anhalt	1990/ 1994[3]	*	6 – 15 %	30 %
Schleswig-Holstein	1990	**	10 %	20 %
Thüringen	1990/ 1993[3]	**	13 – 17 %	20 – 25 %

1) *** Ausschluss nur in Fragen der inneren Organisation der Gemeindeverwaltung, über Rechtsverhältnisse der Gemeinderats-/Stadtrats-/Kreistagsmitglieder, Bürgermeister, Landräte und der kommunalen Bediensteten;
** enger Katalog an zugelassenen Themen bzw. großer Ausschlusskatalog;
* nur einzelne zugelassene Themen
2) In einigen Ländern gilt ein gestaffeltes Unterschriftenquorum – Grundsatz: je größer die Gemeinde, desto geringer die prozentuale Hürde
3) 1990: Einführung von Bürgerbegehren und Bürgerentscheid nach der neuen DDR-Kommunalverfassung (Gesetz über die Selbstverwaltung der Gemeinden) vom 17. Mai 1990; 1993/94: Jahr des Inkrafttretens einer landeseigenen Kommunalverfassung
4) Die Stadt Bremerhaven im Bundesland Bremen hat eine eigene Kommunalverfassung
5) nur bedingt vergleichbar, da die Stadtbezirke von Hamburg und Berlin nur wenige Kompetenzen haben. Das Verfahren im Bürgerentscheid sieht aber keinen Themenausschluss vor.
6) Quorum kann durch die kommunale Hauptsatzung auf bis zu 5% gesenkt werden.
7) Anteil an den Stimmberechtigten
8) Im April 1999 führte der bayerische Landtag ein nach Gemeindegrößen gestaffeltes Zustimmungsquorum ein; davor galt das Mehrheitsprinzip gemäß dem Volksentscheid von 1995

Quelle: Weixner 2002: 198f. aktualisiert

Eine Sonderform von Bürgerentscheid ist das so genannte „Ratsbegehren“, mit dem ein Bürgerentscheid nach einem Beschluss des Gemeinde-, Stadt- oder Kreistages mit einfacher (Brandenburg, Mecklenburg-Vorpommern) oder Zwei-Drittel-Mehrheit (Baden-Württemberg, Bayern, Sachsen, Sachsen-Anhalt, Schleswig-Holstein) herbeigeführt wird. Im Vordergrund steht bei dieser Form der Volksbeteiligung nicht der partizipatorische Charakter eines Bürgerbegehrens von unten, als vielmehr ein Akt symbolischer Politik, um Opposition gegen staatliche Maßnahmen in der Öffentlichkeit zu unterbinden, ein eventuell angestrebtes Bürgerbegehren gegen die Ratsentscheidung im Keim zu ersticken oder die Uneinigkeit im Rat selbst zu überdecken. Da dieses Ratsbegehren den Bürgern keinen Einfluss auf die politische Fragestellung und keine alternativen Lösungswege zulässt, bringt diese Art Bürgerentscheid nur einen eingeschränkten Demokratiegewinn (vgl. Paust 1997). Daher verzichten die Bundesländer Hessen, Nordrhein-Westfalen[22], Rheinland-Pfalz, Saarland und Thüringen auf diese Form. Im folgenden sind vor allem die Regelungen zu Bürgerbegehren mit volksinitiiertem, eventuell anschließendem Bürgerentscheid interessant.

Für Bürgerinnen und Bürger gibt es grundsätzlich zwei verschiedene Anlässe, ein Bürgerbegehren anzustreben und durchzuführen. Zum einen möchten sie einen Sachverhalt regeln, mit dem sich die Volksvertretung bislang nie beschäftigt hat, weil sie kein Problem oder Handlungsbedarf darin sah. Hier spricht man von „initiierenden Bürgerbegehren". Oder zum anderen möchten die Bürger verhindern, was die Räte bereits beschlossen haben oder doch noch durchsetzen, was abgelehnt wurde – ein so genanntes „kassierendes Begehren" (vgl. Ritgen 1997: 150). Die formalen Verfahrensanforderungen sind in beiden Fällen gleich: schriftliches Beantragen zusammen mit den notwendigen Unterstützerunterschriften; das Mitliefern einer Begründung und eines Finanzierungsvorschlages[23] sowie die Benennung von drei bevollmächtigten Vertrauenspersonen.

Die Inhalte eines Bürgerbegehrens sind natürlich auf den kommunalen Zuständigkeitsbereich begrenzt; Themen allgemeinpolitischen Interesses sind unzulässig. Zudem nennen die meisten Kommunalverfassungen Gegenstände, über die keine Bürgerentscheide stattfinden dürfen. Dementsprechend werden Bürgerbegehren, die Teile aus den Negativkatalogen der Kommunalverfassungen zum Inhalt haben, nicht zugelassen. Restriktive Negativkataloge haben Nordrhein-Westfalen, Niedersachsen, Rheinland-Pfalz und das Saarland; etwas offener gefasst sind die Ausschlussthemen in Hessen und Sachsen-Anhalt. Am großzügigsten wird der Ausschluss im bayerischen per Volksentscheid durchgesetzten Gesetz gehandhabt. Eine weitergehende Einschränkung von Gegenständen für Kommunalplebiszite nehmen Länder vor, die einen Positivkatalog formulieren, also nur in ganz bestimmten, ausschließlich benannten „wichtigen Gemeindeangelegenheiten" einen Bürgerentscheid ermöglichen. Solche Positivkataloge, die die gleichzeitige Auflistung eines Negativkataloges nicht ausschließt, kennen Baden-Württemberg, Mecklenburg-Vorpommern, Hessen, Sachsen-Anhalt und Rheinland-Pfalz.

---

22 Nach Einigung von CDU und FDP 2005 soll es künftig Ratsbegehren geben.
23 In Bayern nicht nötig

Übersicht 13: Themen bisheriger kommunaler Bürgerbegehren 1975 bis 2005

Themenbereich	Anteil unter allen erfassten Begehren
Öffentliche Infrastruktur- und Versorgungseinrichtungen	25,8 %
Verkehrsprojekte	17,3 %
Wirtschaftsprojekte	15,5 %
Öffentliche Infrastruktur/Soziales	11,3 %
Gebietsreform	8,7 %
Entsorgungsprojekte	6,2 %
Gebühren und Abgaben	3,8 %
Kulturprojekte	3,1 %
Wohngebietsprojekte	1,4 %
Hauptsatzung	1,1 %
Sonstiges	5,8 %

Quelle: eigene Zusammenstellung, in Anlehnung an die ständig aktualisierte Datenbank der Forschungsstelle Bürgerbeteiligung und Direkte Demokratie an der Philipps-Universität Marburg; Stand Mitte August 2005; Datenbasis rund 3100 Bürgerbegehren

Initiierende Bürgerbegehren können nach der Sammlung der notwendigen Unterschriften jederzeit eingereicht werden.[24] Dagegen sind kassierende Begehren teilweise an bestimmte Fristen nach Bekanntmachung der Ratsbeschlüsse gebunden, die je nach Bundesland zwischen sechs Wochen und sechs Monaten liegen.[25]

In der Regel hat die Sammlung von Unterschriften oder die Einreichung eines Bürgerbegehrens keine aufschiebende Wirkung für Entscheidungen des Kommunalparlamentes. Sie können also Bürgerentscheide unnötig machen.

24 In Niedersachsen muss der Gemeinde die Absicht vorher angezeigt werden.

25 Teilweise Unterscheidung zwischen bekanntmachungspflichtigen (Frist in NRW 6 Wochen; Niedersachsen 3 Monate) und nicht-bekanntmachungspflichtigen (NRW 3 Monate) Beschlüssen. Für alle anderen Länder gelten Pauschalfristen für alle Bürgerbegehren: 4 Wochen (Baden-Württemberg, Schleswig-Holstein), 6 Wochen (Brandenburg, Hessen, Mecklenburg-Vorpommern, Sachsen-Anhalt), 2 Monate (Saarland, Sachsen, Rheinland-Pfalz), 6 Monate (Niedersachsen), keine Frist (Bayern).

Nur in Bayern gab es bislang eine aufschiebende Wirkung[26], die aber mit einem Urteil des Bayerischen Verfassungsgerichtshofes 1997 gekippt wurde.

Über die rechtliche Zulässigkeit und damit die Zulassung eines Bürgerbegehrens befindet in der Regel der Stadt- oder Gemeinde- bzw. der Kreistag.[27] Wenn die Zulassung erfolgt ist, müssen die Räte entscheiden, ob sie dem Bürgerbegehren folgen und damit den anschließenden Entscheid obsolet machen. Tun sie dies nicht, findet binnen einer Frist von wenigen Monaten ein Bürgerentscheid statt. In einigen Ländern können oder müssen die Kommunalorgane Stellungnahmen zum angestrebten Bürgervorhaben abgeben.[28]

Der Bürgerentscheid ist angenommen, wenn – wie eingangs bereits festgehalten – die Mehrheit der Abstimmenden dem Begehren zustimmt und diese Mehrheit eine Mindestzahl von Gemeindebürgern ausmacht.[29]

Ein erfolgreicher Bürgerentscheid hat Rechtswirkung wie ein Ratsbeschluss. Die zeitliche Bestandskraft ist in den meisten Ländern festgeschrieben und kann während dieses Bindungszeitraums zwischen ein und drei Jahren[30] nur per erneutem Bürgerentscheid aufgehoben werden.

Scheitern und Erfolg kommunaler Bürgerbeteiligung hängen maßgeblich von Fristen, abstimmungsfähigen Themenkatalogen, Quoren, aber auch der Gemeindegröße[31] ab, die in einem Bundesland Bürgerbegehren ermöglichen und fördern, in anderen ausschließen und hemmen, wie die Verteilung von bisher erfassten Bürgerbegehren auf die einzelnen Bundesländer zeigt.

---

26 Bislang zweimonatige Frist bei Einreichung von einem Drittel der notwendigen Begehrensunterschriften; keine entgegenlaufenden Beschlüsse des Rates nach Einreichung der Unterstützerunterschriften.

27 Ausnahmen: Niedersachsen: Verwaltungsausschuss, Schleswig-Holstein: Kommunalaufsichtsbehörde.

28 So in Bayern, Hessen, Rheinland Pfalz, Sachsen-Anhalt.

29 In Bayern gab es bis zum 1.4.99 kein Zustimmungsquorum.

30 1 Jahr: Sachsen-Anhalt, künftig Bayern; 2 Jahre: Brandenburg, Mecklenburg-Vorpommern, Nordrhein-Westfalen, Saarland, Schleswig-Holstein, Thüringen; 3 Jahre: noch Bayern, Baden-Württemberg, Hessen, Rheinland-Pfalz, Sachsen; Sperrfrist kann in Hessen und Rheinland-Pfalz auch nicht durch erneuten Bürgerentscheid geändert werden; in Bayern musste bis 2001 eine neue gesetzliche Regelung vom Landtag verabschiedet werden, so geschehen mit Landtagsbeschluss v. 10.03.99, mit dem in die Gemeinde- und Landkreisordnung zum 1. April 1999 gestaffelte Zustimmungsquoren bei Bürgerentscheiden eingefügt wurden.

31 Die Statistik zeigt: Je kleiner die Gemeinde, desto mehr Bürgerbegehren finden statt; rund 71% aller Bürgerbegehren fanden bislang in Gemeinden mit bis zu 20.000 Einwohnern statt, nur 2% in Gemeinden über 500.000 Einwohnern; vgl. Datenbank der Forschungsstelle Bürgerbeteiligung und Direkte Demokratie an der Philipps-Universität Marburg; Stand Mitte August 2005; Datenbasis rund 3100 Bürgerbegehren.

Übersicht 14: Kommunale Bürgerbegehren nach Bundesländern 1975 bis 2005

Bundesland	*Anteil unter allen erfassten Begehren*[1)]
Baden-Württemberg	**10,7 %**
Bayern	**41,5 %**
Berlin	0,1 %
Brandenburg	2,2 %
Bremen	0,1 %
Hamburg	1,5 %
Hessen	7,5 %
Mecklenburg-Vorpommern	2,5 %
Niedersachsen	3,8 %
Nordrhein-Westfalen	**9,4 %**
Rheinland-Pfalz	3,5 %
Saarland	0,2 %
Sachsen	6,5 %
Sachsen-Anhalt	1,3 %
Schleswig-Holstein	6,9 %
Thüringen	2,3 %

Quelle: eigene Zusammenstellung, in Anlehnung an die ständig aktualisierte Datenbank der Forschungsstelle Bürgerbeteiligung und Direkte Demokratie an der Philipps-Universität Marburg; Stand Mitte August 2005; Datenbasis rund 3.100 Bürgerbegehren

1) fett: die drei Bundesländer mit den meisten Bürgerbegehren (Jahr der Einführung von Bürgerbegehren): Bayern (1995), Baden-Württemberg (1956), Nordrhein-Westfalen (1994)

Die stark unterschiedliche Ausgestaltung von Bürgerbegehren und Bürgerentscheid in den Bundesländern wirkt sich deutlich auf Erfolgschancen und Nutzungshäufigkeit, wie man an Bayern sieht, aus. Kommunale Bürgerrechte erhöhen die Gestaltungsmöglichkeiten der Bürger und die politische Kultur. Gilt dies auch für die Urwahl von kommunalen Amtsträgern?

4.2 Urwahl von Bürgermeistern und Landräten

Während die Direktwahl von kommunalen Amtsträgern in den beiden südlichen Bundesländern Bayern und Baden-Württemberg als Selbstverständlichkeit angesehen wird, kann die Übernahme des Modells der Süddeutschen Ratsverfassung in den neuen Bundesländern und die teilweise Ablösung von

Magistrats- und Norddeutscher Ratsverfassung in den übrigen Bundesländern ab 1990 als ein Mehr an unmittelbarer Demokratie gewürdigt werden. Die bislang als kommunale Wahlbeamte angesehenen Bürgermeister und Landräte werden nun in allen Flächenstaaten[32] mit recht unterschiedlichen Amtszeiten direkt vom Volk gewählt. Damit stellen sie nicht mehr nur eine Verwaltungsspitze dar, sondern sind als kommunalpolitische Führungspersönlichkeiten unmittelbar dem Bürger verantwortlich.

Übersicht 15: Urwahl von Bürgermeistern und Landräten in den Bundesländern[1)]

Bundesland	*Direktwahl seit Kommunalverfassungsreform von*	*Bürgermeister*	*Amtszeit in Jahren*	*Landrat*	*Amtszeit in Jahren*
Baden-Württemberg	1952	ja	8	nein	---
Bayern	1952	ja	6	ja	6
Brandenburg	1990/1993[3)]	ja	5/8[4)]	nein	---
Hessen	1993	ja	6	ja	6
Mecklenburg-Vorpommern	1990/1993[3)]	ja[2)]	7 – 9[5)]	ja	7 – 9[5)]
Niedersachsen	1996	ja	5	ja	5
Nordrhein-Westfalen	1999	ja[2)]	5	ja	5
Rheinland-Pfalz	1994	ja	5/8[4)]	ja	8
Saarland	1994	ja	8	ja	8
Sachsen	1990/1993[3)]	ja	7	ja	7
Sachsen-Anhalt	1990/1994[3)]	ja	7	ja	7
Schleswig-Holstein	1997	ja[2)]	6 – 8[5)]	ja	6 – 8[5)]
Thüringen	1990/1993[3)]	ja	5/6[4)]	ja	6

Quelle: eigene Zusammenstellung

32 Zum Teil nur hauptamtliche Bürgermeister (Schleswig-Holstein, Nordrhein-Westfalen, Mecklenburg-Vorpommern); nicht die Landräte in Baden-Württemberg und Brandenburg, vgl. Übersicht 15

1) nur Flächenstaaten
2) nur hauptamtliche Bürgermeister
3) 1990: Einführung der Direktwahl nach der neuen DDR-Kommunalverfassung (Gesetz über die Selbstverwaltung der Gemeinden) vom 17. Mai 1990; 1993/94: Jahr des Inkrafttretens einer landeseigenen Kommunalverfassung
4) erste Zahl: ehrenamtliche Bürgermeister; zweite Zahl: hauptamtliche Bürgermeister
5) Die Gemeindeordnungen von Mecklenburg-Vorpommern und Schleswig-Holstein nennen diesen flexiblen Zeitraum für eine Amtsperiode.

Die Urwahl von Bürgermeistern und Landräten ist in die Kommunalwahlen eingebunden und daher nicht als eigentliches plebiszitäres Element anzusehen. Da aber die Einführung dieser Direktwahl oft parallel mit weiteren demokratischen Kommunalverfassungsreformen in den neunziger Jahren verlief, sollte sie hier einbezogen werden. So wurde gleichzeitig mit der direkten Wahl der Amtsträger in den neuen Bundesländern, in Hessen, Niedersachsen, Rheinland-Pfalz, im Saarland und Schleswig-Holstein auch Bürgerbegehren und Bürgerentscheid eingeführt.[33] Lediglich in Nordrhein-Westfalen verlief die Reform der Kommunalverfassung zögerlicher, wo nach Einführung von Bürgerbegehren und -entscheid 1994 die Urwahl der Bürgermeister und Landräte erst ab 1999 erfolgte. Übrigens: in elf der dreizehn Flächenstaaten (nicht Bayern und Baden-Württemberg) kann der Bürgermeister im Wege des Plebiszits auch wieder abgewählt werden.[34]

Die Direktwahl des Bürgermeisters oder Landrates sollte nicht nur zu einem Mehr an Demokratie führen und die Bindung zwischen Bürger und Entscheidungsträger stärken; gleichzeitig sollte auch die Effektivität und Effizienz des kommunalen Entscheidungsprozesses mit der Stärkung der Position des Bürgermeisters bzw. Landrates als Hauptverwaltungsbeamter erhöht werden. Mit der unmittelbaren Wahl steigt einerseits die Verantwortung gegenüber dem Bürger, andererseits kann aber die Verantwortung für mögliche Fehlentscheidungen auch auf die Wähler der Führungsperson zurückverwiesen werden. Die Konkurrenz um die kommunalen Spitzenämter wurde erhöht. Ob allerdings auch die Qualität der Kommunalpolitik verbessert wurde, öfter kostengünstigere Lösungen mit geringerem Aufwand seitdem erreicht werden, ist nicht empirisch belegt. Zumindest ist die Kommunalpolitik durch die

33 Außerdem wurde in einigen Ländern die Sperrklausel im Kommunalwahlrecht aufgehoben und differenziertere Stimmabgabe mit Kumulieren (Stimmen auf einen Kandidaten häufeln) und Panaschieren (Stimmabgabe nicht an eine Liste gebunden) zugelassen (Brandenburg, Mecklenburg-Vorpommern, Niedersachsen, Rheinland-Pfalz, Sachsen, Sachsen-Anhalt, Thüringen).

34 Die genauen Regelungen der Gemeindeordnungen finden sich aufgelistet bei www.forschungsstelle-direkte-demokratie.de" der Universität Marburg. Grundsätzlich kann die Abwahl über ein Ratsbegehren (Hessen, Niedersachsen, Nordrhein-Westfalen, Rheinland-Pfalz, Saarland, Sachsen-Anhalt, Thüringen) stattfinden oder über ein Bürgerbegehren (Brandenburg, Sachsen); beide Optionen gibt es in Mecklenburg-Vorpommern und Schleswig-Holstein.

strukturellen Reformen gewaltig in Bewegung geraten (vgl. Wehling 2003: 301–312).

5.5 Fazit

Direkte Demokratie ist aus der politischen Realität auf Landes- und besonders auf kommunaler Ebene nicht mehr wegzudenken. Dies belegen die Fülle der von den Bürgern dieses Landes auf den Weg gebrachten Verfahren, die vor allem in den vergangenen 15 Jahren angestrebt wurden. Zu keinem Zeitpunkt war dabei die repräsentative Demokratie gefährdet. Vielmehr haben Volksinitiativen, Volksbegehren und Bürgerbegehren das politische Leben bereichert und geholfen, die drohende Politikmüdigkeit der Bürger und das Misstrauen gegenüber etablierten politischen Akteuren, insbesondere den Parteien und ihren Funktionären abzubauen oder zumindest abzumildern. Innerhalb verfasster Verfahren ist es möglich geworden, wahrgenommene Probleme anzugehen, Lösungswege aktiv mitzugestalten und Entscheidungen zügig herbeizuführen.

Das gelänge natürlich noch besser, wenn die Rahmenbedingungen für die plebiszitären Elemente bürgernäher gestaltet würden. Der empirische Befund der stattgefundenen Verfahren und Entscheide lässt dabei das Argument, hier konne eine Minderheit der Mehrheit ihre Meinung aufoktroyieren, ganz eindeutig entkräften.

In einem Ranking, das der Verband „Mehr Demokratie e.V.", der seit vielen Jahren die plebiszitäre Praxis in Ländern und Kommunen beobachtet und unterstützt, im Herbst 2003 veröffentlicht hat, werden die plebiszitären Verfahren in den sechzehn Bundesländern hinsichtlich ihrer Praktikabilität und Bürgerfreundlichkeit untersucht. Die beste „Note" bekam Bayern (2,45), nicht nur weil es dort die meisten Volksbegehren auf Landesebene und mit großem Abstand auch die meisten Bürgerbegehren seit Einführung 1995 (mit etwa 1.300) gab, sondern weil die Zugangsvoraussetzungen einigermaßen moderat gestaltet sind. Die schlechteste Bilanz hatten übrigens die Länder Baden-Württemberg, Saarland und Berlin, das sich aber mit der Einführung von Bezirksentscheiden 2005 in der Rangliste „nach oben" gearbeitet haben dürfte.

Jedoch sind Erfolg und Misserfolg von Volksbegehren und -entscheiden nicht nur von Zugangs- und Abstimmungsquoren abhängig, sondern auch von der politischen Landschaft, der Realität des parlamentarischen Systems sowie der Kompetenz und Durchsetzungskraft der (Oppositions-)Parteien. So könnte man argumentieren, dass in einem Land wie Bayern, wo seit einem halben Jahrhundert dieselbe Partei regiert, immer öfter bestimmte Bevölkerungsgruppen Korrekturbedarf sehen.

Letzten Endes wird aber auch der Erfolg der direkten Demokratie vom Willen und der Bereitschaft der Bürger entschieden, Initiative zu ergreifen. Alle empirischen Belege sprechen eindeutig dafür, dass die Bürger die Instrumente der direkten Demokratie sinnvoll und kompetent einsetzen und so ein gewisses Korrektiv für echte und wahrgenommene „Leerstellen" der parlamentarischen Demokratie bilden. Um es in Anlehnung an Karl Valentin zu sagen: Nur wollen müssen wir uns mehr trauen.

Literatur und Internetressourcen

Kost, Andreas (Hrsg.) 2005: Direkte Demokratie in den deutschen Ländern. Eine Einführung. Wiesbaden: Verlag für Sozialwissenschaften.

Kost, Andreas/Wehling, Hans-Georg (Hrsg.) (2003): Kommunalpolitik in den deutschen Ländern. Eine Einführung. Wiesbaden: Westdeutscher Verlag.

Paust, Andreas (1997): Bürgerbegehren und Bürgerentscheid in Deutschland. In: Stiftung Mitarbeit (Hrsg.): Bürgerbeteiligung und Demokratie vor Ort. Beiträge zur Demokratieentwicklung von unten, Nr.10. Bonn: Stiftung Mitarbeit.

Ritgen, Klaus (1997): Bürgerbegehren und Bürgerentscheid. Dargestellt am Beispiel der nordrhein-westfälischen Gemeindeordnung. Baden-Baden: Nomos.

Schiller, Theo/Mittendorf, Volker (Hrsg.) (2002): Direkte Demokratie. Forschung und Perspektiven. Wiesbaden: Westdeutscher Verlag.

Wehling, Hans-Georg (2003): Rat und Bürgermeister in der deutschen Kommunalpolitik. In: Kost, Andreas/Wehling, Hans-Georg (Hrsg.): Kommunalpolitik in den deutschen Ländern. Wiesbaden: Westdeutscher Verlag, S. 301–312.

Weixner, Bärbel Martina (2002): Direkte Demokratie in den Bundesländern. Verfassungsrechtlicher und empirischer Befund aus politikwissenschaftlicher Sicht. Opladen: Leske und Budrich.

www.mehr-demokratie.de (Mehr Demokratie e.V.)

www.forschungsstelle-direkte-demokratie.de (Forschungsstelle für Bürgerbeteiligung und Direkte Demokratie an der Philipps-Universität Marburg)

Kapitel 6

Direktdemokratische Beteiligung auf Bundesebene. Die Diskussion um die Einführung von Plebisziten in das Grundgesetz

Frank Decker

1. Einleitung

Nimmt man die fünf institutionellen (die Staatsorganisation betreffenden) Kernmerkmale der deutschen Verfassungsordnung – die parlamentarische Regierungsform, den Föderalismus, das Wahlrecht, die Verfassungsgerichtsbarkeit und die Einrichtungen der direkten Demokratie – so ist auf Bundesebene eigentlich nur der Föderalismus Gegenstand fortgesetzter Reformbemühungen gewesen – auf ihn entfällt das Gros der bislang 51 Verfassungsänderungen. Verfassungsgerichtsbarkeit, parlamentarische Regierungsform und das auf der einfachgesetzlichen Ebene geregelte Verhältniswahlrecht haben sich demgegenüber als änderungsfest erwiesen – auch wenn sie (wie zuletzt etwa die Modalitäten der Parlamentsauflösung) gelegentlich in die Kritik gerieten. Allein in den sechziger Jahren wurde von Seiten der Union die Einführung eines Mehrheitswahlsystems für kurze Zeit betrieben – wie man weiß, ohne Erfolg. Anders verhält es sich mit dem zuletzt genannten Bereich: der direkten Demokratie. Zwar hat sich das Grundgesetz auch hier als änderungsresistent erwiesen, indem es am Monopol der parlamentarischen Gesetzgebung bis heute festhält. Die Befürworter von plebiszitären Elementen auf der Bundesebene befinden sich aber längst nicht mehr in der Minderheit. Verhielten sich Staatsrechtslehre und Politikwissenschaft den direktdemokratischen Verfahren gegenüber lange Zeit restriktiv, so ist die Skepsis inzwischen einer deutlich aufgeschlosseneren Haltung gewichen. Symptomatisch dafür ist, dass sich bei den Beratungen der Gemeinsamen Verfassungskommission 1994 nicht nur die Mehrheit des Ausschusses, sondern auch fast alle Experten für die Volksgesetzgebung aussprachen. Im Jahre 2002 unternahm die rot-grüne Regierung einen noch weitergehenden Anlauf, als sie zum ersten Male einen Gesetzentwurf formell einbrachte, der die Einführung der Plebiszite vorsah. Den Unionsparteien war das Vorhaben aber nach wie vor nicht geheuer, sodass sie die Verfassungsänderung mit ihrer Sperrminorität verhinderten.

Dass die direkte Demokratie auf der Bundesebene weiter auf Eis gelegt bleibt, ist verwunderlich, wenn man die gegenläufige Entwicklung in Ländern und Kommunen sowie den internationalen Trend betrachtet. Auf der

Länderebene ist es in der Bundesrepublik zu einem regelrechten Siegeszug der Plebiszite gekommen, und auch in den nationalen politischen Systemen befindet sich das Instrument heute europa- und weltweit auf dem Vormarsch. Die Verfassungsgebungsprozesse in den postkommunistischen Demokratien (die ostdeutschen Bundesländer inbegriffen) übernahmen hier eine wichtige Katalysatorfunktion, indem sie entsprechenden Bestrebungen in den westeuropäischen Ländern, die von einer Repräsentationsschwäche der vorhandenen Vermittlungsinstitutionen und einem insgesamt gewachsenen Bedürfnis nach politischer Partizipation kündeten, in die Hände arbeiteten und diese weiter stimulierten. Dies ging soweit, dass die plebiszitären Verfahren sogar auf supranationaler Ebene Einzug hielten und in den neuen EU-Verfassungsvertrag eingefügt wurden.

Ausgehend von einer Begriffsbestimmung und Typologisierung der direktdemokratischen Instrumente möchte ich im Folgenden der Frage nachgehen, ob und in welcher Form plebiszitäre Elemente in das Grundgesetz eingefügt werden könnten und sollten. Aufhänger ist der von der Bundesregierung 2002 eingebrachte Gesetzentwurf. Das verfassungsrechtliche und -politische Schlüsselproblem der Plebiszite liegt in ihrer institutionellen Systemverträglichkeit, wobei neben den durch die Verfassung ohnehin vorgegebenen Begrenzungen im deutschen Falle vor allem die Vereinbarkeit mit dem parlamentarischen Parteienwettbewerb und der föderativen Mitregierung anzusprechen ist. Diese Fragen werden im zweiten Teil des Aufsatzes vertieft. Ihre Erörterung mündet in einen Vorschlag für die Aufnahme direktdemokratischer Verfahren ins Grundgesetz, der sich vom Mainstream der Plebiszitbefürworter absetzt; er sieht vor, es auf der Bundesebene bei der Einführung einer Vetoinitiative nach Vorbild des Schweizerischen fakultativen Referendums zu belassen.

2. Begriff und Typologisierung

Die Begriffe „direktdemokratisch“ und „plebiszitär“ können in einem weiteren Sinne für alle Maßnahmen und Äußerungsformen verwandt werden, die unmittelbar an das Volk adressiert sind und auf die Demokratisierung des politischen Systems abzielen. Hierunter fallen z.B. – im Bereich der staatlichen Wahlen – die Personalisierung der Parteienwahlen durch offene und freie Listen oder – innerhalb der Parteien – die Abhaltung von Urwahlen und Mitgliederentscheiden. Von direkter Demokratie im engeren Sinne spricht man beim Vorhandensein plebiszitärer Entscheidungsrechte auf der Wählerebene. Auch hier ist der Sprachgebrauch in der Literatur uneinheitlich. Einige Autoren verstehen darunter lediglich Entscheidungen über Sachfragen (z.B. Möckli 1998), während andere den Begriff für sämtliche Abstimmungen benutzen, die außerhalb der regulären Wahlen stattfinden (z.B. Neidhart 1993). Letztere

Sprachregelung scheint insofern sinnvoller, als sie auch solche Personalvoten mit umfasst, die – wie das Abberufungsrecht (*recall*) eines Amtsträgers oder eine plebiszitäre Parlamentsauflösung – von den Bürgern in eigener Initiative betrieben werden können. Die der Abberufung vorausgehende Direktwahl würde demgegenüber systemlogisch nicht zu den plebiszitären Elementen gehören, auch wenn ihre (nachträgliche) Einführung zweifellos einen Akt der Demokratisierung darstellt.

Um die komplexe Vielfalt der direktdemokratischen Instrumente einigermaßen gut zu durchblicken, ist es zweckmäßig, zwischen vier Ebenen der Differenzierung zu unterscheiden.[1]

- *Erstens* stellt sich die Frage, ob die Ergebnisse von Volksabstimmungen rechtlich verbindlich sind, das heißt von den parlamentarischen Körperschaften gesetzgeberisch umgesetzt werden müssen, oder ob sie lediglich konsultativen Charakter haben. In die letztgenannte Kategorie würde z.B. eine von den Regierenden veranlasste Volksbefragung fallen, deren Ergebnis aber vermutlich eine starke politische Bindungswirkung hätte, oder eine von den Bürgern betriebene Volksanregung, durch die das Parlament aufgefordert wird, sich mit einer bestimmten Angelegenheit zu befassen („qualifizierte Massenpetition").
- *Zweitens* geht es darum, wer berechtigt sein soll, einen Volksentscheid auszulösen. Hier lassen sich drei Varianten unterscheiden. 1.) Der Volksentscheid ist verfassungsrechtlich vorgegeben (*„obligatorisches Referendum"*). 2.) Der Entscheid wird von den Regierenden angesetzt. Die Auslösungsbefugnis liegt bei einem oder mehreren Staatsorganen (in der Regel Präsident, Regierung oder Parlament), die entweder autonom entscheiden können oder bei der Entscheidung zusammenwirken, in Bundesstaaten auch bei den Gliedstaaten.[2] Weil die Anberaumung des Volksentscheids im Ermessen der Staatsorgane liegt, würde es sich eigentlich anbieten, diesen Verfahrenstyp als „fakultatives Referendum" zu bezeichnen. Dies birgt jedoch Verwechslungsgefahr mit dem gleichnamigen Verfahren in der Schweiz, das vom Volk ausgelöst wird und deshalb in die Kategorie der Initiative gehört. Passender erscheint daher der Begriff *„einfaches Referendum"*. 3.) Der Entscheid wird vom Volk selbst erzwungen. Für die Auslösung genügt eine zahlenmäßig festgelegte Minderheit der Stimmberechtigten (*„Volksinitiative / Volksbegehren"*).
- *Drittens* muss nach den Gegenständen der Initiative bzw. des Referendums unterschieden werden. Wird ein bereits beschlossenes Gesetz einem

1 Zur Unterscheidung der verschiedenen Verfahrenstypen und -varianten vgl. aus der umfangreichen Literatur u.a. Luthardt 1994, Möckli 1998, S. Jung 2001, Erne 2002 und Schiller 2002.

2 Möckli (1998: 92) unterscheidet zusätzlich noch danach, ob das Referendum auf einer bestehenden Rechtsgrundlage beruht, oder ob diese erst geschaffen werden muss bzw. die Abstimmung auch ohne Rechtsgrundlage durchgeführt werden kann.

Volksentscheid unterworfen, handelt es sich um ein Zustimmungsreferendum bzw. um eine Vetoinitiative. Letztere entspricht dem fakultativen Referendum in der Schweiz. Im umgekehrten Fall spricht man vom Entscheidungsreferendum oder einer (positiven) Initiative; hier wird der Entscheidungsgegenstand im plebiszitären Verfahren selbst festgelegt. Desweiteren ist nach dem inhaltlichen Gegenstand zu fragen. Abstimmungen können sich auf einzelne Personen oder ganze Körperschaften beziehen (recall / plebiszitäre Parlamentsauflösung) und dabei sowohl als Referendum wie auch als Initiative vorkommen. Bei den Sachabstimmungen ist wiederum grob zwischen Territorialplebisziten (einschließlich internationaler Verträge), Verfassungsänderungen /-revisionen und einfachen Gesetzen zu trennen. Während die erst genannten in der Regel obligatorisch sind, gilt das für verfassungsändernde Gesetze nicht zwingend. Diese können wie die einfachen Gesetze auch Gegenstand eines einfachen Referendums bzw. einer Volksinitiative sein.

– *Viertens* gilt es die nähere Ausgestaltung der plebiszitären Instrumente zu betrachten, die ihre Inanspruchnahme in der Praxis erleichtern oder erschweren. So macht es z.B. einen Unterschied, ob Referenden nur von den mehrheitsdemokratisch legitimierten Organen oder auch von einer Minderheit der Abgeordneten oder Gliedstaaten ausgelöst werden können. Noch sehr viel bedeutsamer ist die Ausgestaltung bei der Initiative. Restriktionen ergeben sich hier durch die Beschränkung der Abstimmungsgegenstände, die in den verschiedenen Stadien des Verfahrens zu überwindenden Beteiligungs- und Zustimmungsquoren, die einzuhaltenden Fristen oder anderweitige Ausführungsbestimmungen, die zumeist unterhalb der Verfassung geregelt werden. Zu den letzteren gehören z.B. die rechtliche Zulassungsprüfung, die Modalitäten der Unterschriftensammlung, die Kostenerstattung oder die Frage, ob ein Volksentscheid mit einer regulären Wahl zusammengelegt werden kann.

3. Direkte Demokratie auf der Bundesebene

3.1 Die Neubewertung der Plebiszite in der juristischen und politikwissenschaftlichen Diskussion

Bevor es in den achtziger Jahren zur allmählichen Aufweichung des antiplebiszitären Konsenses kam, wurde die verfassungsrechtliche und politikwissenschaftliche Debatte um die direkte Demokratie auf der Bundesebene von drei wirkungsmächtigen Stereotypen begleitet. Das erste Stereotyp lautet, Plebiszite seien „eine Prämie für jeden Demagogen." Der Urheber dieses berühmten Zitats, Theodor Heuss, war kein grundsätzlicher Gegner der direkten Demokratie; er wollte deren Anwendungsbereich aber auf die kleinräumigen Verhältnisse eines Landes oder einer Gemeinde begrenzt wissen, wo die Dinge überschaubar seien und das Volk nicht zur „Masse“ degeneriere (Niclauß 1992: 10f.). Heuss’ Furcht vor der Verführbarkeit der Massen, die einer in den Nachkriegsjahren weit verbreiteten Gesellschaftskritik entsprach, hat das Negativbild der direkten Demokratie lange Zeit geprägt. Plebiszitäre Elemente tendieren nach dieser Auffassung dazu, die Politik zu entrationalisieren, weil ihnen die deliberativen (auf Beratung und sorgfältiger argumentativer Abwägung basierenden) Eigenschaften der repräsentativen Verfahren fehlten. Nicht nur, dass dem Volk die Kompetenz abgehe, die in der Regel komplexen Entscheidungsmaterien zu überblicken. Es sei auch in seiner grundsätzlichen Orientierung weniger dem Gemeinwohl als den eigenen Interessen verpflichtet und unterliege dabei starken Stimmungsschwankungen. Im Ergebnis führe das zu einer geringeren Entscheidungsqualität.

Die empirische Forschung hat für diese Behauptungen bislang keine durchschlagenden Belege beigebracht, im Gegenteil: Untersuchungen aus der Schweiz und den US-Einzelstaaten zeigen, dass die Bürger in bestimmten Politikbereichen mitunter sachgerechter entscheiden als die Repräsentanten, wobei man sich aber auch hier vor Generalisierungen hüten muss (Wagschal/Obinger 2000, Tiefenbach 2004). Gewiss stellt es aus normativer Sicht ein Problem dar, dass die Wähler für die von ihnen getroffenen Sachentscheidungen nicht unmittelbar zur Verantwortung gezogen werden können; die Möglichkeit der Abwahl, die bei Regierungen und Abgeordneten gegeben ist, scheidet in einem direktdemokratischen Verfahren aus. Dies bedeutet aber keineswegs, dass sie deshalb automatisch unverantwortlicher handeln. Der Vergleich könnte aus zwei Gründen sogar zugunsten der plebiszitären Elemente ausfallen. Einerseits nimmt auch der Parteienwettbewerb in der repräsentativen Demokratie heute immer stärker plebiszitäre Züge an, da die Wähler wankelmütiger werden und die politischen Anbieter nicht mehr auf die natürliche Gefolgschaft ihrer typischen Klientelen vertrauen können. Die Versuchungen einer populistischen Wähleransprache sind hier um nichts geringer. Auf der anderen Seite sorgen einzuhaltende Fristen und sonstige rechtliche Vorkehrungen dafür, dass der öffentlichen Kommunikation und Beratung in den direktdemokratischen Entscheidungsprozessen eher mehr Raum gegeben wird als im normalen parlamentarischen Verfahren. Darüber hinaus bieten plebiszitäre Elemente die Chance, Themen aufzugreifen, die ansonsten erst gar nicht auf die politische Agenda gelangen würden (Schneider 2003).

Das zweite Stereotyp versucht, die „Unvernunftshese“ durch den Verweis auf die angeblich negativen Erfahrungen zu untermauern, die man mit dem plebiszitären Instrument in der Weimarer Republik gemacht habe. Auch hier ist die Hartnäckigkeit erstaunlich, mit der manche Autoren an dieser längst widerlegten Auffassung bis heute festhalten (vgl. z.B. Scholz 2002: 85). Die neuere zeithistorische Forschung hat überzeugend dargetan, dass Volksbegehren und Volksentscheid keine Verantwortung für das Scheitern des Weimarer

Regierungssystems zugeschrieben werden kann (Schiffers 2000). In Bezug auf die direkte Wirkung der Plebiszite gilt das schon deshalb, weil das Instrument nur in wenigen Fällen zum Einsatz kam: Von den insgesamt acht eingeleiteten Volksbegehren mündeten zwischen 1919 und 1933 ganze zwei in einen Volksentscheid, wo sie am notwendigen Beteiligungsquorum scheiterten. Es gilt aber auch in Bezug auf die indirekten Wirkungen, die im Falle des Volksentscheids über die Enteignung der Fürstenhäuser eher stabilisierend waren, während drei Jahre später, als das von NSDAP und DNVP betriebene Volksbegehren gegen den Young-Plan zur Abstimmung stand, das innenpolitische Klima durch die Plebiszite weiter angeheizt wurde (Obst 1986: 106f.). Zu diesem Zeitpunkt befand sich der Weimarer Staat jedoch bereits voll im Zangengriff der Extremisten von links und rechts, aus dem er sich nicht mehr befreien sollte.

Eine dritte in der Debatte um die Plebiszite immer wieder kolportierte Behauptung knüpft an die Legende von den negativen Weimarer Erfahrungen an. Sie sieht in der Auseinandersetzung mit Weimar den Hauptgrund, warum die Verfassungsgeber auf die Einführung von plebiszitären Elementen im Grundgesetz verzichteten. Tatsächlich lässt sich ein überragender Einfluss der „Weimarer Erfahrungen" aber weder für die unmittelbare Nachkriegszeit noch für die Beratungen des Parlamentarischen Rates nachweisen, dessen Entscheidung gegen die Plebiszite auf ganz unterschiedlichen Motiven beruhte (Niclauß 1992). Das Argument kam erst später in Mode, als es galt, den antiplebiszitären Konsens der Bonner Republik abzusichern. Von dort an sollte es sich gewissermaßen verselbständigen. Es dauerte Jahrzehnte und erforderte eine Menge wissenschaftlicher Arbeit, bis sich gegen Ende der achtziger Jahre eine zutreffendere Sicht auf die Weimarer Vergangenheit durchsetzte (Büsching 2004: 74).

Der Umdenkungsprozess wird sichtbar, wenn man die beiden großen Verfassungsreformprojekte miteinander vergleicht, die es in der Bundesrepublik bislang gegeben hat. Während die Enquete-Kommission „Verfassungsreform" des Deutschen Bundestages sich in ihrem 1976 vorgelegten Schlussbericht einmütig gegen die plebiszitäre Ergänzung des Grundgesetzes aussprach, hielten sich in der Gemeinsamen Verfassungskommission von Bundestag und Bundesrat, deren Einsetzung 1991 einer Empfehlung des Einigungsvertrages folgte, die Befürworter und Gegner der Plebiszite in etwa die Waage. Die von SPD und Grünen vorgeschlagene Einführung einer dreistufigen Volksgesetzgebung scheiterte bei der Schlussabstimmung im Ausschuss zwar an der für eine Verfassungsänderung notwendigen Zweidrittelmehrheit; das größer gewordene Unterstützerlager und der gleichzeitig voranschreitende Ausbau der direktdemokratischen Verfahren auf kommunaler und Länderebene signalisierten jedoch, dass das Thema von der Tagesordnung nun nicht mehr so rasch verschwinden würde.

Parallel zum politischen Umdenkungsprozess kam es auch in der Rechts- und Politikwissenschaft zu einer vorsichtigen Neubewertung, die an den mehrheitlich zustimmenden Stellungnahmen der von der Verfassungskommission gehörten Sachverständigen ablesbar ist (ebd.: 94ff.). Galt bis in die achtziger Jahre noch die prononciert anti-plebiszitäre Lesart des verfassungsrechtlichen Demokratieprinzips als unangefochtene herrschende Meinung, so setzte sich jetzt die Auffassung durch, dass das Grundgesetz die Aufnahme von plebiszitären Elementen keineswegs verbietet. Insofern wird die Debatte darüber, ob direktdemokratische Verfahren eingeführt werden sollen, auch in der Staatsrechtslehre heute in erster Linie mit verfassungspolitischen Argumenten bestritten. Anders verhält es sich auf der kommunalen und Länderebene, wo die Frage der (konkreten) Zulässigkeit einzelner Volksbegehren den Juristen ein breites Betätigungsfeld eröffnet hat. Die fortbestehende Grundkontroverse um die direkte Demokratie lässt sich hier daran ablesen, dass die Plebiszitskeptiker die vom Verfassungsgesetzgeber ohnehin eng gezogenen Grenzen der Volksgesetzgebung in der Rechtsprechung noch enger stecken, während die Befürworter dazu tendieren, diese Grenzen auszuweiten, um die Anwendbarkeit des plebiszitären Instrumentes zu erleichtern. Die letztgenannte Position hat im Schrifttum mittlerweile so stark an Boden gewonnen, dass die Staatsrechtslehre heute deutlich plebiszitfreundlicher auftritt als die Verfassungsrechtsprechung (vgl. z.B. Löwer / Menzel 2003).

3.2 Zur verfassungsrechtlichen Zulässigkeit der Volksabstimmungen

Die Frage nach der verfassungsrechtlichen Zulässigkeit der Volksabstimmungen auf Bundesebene war in Deutschland lange Zeit ein Tabu. Bis in die achtziger Jahre hinein galt es als ausgemacht, dass das Grundgesetz direktdemokratische Elemente über den heutigen Anwendungsbereich von Art. 29 und Art. 118 hinaus verbiete. Auch die besagten Regelungen zur territorialen Neugliederung des Bundesgebiets können die anti-plebiszitäre Grundausrichtung der Verfassung nicht verleugnen. Zum einen sehen sie keine gesamtstaatlichen Volksabstimmungen (mehr) vor: Entscheidungsberechtigt sind immer nur die von einer Neugliederung betroffenen Landesvölker. Zum anderen wurde die Möglichkeit, die Ländergrenzen neu zuzuschneiden, durch Verfassungsänderung 1976 so stark eingeschränkt, dass die plebiszitären Verfahren des Art. 29 ins Leere laufen; Kritiker sprechen seither zu Recht von einem „Neugliederungsverhinderungsartikel" (Leonardy 2004).

Blickt man über Art. 29 hinaus, geht es bei der Zulässigkeit der Plebiszite um zwei zentrale Fragen. Zum einen muss geklärt werden, ob und in welcher Form Volksabstimmungen bereits unter der bestehenden Verfassung möglich sind. Zum zweiten geht es darum, ob sie durch Verfassungsänderung eingeführt werden dürften. Die erste Frage wird in der Literatur überwiegend verneint. Allein bei einer informellen Volksbefragung ohne weitere Verbindlichkeit halten einige Verfassungsrechtler eine Umgehung des Verfassungsvorbehalts für denkbar; diese könnten also auch heute schon abgehalten werden, ohne dass man das Grundgesetz zuvor ändern müsste (vgl. z.B. Bugiel 1991: 358). Bei allen anderen Formen kommt man um eine solche Verfassungsänderung nicht umhin. Die Begründung dafür liegt in Art. 76 Abs. 1 des Grundgesetzes, der das Gesetzesinitiativrecht abschließend der Bundesregierung, dem Bundestag und dem Bundesrat zuordnet, sowie Art. 77 Abs. 1, der bestimmt, dass die Bundesgesetze vom Bundestag beschlossen werden. Auch die Einführung eines dem parlamentarischen Gesetzgebungsverfahren nachgeschalteten Referendums wäre danach unzulässig (Hufschlag 1999: 88f.).

Besteht über den Verfassungsvorbehalt insoweit Klarheit, so hat sich auf der anderen Seite die Meinung durchgesetzt, dass das Grundgesetz selbst einer plebiszitären Erweiterung nicht im Wege stehen würde. Diese Auffassung gründet insbesondere auf der Formulierung des Art. 20 Abs. 2 Satz 2, wonach die „Staatsgewalt vom Volke in Wahlen und *Abstimmungen* ausgeübt (wird)". Das Demokratieprinzip wird also vom Verfassungsgeber nicht ausschließlich als repräsentatives interpretiert. Dies lässt sich auch an der Entstehungsgeschichte des Passus im Parlamentarischen Rat ablesen, der mit der Erwähnung der Abstimmungen die Möglichkeit, direktdemokratische Elemente künftig einzuführen, bewusst offen halten wollte (Obst 1986: 86ff.). In einer plebiszitären Erweiterung des Grundgesetzes läge deshalb auch kein Verstoß gegen das sogenannte „Ewigkeitsgebot" des Art. 79 Abs. 3, das die in Art. 20 Abs. 1 niedergelegten Grundelemente der staatlichen Ordnung vor Änderungen des Verfassungsgesetzgebers schützt. Ein solcher Verstoß wäre nur dann anzunehmen, wenn andere Prinzipien des Art. 20 Abs. 2 – etwa die „grundsätzliche Mitwirkung der Länder bei der Gesetzgebung" – durch die direkte Demokratie in Mitleidenschaft gezogen würden (Hufschlag 1999: 113ff.). Tatsächlich wirft die Beteiligung des Bundesrates an einem plebiszitären Gesetzgebungsverfahren gravierende verfassungspolitische Probleme auf, auf die wir weiter unten zurückkommen werden.

Zusätzlich gestützt wird die These einer prinzipiellen Zulässigkeit der direkten Demokratie über den Anwendungsbereich der Art. 29 und 118 hinaus durch das Homogenitätsgebot des Art. 28 Abs. 1, das die verfassungsmäßige Ordnung in den Ländern an die Grundsätze des republikanischen, demokratischen und sozialen Rechtsstaates „im Sinne dieses Grundgesetzes" bindet. Wenn die Vereinbarkeit der plebiszitären Elemente in den Länderverfassungen mit Art. 28 Abs. 1 von niemandem ernsthaft in Zweifel gezogen wird, warum sollten sie dann dem Demokratieprinzip auf der Bundesebene widersprechen? Eine solche Auffassung wäre in der Tat unlogisch. Dies bedeutet natürlich nicht, dass im Umkehrschluss schon eine positive Verpflichtung besteht, plebiszitäre Elemente ins Grundgesetz aufzunehmen (Bugiel 1991: 309ff.). Die Homogenität der verfassungsmäßigen Ordnung ist nicht gleichbedeutend mit ihrer Identität. Auch in den Ländern wäre es dem Verfassungsgesetzgeber selbstverständlich unbenommen, die Volksgesetzgebung wieder abzuschaffen und zu einem reinen Repräsentativsystem zurückzukehren. Ob und in welcher Form direktdemokratische Verfahren den parlamentarischen Gesetzgebungsprozess ergänzen sollen, bleibt – mit anderen Worten – zunächst eine politische Frage.

3.3 Der Gesetzentwurf der rot-grünen Bundesregierung vom März 2002

Nachdem die SPD die Einführung von Volksbegehren und Volksentscheid auf der Bundesebene 1989 als Forderung in ihr Berliner Grundsatzprogramm aufgenommen hatte und die Ende der siebziger Jahre neu entstandene Partei der Grünen noch sehr viel weitergehende und konkretere Vorstellungen von einer unmittelbaren Demokratie hegte, kündigte sich mit der Regierungsübernahme beider Parteien 1998 ein neuer Anlauf für eine Grundgesetzänderung an. Allerdings stand das Thema auf der Agenda der rot-grünen Spitzenpolitiker nicht sonderlich weit oben. In die Koalitionsverhandlungen wurde es von den Grünen erst nachträglich eingebracht und dort gegen eine eher unwillige SPD im Koalitionsvertrag verankert. Danach brauchte es weitere eineinhalb Jahre, bis sich die Akteure an die Umsetzung des Vorhabens machten. Im Frühjahr 2001 beschloss der Parteivorstand der SPD ein „Eckpunktepapier" über die Einführung der Plebiszite, das die Basis des im März 2002 formell eingebrachten Gesetzesentwurfs bildete (Decker 2001). Der Einladung an die anderen Parteien, auf dieser Grundlage über eine Verfassungsänderung zu verhandeln, standen jedoch nur FDP und PDS aufgeschlossen gegenüber. Die Unionsparteien lehnten das Vorhaben unter Verweis auf ihre Beschlusslage ab. Obwohl dessen Scheitern damit vorprogrammiert war, entschieden die Regierungsparteien, dem Bundestag ein ausgearbeitetes Gesetz vorzulegen, wobei sich die koalitionsinterne Kompromissfindung eher schwierig gestaltete. Nach Abschluss des förmlichen Gesetzgebungsverfahrens stimmten im Juni 2002 insgesamt 348 Abgeordnete für eine Verfassungsänderung und nur 199 dagegen. Im Vergleich zur Verfassungskommission von 1994 hatten sich die Gewichte damit nochmals deutlich zugunsten der Plebiszitbefürworter verschoben. Dennoch dürfen die eindrucksvollen Zahlen nicht für bare Münze genommen werden. Tatsächlich verschaffte die ablehnende Haltung der Union der Regierungsseite ein willkommenes Alibi, das in der Öffentlichkeit populäre Vorhaben allein aus taktischen Gründen durchzuziehen. Ob sie sich ähnlich engagiert hätte, wenn die verfassungsändernde Mehrheit wirklich in Reichweite gewesen wäre, darf mit Fug bezweifelt werden (O. Jung 2002).

Den stärksten Beleg dafür liefert der Entwurf selbst, dem es an der notwendigen Seriosität mangelte. Dass die Initiatoren in ihrem Vorschlag am Modell der dreistufigen Volksgesetzgebung festhielten, das ihnen aus den Bundesländern geläufig war und das bereits bei früheren Anläufen zu einer plebiszitären Ergänzung des Grundgesetzes Pate gestanden hatte, stellte dabei noch das geringere Problem dar. Obwohl die direkte Demokratie „von unten" in den nationalen politischen Systemen kaum verbreitet ist, hätte eine Abkehr von diesem Entwicklungspfad der deutschen Verfassungstradition widersprochen. Weniger nachvollziehbar war, dass die Anwendbarkeit der plebiszitären Verfahren im Vergleich zu den Länderverfassungen deutlich erleichtert werden sollte. Nicht nur, dass jenseits der auch hier ausgenommenen Trias von Haushaltsgesetz, Abgabengesetzen und Besoldungsregelungen finanzwirksame Volksinitiativen laut Entwurf zulässig gewesen wären. Auch das Zustimmungsquorum hätte mit nur 10 Prozent deutlich geringer gelegen als in den meisten Länderverfassungen.

Wie wenig ernstgemeint das Vorhaben war, beweist allein das Vorgehen. Die Einführung der Volksgesetzgebung in einer so weitreichenden Form, wie sie Rot-Grün beabsichtigt hat, würde ja den bisherigen Primat der parlamentarischen Repräsentation aufbrechen und damit einen tiefen Eingriff in die bisherige Verfassungssystematik bedeuten. Ein solcher Schritt bedarf nicht nur der gründlichen Vorbereitung und Nutzbarmachung allen verfügbaren Sachverstandes, sondern auch einer intensiven öffentlichen Debatte. Ein normales parlamentarisches Gesetzgebungsverfahren kann das nicht leisten. Um einen tauglichen und zugleich zustimmungsfähigen Entwurf zu erreichen, hätte die Regierung also entweder auf die Neuauflage einer Verfassungskommission oder die Einberufung eines noch breiter besetzten Konvents dringen müssen. Beides lag von vornherein nicht in ihrem Sinn.

4. Die Systemverträglichkeit der Volksgesetzgebung

4.1 Verfassungsstaatliche Begrenzungen

So wie die repräsentativen und plebiszitären Komponenten der Demokratie in einem Ergänzungs- und Spannungsverhältnis zueinander stehen, so bemisst sich auch die Legitimität demokratischer Entscheidungen an zwei komplementären und zugleich konfligierenden Eigenschaften: ihrer inhaltlichen Richtigkeit und ihrem Zustandekommen. Was die inhaltliche Wirkung angeht, verhalten sich die repräsentativen und plebiszitären Elemente – wie oben gesehen – weitgehend neutral. Die erstgenannten genießen in der normativen Diskussion zwar eine größere „Richtigkeitsvermutung", die empirisch allerdings auf wackligen Füßen steht. Eine klare Präferenz für oder gegen die direkte Demokratie lässt sich von dort aus nicht begründen.

Anders verhält es sich mit Blick auf das Zustandekommen der Entscheidungen. Hier wird den Plebisziten in der Regel eine höherwertige Legitimation attestiert. „Der Bürger hat nun mal bei direktdemokratischen Verfahren mehr Chancen, auf den Inhalt der Entscheidungen einzuwirken als bei Entscheidungen durch Repräsentanten. Deshalb sind direktdemokratische Entscheidungen, am Maßstab der Bürgermitwirkung gemessen, den Entscheidungen durch Repräsentanten grundsätzlich vorzuziehen" (von Arnim 2000: 191). Die Schwäche dieser Argumentation liegt darin, dass sie Bürgermitwirkung irrtümlich mit Responsivität[3] gleichsetzt. Aus Sicht der an einer Abstimmung tatsächlich Teilnehmenden mag beides Hand in Hand gehen. Ob die direkte Demokratie aber auch die Präferenzen der übrigen Bürger besser oder genauso gut abbilden kann wie eine repräsentative Körperschaft, scheint keineswegs ausgemacht und müsste empirisch erst bewiesen werden.

Ein demokratischer Mehrwert der plebiszitären Verfahren kann demnach nicht von vornherein unterstellt werden. Wenn er ihnen dennoch zugebilligt wird, dürfte das vor allem damit zusammenhängen, dass es sich bei den vom Volk beschlossenen oder verworfenen Gesetzen überwiegend um solche handelt, die als besonders wichtig empfunden werden und den Charakter von Richtungsentscheidungen gewinnen. Das Gros der Gesetzgebungsarbeit verbleibt demgegenüber auch in den Staaten mit einer breit ausgebauten Volksgesetzgebung in den Händen der Repräsentativkörperschaften. Dies gilt selbst für die Schweiz, wo die direkte Demokratie den Kern des politischen Systems umschreibt und das Prinzip der Volkssouveränität in seiner unmittelbarsten Form zum Ausdruck bringt.

Letzteres bedeutet, dass in allen Fragen, welche die Verfassung berühren, das Letztentscheidungsrecht beim Volk liegt. Gerade hierin erweist sich die Schweiz als ein singulärer Fall. Wenn das Volk selbst der Inhaber der obersten Souveränität ist, kann es oberhalb des Gesetzgebers keine Verfassungsgerichtsbarkeit geben, die die Gesetze auf ihre Verfassungsmäßigkeit prüft.[4] Fast alle anderen westlichen Demokratien stehen demgegenüber heute für einen Systemtypus, der die Wahrnehmung der vom „Volk ausgehenden" Staatsgewalt einer Verfassung unterwirft und ihr dadurch mehr oder weniger weitreichende Grenzen auferlegt. In der Bundesrepublik zeigt sich das konstitutionelle Prinzip besonders ausgeprägt: Hier ist an die Stelle des – im Verfassungsstaat nicht vorgesehenen – Souveräns sukzessive das Verfassungsgericht getreten, das durch seine letztverbindlichen Entscheidungen selber Regierungsgewalt ausübt und das Demokratieprinzip des Art. 20 (die Ausübung der Staatsgewalt durch das Volk in Wahlen und Abstimmungen) konterkariert. Die Entdemokratisierung ist im verfassungsstaatlichen Konzept ausdrücklich intendiert. Dennoch ruft es Erstaunen hervor, dass sie in der Bundesrepublik keine großen Legitimationsprobleme verursacht und scheinbar widerspruchslos hingenommen wird (Abromeit 1995: 61).

3 Unter Responsivität versteht man in der Demokratieforschung die Übereinstimmung des Regierungshandelns mit den Wählerpräferenzen.

4 Hier liegt zugleich der Grund, warum (positive) Volksinitiativen in der Schweiz bis vor kurzem nicht als einfachgesetzliche, sondern nur als Verfassungsinitiativen zugelassen wurden: Wenn die vom Volk beschlossenen Regelungen selbst Teil der Verfassung sind, können sie der Verfassung nicht widersprechen (Kranenpohl 2003: 41).

Dies würde bei Einführung der Volksgesetzgebung auf der Bundesebene zweifellos anders werden. Das Prinzip der Verfassungssouveränität postuliert zwar, dass ein vom Volk beschlossenes Gesetz genauso der verfassungsgerichtlichen Kontrolle unterliegt wie ein Parlamentsgesetz (Jutzi 2003). Handelt es sich dabei aber um Richtungsentscheidungen, denen eine höherwertige Legitimität zugeschrieben wird, wenn sie direktdemokratisch zustande kommen, dann würde das Verfassungsgericht einen solchen Volksentscheid nicht einfach kassieren können, ohne seine eigene Legitimation zu untergraben (Kranenpohl 2003). Die meisten Befürworter einer plebiszitären Ergänzung des Grundgesetzes versuchen dieses Problem durch eine verfassungsgerichtliche ex ante-Kontrolle zu umgehen. Entsprechend hat der von der rot-grünen Koalition eingebrachte Entwurf für eine Grundgesetzänderung vorgesehen, dass bei begründeten Zweifeln an der Verfassungsmäßigkeit eines vom Volk begehrten Gesetzes schon vorab eine Entscheidung aus Karlsruhe einzuholen sei.

4.2 *Parlamentarisches System und Parteienwettbewerb*

Stellt die verfassungsstaatliche Kontrolle der Volksgesetzgebung kein grundsätzliches Problem dar, so leitet der am Ende genannte Punkt zu der sehr viel schwierigen Frage über, wie die plebiszitären Elemente in das System der bisher ausschließlich parlamentarischen Repräsentation eingebettet werden können. Aus normativ-verfassungsrechtlicher Sicht sind Volks- und Parlamentsgesetze als prinzipiell gleichrangig zu betrachten. Beide wären damit wechselseitig aufhebungsfähig. Das heißt: So wie das Volk die Möglichkeit hat, ein Parlamentsgesetz einem Referendum zu unterwerfen oder durch eine spätere (positive) Gesetzesinitiative zu korrigieren, so muss auch das Parlament ein vom Volk beschlossenes Gesetz wieder rückgängig machen können (Borowski 2000). Letzteres wird von denjenigen bestritten, die wie Otmar Jung (2005: 334) eine normative Höherwertigkeit der Plebiszite unterstellen, was aber – wie gezeigt – allenfalls politisch zutrifft, indem den direktdemokratisch getroffenen Entscheidungen eine größere Bindungswirkung attestiert wird. Dennoch wäre es falsch, von einer vollständigen Symmetrie der beiden Verfahrenstypen auszugehen. Weil nur ein kleiner Teil der Gesetze vom Volk beschlossen wird, ist es durchaus zweckmäßig, diesen einen höheren Bestandsschutz einzuräumen als den Parlamentsgesetzen – andernfalls würde das direktdemokratische Instrument womöglich diskreditiert. Eine Lösung könnte z.B. darin liegen, dass man bestimmte Fristen vorsieht, innerhalb derer der parlamentarische Gesetzgeber auf ein plebiszitär zustande gekommenes Gesetz nicht zugreifen darf.

Bleibt die Frage, ob sich die plebiszitären Verfahren auch unter Funktionsgesichtspunkten in die vorhandene repräsentative Demokratie sinnvoll einfügen lassen. Um dies zu beantworten, muss zum einen nach dem Charakter der repräsentativen Strukturen und der durch sie geprägten Entscheidungslogik des (gesamten) Regierungssystems gefragt werden. Zugrundegelegt wird dabei die von Arend Lijphart (1999) in die Vergleichende Politikwissenschaft eingeführte Grundunterscheidung von Mehrheits- und Konsensdemokratie. Zum anderen gilt es zu untersuchen, welche Differenzen hinsichtlich ihrer Systemverträglichkeit zwischen den verschiedenen Varianten der direkten Demokratie bestehen.

Befürworter knüpfen an die Einführung der direkten Demokratie häufig die Hoffnung, dass sich darüber die Macht der Parteien begrenzen lasse. Wird ein Plebiszit von der Verfassung vorgeschrieben oder liegt es in der Hand der Regierenden, ob sie eine Volksabstimmung durchführen wollen, scheint diese Hoffnung allerdings nicht sehr begründet, im Gegenteil: Wo Regierung, Parlament oder der Staatspräsident ein Referendum anberaumen können, dürfte eher eine Stärkung der Parteien die Folge sein. Diese hätten dann z.B. die Möglichkeit, eine Angelegenheit, über die sie intern zerstritten sind oder bei der die Meinungen quer durch die politischen Lager gehen, an das Volk weiterzureichen. Ein kluger Einsatz des Instruments würde nicht nur die Legitimität der getroffenen Entscheidungen erhöhen; er könnte auch helfen, Entscheidungsblockaden aufzubrechen, die innerhalb der Regierung zwischen den Koalitionspartnern oder durch konstitutionelle Mit- und Gegenspieler entstehen. Die Einführung eines einfachen Referendums erscheint von daher gerade in konsensdemokratischen Systemen sinnvoll (S. Jung 2001: 290ff.). Schwieriger wäre eine Situation, in der das Referendum in ein Vertrauensvotum über den Bestand der Regierung umfunktioniert wird – sei es, weil diese selbst ihr Schicksal an eine bestimmte Sachentscheidung koppeln möchte, oder weil die Opposition einen solchen Zusammenhang herstellt. Würde die Regierung die Abstimmung verlieren, müsste sie entweder zurücktreten oder für den Rest der Amtszeit mit ihrem Autoritätsverlust leben. Mit Blick auf die Regierungsstabilität birgt das einfache Referendum also gewisse Gefahren, die gegen die zuvor dargestellten Vorteile abzuwägen sind.

Weniger kompliziert würde sich demgegenüber die Einführung eines obligatorischen Verfassungsreferendums gestalten. Weil dessen Auslösung automatisch erfolgt, ist die Gefahr eines manipulativen Missbrauchs durch die Parteien hier von vornherein geringer. Hinzu kommt, dass es sich um bloße Zustimmungsreferenden handelt, denen der Beschluss des Gesetzgebers schon vorausgegangen ist. Gehört der Vorrang der Verfassung zum Kern des konstitutionellen Demokratieverständnisses, so folgt daraus zwingend, dass ihre Abänderbarkeit höheren Hürden unterliegen muss als jene des einfachgesetzlichen Rechts (Rinken 2001). Dies gilt sowohl für die Referenden als auch für die Parlamentsbeschlüsse, für die in allen Länderverfassungen mindestens Zweidrittelmehrheiten und im Grundgesetz eine doppelte Zweidrittelmehrheit von Bundestag und Bundesrat vorgeschrieben sind. Indem sie den Kompromiss bereits auf der parlamentarischen Ebene erzwingen, sorgen die hohen Quoren dafür, dass das nachträgliche Volksvotum aus dem Parteienstreit herausgehalten wird und die Regierung eine Abstimmungsniederlage nicht als gegen sich gerichtet empfinden muss. Ein obligatorisches Verfassungsreferendum würde von daher auch in den mehrheitsdemokratischen Systemen keine großen Probleme aufwerfen.

Anders verhält es sich mit dem stärksten Mittel der direkten Demokratie – der Initiative. Diese kann vom Volk autonom betrieben und somit auch gegen die repräsentativen Organe eingesetzt werden, weshalb die Parteien nichts unversucht lassen dürften, ihre Nutzung zu kontrollieren. Institutionell ergibt sich daraus eine paradoxe Situation: „Je höher der Grad ... an Parteienstaatlichkeit ..., desto notwendiger erscheinen direktdemokratische Korrektive, um die Responsivität des Systems zu erhöhen – und desto leichter fällt es den Parteien, die betreffenden Instrumente zu vereinnahmen und damit zu entwerten“ (Abromeit 2003: 110). Volksinitiativen und Volksbegehren führen also nicht dazu, dass die Parteien ihre Rolle als Träger des politischen Willens- und Entscheidungsbildungsprozesses einbüßen, sondern erweitern deren Tätigkeitsfeld lediglich vom Parlament in eine andere politische Arena. Untersuchungen für die kommunale Ebene haben gezeigt, dass die Parteien davon unter dem Strich sogar profitieren. Die direkte Demokratie eröffnet ihnen neue Einflussmöglichkeiten und damit auch die Chance, ihre alten Funktionen zu revitalisieren (Paust 2002).

Gilt diese Feststellung für die mehrheits- und konsensdemokratischen Regierungsformen gleichermaßen, so stellt sich die Frage der Systemverträglichkeit vor allem in Bezug auf die Mehrheitsdemokratien. Wo die Plebiszite als Initiativrechte ausgestaltet sind, stehen sie in einem natürlichen Spannungsverhältnis zum gegnerschaftlichen Parteienwettbewerb. Die Initiative würde der parlamentarischen Opposition ja die Möglichkeit geben, ein von der Regierungsmehrheit beschlossenes Gesetz über den Umweg einer Volksabstimmung nachträglich zu Fall zu bringen.[5] In einer solchen Situation wäre die Regierung gut beraten, etwaige Widerstände gegen ihr Vorhaben schon im Vorwege einzukalkulieren und in ihren Planungen zu berücksichtigten. Die Volksinitiative wirkt also ihrer Logik nach „konsensuell“, indem sie für eine breitere Interesseninklusion sorgt. Die Opposition gerät dadurch in eine schwierige Lage: Bemächtigt sie sich des Plebiszits, könnte sie ungewollt dazu beitragen, dass die Regierung eine „gute“ bleibt und deren Wiederwahlchancen erhöhen. Initiativrechte unterminieren insofern das Prinzip der alternierenden Regierung, auf dem der mehrheitsdemokratische Parlamentarismus wesensmäßig basiert. In der Schweiz hat das dazu geführt, dass im Laufe der Zeit alle großen Parteien und Verbände in den Regierungsprozess integriert wurden und ein fest

5 Diese Möglichkeit besteht ganz unmittelbar bei der Vetoinitiative, deren Inkompatibilität mit dem mehrheitsdemokratischen Parlamentarismus insoweit am größten sein dürfte. In abgeschwächter Form stellt sich das Problem auch bei der (positiven) Gesetzesinitiative, wenn ein von der Opposition betriebener Gegenentwurf das von der Regierungsmehrheit beschlossene Gesetz aushebeln würde.

institutionalisiertes Konkordanzsystem ausbildeten. Die lebhaft praktizierte Abstimmungsdemokratie und das nahezu vollständige Fehlen von Parteienkonkurrenz sind dort Seiten derselben Medaille (Linder 1999: 311ff.).

Auch in der Bundesrepublik lässt sich am Beispiel Bayerns gut veranschaulichen, wie direkte Demokratie und parlamentarisches System zusammenwirken. Die Übermacht der CSU ist hier so groß, dass ein wirklicher Wettbewerb zwischen den Parteien schon längst nicht mehr stattfindet und der demokratische Wechsel auf Dauer blockiert bleibt. Volksbegehren und Volksentscheid stellen unter diesen Bedingungen die einzige Möglichkeit dar, die Regierungspolitik gelegentlich zu durchkreuzen und der „Staatspartei" eine Niederlage beizubringen – womit sie deren Alleinherrschaft zementieren und die Bedeutung der regulären Wahlentscheidung weiter schmälern dürften. Von daher ist es kein Zufall, dass die direkte Demokratie gerade in Bayern am lebhaftesten praktiziert wird. Die CSU scheint sich dieses Effekts im übrigen bewusst zu sein, steht sie doch der Einführung der Plebiszite auf Bundesebene weitaus aufgeschlossener gegenüber als ihre Schwesterpartei (vgl. z.B. Beckstein 2003).

Wo der Wettbewerb nicht funktioniert und das mehrheitsdemokratische Prinzip ins Leere läuft, stellt die Volksgesetzgebung also durchaus ein nützliches, bisweilen sogar unverzichtbares Korrektiv dar. Strittiger ist, ob ihre Einführung auch in ein bestehendes majoritäres System sinnvoll wäre. Die Antwort hängt davon ab, wie man die konsensuellen Effekte, die von den Initiativrechten vermutlich ausgehen würden, mit Blick auf die Gesamtarchitektur des Regierungssystems bewertet. Die internationale Debatte ergibt hier kein eindeutiges Bild. So ist z.B. bemerkenswert, dass man in der Schweiz die dort sehr weitreichenden plebiszitären Verfahren seit einiger Zeit eher kritisch beäugt und einer Beseitigung von Konkordanzzwängen das Wort redet (Germann 1993). In Deutschland verläuft die Diskussion umgekehrt. Hier wird die Weisheit des Parteienwettbewerbs als Entscheidungsprinzip in Zweifel gezogen und verstärkt über Alternativen zum mehrheitsdemokratischen Parlamentarismus nachgedacht.

Aus institutioneller Sicht lassen sich zwei gewichtige Argumente anführen, warum eine Verstärkung des konsensuellen Moments durch Einführung der Volksgesetzgebung sinnvoll sein könnte. Zum einen würden die direktdemokratischen Verfahren den Blockierungstendenzen entgegenwirken, die sich im deutschen Regierungssystem aus der Kombination von starker Wettbewerbsorientierung und ebenso starker konstitutioneller Politikverflechtung ergeben. Zum anderen wären sie eine Antwort darauf, dass der Parteienwettbewerb als Problemlösungsmechanismus auch immanent gravierende Schwächen aufweist, indem er z.B. die Belange der künftigen Generationen systematisch vernachlässigt (Kielmansegg 2003). Die Einführung der direktdemokratischen Verfahren würde darauf hinauslaufen, dass man die plebiszitären Tendenzen aus der elektoralen Sphäre herauslöst und in den policy-Bereich verschiebt, wo die eigentlichen Sachentscheidungen fallen. Der Parteienwettbewerb würde seiner elektoralen Funktion damit selbstverständlich nicht beraubt. Er behält sie schon deshalb, weil es prinzipiell möglich bleiben muss, eine korrupte oder unfähige Regierung abzuwählen. Für die inhaltliche Politikgestaltung stellt sich hingegen die Frage, ob es nicht besser wäre, das majoritäre Element zurückzudrängen und den Fokus der Demokratisierung auf die konsensuellen Entscheidungsmechanismen des Systems zu richten, um diese in ihrer Responsivität zu stärken.

4.3 Föderalismus

Damit wendet sich der Blick zu einem weiteren wichtigen Systemmerkmal, dessen Kompatibilität mit der Volksgesetzgebung abschließend zu prüfen ist: dem Föderalismus. Der normative Ausgangspunkt ist einfach: Dem Volk die Möglichkeit einzuräumen, selbst als Gesetzgeber in Aktion zu treten, macht offenkundig nur dann Sinn, wenn es beim abschließenden Gesetzesbeschluss die staatlichen Organe verdrängen, das heißt: sich vollständig an deren Stelle setzen kann (Maurer 1997: 27). Ein Zustimmungsrecht des Bundesrates oder einer anders gearteten repräsentativen Körperschaft wäre damit nicht vereinbar. Außerdem würde sie bereits praktisch unlösbare Probleme aufwerfen. So müsste z.B. die Kategorie der Einspruchgesetze entfallen, da das Volk nach einem Einspruch des Bundesrates ansonsten gezwungen wäre, gleich noch einmal abzustimmen – eine erkennbar unsinnige Lösung. Dasselbe gilt für die Anrufung des Vermittlungsausschusses und das anschließende Vermittlungsverfahren, die nur durch gewählte oder delegierte Vertreter wahrgenommen werden können und deshalb ebenfalls keinen Bestand mehr hätten (Degenhart 2005: 98). Dabei zählen gerade sie zu den funktional unentbehrlichen Bestandteilen der föderativen Mitregierung.

Wie lauten die Alternativen? Scheidet eine gleichberechtigte Teilnahme an den plebiszitären Gesetzgebungsverfahren aus den besagten Gründen aus, so könnte die Mitwirkungsfunktion des Bundesrates immer noch unterhalb der Mitentscheidung wahrgenommen werden. Das naheliegende Vorbild ist der so genannte erste Durchgang im herkömmlichen Gesetzgebungsverfahren, der vorsieht, dass Vorlagen der Bundesregierung zunächst dem Bundesrat zur Stellungnahme zuzuleiten sind. In diesem Sinne könnte man sich z.B. eine Beteiligung der Länderkammer bei der Annahme oder Ablehnung eines Volksbegehrens oder bei der Erstellung einer Konkurrenzvorlage durch den Bundestag vorstellen. Ziel wäre eine weitestmögliche Verschränkung der Volksgesetzgebung mit dem parlamentarischen Gesetzgebungsverfahren, die an entsprechende Regelungen in den Länderverfassungen anknüpfen könnte (Beckstein 2003: 124ff.).

Ein Zustimmungsrecht des Bundesrates zum anschließenden Gesetzesbeschluss halten heute nur noch wenige Autoren für zwingend geboten. Die meisten Verfassungsrechtler vertreten die Ansicht, dass das Ewigkeitsgebot des Art. 79 Abs. 3 lediglich die „grundsätzliche Mitwirkung der Länder bei der Gesetzgebung" schütze und keine Aussage darüber treffe, in welcher Form diese Mitwirkung zu erfolgen habe. Positiv gewendet heißt das, dass die Mitwirkung auch durch die „Landesvölker" selbst erfolgen kann (Weber 2003). Das einschlägige Beispiel liefert hier die Schweiz, wo bei einem Gesetzesreferendum nicht nur die Mehrheit des Bundesvolkes zustimmen muss („Volksmehr"), sondern auch die Mehrheit der Kantonsvölker („Ständemehr"). Dem Bürger steht dabei nur eine Stimme zu, die gleichzeitig als seine Volks- und Kantonsstimme gewertet wird.

Die Übertragung dieses Modells auf die Bundesrepublik hätte den Vorteil, dass sie die unterschiedlichen Stimmengewichte der Länder im Bundesrat berücksichtigen könnte; die Mehrheit des Landesvolkes wäre dann gleichbedeutend mit der Abgabe der Bundesratsstimmen des Landes. Dies erschien den Befürwortern der direkten Demokratie seinerzeit so plausibel, dass sie die Ländermehr-Lösung 1993 in ihrem Vorschlag für eine plebiszitäre Ergänzung des Grundgesetzes verankerten, der anschließend der Gemeinsamen Verfassungskommission vorgelegt wurde. Als die rot-grüne Koalition 2002 ihren eigenen Entwurf auf den Weg brachte, konnte sie an dieses Konzept anknüpfen.

Die Schwächen der Ländermehr-Lösung erschließen sich einem erst auf den zweiten Blick. Sie liegen zum einen im Verbundcharakter des deutschen Föderalismus begründet, der die Gliedstaaten auf ein Organ, das ihre Interessen schützt, funktional angewiesen macht. Dies ist z.B. dann der Fall, wenn durch ein Gesetz die Finanzen der Länder berührt werden oder wenn der Bund durch allgemeine Verwaltungsvorschriften und die Einrichtung von Behörden in die Zuständigkeit der Länder für die Durchführung der Bundesgesetze eingreift (Engelken 2002: 297). Letzteres erklärt auch die weltweit einzigartige Struktur der Zweiten Kammer als Vertretungsorgan der Exekutiven und markiert zugleich den entscheidenden Unterschied zur Schweiz. Dort ist es gar nicht nötig, dass der Ständerat den administrativen Sachverstand der Gliedstaaten in den Gesetzgebungsprozess einspeist, weil die Kantone in der nachgelagerten Verwaltung tatsächlich autonom sind (Linder 1999: 159ff.).

Gegen dieses Argument ließe sich einwenden, dass das Gros der Gesetze lediglich Routineangelegenheiten umfasst, bei denen die Verwaltungskompetenz genauso gut auf anderem Wege – etwa durch eine gutachterliche Stellungnahme im Vorstadium des Volksentscheids – wahrgenommen werden könnte. Unter den wichtigen Gesetzen dürften sich andererseits viele Fälle finden, bei denen die Länderbelange häufig nur vorgeschoben sind und die Ablehnung durch den Bundesrat in Wahrheit aus parteipolitischen Gründen erfolgt. So vertretbar eine Umgehung der Länderkammer unter solchen Bedingungen scheint, scheidet sie als Lösung dennoch aus. Der Regierungsseite wäre damit ja die Möglichkeit gegeben, ihre Gesetzesvorhaben von vornherein auf dem plebiszitären Wege zu betreiben, um die gegnerische Mehrheit im Bundesrat auszuschalten. Die Zweckentfremdung eines verfassungsmäßigen

Instruments würde hier gewissermaßen durch die Zweckentfremdung eines anderen Instruments beantwortet. Stellt man diese systemischen Weiterungen in Rechnung, so bleibt von der scheinbaren Eleganz des Schweizer Modells am Ende nicht mehr viel übrig.

5. Abschließende Bemerkungen und ein konkreter Vorschlag

Die Untersuchung hat ergeben, dass die Einführung einer Volksgesetzgebung nach dem dreistufigen Modell der meisten Länderverfassungen in das Grundgesetz große Schwierigkeiten mit sich bringen würde. Diese Schwierigkeiten sind nicht in erster Linie verfassungsrechtlicher Natur, sondern betreffen die institutionelle Einbettung des plebiszitären Instruments, dessen Einführung automatisch Rückwirkungen auf die Funktionsweise des gesamten Regierungssystems hätte. Am vergleichsweise leichtesten lösbar erscheint dabei noch das Problem der verfassungsstaatlichen Integration, da hier zwischen den parlamentarisch und volksunmittelbar zustande gekommenen Gesetzen kein Unterschied besteht: beide müssten sich dem Primat des höherwertigen Rechts unterwerfen. Ungleich kniffliger dürfte sich demgegenüber die Frage einer angemessenen Berücksichtigung der Länderinteressen darstellen, für die letztlich nur unbefriedigende Surrogatlösungen vorstellbar sind. Und noch gravierendere Folgen wären für den parteiendemokratischen Parlamentarismus zu erwarten, dessen gegnerschaftliche Logik durch die Plebiszite unweigerlich unterminiert würde. In der Herausbildung konkordanzähnlicher Strukturen könnte allerdings eine durchaus attraktive Option liegen, sodass eine Einführung direktdemokratischer Beteiligungsformen von daher gut begründbar wäre.

Zusätzlich gestützt wird die Inkompatibilitätsthese durch die empirischen Erfahrungen. Eine Volksgesetzgebung mit der Möglichkeit der einfachgesetzlichen Initiative gibt es auf der nationalen Ebene außer der Schweiz in keinem westeuropäischen Land. Auf der gliedstaatlichen Ebene ist sie heute zwar in sämtlichen Länderverfassungen eingeführt. Aufgrund der restriktiven Nutzungsbedingungen fristen die direktdemokratischen Verfahren in der politischen Praxis jedoch ein Schattendasein, sodass nennenswerte systemische Rückwirkungen von ihnen nicht ausgehen. Allenfalls Bayern bildet hier eine gewisse Ausnahme. Die Entscheidung für das potenziell stärkste plebiszitäre Instrument und dessen gleichzeitige Entwertung durch hohe Quoren und weitreichende Ausschlussgegenstände stellen in den deutschen Bundesländern mithin Seiten derselben Medaille dar.

Diesen Makel ausgerechnet durch eine größere Anwenderfreundlichkeit auf der Bundesebene beseitigen zu wollen, wäre eine falsche Konsequenz.

Umgekehrt wird ein Schuh daraus. Bevor man über eine Einführung der dreistufigen Volksgesetzgebung ins Grundgesetz nachdenkt, müssten zuerst die Nutzungsbedingungen in den Ländern verbessert werden. Die Bemühungen laufen hier zur Zeit eher noch in die andere Richtung. Die Verfassungsrechtsprechung zu Quoren und Ausschlussgegenständen bleibt restriktiv, und die Landespolitiker machen wenig Anstalten, die gesetzlichen Möglichkeiten für die Inanspruchnahme der direkten Demokratie zu verbessern.

Auf der anderen Seite wäre zu überlegen, ob man – um dem beschriebenen Paradox zu entgehen – auf die Einführung der (positiven) Gesetzesinitiative im Bund nicht konsequenterweise verzichtet. Damit wäre einerseits der Komplex von Quoren und Ausschlussgegenständigen wesentlich entschärft, der ansonsten mit Sicherheit zu Dauerstreitigkeiten vor dem (schon jetzt überlasteten) Bundesverfassungsgericht führen würde. Zum anderen bräuchte man sich über das Bundesratsproblem nicht den Kopf zu zerbrechen, das ja bei der direkten Demokratie auf Länderebene entfällt. Ein anwendbares, systemverträgliches und in seinen institutionellen Rückwirkungen nutzbringendes Konzept direkter Demokratie könnte demgegenüber folgende Elemente umfassen:

- eine bloß konsultative Gesetzesinitiative
- die Vetoinitiative
- das einfache Referendum und
- ein obligatorisches Verfassungsreferendum.

1.) Die konsultative Gesetzesinitiative läuft im Grunde auf ein qualifiziertes Massenpetitionsrecht hinaus. Mit ihr könnte der Gesetzgeber aufgefordert werden, sich mit einer bestimmten Thematik zu befassen. Eine rechtliche Verpflichtung, der Anregung zu folgen, besteht nicht, sodass der Primat der parlamentarischen Repräsentation unangetastet bliebe.

2.) Die Vetoinitiative folgt dem Vorbild des Schweizerischen fakultativen Referendums. Sie würde dem Volk die Möglichkeit eröffnen, bereits beschlossene Gesetze einer nochmaligen Abstimmung zu unterwerfen und sie gegebenenfalls zu Fall zu bringen. Die Hürden in der Eingangsphase müssten so bemessen sein, dass das Instrument nicht zu häufig zum Einsatz kommt. Hier könnte man sich an der Quote von fünf Prozent der Stimmberechtigten orientieren, die der rot-grüne Gesetzentwurf aus dem Jahre 2002 für die Einleitung eines Volksbegehrens vorgesehen hat.

In den Händen der Oppositionsparteien stellt das plebiszitäre Vetorecht ein funktionales Äquivalent zur Anrufung des Bundesverfassungsgerichts oder zur Blockade von Gesetzesvorhaben im Bundesrat dar. Als „Delegitimierungsstrategie" wäre es allerdings institutionell funktionaler, weil es die Opposition nicht zwingen würde, verfassungsrechtliche Argumente oder Länderinteressen vorzuschützen, wo es in Wirklichkeit um parteipolitische Unterschiede geht. Die Vetoinitiative würde sich von daher in das bestehende System starker konstitutioneller Politikverflechtung gut einfügen.

3.) Konsensuelle Wirkungen kann das Volksveto allerdings nur entfalten, wenn die regierende Mehrheit – gewissermaßen als Gegenwaffe – ihrerseits über plebiszitäre Mittel verfügt, um etwaige Blockaden im Entscheidungsprozess aufzubrechen. Als Pendant zur Vetoinitiative müsste man deshalb über die Einführung eines einfachen Referendums nachdenken, um der Regierung Gelegenheit zu geben, ihre Gesetzesbeschlüsse vom Volk – auch gegen ein ablehnendes Votum des Bundesrates – bestätigen zu lassen.[6] Verschafft sie sich auf diesem Wege Rückhalt, wäre der Kritik der Opposition die Spitze genommen. Umgekehrt könnte ein verlorenes Referendum als institutioneller Hebel dienen, um über eine vorzeitige Parlamentsauflösung Neuwahlen anzuberaumen. Dies würde in die Nähe des plebiszitären Auflösungsrechts führen, wie es heute in immerhin sieben Länderverfassungen besteht, und wäre eine Möglichkeit, das verfassungsrechtlich strittige Verfahren nach Art. 68 des Grundgesetzes zu umgehen.

4.) Schließlich wäre für bestimmte Bereiche an die Einführung obligatorischer Referenden zu denken, deren Auslösung nicht der Initiative des Volkes überlassen bleiben oder in das alleinige Ermessen der Regierenden gestellt werden soll. Hierfür kommen in erster Linie internationale Verträge in Betracht, die die Übertragung von Souveränitätsrechten auf zwischenstaatliche Organisation regeln, wie z.B. der EU-Verfassungsvertrag, über den in zehn der 25 Mitgliedstaaten durch Referendum entschieden wird.[7] Der andere Anwendungsbereich sind Verfassungsrevisionen, bei denen man aber – um eine Überbeanspruchung zu vermeiden – eine sinnvolle Eingrenzung vornehmen müsste (in der Bundesrepublik etwa auf die Art. 1 bis 20 des Grundgesetzes).

Dass die vier hier vorgeschlagenen Varianten in der Debatte um das optimale „Design“ der direkten Demokratie bisher kaum eine Rolle gespielt haben und auch in den konkreten Entwürfen von 1994 und 2002 nicht enthalten waren, ist symptomatisch. Für die Plebiszitanhänger, die der Bundesrepublik gebetsmühlenhaft die Gesetzesinitiative empfehlen, sind sie offenbar gleichbedeutend mit einer minderwertigen Form der plebiszitären Beteiligung, deren Einsatz nicht lohne. Dabei wären die systemischen Wirkungen, die von einer gleichzeitigen Einführung der Vetoinitiative und des Referendums ausgingen, beträchtlich.

Es ist eine oft wiederholte Binsenwahrheit, dass die direktdemokratischen Verfahren diese Wirkung nicht durch ihren tatsächlichen, sondern bereits durch ihren möglichen Gebrauch entfalten. Indem sie als Handlungsoption in

---

6 Um zu verhindern, dass die Länderkammer durch ein solches Verfahren völlig ausgeschaltet wird, könnte man ihr ein nochmaliges Einspruchsrecht gegen ein positives Volksvotum einräumen, das allerdings an ein höheres Quorum (etwa eine Zweidrittelmehrheit) gebunden sein müsste.

7 Darunter befinden sich mit Dänemark und Irland allerdings nur zwei, in denen das Referendum von der Verfassung vorgeschrieben ist. In den übrigen acht Staaten wird es von der Regierung bzw. den Staatsorganen angesetzt.

Reserve stehen, zwingen sie die politischen Akteure, auf die Interessen der referendumsfähigen Gruppen Rücksicht zu nehmen und nach Übereinstimmung zu suchen. Dies bedeutet nicht, dass sich die Bundesrepublik zu einer Konkordanzdemokratie Schweizerischen Typs wandeln wird, wenn man dem hier gemachten Vorschlag folgt – dem stehen sowohl die Grundstruktur des Regierungssystems als auch unsere Verfassungstradition entgegen. Mit der Einführung der Plebiszite würde allerdings ein stärker konsensorientierter Politikstil Einzug halten, der die parlamentarische Kultur langfristig verändern und die Bürger wieder näher an die repräsentativen Institutionen heranführen könnte.

Der größte Vorzug einer „abgespeckten" Version der Volksgesetzgebung liegt freilich darin, dass sie die meisten Argumente der Plebiszitkritiker ins Leere laufen lassen würde. Der Einwand, dass sich die direktdemokratischen Verfahren für die anspruchsvollen Materien der Bundespolitik nicht eigneten, griffe dann ebenso wenig wie das Föderalismusargument. Auch die grundsätzlichen Zweifel an der Urteilsfähigkeit des Volkes könnten leichter zerstreut werden, da das Prä der parlamentarischen Repräsentation bei allen vier hier vorgeschlagenen Punkten erhalten bliebe. Für die Kritiker der direkten Demokratie gilt nämlich wie für die Befürworter, dass sich ihre Argumente nahezu ausschließlich auf die (positive) Gesetzesinitiative richten. In dieser Fixierung liegt das eigentliche Problem der bundesdeutschen Debatte, die eine realistisches Verständnis dessen, was die direkte Demokratie leisten kann und was nicht, bisher verhindert hat. Erst wenn sich dies ändert und die institutionellen Vorschläge auf das richtige Gleis gebracht werden, könnte ein neuer Anlauf zu einer plebiszitären Ergänzung des Grundgesetzes gelingen.

Literatur

Abromeit, Heidrun (1995): Volkssouveränität, Parlamentssouveränität, Verfassungssouveränität: Drei Realmodelle der Legitimation staatlichen Handelns. In: Politische Vierteljahresschrift 36 (1), S. 49–66.

Abromeit, Heidrun (2003): Nutzen und Risiken direktdemokratischer Instrumente. In: Claus Offe (Hg.): Demokratisierung der Demokratie. Frankfurt a.M./New York: Campus, S. 95–110.

Arnim, Hans Herbert von (2000): Vom schönen Schein der Demokratie. Politik ohne Verantwortung – am Volk vorbei. München: Droemer.

Beckstein, Günther (2003): Volksgesetzgebung auf Bundesebene und bundesstaatliche Ordnung. In: Hans-Detlef Horn (Hg.): Recht im Pluralismus. Festschrift für Walter Schmitt Glaeser zum 70. Geburtstag. Berlin: Duncker & Humblot, S. 119–133.

Borowski, Martin (2000): Parlamentsgesetzliche Änderungen volksbeschlossener Gesetze. In: Die Öffentliche Verwaltung 53 (12), S. 481–491.

Büsching, Stephan (2004): Angst vor dem Volk! Die Diskussion um die Einführung plebiszitärer Elemente in das Grundgesetz. Frankfurt a.M.: Lang.

Bugiel, Karsten (1991): Volkswille und repräsentative Entscheidung. Zulässigkeit und Zweckmäßigkeit von Volksabstimmungen nach dem Grundgesetz. Baden-Baden: Nomos.

Decker, Frank (2001): Das Kreuz mit der direkten Demokratie. In: Berliner Republik 3 (4), S. 52–62.

Degenhart, Christoph (2005): Direkte Demokratie auf Bundesebene nach dem Grundgesetz. Anmerkungen zu einem Gesetzentwurf. In: Klaus Stern u.a. (Hg.): Gedächtnisschrift für Joachim Burmeister. Heidelberg: C.F. Müller, S. 87–99.

Engelken, Klaas (2002): Plebiszitäre Instrumente auf Bundesebene? Volksinitiative als Einstieg in Volksbegehren und -entscheid oder als bloß petitionsähnliche Regelung? In: Bayerische Verwaltungsblätter H.10, S. 289–298.

Erne, Roland (2002): Obligatorisches Referendum, Plebiszit und Volksbegehren – drei Typen direkter Demokratie im europäischen Vergleich. In: Theo Schiller/Volker Mittendorf (Hg.): Direkte Demokratie. Wiesbaden: Westdeutscher Verlag, S. 76–87.

Germann, Raimund E. (1993): Aufnahme plebiszitärer Elemente ins deutsche Grundgesetz. Was lehren die Schweizer Erfahrungen? In: Jahrbuch für Politik 3 (2), S. 219–238.

Hufschlag, Hans-Peter (1999): Einführung plebiszitärer Komponenten in das Grundgesetz? Verfassungsrechtliche Möglichkeiten und verfassungspolitische Konsequenzen direkter Demokratie im vereinten Deutschland. Baden-Baden: Nomos.

Jung, Otmar (2002): Volksentscheid ins Grundgesetz? Die politische Auseinandersetzung um ein rot-grünes Reformprojekt 1998 – 2002. In: Zeitschrift für Politik 49 (3), S. 267–289.

Jung, Otmar (2005): Grundsatzfragen der direkten Demokratie. In: Andreas Kost (Hg.): Direkte Demokratie in den deutschen Ländern. Wiesbaden: VS-Verlag, S. 312–357.

Jung, Sabine (2001): Die Logik direkter Demokratie. Wiesbaden: Westdeutscher Verlag.

Jutzi, Siegfried (2003): Volksgesetzgebung und Verfassungsrechtsprechung. Zu verfassungsrechtlich und verfassungsgerichtlich bestimmten Grenzen der Volksgesetzgebung. In: Zeitschrift für Gesetzgebung 18, S. 273–292.

Kielmansegg, Peter Graf (2003): Können Demokratien zukunftsverantwortlich handeln? In: Merkur 57, S. 583–594.

Kranenpohl, Uwe (2003): Verkürzen Verfassungsrichter Volksrechte? Verfassungspolitische Probleme der Volksgesetzgebung. In: Gesellschaft – Wirtschaft – Politik 52 (1), S. 37–46.

Leonardy, Uwe (2004): Föderalismusreform ohne Länderneugliederung? In: Frank Decker (Hg.): Föderalismus an der Wegscheide? Wiesbaden: VS-Verlag, S. 75–97.

Lijphart, Arend (1999): Patterns of Democracy. Government Forms and Performance in Thirty-Six Countries. New Haven/London: Yale University Press.

Linder, Wolf (1999): Schweizerische Demokratie. Institutionen – Prozesse – Perspektiven. Bern/Stuttgart/Wien: Haupt.

Löwer, Wolfgang/Jörg Menzel (2003): Plebiszitäre Gesetzgebung ernst genommen. Überlegungen zu einigen Schwierigkeiten direktdemokratischer Entscheidung anlässlich NdsStGH, NdsVbl. 2002, 11ff. In: Niedersächsische Verwaltungsblätter 10 (4), S. 89–95.

Luthardt, Wolfgang (1994): Direkte Demokratie. Ein Vergleich in Westeuropa. Baden-Baden: Nomos.
Maurer, Hartmut (1997): Plebiszitäre Elemente in der repräsentativen Demokratie. Heidelberg: C.F. Müller.
Möckli, Silvano (1998): Direktdemokratische Einrichtungen und Verfahren in den Mitgliedstaaten des Europarates. In: Zeitschrift für Parlamentsfragen 29 (1), S. 90–107.
Neidhart, Leonhard (1993): Interessenvermittlung im schweizerischen Regierungssystem. In: Ralf Kleinfeld/Wolfgang Luthardt (Hg.): Westliche Demokratien und Interessenvermittlung. Marburg: Schüren, S. 114–130.
Niclauß, Karlheinz (1992): Der Parlamentarische Rat und die plebiszitären Elemente. In: Aus Politik und Zeitgeschichte B 45, S. 3–15.
Obst, Claus-Henning (1986): Chancen direkter Demokratie in der Bundesrepublik Deutschland. Zulässigkeit und politische Konsequenzen. Köln: Theurer.
Paust, Andreas (2002): Wirkungen der direkten Demokratie auf das kommunale Parteiensystem. In: Theo Schiller/Volker Mittendorf (Hg.): Direkte Demokratie. Wiesbaden: Westdeutscher Verlag, S. 218–230.
Rinken, Alfred (2001): Volksgesetzgebung und Verfassung. In: Joachim Bohnert u.a. (Hg.): Verfassung – Philosophie – Kirche. Festschrift für Alexander Hollerbach zum 70. Geburtstag. Berlin: Duncker & Humblot, S. 403–426.
Schiffers, Reinhard (2000): Schlechte Weimarer Erfahrungen? In: Hans Herbert von Arnim (Hg.): Direkte Demokratie. Berlin: Duncker & Humblot, S. 51–65.
Schiller, Theo (2002): Direkte Demokratie. Eine Einführung. Frankfurt a.M./New York: Campus.
Schneider, Maria-Luise (2003): Zur Rationalität von Volksabstimmungen. Der Gentechnikkonflikt in direktdemokratischen Verfahren. Wiesbaden: Westdeutscher Verlag.
Scholz, Rupert (2002): Voraussetzungen und Grenzen plebiszitärer Demokratie. In: Ulrich Willems (Hg.): Demokratie auf dem Prüfstand. Opladen: Leske und Budrich, S. 83–92.
Tiefenbach, Paul (2004): Mit Volksentscheiden zum sanierten Staatshaushalt. In: Blätter für deutsche und internationale Politik 49 (1), S. 85–94.
Wagschal, Uwe/Herbert Obinger (2000): Der Einfluss der Direktdemokratie auf die Sozialpolitik. In: Politische Vierteljahresschrift 41 (2), S. 466–497.
Weber, Tim (2003): Sind Volksgesetzgebung und Föderalismus vereinbar? In: Zeitschrift für direkte Demokratie 15 (3), S. 30–32.

III. Nichtinstitutionalisierte Formen politischer Partizipation

Kapitel 7

Partizipation in Neuen Sozialen Bewegungen

Brigitte Geißel mit Katja Thillman

Einführung: Neue Soziale Bewegungen und ‚unkonventionelle' Partizipation

Bis in die 1960er Jahren wurde ‚Politische Partizipation' in erster Linie als die Teilnahme der Bürger/innen an wahl- und parteibezogenen Willensbildungs- und Entscheidungsprozessen definiert. Andere Beteiligungsformen existierten zwar; sie waren bis dato jedoch zumindest in der Wahrnehmung von Gesellschaft und Wissenschaft eher randständig. Im Verlauf der 1960er und 1970er Jahre steigerte sich die Beteiligung an politischen Aktivitäten außerhalb und neben den politischen Institutionen jedoch so dramatisch, dass Kaase (1982) von einer „partizipatorischen Revolution" in der Bundesrepublik sprach. Die Partizipationsforschung reagierte auf dieses veränderte Beteiligungsverhalten und erweiterte ihr ‚Forschungsobjekt'. So hatte Ende der 1970er Jahre die in der Partizipationsforschung wegweisende „Political Action-Studie" (Barnes/Kaase et al. 1979) als eine der ersten Arbeiten auch Beteiligungsformen untersucht, welche seinerzeit als ‚unkonventionell' bezeichnet wurden – im Gegensatz zum so genannten konventionellen, auf Wahlen und Parteien bezogenen Engagement. Als ‚unkonventionell' galt jene Partizipation, die – so die Forscher/innen – nicht den rechtlichen und sozialen Normen sowie den Gewohnheiten entsprach, welche das politische Verhalten regeln (s. auch Uehlinger 1988: 24).

Heute betrachtet die Mehrzahl der Bürger/innen im Zuge der „partizipatorischen Revolution" viele der Formen, welche damals als außerhalb der sozialen Normen und Gewohnheiten stehend definiert worden waren, als akzeptabel und wendet sie auch an.[1] Neue soziale Bewegungen (NSB), welche vor allem durch das Engagement außerhalb der politischen Institutionen ihre Ziele zu erreichen suchten, entstanden und wuchsen kontinuierlich. Dies spiegelte sich in der Entwicklung der Partizipationsforschung wider. Parallel zu der florierenden Partizipation in den NSB erstarkte seit den 1970er Jahren auch die entsprechende Forschung. Sie nahm zunächst eine Außenseiterposition ein, rückte aber seit den 1980er Jahren zunehmend in den Mainstream (zur

1 Nur wenige Autoren definieren unkonventionelle Aktivitäten bis heute in der Weise, dass deren Gemeinsamkeit ihr „umstrittener Legitimitätsstatus" sei, dass sie also außerhalb der rechtlichen und sozialen Normen stehen würden (z.B. Gabriel 1997: 391).

früheren Bewegungsforschung vgl. Kap. 7.5). In der Deutschen Vereinigung für Politikwissenschaft (DVPW) wurde beispielsweise 1982 der Arbeitskreis „Neue Soziale Bewegungen" gegründet, der eine Vielzahl von Tagungen durchführte. Im Jahr 1988 folgte ein eigenes Publikationsorgan der Bewegungsforschung, das „Forschungsjournal Neue Soziale Bewegungen". Heute kann die relativ junge Bewegungsforschung auf einen umfassenden Fundus an theoretischen und empirischen Arbeiten zurückgreifen.

Ziel dieses Beitrags ist es, einen Überblick über die Entwicklung und den heutigen Stand der (neuen) sozialen Bewegungen und der Forschung zu diesem Phänomen zu geben.[2] Da es nicht möglich ist, auf alle Details und Verästelungen einzugehen, werden hier nur grobe Linien aufgezeigt und auf die umfangreiche Literatur verwiesen. Im Folgenden stellen wir nach der Begriffsklärung anhand von Daten zu den so genannten *‚unkonventionellen‘* Beteiligungsformen die Entwicklung der neuen sozialen Bewegungen in der Bundesrepublik sowie im internationalen Vergleich vor. Schließlich fragen wir nach den Wirkungen der neuen sozialen Bewegungen. In den darauf folgenden Kapiteln stehen die zentralen Ansätze der *Forschung* zu den (neuen) sozialen Bewegungen sowie deren Methoden im Mittelpunkt. In einem Ausblick werden neben einer Zusammenfassung der Ergebnisse die aktuelle und zukünftige Situation der Forschung diskutiert.

1. Themen, Träger, Organisationen und Aktionen der NSB

NSB entstanden zunächst in den westlichen Industrieländern seit Ende der 1960er Jahre, wobei die Studentenbewegungen der 1960er Jahre teilweise als NSB betrachtet werden (Brand 1982), teilweise als Bindeglied zwischen alten und neuen sozialen Bewegungen (Roth/Rucht 2002). Die historischen Wurzeln der neuen sozialen Bewegungen lassen sich jedoch weit zurückverfolgen,

2 In der Forschung ist umstritten, ob es sich bei den sozialen Bewegungen um ‚neue‘ Bewegungen handelt oder nicht. Während in der Bundesrepublik der Terminus „neue soziale Bewegungen" eingeführt wurde, wird in der amerikanischen Literatur von „sozialen Bewegungen" gesprochen (zur Debatte: Ferree/Roth 1998). Ein Grund für diesen Unterschied könnte sein, dass soziale Bewegungen sich in den USA kontinuierlich entwickelten, während die Entwicklung in Deutschland infolge des Nationalsozialismus einen Bruch erfuhr. In den USA entstand infolge des Wissens um die Kontinuität der Bewegungen möglicherweise seltener der Eindruck von der Neuheit einer Bewegung. Weiterhin vermischten sich in den USA postmaterialistische und materialistische Ziele der sozialen Bewegungen stärker, z.B. bei der Bürgerrechtsbewegung der schwarzen Bevölkerung. Ein wichtiges Unterscheidungsmerkmal zwischen alten und neuen sozialen Bewegungen, die materielle bzw. postmaterielle Orientierung (vgl. Kap. 7.1), traf in den USA nicht in derselben Schärfe wie in Deutschland zu (vgl. Diani 1992; Diani/McAdam 2003).

denn soziale Bewegungen gab es bereits Jahrzehnte vor dem Aufkommen der NSB.

Soziale Bewegungen, worunter sowohl die neuen als auch die alten Bewegungen zu fassen sind, werden von Roth und Rucht (2002) definiert als „auf eine gewisse Dauer gestellte und durch eine kollektive Identität abgestützte Versuche von Gruppen, Organisationen und Netzwerken, grundlegende gesellschaftliche Veränderungen ... herbeizuführen oder zu verhindern." (Roth/ Rucht 2002: 297). In ähnlicher Weise definiert Diani (1992: 13): „A social movement is a network of informal interactions between a plurality of individuals, groups and/or organizations, engaged in a political or cultural conflict, on the basis of a shared collective identity". An späterer Stelle wird sich die Problematik dieser Definition noch zeigen (vgl. Abschnitt 5).

Der Terminus *neue* soziale Bewegungen ist ein Sammelbegriff für verschiedene politische Gruppierungen, welche im Gefolge der Studentenbewegung seit den späten 1960er Jahren aufkamen. Sie weisen teilweise Ähnlichkeiten zu den alten Bewegungen auf, aber auch Differenzen. Die „älteren" sozialen Bewegungen wie beispielsweise die Arbeiterbewegung wollen zwar ähnlich wie die NSB gesellschaftliche Veränderungen herbeiführen bzw. verhindern, unterscheiden sich von den NSB allerdings sowohl durch 1.) die konkreten Themen, 2.) die Organisationsformen als auch 3.) die Aktionsformen und 4.) die Anhänger- und Trägerschaft.

Ad 1.) Während die alten sozialen Bewegungen eher materialistische *Ziele und Themen*, häufig in Bezug auf die Produktionssphäre verfolgten, waren unter den NSB gemäß deren links-libertärem Selbstverständnis eher postmaterialistische Themen verbreitet, welche sich stark auf die Reproduktionssphäre bezogen. Die NSB verfolgen dabei ein breites thematisches Spektrum, wobei z.B. „zwischen revolutionären und reformerischen, zwischen progressiven und reaktionären, zwischen auf politische Strukturen oder individuelle Verhaltensänderungen gerichtete Bewegungen" unterschieden werden kann (Roth/Rucht 2002: 297). Bekannt sind vor allem die Umwelt-, die Anti-Atomkraft-, die Frauen[3]-, die Schwulen- und Lesben- sowie die Friedensbewegungen (z.B. Rucht 1994; McAdam et al. 2005: 3; s. Kap. 7.2.). Seit den 1990er Jahren schoben sich vor allem die Themen Globalisierung und Globalisierungskritik in den Vordergrund.

Ad 2.) Im Gegensatz zu Parteien oder Gewerkschaften sind die *Organisationsformen* der NSB vielfältig und dezentral. NSB bestanden in ihren Anfängen aus informellen Gruppen sowie lockeren Netzwerken und sind ein polymorphes Gebilde ohne geschlossene Orientierung oder Organisation, wobei sie sich von spontanen und einmaligen Aktionen durch ein höheres Maß an

3 Die Frage, ob die Frauenbewegung ein Teil der neuen sozialen Bewegungen ist, wurde in der Literatur kontrovers diskutiert (Kontos 1986), da beispielsweise Teile der neuen Frauenbewegung ähnliche Ziele verfolgten wie die alte Frauenbewegung.

Kontinuität unterscheiden (Roth/Rucht 2002). Trotz dieses Unterscheidungsmerkmals sind die Übergänge zwischen NSB und anderen nicht-institutionalisierten Beteiligungsformen fließend. Protest kann zum Beispiel Ausdruck einer Bewegung sein, er kann jedoch auch unabhängig von einer Bewegung stattfinden, z.B. bei den Demonstrationen gegen Hartz IV. In einigen Studien werden Protest und NSB oder auch NSB und Zivilgesellschaft zusammengefasst (z.B. McAdam et al. 2005; Westle 2004).

Von den stärker institutionalisierten Politikformen unterschieden sich die NSB zunächst durch das Fehlen einer klar gegliederten Organisation, formalisierter Entscheidungsverfahren oder Mitgliedschaften. Die Schwellen für Beteiligung waren im Vergleich zu institutionalisierten Formen der Interessenvertretung z.B. in Parteien relativ niedrig. So war keine langfristige Verpflichtung nötig und Mitgliedsbeiträge entfielen. Die Abgrenzung zur institutionalisierten Politik verwischte allerdings in den letzten Jahren zunehmend, denn in einigen NSB-Gruppen zeigten sich Tendenzen zur Institutionalisierung und Professionalisierung. So entstanden z.B. hierarchisch gegliederte Mitgliederorganisationen. Diese Entwicklung einer Bewegung hin zu institutionalisierten Formen ist keineswegs neu, sondern hat eine historische Tradition. Großorganisationen begannen ihre Existenz häufig in Bewegungen. Auch die ‚alte' Arbeiterbewegung hatte sich beispielsweise professionalisiert und institutionalisiert und schließlich die Gewerkschaften und die Partei SPD gegründet. Aktuell sind die GRÜNEN das beste Beispiel für diesen Institutionalisierungsprozess. Ende der 1970er Jahre hatten sich lokale NSB-Gruppen für lokale Wahlen mit gutem Erfolg aufstellen lassen, bis sich schließlich die Partei der GRÜNEN im Jahr 1980 auf Bundesebene etablierte. Mitglieder der GRÜNEN verstanden sich häufig gleichzeitig als Teil der neuen sozialen Bewegungen. Der ursprünglich scharfe Kontrast zwischen NSB auf der einen Seite und Institutionen wie Parteien auf der anderen Seite existiert heute nicht mehr.

Ad 3.) Die Entwicklung der Organisationsformen spiegelt sich auch in den *Aktionsformen* wider. NSB versuchten in ihren Anfängen, gesellschaftliche Veränderungen durch Aktivitäten außerhalb der institutionalisierten Politik zu erreichen; ihre Aktionsformen waren vielfältig und variabel. Sie reichten von Selbsthilfegruppentreffen, informellem Informationsaustausch und Diskussionsrunden über Unterschriftensammlungen, Sit-Ins, theatralischen Inszenierungen, lokalen Bürgerinitiativen, regionalen Demonstrationen (genehmigte und ungenehmigte) bis zu koordinierten bundesweiten Massendemonstrationen und Kundgebungen mit mehreren hunderttausend Teilnehmern sowie teilweise zu Gewaltanwendungen (z.B. McAdam et al. 2005). Heute zeigt sich bei den NSB nicht nur eine Tendenz zur Institutionalisierung ihrer Organisationsformen, sondern auch zur Professionalisierung ihrer Aktivitäten und Ausweitung ihres Aktionsrepertoires. NSB-Gruppen greifen zunehmend auch zu Aktionsformen, welche in der Lobby-Politik bekannt sind, z.B. formelle und informelle Kontakte mit Ministern, Parlamentsabgeordneten und Vertretern der Ministerialbürokratien oder der Medien (vgl. Della Porta/Diani 1999: 238).

Ad 4.) Die *Träger- und Anhängergruppen* der NSB sind themenspezifisch breit gestreut. Zu einzelnen Themen, z.B. lokale Umweltprobleme, lassen sich Personen aus allen Bevölkerungsschichten mobilisieren. Die Mehrheit der Träger- und Anhängerschaft entstammt jedoch – im Gegensatz zu den alten Bewegungen – der gebildeten Mittelschicht. Personen mit hoher formaler Schulbildung sind gegenüber ‚unkonventioneller' Partizipation stärker aufgeschlossen als andere Bevölkerungsgruppen. Dabei sind unter den Personen mit hohem Bildungsniveau nicht alle Branchen gleichmäßig vertreten, am stärksten beteiligen sich Personen aus dem Sektor der Humandienstleistungen (Roth/Rucht 2002: 298). Weiterhin spielt das Alter eine Rolle; es sind eher die jüngeren und mittleren Generationen, welche sich in den NSB engagieren. Bei steigendem Lebensalter sinkt also, bei höherer Schulbildung steigt die Bereitschaft zur Teilnahme an Aktivitäten der NSB, während Geschlecht kaum damit korreliert (Westle 2004). Der Anteil an Frauen in den NSB übersteigt bei weitem den Frauenanteil in der institutionalisierten Politik, und in einigen Bewegungen sind ebenso viele Frauen wie Männer aktiv. Das Interesse an Politik und das Gefühl subjektiver politischer Kompetenz gehen mit einer Tendenz zu NSB-Aktivitätsformen einher, ebenso eine linke politische Selbsteinstufung und eine postmaterialistische Wertorientierung. Urteile zur eigenen und gesellschaftlichen Wirtschaftslage sind irrelevant (Westle 2004).

Ein bezüglich der Anhänger- und Trägerschaft in den 1970er Jahren überraschendes Ergebnis der Political-Action-Studie lautete, dass politisch aktive Bürger/innen sich sowohl an wahl- und parteiorientierten Formen als auch in NSB beteiligen. Dieses Ergebnis wurde auch in späteren Studien bestätigt (z.B. Westle 2004). Die Bürger/innen selbst entscheiden bei der Art ihrer Beteiligung keineswegs strikt zwischen so genannten konventionellen oder ‚unkonventionellen' Formen, sondern setzen sich auf verschiedene Weisen für ihre Interessen und Werte ein. Auch aktuelle Daten des World Values Survey bestätigen, dass viele Aktivisten weltweit traditionelle Formen (z.B. Parteimitgliedschaft) mit neuen Formen von Partizipation kombinieren.

2. Empirische Befunde zur Bundesrepublik und DDR

Wie bereits in der Einleitung erwähnt, haben die NSB seit den 1970er Jahren einen enormen Aufschwung erfahren. Gemessen wird dies in der Regel anhand der Beteiligung an nicht-institutionalisierten Beteiligungsformen, z.B. die Teilnahme an Demonstrationen oder an Bürgerinitiativen. Per Definition ist zwar nicht jede der angeführten Beteiligungsformen mit einer NSB-Aktivität gleichzusetzen, da über ihre Kontinuität nichts bekannt ist. Diese Daten erlauben aber Aussagen darüber, wie stark NSB-relevante Aktivitäten in der Bevölkerung verbreitet und akzeptiert sind. Es ist in der Partizipations- und

Bewegungsforschung nicht zuletzt aus forschungspragmatischen Gründen üblich, aus den berichteten Aktivitäten individueller Akteure auf die Verbreitung von NSB zu schließen.

Eine der ersten einschlägigen Umfragen, eine Untersuchung des INFAS-Instituts aus dem Jahr 1973, stellte fest, dass Anfang der 1970er Jahre 3% der Befragten bereits in einer Bürgerinitiative mitgearbeitet hatten. Bei den nächsten Befragungen im Jahre 1980 berichteten 13% von Erfahrungen mit der Mitarbeit in Bürgerinitiativen; im Jahr 1992 war der Anteil bereits auf 19% gestiegen, und zwei Drittel der Bevölkerung konnte sich vorstellen, in Bürgerinitiativen mitzuarbeiten (Gabriel 1997: 462; s. auch Bertelsmann-Stiftung 2004: 93).

Einen systematischen Überblick über die Entwicklung der Beteiligung bei Unterschriftensammlungen, der Mitarbeit bei Bürgerinitiativen und der Beteiligung an genehmigten Demonstrationen ermöglichen die allgemeinen Bevölkerungsumfragen der Sozialwissenschaften (ALLBUS). Im Rahmen des ALLBUS wird seit 1980 alle zwei Jahre ein repräsentativer Querschnitt der Bevölkerung zu Einstellungen, Verhaltensweisen und Sozialstruktur befragt.

Tabelle 1: Legale und illegale, uninstitutionalisierte politische Partizipation: einzelne Items

	Bereitschaft: Prozentanteil „würde ich tun"					Berichtetes Handeln: Prozentanteil „habe ich bereits getan"				
	West			Ost		West			Ost	
Jahr	1988	1998	2002	1998	2002	1988	1998	2002	1998	2002
Unterschriftensammlung	–	56	75	58	72	–	39	65	37	60
Gen. Demonstration	–	34	50	34	49	–	16	32	16	35
Bürgerinitiative	41	31	56	21	43	12	9	20	6	14
Ungen. Demonstration	8	10	13	7	14	3	4	8	2	11
Verkehrsblockade	–	9	–	5	–	–	2	–	1	–
Besetzungsaktion	3	3	–	2	–	1	1	–	<1	–
Krach schlagen	1	3	–	1	–	<1	1	–	<1	–
Gewalt gegen Personen	2	2	–	1	–	<1	<1	–	<1	–
Gegner einschüchtern	3	3	–	2	–	1	1	–	<1	–

Quelle: Allbus, berechnet von Westle 2004.

Auffällig ist das relativ stetige und schließlich dramatische Anwachsen der Beteiligung zwischen 1998 und 2002 bei den Unterschriftensammlungen, den genehmigten Demonstrationen und den Bürgerinitiativen. Die Beteiligung an den so genannten unkonventionellen Aktionsformen ist heute üblicher als das Engagement in Parteien. Der Anteil der Personen, welche sich an Unterschriftensammlungen beteiligt haben, ist sogar höher als die Teilnahme an manchen Wahlen. Beispielsweise nahmen an den Landtagswahlen in Bayern und Thüringen in den Jahren 2003 bzw. 2004 lediglich 57% bzw. 54% der wahlberechtigten Bevölkerung teil, deutlich weniger als bundesweit an Unterschriftensammlungen (2002: 60%).

Die Verbreitung und die Aktivitäten von NSB können aber nicht nur anhand von Individualdaten, also anhand von Umfragen, analysiert werden, sondern auch anhand von *Ereignisdaten*, welche überwiegend aus der Berichterstattung der Medien gewonnen werden (Rucht 1998). Diese Daten lassen erkennen, welche kollektiven Aktionen stattgefunden haben, wenngleich auch sie keine Aussagen über die Kontinuität der involvierten Gruppen ermöglichen. So bleibt auch hier unklar, ob die Aktionen einmalig oder eher, wie per definitionem bei NSB, auf eine gewisse Kontinuität ausgerichtet waren. Ereignisdaten lassen aber Entwicklungen hinsichtlich der *Anzahl* kollektiver Aktionen erkennen: Die 1970er Jahre waren mit Blick auf die medial wahrgenommenen Ereignisse gekennzeichnet von vielen kleineren Aktionen der aufkommenden Bürgerinitiativen, die Anfang der 80er Jahre zu größeren Mobilisierungswellen führten. Diese wurden beispielsweise in einer zunehmenden Anzahl an Ereignissen, an welchen immer mehr Menschen teilnahmen, sichtbar. Massenveranstaltungen der Friedensbewegung in den 1980er und 1990er Jahren demonstrieren anschaulich diese Entwicklungen (ebd.).

Die Analyse der Ereignisdaten ermöglicht es weiterhin, die *Art der Mobilisierung* zu erfassen. So kann beispielsweise untersucht werden, auf welcher Ebene die Mobilisierung (lokal, Bundesland, national, international) stattfand und an welchen Adressaten (Staat, Partei, Wirtschaft) die Aktivitäten gerichtet waren, wie aus Tabelle 2 ersichtlich wird (vgl. Rucht 1998: 258–259).

Tabelle 2: Ebene und Ziel von Protest nach Bewegungen, Westdeutschland, 1970–1996 (in Prozent)

Ebene	*Frauen*	*Arbeit*	*Frieden*	*Umwelt*	*Antinuklear*
Lokal/regional	38,7	66,3	44,5	40,4	45,0
Staat	19,0	19,5	17,8	22,1	22,1
National	39,3	13,5	28,1	33,4	26,2
International	3,0	0,7	9,6	4,2	6,7
TOTAL	100	100	100	100	100
N	168	1610	1096	503	656

Ebene	*Frauen*	*Arbeit*	*Frieden*	*Umwelt*	*Antinuklear*
Ziel					
Staat	62,1	37,6	94,3	60,6	70,4
Parteien	0,9	1,4	0,8	0,4	1,6
Arbeitgeber/Firmen	12,1	59,6	1,0	30,2	25,6
Andere Interessengruppen	8,6	0,7	0,9	0,7	0,9
Andere Ziele/unklar	16,4	0,8	2,9	8,1	1,4
TOTAL	100	100	100	100	100
N	116	1424	971	454	554

Quelle: Rucht (2003) S. 259

Die Entstehung, die Organisation und die Aktivitäten von NSB unterschieden sich in der *DDR* wie in den anderen sozialistischen Ländern aufgrund anderer Gelegenheitsstrukturen und Mobilisierungsressourcen (vgl. Kap. 7.5) deutlich von der Bundesrepublik.[4] Es ist deshalb auch umstritten, ob der Begriff NSB auf die Gruppen in der DDR angewandt werden kann. Organisationsformen und Aktivitäten der entsprechenden Gruppen in der DDR waren notwendigerweise an die spezifische Situation angepasst. Offener Protest gegen den Staat war eher selten, Organisationsstrukturen konnten sich kaum auf nationaler Ebene entwickeln, geschweige denn institutionalisieren. Bespitzelung und die Gefahr von Repressalien waren an der Tagesordnung und verhinderten die Übernahme westlicher, auch staatskritischer Aktionsformen. Die Aktivitäten beschränkten sich in vielen Fällen auf den Austausch mit Freunden und Bekannten in informellen Zirkeln. Die evangelische Kirche bot dabei häufig das Dach für verschiedene Gruppen, indem sie die Infrastruktur bereitstellte. Erst im Zuge der Politik der Perestroika entstanden übergreifende, größere Organisationsformen, wie beispielsweise die Initiative für Frieden und Menschenrechte (1985). Menschenrechte und Frieden gehörten auch zu den Themen, welche in den Gruppen der DDR eine besondere Rolle spielten.

Die Bedeutung dieser Gruppen in der DDR für die Massendemonstrationen Ende 1989 ist unklar. Während einige Autoren diesen Gruppen eine große Relevanz für das Zusammenbrechen des Systems zusprechen, halten andere Autoren sie für irrelevant (zur Debatte z.B. Reißig 1999). Nach der Wiedervereinigung lösten sich einige der Bürgerrechtsgruppen auf; andere

4 Über die NSB in der DDR sind weniger Daten verfügbar als über die bundesrepublikanischen NSB.

versuchten, gemeinsam mit ihren westdeutschen Pendants zu agieren. Das Zusammenwachsen der ost- und der westdeutschen Bewegungsgruppen erwies sich jedoch als schwierig, da Politikverständnis, Zielvorstellung, Organisations- und Aktionspräferenzen nicht immer kompatibel waren (für die Frauenbewegung beispielsweise Hampele Ulrich 2000). Eine parteiförmige Verbindung entwickelte sich jedoch zwischen dem Bündnis 90, einem Zusammenschluss verschiedener ostdeutscher Gruppen, mit den GRÜNEN. Einzelne ehemalige DDR-Aktivisten, vor allem jene aus den Bürgerrechtsbewegungen, engagierten sich nach der Wiedervereinigung zunächst bei den Runden Tischen, später in den Parteien und setzten ihr Engagement als Berufspolitiker fort.

Schließlich tauchte in der Bundesrepublik der 1990er Jahre ein Phänomen verstärkt auf, welches in der Bewegungsforschung einige Aufmerksamkeit erfuhr (z.B. Hellmann/Koopmans 1998): rechtsradikale Gruppen. Auch wenn sich diese Gruppen selbst häufig als ‚Bewegungen' bezeichnen, unterscheiden sie sich hinsichtlich ihrer Themen, ihrer Träger- und Anhängergruppen, ihrer Organisationsformen und ihrer Aktivitäten deutlich von den NSB. Beispielsweise sind diese Gruppen in der Regel hierarchisch, zentral und straff organisiert; ihre Aktionsformen beinhalten gewaltförmige Aktionen, die sich häufig gegen Benachteiligte mit wenig Ressourcen richten (Obdachlose, Ausländer); ihre Träger- und Anhängergruppen rekrutieren sie eher aus unterdurchschnittlich gebildeten Kreisen (vgl. ebd.).

3. Empirische Befunde im internationalen Vergleich

Nicht nur in der Bundesrepublik beteiligten sich seit den 1960er Jahren immer mehr Menschen in NSB. Daten des World Values Survey weisen darauf hin, dass weltweit eine seit den 1970er Jahren kontinuierlich anwachsende Anzahl an Personen in verschiedenen neuen sozialen Bewegungen partizipiert. Beispielhaft werden in Tabelle 3 Daten zur Beteiligungsformen der NSB in Großbritannien, Deutschland und Frankreich dargestellt.

Tabelle 3: Teilnahme an Beteiligungsformen der NSB (Angaben in Prozent)

	Großbritannien				Deutschland				Frankreich		
	1974	1981	1990	2000	1974	1981	1990	2000	1981	1990	2000
Unter-schriften-sammlung	22	63	75	79	30	46	55	51	44	51	68
Genehmigte Demonstra-tion	6	10	13	13	9	14	25	27	26	31	40

	Großbritannien				Deutschland				Frankreich		
	1974	1981	1990	2000	1974	1981	1990	2000	1981	1990	2000
Boykottt	5	7	14	17	4	7	9	10	11	11	13
Wilder Streik	5	7	8	10	1	2	2	2	10	9	13
Hausbesetzung	1	2	2	2	*	1	1	*	7	7	9
Gewalt gegen Sachen	1	2	–	–	*	1	–	–	1	N.A	–
Gewalt gegen Personen	*	1	–	–	*	1	–	–	1	–	–

Quelle: 1974–5 Political Action Study; 1981 World Values Survey; 1990–91 World Values Survey; berechnet von Rucht (2005).

Tabellarisch nicht abgebildet ist das NSB-Partizipationsverhalten in anderen europäischen Ländern. Schweden ist dabei der kontinuierliche Spitzenreiter, gefolgt von Norwegen, Island und Finnland. In diesen Ländern engagieren sich die Bürger/innen stark in den NSB-nahen Beteiligungsformen. Spanien stellt das Schlusslicht dar; die übrigen Länder Westeuropas tummeln sich im Mittelfeld (Westle 2004). Die Beteiligung in den postsozialistischen Ländern liegt im Durchschnitt unterhalb der Werte der westeuropäischen Länder. Dabei sind allerdings auch die Werte zwischen den postsozialistischen Ländern sehr unterschiedlich. Während beispielsweise die Beteiligung in Russland nach dem Systemwechsel abnahm, stieg sie in Ungarn an. Für die postsozialistischen Länder liegen noch keine ausreichenden Daten für eine abschließende Bewertung vor (ebd.).

Die thematische Ausrichtung variiert nach Ländern und Zeitpunkten. In den USA standen beispielsweise in den 1960er und 1970er Jahren die Themen Anti-Vietnamkrieg und Bürgerrechte für die schwarze Bevölkerung auf der Tagesordnung, in der Bundesrepublik seinerzeit die Auseinandersetzung mit der NS-Zeit, mit verhärteten Universitätsstrukturen oder mit der so genannten Notstandsgesetzgebung (Westle 2004).

4. Wirkungen neuer sozialer Bewegungen

Die Auswirkungen der NSB werden in der Literatur kontrovers diskutiert (z.B. Roth/Rucht 2002: 302; Kriesi et al. 1995). Erstens ist die Definition von

Erfolg und Misserfolg problematisch. Zweitens ist es methodisch aufwändig und nahezu unmöglich, die Auswirkungen der NSB auf politische und gesellschaftliche Verhältnisse unter Ausschluss aller anderen vielfach eng verbundenen Variablen zu rekonstruieren. Denn bei politischen Entscheidungen und gesellschaftlichen Entwicklungen spielen viele Faktoren eine Rolle, z.B. unterschiedliche Akteure, Sachzwänge, internationale Einbindungen. Weiterhin ist zu berücksichtigen, dass nicht alle NSB in erster Linie das Ziel verfolgen, auf gesellschaftliche Veränderungen hinzuwirken oder diese zu verhindern. Expressive Motive, Identitätsbildung oder Selbstvergewisserung wurden beispielsweise in der Frauenbewegung als zentrale Beweggründe für die Beteiligung in Bewegungen genannt (vgl. Sauer 1994). Einige Ergebnisse zu den Auswirkungen von NSB liegen aber dennoch vor.

Rucht (1994) kam beispielsweise auf der Basis von Dokumentenanalysen, Interviews und Survey-Daten bezogen auf Frauen- und Ökologiebewegungen in den USA, Frankreich und der Bundesrepublik zu dem Schluss, dass die politischen Partizipationsmöglichkeiten durch die Entstehung der NSB erweitert wurden und Themen wie Umwelt oder Frauen erst durch die Aktivitäten der NSB ins öffentliche Bewusstsein und schließlich auf die politische Agenda der meisten Parteien gelangen. Nicht zuletzt konnten weiterhin einige NSB einzelne politische Programme beeinflussen. So wird beispielsweise vermutet, dass die Frauenbewegung einen Anteil an der Implementierung und Etablierung von Frauen- und Gleichstellungsbeauftragen in staatlichen Behörden oder der freien Wirtschaft hat (s. della Porta/Diani 1999: 228f.; Wahl 1999). Auch die Quotenregelungen der GRÜNEN und der SPD werden – neben verschiedenen anderen Faktoren – auf den Druck ‚von außen', d.h. von der Frauenbewegung zurückgeführt (Kamenitsa/Geissel 2005). Roth und Rucht (2002: 302) verweisen weiterhin darauf, dass „Obrigkeitshörigkeit, Konformismus, Rollenklischees" nicht zuletzt durch die NSB zurückgedrängt wurden (s. auch Kriesi et al. 1995).

5. Theoretische Ansätze der Bewegungsforschung

Die Bewegungsforschung hat verschiedene theoretische Konzepte entwickelt, wobei Fragen nach der Entstehung, der Verbreitung und der Erfolge von sozialen Bewegungen im Mittelpunkt standen. Sie entwickelte seit den 1970er Jahren eine Vielzahl neuer, zunächst länderspezifischer Theorieansätze in Abhängigkeit nationalstaatlicher Kontexte, im Laufe zunehmender komparativer Forschung wurden diese jedoch immer mehr verbunden. In der Literatur sind heute unterschiedliche Systematisierungen dieser Ansätze zu finden. Einige dieser Systematisierungen werden hier genannt, um einen kurzen Überblick über die verschiedenen Begrifflichkeiten und Stränge zu geben. Die einzelnen

Ansätze werden im Verlauf des Kapitels vorgestellt. Della Porta und Diani (1999) unterscheiden vier dominante Diskursstränge zu (alten und neuen) sozialen Bewegungen: Ansätze zum kollektiven Handeln, zur Ressourcenmobilisierung, zum „political process" und zu „new movements for new conflicts"[5] – im Gegensatz zu den ‚alten' sozialen Bewegungen. Opp (1996) kann drei zentrale Ansätze erkennen, welche die Entstehung von NSB erklären: Gesellschaftliche Krisen, Gelegenheitsstrukturen und rationales Handeln. Koopmans (1998) identifiziert fünf Ansätze: sozialstrukturelle Spannungen, kollektive Identität, Framing, Ressourcenmobilisierung und politische Gelegenheitsstrukturen. McAdam, McCarthy und Zald (1996) sprechen von drei „sets of factors in analyzing the emergence and development of social movements ... political opportunities, mobilizing structures, and framing processes" (2).

Fünf der zentralen Ansätze werden hier vorgestellt: 1. Sozialer Wandel bzw. Krisentheorien, 2. Ressourcenmobilisierungsansatz, 3. Gelegenheitsstrukturen („Political Opportunity Structure", POS), 4. Framing-Ansatz, 5. kollektive Identität.

Daneben gibt es auch Versuche, die Beteiligung an sozialen Bewegungen anhand von soziodemographischen Faktoren (z.B. Alter, Bildung, Geschlecht) und politischen Orientierungen (z.B. politisches Interesse, Unzufriedenheit, politisches Effektivitätsgefühl) zu erklären (z.B. Westle 2004). Dieser Zugang ist wichtig, um die Träger- und Anhängerschaft identifizieren zu können. Er kann die Entstehung von sozialen Bewegungen allerdings nicht erklären, da kollektive Zusammenhänge und Kontextdaten, z.B. das jeweilige politische System, nicht berücksichtigt werden.

Bei den folgenden Beschreibungen der Konzepte ist es nur möglich, einige zentrale Diskussionslinien anzuführen.[6] Die Darstellung ist aus heuristischen und didaktischen Gründen auf die zentralen Unterschiede in den Ansätzen zugeschnitten. Heute sind die Übergänge fließend. Forscher/innen wählen zu Recht aus den verschiedenen Ansätzen eklektisch einzelne Faktoren aus, denn keiner reicht als alleiniger Erklärungsansatz aus (vgl. Rucht/Neidhardt 2002). In aktuellen Publikationen werden die Ansätze eher aufeinander bezogen und vermischt (McAdam/Tarrow/Tilly 2001).

---

5 Ansätze zum „New Social Movement" wurden in der amerikanischen Debatte häufig als europäische Ansätze bezeichnet. Auf die Diskussion um „europäische" und „amerikanische" Ansätze kann im Rahmen dieses Beitrags nicht eingegangen werden (vgl. della Porta/Diani 1999; Ferree/Roth 1998).

6 Wie im Folgenden noch zu zeigen sein wird, spielt bei der Entwicklung der jeweilige nationale und historische Kontext eine zentrale Rolle. So entstanden und etablierten sich in den USA Konzepte mit anderen Schwerpunkten als in Europa; ältere Theorien fokussieren andere Aspekte als jüngere.

5.1 Sozialer Wandel/Krisenansätze

Ein älterer Versuch zur Erklärung von sozialen Bewegungen bezieht sich auf Ansätze des *kollektiven Handelns*. Diese befassen sich mit verschiedenen kollektiven Handlungen von Einzelpersonen oder Gruppen, wie Aufstände, Revolutionen und soziale Bewegungen. Sie stammten aus der Sozialpsychologie und gingen vor allem auf Gustave LeBons Werk zur „Psychologie der Massen" (1912) zurück. Zentral bei diesem Ansatz war die Annahme der *Irrationalität kollektiven Handelns*. Kollektives Handeln wird als pathologisches Verhalten gesehen, welches entsteht, wenn Menschen sich aus irrationalen Gründen mit ihren Emotionen gegenseitig „anstecken", z.B. bei Massenhysterien oder bei faschistischen Massenkundgebungen in den 1930er und 1940er Jahren in Deutschland oder Italien. Auch die theoretische Weiterentwicklung von Smelser (1962) hält an der These der Irrationalität kollektiven Verhaltens fest und betrachtet soziale Bewegungen als irrationale Reaktion auf gesellschaftliche Veränderungen. Nachfolgende Ansätze sind jedoch dazu übergegangen, kollektives Handeln als rationales Handeln zu betrachten (z.B. Olsons 1965; Opp 1996).

Neuere Krisenansätze, in welchen soziale Bewegungen als rationale Akteure betrachtet werden, heben den Einfluss gesamtgesellschaftlicher Faktoren auf die Entstehung sozialer Bewegungen hervor. Soziale Bewegungen und so auch die NSB gelten aus dieser Sicht als Ausdruck und Folge von gesellschaftlichen Widersprüchen und Spannungen (z.B. Raschke 1985), von Unregierbarkeitskrisen und Legitimitätskrisen bzw. als Folge der zunehmenden Entfremdung der Bürger/innen von der liberal-repräsentativen Demokratie (s. allgemein zu den verschiedenen Krisenszenarien Kasse/Newton 1995: 26ff.). Krisen verursachen aus dieser Sicht die Entstehung und Entwicklung sozialer Bewegungen, da soziale Bewegungen Probleme thematisierten, welche aus diesen Krisen des Systems entstanden (zur Debatte: Opp 1996: 224).

Neben diesen Krisenansätzen können auch Ansätze speziell zur Modernisierung genannt werden, welche NSB beispielsweise mit Bildungsexpansion, Verbesserung der ökonomischen Ressourcen und Wertewandel erklären. Vor allem die Ergebnisse Ingleharts (1977), dass die Einstellungen der Bevölkerung in Industrienationen immer postmaterieller werden, waren für die Erklärung der Entstehung von NSB bedeutend. Die Entstehung von NSB konnte auf der Basis dieser Erkenntnisse mit den veränderten, zunehmend postmaterialistischen Einstellungen jüngerer Generationen, welche größere Mitbestimmungswünsche anmelden, erklärt werden. Brand (1982; 1986) geht wiederum davon aus, dass spezifische Ereignisse, wie etwa die Ölkrise Anfang der 1970er Jahre oder die Atompolitik der Bundesregierung mit der Entstehung sozialer Bewegungen in Zusammenhang stehen (ausführlich zur Debatte um Modernisierung und NSB siehe Rucht 1994).

Kollektives Handeln wurde in den Theorien zum sozialen Wandel vielfach als direkte Reaktion auf eine Diskrepanz zwischen Ansprüchen und relativer Deprivation betrachtet. *Relative* Deprivation bedeutet für das Individuum, dass es seine Situation im Verhältnis zur Lage anderer Bezugsgruppen als ungerecht empfindet (Reinhold 1992: 100). Nach dem heutigen Stand der Forschung herrscht allerdings weitgehend Einigkeit darüber, dass das Konzept der relativen Deprivation keine hinreichende Erklärung für das Zustandekommen von NSB bietet (vgl. zur Debatte auch Rucht 1994: 341).

5.2 Ressourcenmobilisierungsansatz

Der Ressourcenmobilisierungsansatz (RMA), welcher in den USA entwickelt wurde und die amerikanische Diskussion seit den 1970er-Jahren dominierte, erklärt die Entstehung und Erfolge von sozialen Bewegungen durch *Gruppen- und Organisationsressourcen* (Tilly 1978, Jenkins/Perrow 1977, Oberschall 1978). Dieser Ansatz untersucht „those collective vehicles, informal as well as formal, through which people mobilize and engage in collective action." (McAdam/McCarthy/Zald 1996: 3). Es geht dabei um den strategischen Einsatz von Ressourcen zur Erreichung der jeweiligen Ziele.

Uneinigkeit herrscht hinsichtlich der Definition des Begriffs *Ressourcen*. Generell können Ressourcen alle Faktoren sein, die für das strategische Vorgehen der Akteure förderlich sind. Die verschiedenen Theoretiker erachten jedoch unterschiedliche Ressourcen als ausschlaggebend für die Mobilisierungserfolge von sozialen Bewegungen. Während die Bedeutung der Ressourcen *Geld* und *Arbeitskräfte* weitgehend unstrittig ist, weist beispielsweise Tilly (1978) auch auf die Bedeutung der Ressource *Fachwissen* hin; bei McCarthy und Zald (1977) finden zusätzlich *Gelegenheiten* und *Legitimität* sowie *institutionelle Ressourcen* besondere Beachtung (McCarthy/Zald 1973;1977). Während die sozialen Bewegungen, die sich von der institutionalisierten Politik abgrenzen, ihre Ressourcen eher aus dem „Inneren", also den intern vorhandenen Ressourcen schöpfen (sowie aus der Mobilisierung des Umfeldes), beziehen professionelle soziale Bewegungsorganisationen ihre Ressourcen von privaten Stiftungen, sozialen Wohlfahrtsorganisationen, staatlichen Agenturen, Universitäten, Wirtschaftsgesellschaften oder von den Massenmedien (Jenkins 1983: 533). Entsprechend unterscheidet Tarrow (1983) zwischen *internen* und *externen Ressourcen* (zu externen Ressourcen vgl. auch das Konzept der politischen Gelegenheitsstrukturen).

Als wichtige gruppeninterne Ressourcen hebt Tarrow (1983) die Faktoren *Führung* („politischer Unternehmer")[7], *interne Gruppenorganisation* und *Solidarität* hervor. Hinsichtlich der Gruppenorganisation ist nach Tilly (1978)

---

7 Die Aufgaben dieser Führungspersonen liegen in der Analyse der strategischen Situation des kollektiven Akteurs, der Koordinierung des kollektiven Handelns, dem Aufbau einer instrumentellen Infrastruktur, der Rekrutierung von Gefolgschaft, der Förderung und Stabilisierung von Gruppensolidarität sowie in der Deutungsproduktion und -vermittlung bezogen auf die strategische Situation des kollektiven Akteurs und dessen Ziele.

vor allem das Ausmaß an struktureller und ideologischer Integration sozialer Gruppen von Bedeutung. Er kreiert den Begriff CATNET: Die durch Segregation hervorgerufene Selbstwahrnehmung der Gruppe als soziale Kategorie (CAT) sowie das Ausmaß ihrer interpersonalen Vernetzung (NET)[8] sichern ihr wichtige infrastrukturelle Ressourcen wie Kommunikationsnetzwerke oder allgemein geteilte Grundüberzeugungen. Tilly blickt somit nicht nur auf die materielle, formalisierte organisatorische Infrastruktur, sondern auch auf informelle Beziehungsnetzwerke als Ressourcen (vgl. Kriesi 1985: 32). Darüber hinaus ist ein solidarischer Gruppenzusammenhalt nötig, um ein Gefühl moralischer Verpflichtung zu erzeugen. Förderlich ist in diesem Zusammenhang die Ausbildung einer kollektiven Identität (vgl. Tarrow 1983: 22ff; vgl. auch Ansatz zur kollektiven Identität). Der Ressourcenmobilisierungsansatz hat sich schnell verbreitet und gehört heute ebenso wie der folgende Ansatz der Gelegenheitsstrukturen zu den wichtigsten Konzepten der Forschung zu sozialen Bewegungen.

5.3 Gelegenheitsstrukturen (POS)

Das Konzept politischer Gelegenheitsstrukturen („Political Opportunity Structure", POS) unterscheidet sich vom Ressourcenmobilisierungsansatz vor allem darin, dass es „die gruppenexternen Ressourcen und deren Bedeutung für kollektives Handeln aller Art – und nicht nur die Ressourcen von Bewegungsorganisationen – hervorhebt" (Tarrow 1991: 651; Kitschelt 1986). Entstehen, Struktur, Ausmaß und Erfolg von sozialen Bewegungen werden erklärt mit den politischen Charakteristika – Gelegenheitsstrukturen – der Kontexte, in welche sie eingebettet sind.

Das Konzept führt die Entstehung sozialer Bewegungen auf wechselnde gesellschaftliche Handlungszwänge und Handlungsmöglichkeiten zurück (z.B. Opp 1996: 223). Verschiedene Konzepte politischer Gelegenheitsstrukturen (Eisinger 1973, Tarrow 1991, Kriesi 1991) beschreiben, welche Entstehungs- und Stabilisierungsmöglichkeiten sowie Erfolgschancen sich für soziale Bewegungen in Abhängigkeit von ihren jeweiligen Umweltbedingungen ergeben. Als einer der zentralen Begründer des Ansatzes legt Eisinger das Hauptaugen-

8 Auf die Rolle persönlicher Netzwerke für die Rekrutierung neuer Einheiten hat vor allem Granovetter 1974 hingewiesen: Er unterscheidet zwischen „weak ties" und „strong ties" und hebt die Bedeutung schwacher Beziehungen als Brücken zwischen verschiedenen Netzwerken hervor. Während Jenkins (1983: 538) die Bedeutung von Ursprungsnetzwerken („preexisting solidarity groups") für die Mobilisierung sozialer Bewegungen betont, hält Neidhardt (1985) Bewegungen selbst für „mobilisierte Netzwerke von Netzwerken". Netzwerke erscheinen demnach als unabdingbare strukturelle Voraussetzungen für die Entwicklung und Stabilisierung sozialer Bewegungen. Vgl. Diani/McAdam 2003.

merk auf „the degree to which groups are likely to be able to gain access to power and to manipulate the political system" (ebd. 1973: 25).

In Weiterentwicklung der Ideen Eisingers stellt Tarrow (1991) *vier* Arten von Bestimmungsfaktoren heraus, die er als die zentralen Variablen der POS beschreibt: Der Grad der Offenheit oder Geschlossenheit formaler politischer Institutionen gegenüber der Partizipation von „Gruppen an den Rändern des Institutionensystems", die Häufigkeit des Wechselns von Regierungs- und Oppositionsparteien, die Wahrnehmung einflussreicher Verbündeter sowie politische Konflikte zwischen Eliten (ebd.: 652f.).

Kriesi (1991) identifiziert drei zentrale Gelegenheitsstrukturen: 1.) die formelle Institutionenstruktur des Staates, 2.) die informellen Verfahren und dominanten Strategien im Umgang mit Herausforderern wie beispielsweise den NSB sowie 3.) die für die Konfrontation mit den Herausforderern relevanten Machtkonfigurationen (ebd. 1991: 1ff.; empirische Anwendung vgl. Kriesi et al. 1995; zu den Möglichkeiten und Grenzen des Konzepts vgl. Kitschelt 1999; Rucht 1998).

Im Zusammenhang mit dem Ansatz der Gelegenheitsstrukturen ist weiterhin der Political-Process-Ansatz zu nennen. Dieses vor allem von Tilly (1978) und McAdam (1982) ausgearbeitete Konzept nimmt ebenso wie der POS die Umweltbedingungen sozialer Bewegungen als entscheidende Einflussgröße in den Blick. Während in einigen Publikationen eher davon ausgegangen wird, dass dieser Ansatz den Zusammenhang zwischen institutionalisierter Politik und sozialen Bewegungen betont (z.B. della Porta/Diani 1999: 9–11), verweisen andere Autoren darauf, dass er soziale Bewegungen nicht ausschließlich mit Hilfe von institutionellen Gelegenheitsstrukturen erklärt (Tarrow 1991: 653), sondern vor allem die *Interaktion von Bewegungen und deren Bezugsgruppen* berücksichtigt. Die im Konzept politischer Gelegenheitsstrukturen nur im Ausschnitt betrachtete Interaktion sozialer Bewegungen und ihrer Bezugsgruppen würde im „Political-Process"-Konzept fokussiert und um andere Akteure wie die Massenmedien oder Parteien und Verbände erweitert.

5.4 Framing-Ansätze

Als wohl prominentester Vertreter des Framing-Ansatzes untersuchen Snow et al. (1986), welche Rolle „Framing-" (Rahmungs-) Prozesse bei der Entwicklung kollektiver Aktionen spielen und inwiefern sie zum Erfolg von Bewegungen führen (s. auch McAdam 1994: 393). In ihrer Analyse sozialer Bewegungen geht es ihnen um die Herausarbeitung bewusster Strategien, durch die wichtige Ereignisse entsprechend „gerahmt" und interpretiert werden, um eine Gefolgschaft zu mobilisieren und Antagonisten auszuschalten. Der Mobilisierungserfolg sei demnach abhängig von entsprechenden „frame-alignment"-Prozessen: „such that some set of individual interests, values, and beliefs and SMO [Social Movement Organization, d.V.] activities, goals, and ideology are congruent and complementary“ (Snow/Benford 1988: 198; s. auch Benford/ Snow 2000). Es geht also um die Frage, wie ideologische „Deutungsmuster“ die Aktivitäten von sozialen Bewegungen inspirieren und legitimieren und ob die Bewegungsziele und -aktivitäten so „gerahmt“ sind, dass sie mit den individuellen, kollektiven und gesellschaftlichen Wertvorstellungen und Einstellungen übereinstimmen. Beispielsweise wurde das Thema „Abtreibung“ in verschiedenen Staaten mit unterschiedlichen Deutungsmustern „gerahmt“, z.B. in den USA als individuelles Wahlrecht („pro choice“) und in der Bundesrepublik als Frauenrecht („Mein Bauch gehört mir“) (vgl. Rucht et al. 2002).

Framing-Ansätze blieben aber insgesamt wenig ausgearbeitet und konzeptionalisiert (Koopmans 1998: 220). Framing Prozesse sind methodisch schwerer zu fassen als beispielsweise Gelegenheitsstrukturen; empirische Studien sind deshalb zu dieser Theorie seltener zu finden und beziehen sich meistens auf Medienanalysen (z.B. Rucht et al. 2002).

5.5 Kollektive Identität

Kollektive Identitäten werden bei diesem Ansatz als wichtiger ‚Kitt‘ für gemeinsames, auf eine gewisse Dauer gestelltes oppositionelles Handeln betrachtet (Roth 1998; Cohen 1985). Diese kollektiven Identitäten können entweder durch eher äußere Praxisformen begründet sein, wie zum Beispiel Kleidung, Habitus, Riten. Oder es sind die „außeralltäglichen, emotionalen und psychischen Bindungen“ gemeint, welche „in Bewegungen investiert werden“ (ebd.: 53; s. auch verschiedene Veröffentlichungen von Alberto Melucci). Die Entwicklungen vereinzelter NSB lassen sich zwar durch kollektive Identität erklären. Insgesamt erwies sich der Ansatz aber als nur bedingt tragfähig (Koopmans 1998: 220).

Tabelle 4 fasst wesentliche Bestandteile der Ansätze in Kurzform zusammen

Tabelle 4: Übersicht der Paradigmen der Bewegungsforschung

	Sozialer Wandel/Krisen/ Spannungen	*Ressourcenmobilisierung*	*Gelegenheitsstruktur*	*Framing*	*Kollektive Identität*
Zentrale Erklärungsfaktoren	Spannungen, Krisen, Deprivationen	Ressourcen, Kosten-Nutzenkalküle, Strategisches Vorgehen	Politische Gelegenheiten und Beschränkungen im jeweiligen Kontext	Deutungsmuster; symbolische Ressourcen	Identität, Selbstverwirklichung

	Sozialer Wandel/Krisen/ Spannungen	*Ressourcen-mobilisierung*	*Gelegenheits-struktur*	*Framing*	*Kollektive Identität*
Bevorzugter Bewegungs-typus	Epochale Bewegungen	Professionelle Bewegungs-organisationen	Bewegungen mit politischen Zielen	Ideologische Strömungen, auch: professionelle Bewegungs-organisationen	Kulturelle Identitäts-bewegungen
Bevorzugter Aspekt von Bewegungs-entwicklung	Entstehung	Mobilisierung, Strategiewahl	Unterschiede im Zeit- und Ländervergleich	Ideologische Konsens-mobilisierung	Selbst- und Fremd-definition

Quelle: Eigene Darstellung in Anlehnung an Koopmans 1998: 226

Während diese Erklärungsansätze lange miteinander konkurrierten, werden sie heute aufeinander bezogen, wie an der Abbildung 1 deutlich wird.

Abbildung 1: Ansätze der Bewegungsforschung im Zusammenhang

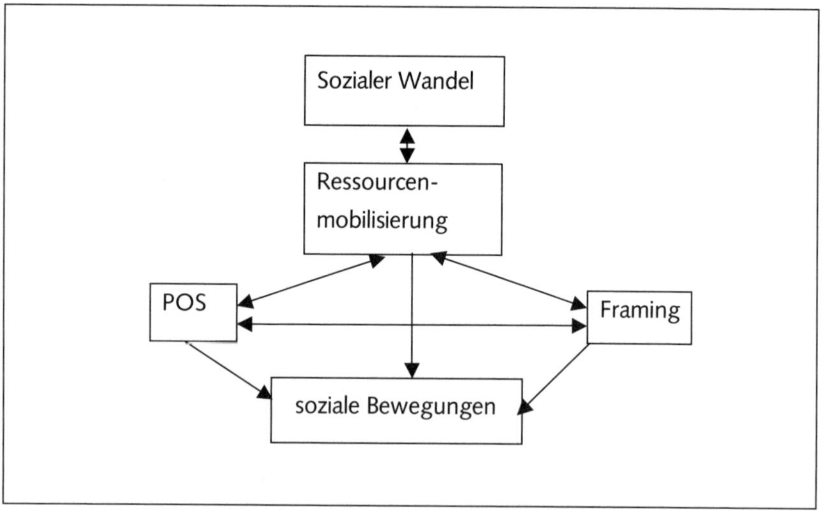

Quelle: Eigene Darstellung in Anlehnung an McAdam/Tarrow/Tilly 2001.

Die folgende Abbildung zeigt wiederum die verschiedenen Ebenen, auf welche sich die verschiedenen Ansätze beziehen (Abb. 2).

Abbildung 2: Erklärungsfaktoren der Bewegungsforschung im Zusammenhang

Makroebene	Sozialer Wandel, Krisen, gesellschaftliche Spannungen, Gelegenheitsstrukturen
Mesoebene	Ressourcen, strategisches Vorgehen, kollektive Identität, Framing
Mikroebene	Deprivationen, Interessenlagen, Gelegenheitswahrnehmung, individuelle Identität

Quelle: Eigene Darstellung in Anlehnung an Rucht/Neidhardt 2002: 10.

Rucht und Neidhardt (2002) haben die verschiedenen Ansätze weiter systematisiert und die Entstehung von sozialen Bewegungen in drei Phasen aufgeteilt: die Problematisierung, die Mobilisierung und Stabilisierung. Verschiedene Erklärungsansätze können dabei den verschiedenen Phasen zugeschrieben werden, wobei auch die Autoren zwischen der individuellen, der kollektiven und der strukturellen/Makro-Ebene unterscheiden.

Seit einigen Jahren wird an den Ansätze kritisiert, dass sie zu statisch seien und gesellschaftliche Dynamiken nicht ausreichend berücksichtigen würden (z.B. Goldstone 2004). Dabei werden Konzepte entwickelt, welche stärker die Interdependenzen zwischen den verschiedenen Theorien berücksichtigen. So kann beispielsweise vermutet werden, dass die politischen Gelegenheitsstrukturen sich nicht nur auf die sozialen Bewegungen auswirken, sondern dass die sozialen Bewegungen auch die Gelegenheitsstrukturen verändern. Dabei ist weiterhin zu beachten, dass die Wirkungen von NSB nicht immer jene sind, welche von ihnen intendiert worden waren (ausführlich McAdam/Tarrow/Tilly 2001: 45ff). Diese neuen Theorieentwicklungen stehen noch am Anfang, scheinen aber an Boden zu gewinnen.

6. Methoden der Bewegungsforschung

Während die Bewegungsforschung in ihrer Anfangszeit häufig Einzelfallstudien bevorzugte, bedient sie sich heute einer Vielzahl von Methoden (vgl. Klandermans/Staggenborg 2002). Häufig zu finden sind Diskurs- und Netzwerkanalysen sowie die Auswertung nationaler oder vergleichender standardisierter Umfragedaten. Die Untersuchung von (Protest-)Ereignissen nimmt ebenfalls einen breiten Raum ein, wobei vorwiegend Medienberichte, aber auch Polizeiakten oder Dokumente der Bewegungen analysiert werden (z.B. Rucht/Hocke/Oremus 1995; McAdam et al. 2005). Qualitative Methoden, wie beispielsweise halbstrukturierte oder narrative Interviews, sowie Gruppendiskussionen werden ebenfalls angewandt. Nach wie vor gehören weiterhin Fallstudien zum Repertoire, in welchen unterschiedliche Methoden angewandt werden (z.B. teilnehmende Beobachtung, Dokumentenanalyse, verschiedene Interviewtechniken). Da sich die Bewegungsforschung nicht auf sozialwissenschaftliche Zugänge beschränkt, sind ebenso Methoden zu finden, welche eher in der historischen oder psychologischen Forschung verbreitet sind (vgl. Klandermans/Staggenborg 2002).

7. Ausblick

Die Bewegungsforschung entstand in den 1970er Jahren im Zuge der partizipatorischen Revolution und entwickelte sich schnell zu einem wichtigen Zweig der Partizipationsforschung. Das methodische Instrumentarium und die theoretischen Ansätze haben sich kontinuierlich weiterentwickelt, und die Bewegungsforschung kann heute auf eine stattliche Anzahl an empirischen und theoretischen Studien blicken. Auch die internationale Vernetzung hatte sich zügig entfaltet, und internationale Kooperationen sind heute an der Tagesordnung. Die Bewegungsforschung weist dabei einige neue Trends auf. So rücken seit Ende der 1990er Jahre die Themen Transnationalisierung (z.B. Rucht 1999) und Globalisierung (della Porta/Kriesi/Rucht 1999) stärker in den Mittelpunkt. Auch hat die Partizipations- und die Bewegungsforschung ihr Repertoire in den letzten Jahren erneut erweitert und zunehmend Elemente des zivilgesellschaftlichen Engagements aufgenommen (van Deth 2003: 172f.).[9]

Seit Ende der 1990er Jahre deuten sich allerdings weitere Verschiebungen an, welche darauf hinweisen, dass die „Boom-Phase" der Bewegungsforschung

---

9 So ist es vielleicht symptomatisch, dass die Abteilung am Wissenschaftszentrum Berlin, die sich bislang mit NSB beschäftigt hat, heute den Begriff der Zivilgesellschaft in ihrem Titel trägt.

sich langsam ihrem Ende zuneigt. Dies dürfte erstens einem aktuellen Trend in der politischen Kultur Deutschlands geschuldet sein. So ist ein *Rückgang an postmaterialistischen Orientierungen* und eine wieder zunehmend materialistische Orientierung der Bevölkerung zu verzeichnen. Da die Anhänger- und Trägerschichten der NSB sich bislang eher aus den postmateriell eingestellten Gruppen der Bevölkerung rekrutierten, sind langfristig Veränderungen zu erwarten.

Die Einführung von Bürgerbegehren und Bürgerentscheiden (Sachplebiszite) auf lokaler und auf Länderebene in den 1990er Jahren hatte zweitens dazu geführt, dass viele Forscher/innen sich vermehrt diesem neuen Feld zuwandten. Die Partizipationsforschung untersucht heute die Entwicklungen und Wirkungen *direktdemokratischer Elemente* deutlich stärker als in den 1980er Jahren (vgl. den Beitrag von Weixner in diesem Band). Es wird sich erst in den nächsten Jahren zeigen, ob die Einführung von Sachplebisziten NSB eher fördern oder durch die Kanalisierung von Unzufriedenheit und Kritik eher zu deren ‚Niedergang' beitragen wird.

Drittens hat die verstärkte Mobilisierung rechtsextremer Gruppen in Deutschland zunehmend (nicht nur) wissenschaftliche Aufmerksamkeit erfahren. Viele der bundesrepublikanischen Bewegungs-Forscher/innen beobachten dieses Phänomen und versuchen, es mit Hilfe von ‚Ansätzen zu sozialen Bewegungen zu erfassen (z.B. Hellman/Koopmans 1998).

Die Partizipationsforschung wird sich in Zukunft noch stärker bemühen müssen, die verschiedenen Beteiligungsformen in den Blick zu nehmen und sich nicht mehr in Parteien-, Wahl-, NSB-, Zivilgesellschafts-, Rechtsextremismus- und Direktdemokratieforschung mit jeweils eigenen Zitierzirkeln aufzuteilen. Für das Verständnis und die Erklärung gegenwärtiger Entwicklungen wird es zunehmend wichtiger, die verschiedenen Beteiligungsformen mit ihren Interdependenzen und Verbindungslinien genauer zu untersuchen.

Literatur

Barnes, Samuel/Kaase, Max (1979): Political Action. Mass Participation in Five Western Democracies. Beverly Hills, CA. u.a.: Sage Publications.

Benford, Robert D./Snow, David A. (2000): Framing Processes and Social Movements: An Overview and Assessment. In: Annual Review of Sociology, 26, S. 611–39.

Bertelsmann-Stiftung (Hrsg.) (2004): Politische Partizipation in Deutschland. Gütersloh: Verlag Bertelsmann Stiftung.

Brand, Karl-Werner (1982): Neue soziale Bewegungen. Entstehung, Funktion und Perspektive neuer Protestpotentiale. Opladen: Leske und Budrich.

– (1986): Aufbruch in eine andere Gesellschaft. Neue soziale Bewegungen in der Bundesrepublik. Frankfurt am Main: Campus Verlag.

Cohen, Jean L. (1985): Strategy or Identity : New Theoretical Paradigms and Contemporary Social Movements. In: Social Research 52, S. 663–716.

Della Porta, Donatella/Diani, Mario (1999): Social Movements: An Introduction. Oxford (UK): Blackwell Publishers.

Della Porta, Donatella/Kriesi, Hanspeter/Rucht, Dieter (1999): Social Movements in a Globalizing World. London: Macmillan.
Deth, Jan van (2003): Vergleichende politische Partizipationsforschung. In: Berg-Schlosser, D./Müller-Rommel, F. (Hrsg.): Vergleichende Politikwissenschaft. Opladen: Leske + Budrich, S. 167–88.
Diani, Mario (1992): The concept of social movement. In: The Sociological Review, 40, S. 1–25.
Diani, Mario/McAdam, Doug (2003): Social Movements and Networks. Relational Approaches to Collective Action. Oxford: Oxford University Press.
Eisinger, Peter K. (1973): The Conditions of Protest Behavior in American Cities. In: The American Political Science Review 67, S. 11–28.
Ferree, Myra Marx/Roth, Silke (1998): Kollektive Identität und Organisationskulturen. In: Forschungsjournal Neue Soziale Bewegungen 11, 1, S. 80–91.
Gabriel, Oscar W. (1997): Bürger und Politik in Deutschland. In: Gabriel, O. W./Holtmann, E. (Hrsg.): Handbuch politisches System der Bundesrepublik. München/ Wien: Oldenbourg, S. 379–499.
Goldstone, Jack A. (2004): More social movements or fewer? Beyond political opportunity structures to relational fields. In: Theory and Society 33, 3/4, S. 333–65.
Granovetter, Mark. S. (1974): Getting a Job: A Study of Contacts and Careers. Cambridge: Harvard University Press.
Hampele Ulrich, Anne (2000): Der unabhängige Frauenverband. Ein frauenpolitisches Experiment im deutschen Vereinigungsprozeß. Berlin: Berliner Debatte Wissenschaftsverlag.
Hellmann, Kai-Uwe/Koopmans, Ruud (Hrsg.) (1998): Paradigmen der Bewegungsforschung. Opladen: Westdeutscher Verlag.
Inglehart, Ronald (1977): The silent revolution: Changing values and political styles among Western publics. Princeton, N.J.: Princeton University Press.
Jenkins, Jennifer C. (1983): Resource Mobilization Theory and the Study of Social Movements. In: Annual Review of Sociology 9, S. 527–53.
Jenkins, Jennifer C./Perrow, Charles (1977): Insurgency of the Powerless: Farm Worker Movements (1946–1972). In: American Sociological Review 42, S. 249–68.
Kaase, Max (1982): Partizipatorische Revolution – Ende der Parteien? In: Raschke, Joachim (Hrsg.): Bürger und Parteien. Opladen: Westdeutscher Verlag, S. 173–89.
Kaase, Max/Newton, Kenneth (1995): Beliefs in Government. Oxford, U.K.: Oxford University Press.
Kamenitsa, Lynn/Geissel, Brigitte (2005): Women's Policy Agencies and Political Representation in Germany. In: Lovenduski, Joni (Hrsg.): State Feminism and Political Representation. Cambridge (UK): Cambridge University Press (i.E.).
Kitschelt, Herbert (1986): Political Opportunity Structures and Political Protest: Anti-Nuclear Movements in Four Democracies. In: British Journal of Political Science 16, 1, S. 188–208.
– (1999): Politische Gelegenheitsstrukturen in Theorien sozialer Bewegungen heute. In: Klein, A./Legrand, H.-J./Leif , T. (Hrsg.): Neue Soziale Bewegungen. Impulse, Bilanzen und Perspektiven. Opladen: Westdeutscher Verlag, S. 144–63.
Klandermans, Bert/Staggenborg, Suzanne (2002): Methods of Social Movement Research. Minneapolis: University of Minnesota Press.
Kontos, Silvia (1986): Modernisierung des Subsumtionsmodells. In: Feministische Studien, 2, S. 34–49.

Koopmans, Ruud (1998): Konkurrierende Paradigmen oder friedlich ko-existierende Komplemente? Eine Bilanz der Theorien sozialer Bewegungen. In: Hellmann, K.-U./Koopmans, R. (Hrsg.): Paradigmen der Bewegungsforschung. Opladen: Westdeutscher Verlag, S. 215–32.

Kriesi, Hanspeter (1991): The Political Opportunity Structure of New Social Movements: Its Impact on Their Mobilisation. Berlin. Discussion Paper.

– (Hrsg.) (1985): Bewegung in der Schweizer Politik: Fallstudien zu politischen Mobilisierungsprozessen in der Schweiz. Frankfurt am Main: Campus.

Kriesi, Hans-Peter/Koopmans, Ruud/Duyvendak, Jan Willem/Giugni, Marco (1995): New Social Movements in Western Europe. A Comparative Analysis. Minneapolis: University of Minnesota Press.

LeBon, Gustave (1912): Psychologie der Massen. Leipzig: Kröner.

McAdam, Doug (1982): Political Process and the Development of Black Insurgency 1930 – 1970. Chicago: University of Chicago Press.

– (1994): Taktiken von Protestbewegungen. Das „Framing" der amerikanischen Bürgerrechtsbewegung. In: Kölner Zeitschrift für Soziologie und Sozialpsychologie Sonderheft 34, S. 393–421.

McAdam, Doug/McCarthy, John/Zald, Mayer (Hrsg.) (1996): Opportunities, Mobilizing Structures, and Framing: Comparative Applications of Contemporary Movement Theory. Cambridge: Cambridge University Press.

McAdam, Doug/Sampson, Robert J./Weffer, Simon/MacIndoe, Heather (2005): „There will be Fighting in the Streets": The Distorting Lens of Social Movement Theory. In: Mobilization 10, 1, S. 1–18.

McAdam, Doug/Tarrow, Sidney/Tilly, Charles (2001): Dynamics of Contention. Cambridge: Cambridge Univerity Press.

McCarthy, John D. /Zald, Mayer N. (1973): The Trend of Social Movements in America: Professionalization and Resource Mobilization. Morristown: General Learning Press.

– (1977): Resource Mobilization and Social Movement: A Partial Theory. In: American Journal of Sociology 82, S. 1212–41.

Oberschall, Anthony (1978): Theories of Social Conflict. In: Annual Review of Sociology 4, S. 291–315.

Olson, Mancur (1965): The Logic of Collective Action. Cambridge: Harvard University Press.

Opp, Karl-Dieter (1996): Gesellschaftliche Krisen, Gelegenheitsstrukturen oder rationales Handeln? Ein kritischer Theorienvergleich von Erklärungen politischen Protests. In: Zeitschrift für Soziologie 25, 3, S. 223–42.

Raschke, Joachim (1985): Soziale Bewegungen. Ein historisch-systematischer Grundriss. Frankfurt am Main: Campus Verlag.

Reinhold, Gerd (Hrsg.) (1992): Soziologie-Lexikon. München/Wien: Oldenbourg.

Reißig, Rolf (1999): „Revolution oder Implosion?" Der Streit um die politische Bewertung der Wende im Herbst 1989. Berlin: Friedrich-Ebert-Stiftung.

Roth, Roland (1998): ‚Patch-work'. Kollektive Identitäten neuer sozialer Bewegungen. In: Hellmann, K.-U./Koopmans, R. (Hrsg.): Paradigmen der Bewegungsforschung. Opladen/Wiesbaden: Westdeutscher Verlag, S. 51–69.

Roth, Roland/Rucht, Dieter (2002): Neue soziale Bewegungen. In: Greiffenhagen, M./ Greiffenhagen, S. (Hrsg.): Handwörterbuch zur politischen Kultur der Bundesrepublik Deutschland. Opladen: Westdeutscher Verlag, S. 296–303.

Rucht, Dieter (1994): Modernisierung und neue soziale Bewegungen: Deutschland, Frankreich und USA im Vergleich. Frankfurt a. Main/New York: Campus.
– (1998): 1968 und 1989: Wendepunkte der Protestgeschichte Deutschlands? In: Imhof, K./Schulz, P. (Hrsg.): Kommunikation und Revolution. Zürich: Seismo, S. 285–310.
– (1998): Komplexe Phänomene – komplexe Erklärungen. Die politische Gelegenheitsstrukturen neuer sozialer Bewegungen. In: Hellmann, K.-U./Koopmans, R. (Hrsg.): Paradigmen der Bewegungsforschung. Opladen: Westdeutscher Verlag, S. 109–27.
– (1999): The Transnationalization of Social Movements: Trends, Causes, Problems. In: Porta, D. d./Kriesi, H./Rucht, D. (Hrsg.): Social Movements in a Globalizing World. London: Macmillan, S. 206–22.
– (2003): Interactions between Social Movements and States in Comparative Perspective. In: Banaszak, L. A./Beckwith, K./Rucht, D. (Hrsg.): Women's Movements Facing the Reconfigured State. Cambridge: Cambridge University Press, S. 242–74.
– (2006): Political Participation in Europe. In: Sakwa, R./Stevens, A. (Hrsg.): Contemporary Europe. Basingstoke: Macmillan, S. 110–137.
Rucht, Dieter/Ferree, Myra Marx/Gerhards, Jürgen/Gamson, William (2002): Abortion Talk in Germany and the United States: Why Rights Explanations Are Wrong. In: Contexts 1, 2, S. 27–33.
Rucht, Dieter/Hocke, Peter/Oremus, Dieter (1995): Quantitative Inhaltsanalyse: Warum, wo, wann und wie wurde in der Bundesrepublik demonstriert? In: Alemann, Ulrich von (Hrsg.): Politikwissenschaftliche Methoden. Opladen: Westdeutscher Verlag, S. 261–91.
Rucht, Dieter/Neidhardt, Friedhelm (2002): Towards a 'Movement Society'? On the possibilities of institutionalizing social movements. In: Social Movement Studies 1, 1, S. 7–30.
Sauer, Birgit (1994): Was heißt und zu welchem Zwecke partizipieren wir? Kritische Anmerkungen zur Partizipationsforschung. In: Biester, E./Holland-Cunz, B./ Sauer, B. (Hrsg.): Demokratie oder Androkratie. Frankfurt/Main: Campus, S. 99–130.
Smelser, Neil J. (1962): Theory of Collective Behaviour. London: Free Press.
Snow, David A./Rochford, Burke E./Worden, Steven K./Benford, Robert D. (1886): Frame Alignment Processes, Micromobilization and Movement Participation. In: American Sociological Review 51, S. 464–581.
Snow, David/Benford, Robert (1988): Ideology, Frame Resonance and Participant Mobilization. In: Klandermans, B. (Hrsg.): From Structure to Action: Comparing Social Movement Research Across Cultures. Greenwich/Connecticut: S. 197–217.
Tarrow, Sidney (1983): Struggling to Reform: Social Movements and Policy Change during Cycles of Protest. Ithaca: Cornell University.
– (1991): Kollektives Handeln und politische Gelegenheitsstruktur in Mobilisierungswellen: Theoretische Perspektiven. In: Kölner Zeitschrift für Soziologie und Sozialpsychologie 43, 4, S. 647–70.
Tilly, Charles (1978): From Mobilization to Revolution. Reading, MA: Addison-Wesley.
Uehlinger, Hans-Martin (1988): Politische Partizipation in der Bundesrepublik. Opladen: Westdeutscher Verlag.

von Wahl, Angelika (1999): Gleichstellungsregime: Berufliche Gleichstellung von Frauen in der Bundesrepublik und den USA. Leverkusen: Leske+Budrich.

Westle, Bettina. Unkonventionelle Formen der Partizipation – Politischer Protest, 2004 [cited December 2004]. Available from www.politikon.de.

Kapitel 8

Politischer Protest in der Bundesrepublik Deutschland: Entwicklungen und Einflussfaktoren[1]

Dieter Rucht

1. Gegenstand und methodische Zugänge

Protest ist ein Wegbegleiter moderner Gesellschaften und scheint im langfristigen historischen Verlauf eher zu- als abzunehmen.[2] Entsprechend sind in den letzten Jahrzehnten Formulierungen wie „Demonstration Democracy" (Etzioni 1970), Protestgesellschaft" (Pross 1992) und „Bewegungsgesellschaft" (Neidhardt/Rucht 1993) in Umlauf gekommen. Protest kann sich an vielen Orten und in mannigfaltiger Form äußern: als Rebellion von Jugendlichen gegen die Normen der Erwachsenen, als empörter Leserbrief an eine Zeitungsredaktion, als Sammelklage gegen einen Behördenakt, als Massenkundgebung hunderttausender von Menschen, als Mahnwache einer Kleingruppe, als Brandanschlag gegen ein Heim von Asylbewerbern... Die Liste wäre schier endlos. Im Folgenden soll nur von einer Teilmenge von Protesten die Rede sein, nämlich kollektiven und öffentlichen Aktionen nichtstaatlicher Akteure, mit denen Kritik oder Widerstand zum Ausdruck gebracht und ein gesellschaftliches oder politisches Anliegen formuliert wird. Ausgeschlossen ist demnach beispielsweise die Protesthandlung einer Einzelperson, das Schimpfen über „die Politiker" in den Hinterzimmern von Gaststuben, der Vandalismus einer Gruppe Betrunkener und die Protestnote einer Regierung an die Regierung eines anderen Landes. Obgleich im Alltagsverständnis kollektiver Protest zumeist als eine Domäne sozialer Bewegungen oder thematisch enger begrenzter Protestgruppen gilt, ist doch daran festzuhalten, dass Proteste im Sinne der vorgestellten Definition auch von etablierten Akteuren, darunter Berufsverbänden und politischen Parteien, getragen werden können. Andererseits ist Protest für soziale Bewegungen eine konstitutive, aber nicht die einzige Aktivität. Somit ist zwischen der Analyse sozialer Bewegungen (vgl. Geißel/Thillman in diesem Band) und der Analyse von Protesten zu unterscheiden.

---

1 Ich danke Stefanie Schelhowe und Sabrina Zajak für Berechnungen und die Anfertigung von Grafiken und Tabellen.

2 Hierfür sprechen sowohl repräsentative Umfragen zur Beteiligung an Protesten in westlichen Ländern (Dalton 2002) als auch Protestereignisdaten, darunter für die Schweiz, Frankreich und Deutschland.

Im Folgenden geht es in erster Linie um die Entwicklung kollektiven Protests in der Bundesrepublik seit 1950, wobei die mögliche Unterscheidung zwischen politischem und sozialem Protest vernachlässigt wird. Hat sich das Profil des Protests, darunter Umfang, Häufigkeit, Themen, Formen und soziale Träger, in den letzten Jahrzehnten gewandelt? Zwei weitere zentrale Fragen werden dagegen nur kursorisch behandelt: Welche Faktoren haben auf Protest eingewirkt? Wie wirksam sind Proteste?

Im Prinzip kann Protest durch sehr verschiedene Methoden – vor allem die teilnehmende Beobachtung einzelner Proteste, Fallstudien zu Protestkampagnen, Befragungen von Protestteilnehmern – erschlossen werden. Doch für eine thematisch, räumlich und zeitlich breit ansetzende Analyse bietet sich in erster Linie die Nutzung von Protestereignisdaten an (Ohlemacher 1992; Koopmans/Rucht 2002). Diese beruhen auf systematischen Auswertungen von Berichtsquellen, etwa Polizeiarchiven und insbesondere Tageszeitungen.[3]

Auch wenn die auf Zeitungsartikeln gründende Protestereignisanalyse nur das registriert, was auch ein interessiertes Publikum zu Gesicht bekommen kann, so verfährt sie doch weitaus vollständiger, gründlicher und systematischer als ein Leser, der Informationen nur selektiv liest und noch selektiver erinnert. So hat sich gezeigt, dass selbst professionelle Beobachter von Protesten, darunter der Verfasser dieses Beitrags, auf der Grundlage von Zeitungslektüre gelegentlich zu Fehleinschätzungen kommen. Diese werden erst durch die Protestereignisanalyse als solche erkennbar, obgleich den unterschiedlichen Wahrnehmungen identische Quellen zugrunde liegen mögen. Zum Beispiel wird vielfach ein deutlicher Rückgang der Proteste in Deutschland ab den 1990er Jahren vermutet – ein Eindruck, den die Protestereignisanalyse nicht bestätigt. Eine Erklärung für diese Fehlwahrnehmung könnte darin liegen, dass die Kontinuität des Protestgeschehens einen Gewöhnungseffekt beim Publikum hervorruft, zumal die Medienberichterstattung über gleichartige Proteste zunehmend weniger aufgeregt ausfällt und selbst größere Proteste oft nur noch in kurzen Notizen abgehandelt werden.

2. Datenbasis

Die nachfolgend vorgestellten Analysen beruhen auf zwei unterschiedlichen und sich zeitlich um fünf Jahre überlappenden Datensätzen. Dies sind zum einen Informationen aus dem so genannten Prodat-Projekt.[4] Es enthält Pro-

---

3 Umfangreiche, jedoch analytisch kaum erschlossene Informationen bietet die Protestchronik von Kraushaar (1996) für den Zeitraum von 1949 bis 1959.

4 Das Kürzel Prodat steht für „Dokumentation und Analyse von Protestereignissen in der Bundesrepublik Deutschland". Das Projekt wird, nach zweijährigen Vorarbeiten, seit 1993

testereignisse in der Bundesrepublik im Zeitraum von 1950 bis 1997, über die in zwei bundesweiten Qualitätszeitungen (Süddeutsche Zeitung und/oder Frankfurter Rundschau; ohne die jeweiligen Lokal- und Landesteile) berichtet wurde. Einbezogen wurden auch Proteste auf dem Territorium der DDR bzw. der neuen Bundesländer ab 1989, im Falle der nachfolgenden Analysen jedoch erst ab 1990. Der detaillierten standardisierten Erfassung der Zeitungsberichte liegt eine Stichprobe zugrunde, die alle Montagsausgaben und alle zusätzlichen Werktage jeder vierten Woche umfasst. Damit werden rund 46 Prozent aller „Ereignistage“[5] berücksichtigt. Der zweite, weniger Protestmerkmale enthaltende Datensatz beruht auf Berichten der links-alternativen tageszeitung (taz) aus dem Zeitraum von 1993 bis 2003. Auch er bezieht sich auf Proteste auf deutschem Boden. Hierbei wurde im Unterschied zum erstgenannten Datensatz eine Vollerhebung aller Ausgaben der taz vorgenommen. Zudem wurden auch Berichte über Proteste aus dem Berliner Lokalteil der taz ausgewertet, die im vorliegenden Beitrag jedoch ausgeklammert werden. Die zeitliche Überschneidung beider Datensätze für den Zeitraum von 1993 bis 1997 erlaubt es, die spezifischen Selektivitäten beider Datensätze zu kontrollieren. Hierbei zeigt sich, dass keineswegs über eine identische Menge von Protesten in den zugrunde liegenden Quellen berichtet wurde, jedoch die sich aus den beiden Datensätzen ergebenden Muster einander ziemlich ähneln (Eilders 2001; Rucht 2003).

Generell gilt es zu berücksichtigen, dass die auf Zeitungsberichten basierende Protestereignisanalyse kein verkleinertes Abbild der Protestwirklichkeit liefern kann. Die Medienberichterstattung orientiert sich vorrangig an Nachrichtenwerten (vgl. Galtung/Ruge 1964; Eilders 1997); sie bevorzugt bestimmte Ereignisse aufgrund von deren Merkmalen und vernachlässigt andere Ereignisse. Die zahlreichen Proteste, über die nicht berichtet wird, sind für das große Publikum auch nicht existent. Und es sind sehr viele Proteste, die weitgehend ungehört verhallen. Allein in Berlin fanden amtlichen Angaben zufolge in den letzten Jahren jeweils zwischen 2200 und 2500 „Versammlungen und Aufzüge“ statt. Dabei handelt es sich überwiegend um Aktionen, die unter den hier vorgestellten Begriff des politischen Protests fallen. Nur ein Teil dieser Proteste wird in der Lokalpresse[6] und ein weitaus kleinerer

---

am Wissenschaftszentrum Berlin für Sozialforschung durchgeführt. Zu Einzelheiten des Projekts und ausgewählten Befunden vgl. Rucht 2001.

5 „Ereignistage“ sind im Falle von Montagszeitungen der vorausgehende Samstag und Sonntag, bei den Ausgaben von Dienstag bis Samstag der jeweils vorausgehende Tag. Montagsausgaben wurden aus forschungsökonomischen Gründen stärker berücksichtigt, da sie sich auf zwei Ereignistage beziehen.

6 Im Berliner Lokalteil der taz werden im jährlichen Durchschnitt der Phase von 2000 bis 2003 lediglich rund 190 Proteste berichtet, von denen wiederum nicht alle in die Kategorie „Versammlungen und Aufzüge“ fallen. Zur Medienselektivität in der Berichterstattung von Lokalpresse und bundesweiter Presse zu Protesten am Beispiel Freiburgs vgl. Hocke 2002.

Teil in der bundesweiten Presse für berichtenswert erachtet, wobei die Aufmerksamkeit sehr unterschiedlich auf verschiedene Kategorien von Protesten verteilt ist (Hocke 2002). Generell gilt der auch durch Untersuchungen im Ausland bestätigte Befund (Fillieule 1996; McCarthy et al. 1996), dass große, Regeln verletzende, originelle und/oder von prominenten Einzelpersonen oder reputierlichen Organisationen gestützte Proteste einen höheren Nachrichtenwert und somit auch eine größere Chance besitzen, Eingang in die Medien zu finden. Und es sind eben diese Proteste und nicht die Vielzahl kleiner und unspektakulärer Aktionen, welche die politsch relevante „soziale Konstruktion" der Protestrealität bestimmen. Insofern handelt es sich bei den hier genutzten Protestereignisdaten um einen relativ unverzerrten Ausschnitt jener Proteste, die (potenziell) als national bedeutsam erscheinen.

3. Grundlinien politischen Protests seit 1950

Um die groben Linien der Protestentwicklung ins Auge zu fassen, muss man gleichsam eine Vogelperspektive einnehmen, sich also von den Einzelheiten lösen und den Blick auf die erst im statistischen Aggregat sichtbar werdenden Konturen richten. Herausragende einzelne Ereignisse, die uns besonders im Gedächtnis haften mögen, stehen in einem Datensatz zu Protesten gleichermaßen neben alltäglichen Aktionen, die dem Publikum nicht mehr präsent sind. Im Folgenden wird zunächst die quantitative Entwicklung des Volumens aller politischen Proteste gleich welchen Inhalts betrachtet, um diese Gesamtheit dann nach wesentlichen Merkmalen, insbesondere den Themen, Formen und Trägern des Protests, weiter aufzuschlüsseln. Stärker ins Detail gehende Analysen wurden an anderer Stelle veröffentlicht (Neidhardt/Rucht 1999; Rucht 2001; Rucht 2003).

3.1 Umfang

Das Volumen bzw. der Umfang von Protesten lässt sich anhand von zwei zentralen Größen bestimmen: der Zahl der Protestereignisse pro Zeiteinheit und der Zahl der daran beteiligten Menschen.

Die jährliche Zahl der Proteste von 1950 bis 1989 in der Bundesrepublik (Basis: Prodat) schwankt, hat aber im langfristigen Trend zugenommen (Abbildung 1). Werden die Proteste bis einschließlich der 1980er Jahre jeweils nach Jahrzehnten zusammengefasst, so ergibt sich ein treppenförmiger Anstieg. Gegenüber den 1950er Jahren haben sich die Proteste in den 1980er Jahren mehr als verdreifacht. Einige kurze Phasen, insbesondere die Jahre 1968/69 mit dem Höhepunkt von Studentenbewegung und außerparlamentarischer Opposition, zeichnen sich durch eine besonders hohe Protestfrequenz aus. Das Gegenteil trifft auf die Phase von 1950 bis 1965 zu. Im jährlichen Durchschnitt bleibt die Zahl der Proteste in den alten Bundesländern im Zeitraum von 1990 bis 1997 im Vergleich zu den 1980er Jahren konstant. Lediglich unter Einbeziehung der Proteste auf dem Gebiet der DDR bzw. der neuen Bundesländer ergibt sich eine weitere Zunahme in den 1990er Jahren.

Abbildung 1: Zahl der Proteste und Protestteilnehmer, 1950–1997

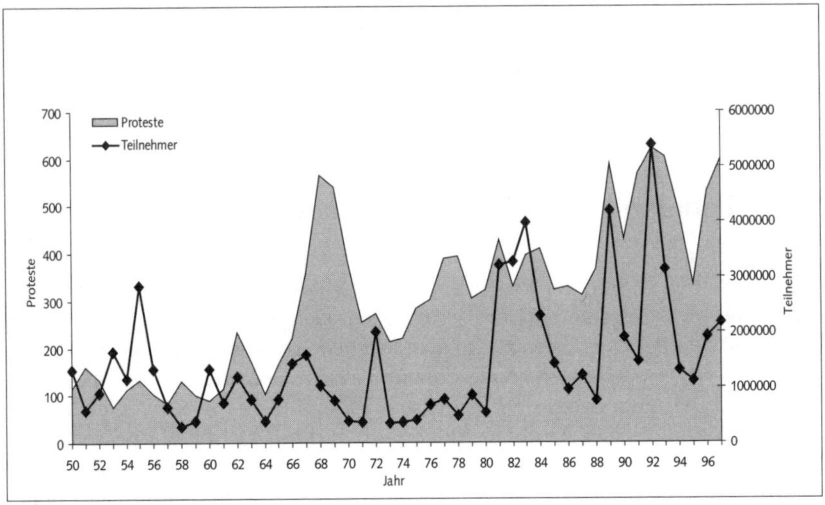

(ab 1990 incl. Ostdeutschland; Quelle: Prodat)

Die jüngste Entwicklung lässt sich anhand der taz-Daten von 1993 bis 2003 nachvollziehen. Hier zeigt sich ein eindeutiger Abwärtstrend (Abbildung 2). Dieser spiegelt sich allerdings nicht bei den Protesten, die im Berliner Lokalteil der taz berichtet werden.

Die Entwicklung der Teilnehmerzahlen unterliegt generell starken Schwankungen und verläuft häufig nicht synchron zur Entwicklung der Protestereignisse. Dies wird u.a. daran deutlich, dass die Jahre 1968/69 mit ihrer hohen Protestfrequenz keineswegs herausragen, während umgekehrt die 1950er Jahre bei durchaus beachtlichen Teilnehmerzahlen relativ wenige Proteste aufweisen (Abbildung 1). Die durchschnittliche Teilnehmerzahl von Protesten variiert also in verschiedenen Phasen ganz erheblich.[7] Im Gesamtbild sind drei mar-

7 Folgende durchschnittliche Teilnehmerzahl pro Protest wurden ermittelt: 1950er Jahre: rund 23.000, 1960er Jahre: 9140, 1970er Jahre: 4760; 1980er Jahre: 10.367; 1990–1997: 8113.

Abbildung 2: Zahl der Proteste und Protestteilnehmer, 1993–2003

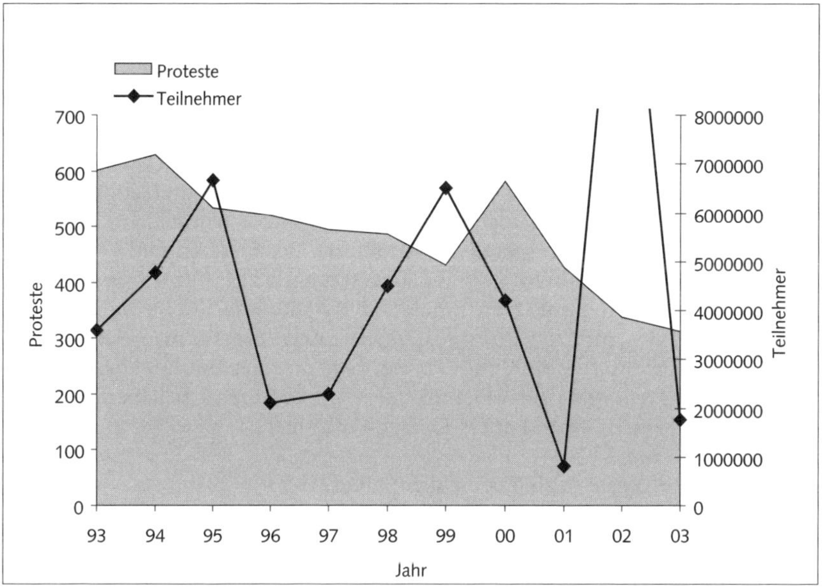

(Quelle: taz ohne Lokalteil)

kante Mobilisierungswellen festzustellen: 1955 mit Protesten gegen die Wiederbewaffnung der Bundesrepublik, von 1982 bis 1984 mit den Aktivitäten gegen die Stationierung von Mittelstreckenraketen sowie 1992 mit den großen „Lichterketten" gegen Ausländerfeindlichkeit. Die Jahre von 1973 bis 1980, die aufgrund sehr konfliktträchtiger Themen wie Abtreibung, Atomkraft und Umweltschutz vielen Beobachtern als besonders protestintensiv erscheinen, zeichnen sich insgesamt durch eher geringe Teilnehmerzahlen aus. Dagegen überrascht nicht, dass in der DDR bzw. den neuen Bundesländern die Proteste in der Wendephase von 1989/90 einen herausragenden Höhepunkt der Massenmobilisierung bildeten.

Nach den taz-Daten verläuft die Entwicklung der Teilnehmerzahlen zwischen 1993 sehr unstetig und keineswegs parallel zur Zahl der Proteste (Abbildung 2). Einzelne Massenproteste, darunter insbesondere zwei umfangreiche Unterschriftensammlungen mit mehreren Millionen Unterstützern[8], bestim-

8 Im Jahr 2002 erfolgte eine Unterschriftensammlung der Apothekerverbände gegen den Versandhandel von Medikamenten, an der sich rund acht Millionen Menschen beteiligten. Rund fünf Millionen Unterschriften sammelte die CDU im Jahr 1999 gegen die doppelte Staatsbürgerschaft.

men das Gesamtbild und insbesondere das „Ausreißerjahr“ 2002. Werden Unterschriftensammlungen, Sammelklagen und dergleichen ausgeklammert, so verläuft die Protestbeteiligung laut taz-Daten weitaus stetiger und ist keineswegs rückläufig.

3.2 Themen

Hinter der Gesamtmenge von Protesten verbirgt sich eine Vielzahl einzelner Themen, die hier zu Oberkategorien zusammengefasst wurden. Im Zeitraum von 1950 bis 1989 hat der Bereich Demokratie, der ideologische Grundsatzkonflikte aber auch konkrete Auseinandersetzungen z.B. um Versammlungsfreiheit oder die Trennung von Staat und Kirche einschließt, den größten Anteil an der Gesamtheit von Protesten. Es folgen die Themen Arbeitswelt, Frieden und Bildung (Abbildung 3). Bei den hier genannten Themen sind zustimmende Positionen (pro Demokratie, pro bessere Arbeitsbedingungen usw.) weitaus stärker vertreten als Contra-Positionen.

Abbildung 3: Proteste nach Themenbereichen, 1950–1989

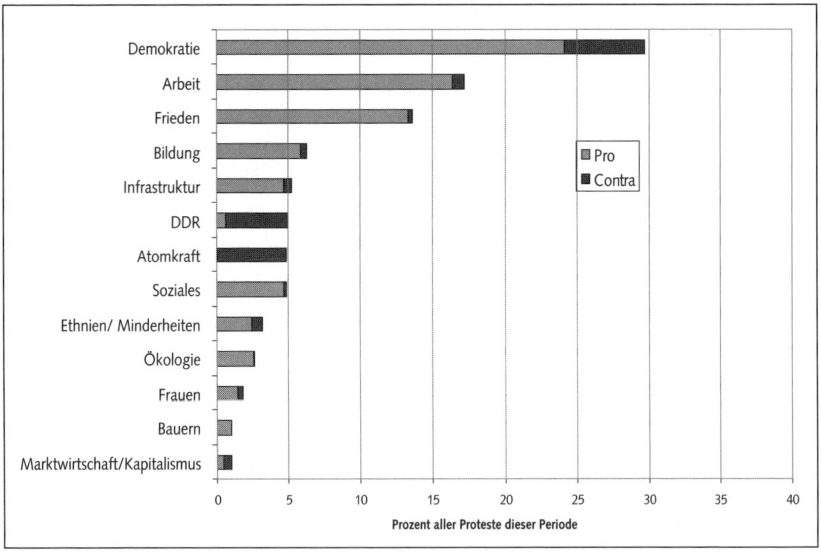

(Quelle: Prodat)

Das Thema Ethnien/Minderheiten, das zunächst einen relativ geringen Raum einnimmt, steht im Zeitraum von 1990 bis 1997 an zweiter Stelle nach dem anhaltend wichtigsten Bereich Demokratie (Abbildung 4). Es folgen die Themen

Frieden, Atomkraft, Ökologie und Soziales. Damit offenbaren sich auch deutliche Verschiebungen im Vergleich zu den vorangegangenen Jahrzehnten.

Abbildung 4: Proteste nach Themenbereichen, 1990–1997

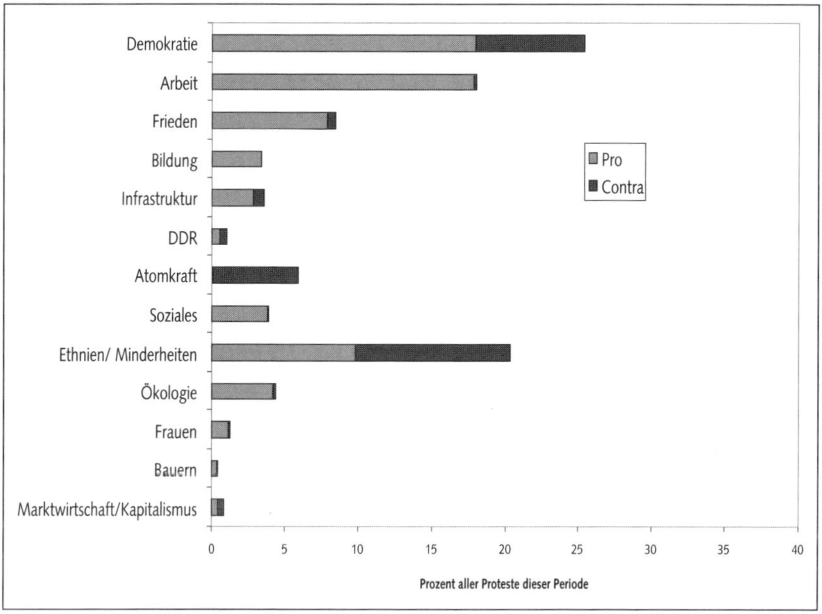

(Quelle: Prodat; incl. Ostdeutschland)

Die bis Ende 2003 reichenden taz-Daten spiegeln im Wesentlichen die Gewichtungen, die sich bereits aus den Prodat-Daten für 1990 bis 1997 abzeichneten. Das Thema Ethnien/Minderheiten, das besonders in den neuen Bundesländern eine große Rolle spielt, nimmt nach dem Themenbereich Demokratie hinsichtlich der Zahl der Proteste den zweiten Rang ein, gefolgt von Arbeit, Atomkraft (im Mittelpunkt hierbei stehen die Transporte von Atommüll) und Frieden (ohne Abbildung). Die auf mehrere Oberkategorien entfallenden globalisierungskritische Proteste, die sich in Einzelfällen bis in die 1980er Jahre zurückverfolgen lassen, gewinnen erst ab 2000 in der öffentlichen Wahrnehmung an Bedeutung.

Im Gesamtbild ist der Anteil von Protesten zum Thema Arbeit relativ stabil, wenngleich sich die konkreten Inhalte im Zeitverlauf ändern. Waren Arbeitsproteste in den frühen 1950er Jahren zumeist eng mit grundsätzlichen Fragen nach der Gestaltung der wirtschaftlichen und politischen Ordnung verkoppelt, so ging es später um spezifischere Themen wie Arbeitszeitverkürzung, Lohnhöhe, Tariffreiheit usw. Die Friedensproteste konzentrieren sich auf relativ kurze Phasen, in denen umstrittene politische Entscheidungen im Mittelpunkt standen: 1955 gegen die Wiederbewaffnung der Bundesrepublik, 1957/58 gegen die atomare Bewaffnung derselben, 1982 bis 1984 gegen den NATO-Nachrüstungsbeschluss, 1991 gegen den Golfkrieg und im Februar/März 2003 gegen den Irakkrieg. Die frühen 1950er Jahre waren noch stark von Themen geprägt, die mit den Folgen des Zweiten Weltkriegs zu tun hatten. Ab Mitte der 1960er Jahre dominierte die Außerparlamentarische Opposition (ApO) die Protestagenda. In thematischer Hinsicht wie auch mit einem Teil ihrer Protestformen bildet die ApO eine Zäsur in der bundesrepublikanischen Protestgeschichte (vgl. Kraushaar 2000). Ab den frühen 1970er Jahren überwogen einzelne Mobilisierungswellen der neuen sozialen Bewegungen (dazu Roth 1994), darunter Umweltschutz einschließlich der zivilen Nutzung der Atomkraft, die schon erwähnten Friedensproteste und die quantitativ eher unbedeutenden Frauenproteste. Im Vordergrund dieser Mobilisierungen standen Straßenproteste (Roth 1997). Zwischen 1979 und 1981 häuften sich teilweise militante Proteste im Zusammenhang mit Hausbesetzungen, Rekrutenvereidigungen und Jugendzentren. Themen der neuen sozialen Bewegungen spielen bis in die Gegenwart eine anhaltend wichtige Rolle. Jedoch rückten in der öffentlichen Wahrnehmung seit den frühen 1990er Jahren die aggressiven rechtsradikalen und ausländerfeindlichen Aktivitäten und die darauf bezogene Gegenmobilisierung in den Vordergrund.

In der DDR überragten zunächst die Wendeproteste das gesamte Geschehen. Nach der deutsch-deutschen Vereinigung überwogen Proteste zum Thema Arbeit in den neuen Bundesländern, während die Themen der neuen sozialen Bewegungen dort zu keinem Zeitpunkt eine ähnlich wichtige Rolle wie in den alten Bundesländern spielten (vgl. Burchardt 2001).

Insgesamt kommt es im Verlauf der Zeit zu einer Vervielfältigung der Protestthemen, die sich immer weiter auffächern und teilweise von sehr speziellen Trägergruppen lanciert werden (Balistier 1996).

Eine deutlich andere Themenrangfolge wie bei der Zahl der Proteste ergibt sich bei der Zahl der Teilnehmer. In dieser Hinsicht erweist sich im langen Zeitraum von 1950 bis 1989 das Friedensthema als am mobilisierungsstärksten. Es folgen die Themen DDR[9], Arbeit, Demokratie und Soziales (Abbildung 5). In der nachfolgenden Phase rückt, gemessen an der Zahl der Teilnehmer, das Thema Demokratie an die Spitze, dicht gefolgt vom Thema Ethnien/Minderheiten und dem erneut an dritter Stelle stehenden Thema Arbeit (Abbildung 6). Bemerkenswert ist vor allem die Verteilung von Pro- und Contra-Protesten im Themenbereich Ethnien/Minderheiten im Zeitraum von 1990 bis 1997. Halten sich nach der Zahl der Proteste zu diesem Thema Pro- und Contra-Positionen

9 Die Wendeproteste sind hier nicht einbezogen. Proteste gegen die DDR richteten sich beispielsweise gegen den Mauerbau und Schüsse an der Mauer.

ungefähr die Waage, so ergibt sich nach der Zahl der Beteiligten eine völlig andere Relation. Das Verhältnis von Pro und Contra beträgt 116 zu 1. Proteste zur Unterstützung ethnischer Minderheiten ziehen also weitaus mehr Menschen an als Proteste der Gegenseite. Dabei schlagen einige Massenproteste (darunter Lichterketten) zu Buche. Dagegen werden ausländerfeindliche Proteste zumeist nur von kleinen, oft auch anonym bleibenden Gruppen getragen (z.B. im Falle von nächtlichen Brandanschlägen). Selbst wenn in Rechnung gestellt wird, dass durch den hohen Anteil anonymer Protestträger die Beteiligung an ausländerfeindlichen Protesten im Datensatz zu gering veranschlagt wird, so würde selbst ein kräftiger Korrekturfaktor, etwa eine rechnerische Verdoppelung oder Verdreifachung der Teilnehmerzahlen an ausländerfeindlichen Protestaktionen, nichts an dem Sachverhalt ändern, dass weitaus mehr Menschen für als gegen die Rechte von ethnischen Minderheiten protestieren. Erst in den taz-Daten, die eine Sammlung von fünf Millionen Unterschriften gegen die doppelte Staatsbürgerschaft im Jahr 1999 einschließen, gewinnen Teilnehmer an Contra-Positionen die Oberhand.

Abbildung 5: Teilnehmerzahlen an Protesten nach Themenbereichen, 1950–1989

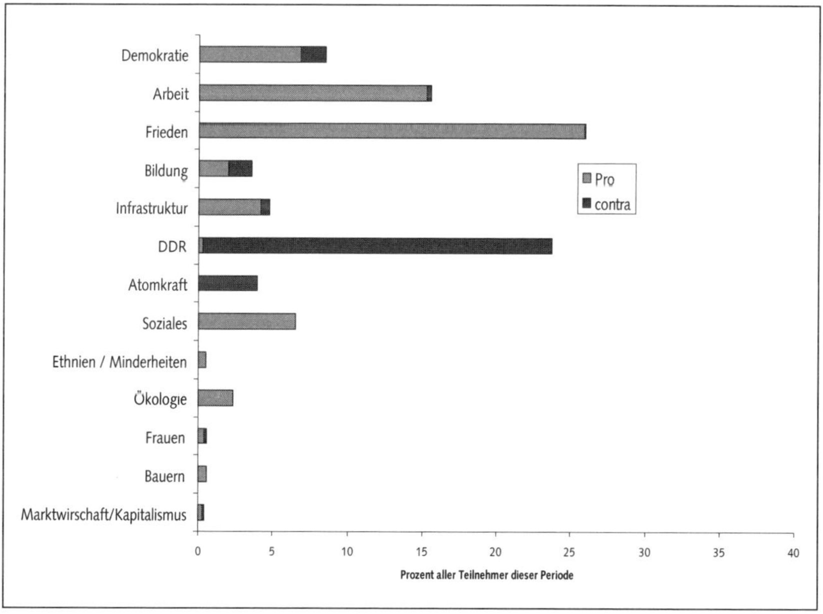

(Quelle: Prodat)

Abbildung 6: Verteilung der Themenbereiche nach Teilnehmerzahlen nach Themenbereichen, 1990–1997

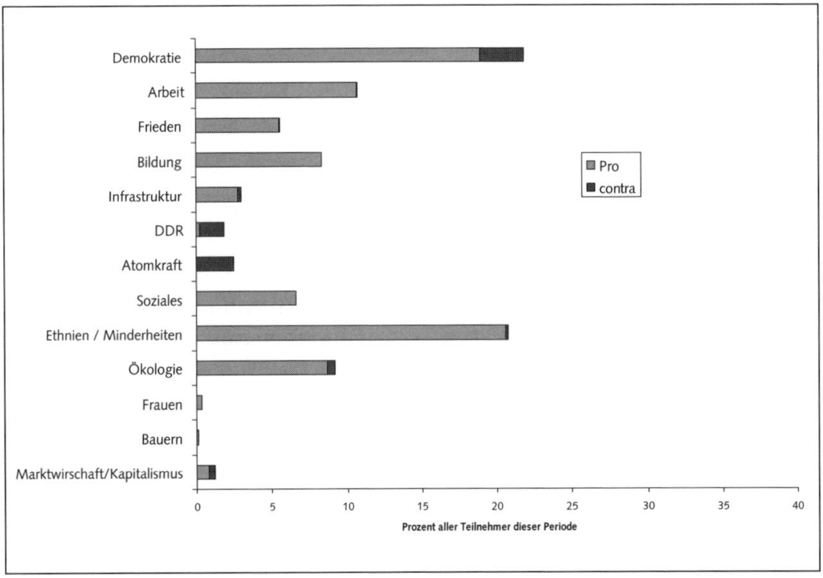

(Quelle: Prodat; incl. Ostdeutschland)

3.3 *Protestformen*

Das Spektrum der Protestformen ist reichhaltig und scheint sich im Zeitverlauf weiter auszudifferenzieren. In den 1950er Jahren überwogen relativ traditionelle Protestformen, darunter vor allem Streiks, Unterschriftensammlungen und Massenkundgebungen. Gelegentlich kam es auch zu Störungen von Veranstaltungen und „Straßenkrawallen“. Gewaltförmige Aktionen waren selten. Vor allem mit den studentischen Protesten ab Mitte der 1960er Jahre rückten bis dato nicht oder kaum genutzte Aktionsformen wie Polit-Happenings, Institutsbesetzungen, Sit-ins, Teach-ins und Straßenblockaden in den Vordergrund. Mit den nachfolgenden neuen sozialen Bewegungen wurde dieses Spektrum um Platz- und Hausbesetzungen sowie Menschenketten, aber auch durch verfahrensförmige Einsprüche (v.a. im Atomrecht und Baurecht) und verwaltungsgerichtliche Klagen erweitert.

Im Folgenden werden einzelne Aktionsformen, z.B. Unterschriftensammlungen, Streiks und Platzbesetzungen, zu vier großen Oberkategorien bzw. Protesttypen zusammengefasst: moderat, demonstrativ, konfrontativ, gewaltförmig.[10] Nach der Zahl der Ereignisse überwiegen demonstrative Proteste mit einem Anteil von über 50 Prozent im Gesamtzeitraum von 1950 bis 1997 (Tabelle 1). Von besonderem Interesse ist die Kategorie der gewaltförmigen Proteste. Ihr Anteil ist in den 1950er Jahren mit knapp drei Prozent relativ gering, erreicht in den 1980er Jahren bereits knapp zehn Prozent und steigert sich in den Jahren von 1990 bis 1997, insbesondere aufgrund rechtsradikaler und ausländerfeindlicher Proteste, auf über 19 Prozent (Tabelle 1).[11] Sehr markant ist hierbei die Differenz zwischen West- und Ostdeutschland (15,7 vs. 30,2 Prozent). Auch die taz-Daten von 1993 bis 2003 spiegeln den Sachverhalt eines hohen Anteils gewaltförmiger Proteste (18,5 Prozent).

Tabelle 1: Verteilung von Protesttypen nach Jahrzehnten, 1950–1997

	1950–59	*1960–69*	*1970–79*	*1980–89*	*1990–97*			
	West	*West*	*West*	*West*	*West*	*Ost*	*Deutsch-land-weit*	*Gesamt*
Moderat	34,7	49,6	42,5	20,4	18,6	11,3	25,2	17,0
Demonstrativ	52,2	35,6	42,1	53,0	51,7	44,9	55,4	50,0
Konfrontativ	10,2	10,3	11,1	16,0	14,0	13,6	9,4	13,7
Gewaltförmig	2,9	4,5	4,3	9,8	15,7	30,2	9,9	19,3
Gesamt	100	100	100	100	100	100	100	100
N	1.138	2.556	3.005	3.588	2.826	1.128	202	4161

(Quelle: Prodat)

10 Zu moderaten Protesten zählt zum Beispiel das Sammeln von Unterschriften oder ein Offener Brief, zu demonstrativen Protesten ein Protestmarsch oder eine Kundgebung, zu konfrontativen Protesten eine Sitzblockade oder ein „wilder Streik", zu gewaltförmigen Protesten die Beschädigung von Sachen oder die Verletzung von Personen.

11 Die hier angegebenen Werte differieren teilweise gegenüber Angaben in früheren Publikationen (z.B. Rucht 2003). Dies hängt vor allem damit zusammen, dass dort für einzelne Variablen wie Protestthema und Protestform auch die zweite Nennung ausgewertet wurde (z.B. erstes Thema Frieden, zweites Thema Frauen), während im vorliegenden Beitrag nur die – zentrale – erste Nennung berücksichtigt wurde. Andere kleine Differenzen ergeben sich daraus, dass frühere Berechnungen für die Phase von 1950–1989 im Jahr 1989 bereits Proteste in der DDR einbezogen haben, welche hier jedoch ausgeklammert wurden.

Tabelle 2: Verteilung von Protesttypen, 1993–2003

	1993	*1994*	*1995*	*1996*	*1997*	*1998*	*1999*	*2000*	*2001*	*2002*	*2003*	*Gesamt*
Moderat	11,6	18,3	14,6	13,1	22,0	20,7	16,2	15,0	15,8	15,0	16,5	16,2
Demonstrativ	58,9	50,2	48,3	58,3	49,0	49,3	57,8	46,3	53,0	75,2	64,4	54,4
Konfrontativ	10,5	11,0	9,1	11,8	15,9	10,9	10,5	10,1	12,3	7,0	10,9	11,0
Gewaltförmig	19,0	20,5	28,0	16,8	13,2	19,2	15,5	28,6	18,9	2,8	8,3	18,4
Gesamt	100	100	100	100	100	100	100	100	100	100	100	100
N	601	629	515	518	492	479	427	566	423	327	303	5280

(Quelle: taz, ohne Lokalteil)

Als besonders gewaltarm erweisen sich insgesamt die Themenbereiche Ökologie, Frauen, Soziales, Bildung und Arbeitswelt. Das Thema Demokratie zieht in der Phase von 1950 bis 1989 am häufigsten und von 1990 bis 1997 am zweithäufigsten (nach Ethnien/Minderheiten) gewaltförmige Proteste auf sich. Innerhalb der einzelnen Themenkategorien ragen die Proteste, die sich gegen Ethnien/Minderheiten richten, durch ihren extrem hohen Gewaltanteil heraus. Im Zeitraum von 1990 bis 1997 sind knapp 87 Prozent dieser Proteste gewaltförmig. Der Anteil von gewaltförmigen Protesten zur Unterstützung ethnischer Minderheiten beträgt dagegen lediglich 2,2 Prozent.

3.4 Akteure

Die Zusammensetzung der Protestakteure kann auf Basis von Prodat hinsichtlich des Organisationstyps des Protestträgers wie auch des sozialen Profils der Protestteilnehmer betrachtet werden. Als organisatorische Grundtypen werden hier in einer starken Vereinfachung (1) Initiativen, Gruppen oder Netzwerke, (2), Verbände und Kirchen sowie (3) Parteien unterschieden. Die deutlichste Veränderung betrifft den zunehmenden Anteil der ersten Kategorie zu Lasten der Verbände, während der Anteil der Parteien nur relativ geringen Schwankungen im Zeitverlauf unterliegt (Abbildung 7). Bemerkenswert ist auch, dass es im Zeitverlauf zu breiteren Organisationsbündnissen kommt, was sich an der Erhöhung der durchschnittlichen Zahl von Gruppen zeigt, die zu einem Protest aufrufen bzw. diesen durchführen.[12]

12 In den 1950er Jahren wurden 1,3 organisatorische Trägergruppen pro Protest, in den 1980er Jahren 6,2 Trägergruppen verzeichnet. Allerdings war die entsprechende Zahl für den Zeitraum von 1990 bis 1997 mit 3,0 deutlich geringer (nur Ostdeutschland: 2,5).

Abbildung 7: Organisatorische Trägertypen von Protesten nach Jahrzehnten, 1950–1997

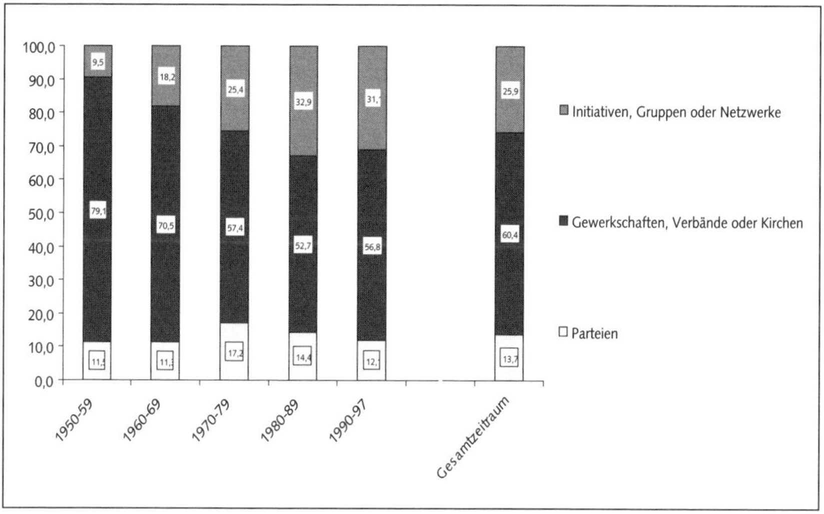

(Quelle: Prodat)

Das dominante soziale Profil der Protestteilnehmer wird auf Grundlage von Prodat anhand der schon bisher bevorzugten zwei Phasen aufgeschlüsselt. Bei der Mehrzahl der Proteste handelt es sich um sozial heterogene Gruppen. Soweit jedoch eine distinkte soziale Trägergruppe festzustellen ist, stehen in der Periode von 1950 bis 1989 mit weitem Abstand die Arbeitnehmer an erster Stelle (Abbildung 8). Es folgen Jugendliche und Ausländer.

Auch im nachfolgenden Zeitraum (1990 bis 1997) dominieren noch immer die Arbeitnehmer (ohne Abbildung). Dann folgen Studierende und Jugendliche, während Ausländer/ethnische Gruppen erst den Rang 7 einnehmen. Die Heimatvertriebenen, die noch in den Nachkriegsjahrzehnten eine wichtige Trägergruppe für Proteste bildeten, sind in den 1990er Jahren kaum mehr präsent. Umgekehrt haben Proteste, deren soziale Träger bewusst anonym bleiben, an Bedeutung zugenommen. Dem liegt vor allem ein Zuwachs ausländerfeindlicher Proteste, z.B. nächtliche Attacken auf Heime von Asylbewerbern, zugrunde.

Hinter diesen groben Werten verbergen sich bei näherer Betrachtung markante Verschiebungen des Profils von Protestgruppen; teilweise stehen bestimmte Protestgruppen auch nur kurzfristig im Vordergrund. In den 1950er Jahren waren neben den Vertriebenen auch Verbände von Kriegsheimkehrern und Kriegsgegnern wichtige Protestträger. Gegen Ende dieses Jahrzehnts

Abbildung 8: Soziale Träger von Protesten, 1950–1989

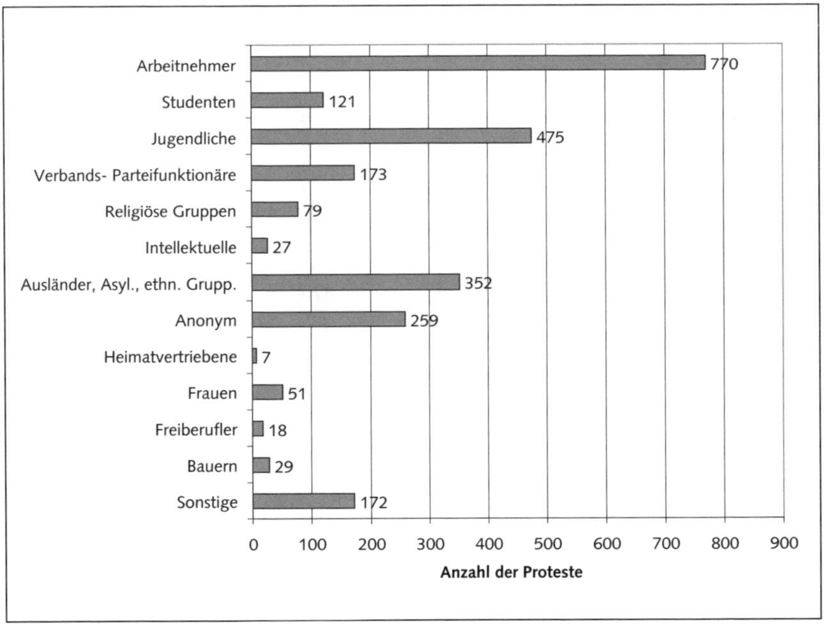

(Quelle: Prodat)

machten sich Jugendliche in Form von sog. Halbstarkenkrawallen bemerkbar; jedoch wurden mit diesem diffusen Aufbegehren gegen bürgerliche Ordnungsvorstellungen kaum explizit politische Anliegen artikuliert. Studentische Proteste waren in dieser Phase selten und zumeist wenig spektakulär; sie gewannen erst in der zweiten Hälfte der 1960er Jahre an Bedeutung. Im Kontext der über das studentische Milieu hinausgehenden außerparlamentarischen Opposition traten in diesen Jahren auch in größerem Umfang informelle Gruppen als Protestträger in Erscheinung. Dieser Trend verstärkte sich mit dem Aufkommen von Bürgerinitiativen und neuen sozialen Bewegungen. Auch wurden Proteste in zunehmendem Maße von breiten Allianzen heterogener Gruppen getragen, so dass sich die durchschnittliche Zahl der Organisationen, die jeweils einen Protest durchführten, deutlich erhöhte. Mit der Vervielfältigung der Protestthemen erweiterte sich auch die sozialstrukturelle Zusammensetzung der Protestierenden; sie schloss in immer stärkerem Maße auch bislang eher „protestabstinente" Gruppen ein. Inzwischen nutzen auch Polizisten, Lehrer und Zahnärzte das Mittel des Straßenprotests.

3.5 Sonderfall Bundesrepublik?

Ähneln die bislang aufgezeigten Muster des Protests in der Bundesrepublik denen in anderen demokratischen Industrieländern und insbesondere in Westeuropa? Eine Antwort auf diese Frage fällt nicht leicht, fehlen doch – mit einer bemerkenswerten Ausnahme – nach einer identischen Methode erhobene Protestdaten für mehrere Länder. Die Ausnahme bildet die Studie von Kriesi et al. (1995), die auf Basis von Berichten jeweils einer landesweit bedeutsamen Tageszeitung das Protestgeschehen in Frankreich, Holland, der Schweiz und der Bundesrepublik nachzeichnet. Diese Untersuchung beschränkt sich allerdings auf den Zeitraum von 1975 bis 1989 und wurde danach nur unvollständig fortgesetzt, allerdings von Giugni – thematisch begrenzt – auch auf die USA und Italien erweitert (Guigni 2001; 2004). Zwar sind die absoluten Zahlen der Protestereignisse wegen der möglicherweise unterschiedlichen Selektivität der verwendeten Zeitungen kaum vergleichbar; aussagekräftig sind immerhin die Verteilungen und Trends sowie die Zahlen über Protestteilnehmer – Letzteres deshalb, weil die addierten Teilnehmerzahlen sehr stark von einzelnen Massenprotesten bestimmt werden, welche in Tageszeitungen fast ausnahmslos Erwähnung finden. Anhand der sich freilich auf einen bereits weiter zurückliegenden Zeitraum beziehenden vergleichenden Studie von Kriesi et al. zeigt sich, dass die für die Bundesrepublik festgestellten Proteststrukturen nicht aus dem Rahmen fallen. Abweichungen ergeben sie allerdings hinsichtlich des hohen Anteils von Protesten neuer sozialer Bewegungen in Deutschland (rund drei Viertel aller Proteste) im Gegensatz zu Frankreich, wo die Streikaktivitäten der Arbeiterschaft stärker zu Buche schlagen. In der Schweiz spielen, wenig überraschend, Proteste im Zusammenhang mit Volksabstimmungen eine große Rolle. Gemessen an der Zahl der Einwohner liegt die Mobilisierungskraft der Proteste in Deutschland im mittleren Bereich. Aus anderen Studien wird deutlich, dass auch hier nicht berücksichtigte Länder eine hohe Protestmobilisierung aufweisen. Außergewöhnlich stark ist die Protesthäufigkeit im Baskenland, das vermutlich einen Spitzenplatz in Europa einnimmt (Casquete 2003) und, bezogen auf die Einwohnerzahl, Polizeidaten zufolge um den Faktor acht höher liegt als in Spanien.

Auch hinsichtlich der Verteilung von Aktionstypen scheint die Bundesrepublik keine Sonderstellung einzunehmen. Nach der Untersuchung von Kriesi et al. (1995: 50) lag der Anteil gewaltförmiger Proteste in der Bundesrepublik in der Phase von 1975 bis 1989 im mittleren Bereich (15,2 Prozent) zwischen den Werten Frankreichs einerseits (31,2 Prozent) und den Niederlanden andererseits (11,1 Prozent). Diese Platzierung ergibt sich auch für die Teilmenge der Proteste, die den neuen sozialen Bewegungen zugerechnet werden können.

4. Zur Erklärung von Proteststrukturen

Den Gründen für die diversen Muster des Protests in der Bundesrepublik kann hier nicht im Einzelnen nachgegangen werden. Immerhin sind Hinweise darauf möglich, welche Faktorenbündel solche Muster grundsätzlich beeinflussen und wie sich ein solcher Einfluss an einigen konkreten Merkmalen von Protest manifestiert.

4.1 Probleme und Problemdeutungen

Eine nahe liegende, aber gleichwohl selten zutreffende Erklärung für die Breite und auch Intensität von Protesten bezieht sich auf das Ausmaß der Probleme, die in Protesten artikuliert werden. Zahlreiche empirische Studien haben gezeigt, dass zwischen den objektiven Problemen (absolute Deprivation) und dem Protestverhalten kein direkter Zusammenhang besteht. Oft ist es vielmehr so, dass gerade die am stärksten Entrechteten und Geknechteten nicht protestieren. Die Gründe dafür können mannigfaltig sein: soziale Vereinzelung, Mangel an Ressourcen, Furcht vor Repressionen, Resignation. Ein Beispiel für eine nur selten protestierende Gruppe sind die Obdachlosen. Ihr Elend ist groß, doch sind sie relativ vereinzelt, ohne nennenswerte materielle und symbolische Ressourcen. Auch glauben sie kaum daran, dass sie sich durch kollektive Proteste aus ihrer Lage befreien könnten.

Nicht das absolute Maß, sondern vielmehr die Wahrnehmung einer gravierenden Benachteiligung im Vergleich zu früheren Situationen oder zu anderen Gruppen (relative Deprivation) kann dagegen einen wichtigen Grund bzw. Auslöser für Proteste bilden (Gurney/Tierney 1982). Eine aus einem solchen Vergleich resultierende Unzufriedenheit kann sich selbst bei Gruppen ergeben, die nach objektiven Maßstäben als eher privilegiert gelten müssen. Dies trifft beispielsweise auf Zahnärzte zu, die sich gegen eine drohende Reduzierung ihrer Einkommen zur Wehr setzen.

Allerdings müssen zu einer relativen Deprivation noch andere Faktoren hinzutreten, damit tatsächlich kollektiver Protest zustande kommt. So darf das zugrunde liegende Problem nicht als schicksalhaft und unabwendbar erscheinen. Es müssen also im Zuge eines Deutungsprozesses – die Fachliteratur spricht von Framing (Benford/Snow 2000) – Verursacher, möglichst sogar „Schuldige“, benannt und Lösungsmöglichkeiten, und seien sie auch noch so vage, in Aussicht gestellt werden. Sind diese Bedingungen gegeben, so entsteht im Zuge von „consensus mobilization“ (Klandermans 1984; 1988) ein Mobilisierungspotential, also ein mehr oder weniger großer Kreis von Personen, die für eine gezielte Protestmobilisierung in Frage kommen.

4.2 *Mobilisierungsstrukturen*

Damit ein bestehendes Mobilisierungspotential, und sei es auch nur zu Teilen, für kollektive Proteste aktiviert werden kann, muss es Protestorganisatoren geben, die Mittel und Wege finden, das Mobilisierungspotential auf die Modalitäten des Protests hinzuweisen und es vom Sinn des Protests und nicht zuletzt auch vom Sinn der Teilnahme daran zu überzeugen. Für diese „action mobilization" (Klandermans) brauchen die Organisatoren vor allem bei größeren Protesten bestimmte Ressourcen, etwa für die Herstellung und Verteilung von Plakaten oder Flugblättern. Vielfach müssen sich Protestgruppen zudem im Vorfeld koordinieren, um z.B. Ort, Zeitpunkt, Ablauf, Slogans, Redner usw. abzusprechen.

Auch werden Ressourcen benötigt, um die eigentliche Protestaktion durchzuführen. Für Großdemonstrationen werden dabei zuweilen Ausgaben in sechsstelliger Höhe fällig, um Bühnen, Lautsprecheranlagen, Musikgruppen, Ordner usw. bereitzustellen.

Die Protestmobilisierung wird beträchtlich erleichtert, wenn es Orte gibt, an denen sich die Zielgruppen der Organisatoren ohnehin treffen und austauschen (Ohlemacher 1993), also Fabriken im Falle von Arbeiterprotesten und Universitäten im Falle von Studierenden. Die Mobilisierung wird zudem begünstigt, wenn die Protestorganisatoren bereits bestehende Kontakte zu den Angesprochenen haben und zudem diesen als vertrauenswürdig und handlungsfähig erscheinen. Letzteres ist vor allem dann unabdingbar, wenn Protestaktionen anstehen, die ein Risiko für die Beteiligten beinhalten, also etwa eine körperliche Gefahr oder eine drohende Sanktion durch Polizei oder Strafverfolger.

4.3 *Kontextstrukturen und situative Faktoren*

Neben all den genannten Faktoren wird der Umfang der tatsächlichen Protestmobilisierung auch durch eine Reihe externer Bedingungen beeinflusst, die in der Literatur als politische Gelegenheiten bzw. – breiter gefasste – gesellschaftliche Kontextfaktoren bezeichnet werden (Kriesi 2004). So erscheinen Proteste zu bestimmten Phasen – z.B. wenn Verbündete bereit stehen und/ oder die Gegenseite geschwächt ist, wenn im Vorfeld der Proteste positive Medienberichte erscheinen – als besonders aussichtsreich und werden deshalb auch eine größere Beteiligung erzielen als unter Abwesenheit solcher Bedingungen. Strukturelle Gelegenheiten können sich nicht nur auf einzelne Themen, sondern auf das Gesamtbild der Proteste auswirken. So ist anhand der Prodat-Daten festzustellen, dass in Zeiten einer konservativen Regierung durchschnittlich mehr als in anderen Phasen protestiert wird.

Manche dieser strukturellen Bedingungen sind ein festes Datum und liegen außerhalb des Einflusses von Protestgruppen; andere dagegen sind variabler und können durchaus im Sinne der Protestgruppen geschaffen oder beeinflusst werden. Zum Beispiel haben Protestgruppen institutionelle Änderungen erreicht (Verbandsklage, Erweiterung von Partizipationsrechten, Recht auf Einsicht in Behördenakten usw.), die für künftige Proteste verbesserte Aktions- und Einflussmöglichkeiten bieten.

Wann Proteste stattfinden, welchen Umfang sie erreichen und welche Formen sie annehmen, wird darüber hinaus von situativen Faktoren beeinflusst, die sich zumindest teilweise einer Kontrolle der Protestgruppen entziehen. Hierzu zählen zum einen externe Protestanlässe, z.B. anstehende politische Entscheidungen, Skandale oder Katastrophen wie der Reaktorunfall in Tschernobyl, der der Anti-Atomkraftbewegung im Jahr 1986 neuen Schwung verliehen hat. Zum anderen wird der konkrete Ablauf von Protesten auch durch konkrete Bedingungen vor Ort beeinflusst. Dazu gehören das Verhalten der Polizei, von Gegendemonstranten oder Passanten, aber auch umlaufende Gerüchte, Zwischenfälle und dergleichen, die Eskalationen oder Deeskalationen in Gang setzen können. Zum Beispiel trug die Erschießung des Studenten Benno Ohnesorg durch einen Berliner Polizisten am 2. Juni 1967 erheblich dazu bei, dass die Studentenbewegung Zulauf erfuhr und sich radikalisierte (Sack 1984).

5. Wirkungen von Protesten

Die Frage nach den Wirkungen von Protesten gehört zu den großen und bislang nur unzureichend gelösten Herausforderungen der Protestforschung (Giugni 1998). Bereits bei der Identifizierung von möglichen Wirkungsdimensionen offenbart sich die Schwierigkeit der Aufgabe. Im Vordergrund stehen dabei zumeist die externen Effekte von Protesten, darunter vor allem die Einflussnahme auf (1) öffentliche Themensetzungen und Meinungsbildung, (2) Bevölkerungsmeinungen zu Protestthema, Protestakteur und möglichen Problemlösungen, (3) Strategien der Gegenseite, (4) politische Spielregeln, Institutionen und Machtkonstellationen sowie (5) konkrete politische Programme und Entscheidungen. Der Erfolg oder Misserfolg von Protestgruppen wird zumeist nur im Hinblick auf die beiden letztgenannten Dimensionen beurteilt. Die Kategorie der Wirkungen ist jedoch breiter als die von Erfolg und Misserfolg.

Und es sind auch Wirkungen im Binnenraum von Protestgruppen und sozialen Bewegungen zu bedenken. Dazu zählen Effekte auf (6) die Motivation der Beteiligten, (7) Veränderungen ihrer Wahrnehmungen, Einstellungen und Verhaltensweisen, (8) den weiteren Zusammenhalt und die kollektive Identität von Gruppen und Organisationen sowie (9) die Einschätzung und künftige Anwendung bestimmter Taktiken und Formen des Protests durch die initiierenden und beobachtenden Gruppen. Diese internen Wirkungen, die zumeist ignoriert werden, haben einen erheblichen Einfluss auf das weitere Auftreten von Protestgruppen und damit auch auf deren künftige externe Effekte. Selbst ein Scheitern einer Protestkampagne kann eine nachhaltige und im Sinne der Protestgruppen positive Wirkung zeitigen, sofern daraus die richtigen Lehren gezogen werden. Umgekehrt können Protestgruppen auch durch ihren eigenen Erfolg geschwächt werden. Ein Beispiel dafür wäre ein lawinenartiger Zulauf von neuen Anhängern, die – wie im Falle des Neuen Forums in den Wendejahren der DDR 1989/90 – aufgrund ihrer Zahl und ihrer ideologischen Heterogenität nicht integriert werden konnten und somit zum Zerfall der Kernorganisationen beitrugen.

Schließlich sind bei der Frage nach Wirkungen auch unterschiedliche Zeithorizonte zu bedenken. Was kurzfristig als Sieg bzw. als Niederlage erscheint, mag sich längerfristig in das Gegenteil verkehren. Ein vermeintlicher Erfolg, zum Beispiel der Einzug einer grünen Partei in die Parlamente, kann viele potentielle Unterstützer von Umweltgruppen zur Passivität und damit zur ungewollten Schwächung der Umweltbewegung verleiten, weil sie nun ihr Anliegen in guten Händen glauben.

Neben der empirischen Erfassung von Wirkungsdimensionen von Protest bereitet das Problem kausaler Zurechnung große Schwierigkeiten. Ist es bei relativ eng begrenzten Protestthemen, etwa einer Kampagne gegen eine lokale Müllverbrennungsanlage, auf der Basis detaillierter Fallstudien noch relativ einfach festzustellen, ob das Ziel wegen des Protests erreicht – oder trotz Protests verfehlt – wurde, so fallen eindeutige Kausalzuschreibungen bei sehr komplexen und/oder langfristig laufenden Prozessen politischer Entscheidung oder sozialer Veränderung äußerst schwer. Entsprechend umstritten ist beispielsweise die Wirkungsbilanz der Studentenbewegung der 1960er Jahre. Auch bei thematisch relativ begrenzten Kampagnen, etwa zur Frage der Entschuldung der ärmsten Länder, können Erfolge nicht umstandslos den in diesem Bereich aktiven Protestgruppen zugeschrieben werden, ist doch unklar, in welchem Maße auch Regierungen und unabhängige Wissenschaftler zum Resultat beigetragen haben. Zudem mag die Einsicht von Gläubigerstaaten eine Rolle gespielt haben, dass von diesen Ländern ohnehin „nichts zu holen" sei oder dass es im Interesse künftiger Handelsbeziehungen nicht opportun sei, auf einer Eintreibung von Schulden zu beharren.

Für die Bundesrepublik lässt sich verallgemeinernd feststellen, dass ihre Politik und namentlich ihre politische Kultur durch Protestgruppen und Protestbewegungen nachhaltig geprägt wurde. Protestgruppen haben in ihrer Gesamtheit wohl eher zur Thematisierung und Problematisierung von Sachverhalten als direkt zu konkreten Problemlösungen beigetragen. Soweit es um konkrete Vorhaben und Programme geht, sind einzelne herausragende Erfolge im Sinne erklärter Zielsetzungen des Protests, aber auch viele Misserfolge und vermutlich noch weitaus mehr Teilerfolge zu verzeichnen. Zu den Erfolgen zählen beispielsweise die Verhinderung der atomaren Bewaffnung der Bundeswehr und einer ganzen Reihe technisch-industrieller Großprojekte sowie die Liberalisierung der Abtreibung. Zu den Misserfolgen gehören der Widerstand gegen Wiederbewaffnung, gegen die Notstandsgesetze, gegen den NATO-Doppelbeschluss und gegen das Hartz IV-Gesetz, um nur einige Beispiele zu nennen. Zumeist unterschätzt werden jedoch die Teilerfolge, etwa die Verkleinerung eines die Umwelt belastenden Bauprojekts, die Förderung regenerativer Energien, die Minderung der Benachteilung von Frauen in vielen Bereichen sowie die Modifikationen zahlreicher Gesetzesvorhaben und administrativer Maßnahmen.

Als weitere Wirkungen von Protesten in der Bundesrepublik sind aber auch tiefer reichende strukturelle und institutionelle Veränderungen anzuführen, die in ihrer Summe zu vermehrten Möglichkeiten der Bürgerbeteiligung, zu mehr Transparenz politischer Entscheidungsprozeduren, zum Abbau autoritärer Werte und Verhaltensmuster, zu größerer Toleranz gegenüber abweichenden Lebensformen sowie zu einer generellen Vitalisierung und Demokratisierung der politischen Kultur beigetragen haben. Hervorzuheben ist schließlich das wohl einschneidendste Großereignis in der deutschen Geschichte der letzten Jahrzehnte: die Wiedervereinigung beider deutschen Staaten, die ohne die Wendeproteste der Jahre 1989/1990 nicht möglich gewesen wäre. Dieses Beispiel belegt eindrucksvoll, dass Protestbewegungen zu einer geschichtsmächtigen Kraft aufsteigen können, sofern günstige Randbedingungen hinzukommen.

Anzuerkennen ist aber auch, dass Protestbewegungen nicht generell als Motor einer linearen Erfolgsgeschichte im Sinne eines Aufklärungs- und Emanzipationsprozesses wirksam sind. Protest kann auch antidemokratischen Zielen dienen. Und er kann ungeachtet des jeweiligen Inhalts in seinen Formen die physische, psychische und soziale Integrität anderer verletzen. Die Welle rechtsradikaler und ausländerfeindlicher Proteste seit den 1990er Jahren zeigt, dass es sich hier nicht um bloße Möglichkeiten handelt (Heitmeyer 2002) und dass derartige Proteste – aus der Perspektive ihrer Initiatoren – keineswegs erfolglos bleiben müssen.

6. Zentrale Befunde sowie Möglichkeiten und Grenzen der Protestanalyse

Das öffentlich sichtbare Protestgeschehen in der Bundesrepublik lässt sich anhand von Protestereignisdaten, die auf Zeitungsberichten beruhen, in seinen Strukturen und Verläufen in relevanten Ausschnitten nachzeichnen. Viele kleine und unspektakuläre Proteste bleiben allerdings unberücksichtigt; sie können allenfalls in aufwändigen Zusatzanalysen sichtbar gemacht werden, etwa durch die Heranziehung lokaler Zeitungen oder durch das Material der

Versammlungs- bzw. Ordnungsbehörden. Der Vergleich des Materials aus unterschiedlichen Quellen erlaubt es, die Selektivität von Protestereignisdaten, die auf bundesweiten Tageszeitungen beruhen, näher zu bestimmen. Insgesamt zeigen die hier vorgestellten Daten lediglich die durch Medien sichtbar gemachte Spitze des weitaus umfangreicheren „Eisbergs" von Protesten. Jedoch werden damit Massenproteste und Regeln verletzende, insbesondere gewaltförmige Proteste, ziemlich vollständig erfasst.

Das Protestgeschehen in der Bundesrepublik zeichnet sich durch markante Wellen sowie Verschiebungen zentraler Themen, Formen und Träger aus (siehe auch Koopmans 1993; 1995). Daneben gibt es aber auch Kontinuitäten, wie zum Beispiel die anhaltende Bedeutung von Protesten im Arbeitsbereich, die zudem einen hohen Grad an Friedfertigkeit aufweisen. Bemerkenswert ist die deutliche Zunahme des Anteils gewaltförmiger Proteste, die ab den 1990er Jahren überwiegend von rechtsradikalen bzw. ausländerfeindlichen Gruppen ausgehen und sich stärker auf die neuen Bundesländer konzentrieren. Dort finden aufgrund besonders drängender sozialer und wirtschaftlicher Probleme die Themen der neuen sozialen Bewegungen weniger Widerhall als im Westen, wo diese Bewegungen zudem eine längere und bessere infrastrukturelle Verankerung aufweisen (Burchardt 2001). Bemerkenswert ist auch die im Zeitverlauf wachsende Themen- und Formenvielfalt der Proteste. Als eine im Prinzip weithin akzeptierte und praktizierte Form der Wahrnehmung von Interessen diffundieren Protestaktivitäten in immer weitere soziale Kreise und können keineswegs, wie noch im 19. Jahrhundert, pauschal als „Pöbelexzesse" denunziert werden.

Das Zustandekommen von Protesten ist voraussetzungsreich. Umfang, Themen, Formen und Träger von Protesten, um nur einige der wichtigsten Dimensionen zu nennen, werden durch eine ganze Reihe von Faktoren beeinflusst, von denen zumeist mehrere zusammentreffen müssen, um überhaupt zu nennenswerten Protesten zu führen. In diesem Zusammenhang erweisen sich schlichte Erklärungen nach dem Muster „Je mehr X, desto mehr Y" als wenig tragfähig. So bestehen teilweise kurvilineare Zusammenhänge der Art, dass sowohl scharfe Ablehnung als auch ein deutliches Entgegenkommen der etablierten Politik die Protestbereitschaft dämpfen, „mittlere" oder ambivalente Reaktionen sie dagegen befördern können. Eine andere Komplikation bei der Erklärung von Protestmerkmalen ergibt sich aus interaktiven Effekten von Bedingungsfaktoren, die bislang kaum erforscht worden sind. Zudem wird das Protestgeschehen auch von kontingenten Faktoren, darunter zufälligen Ereignissen und Konstellationen, beeinflusst, sodass der Vorhersage von Protesten prinzipielle Schranken gesetzt sind. Auffällig ist, dass selbst große, im Rückblick als plausibel zu erklärende Protestwellen, wie die Studentenbewegung der 1960er Jahre und die Bürgerbewegungen in Ost-Mittel-Europa, von der Protest- und Bewegungsforschung nicht vorhergesehen wurden.

Schließlich ist darauf hinzuweisen, dass sich Proteste nicht in „harten" und zumeist leicht zählbaren Merkmalen wie Ort, Dauer, Größe, Schaden usw.

erschöpfen. Proteste haben immer auch eine „weiche", eine expressive und symbolische Dimension (Warneken 1991). In ihnen manifestieren sich kulturelle Gewohnheiten und Herausforderungen, emotionale Befindlichkeiten, Botschaften in ironischem, subversivem oder provokativem Gewand, Darstellungen kollektiver Identität und damit auch Grenzziehungen nach außen, Appelle an Solidarität und vieles andere mehr. Die quantitative Protestereignisanalyse bleibt gegenüber diesen Aspekten weitgehend indifferent. Ihnen Rechnung zu tragen, erfordert andere, stärker „verstehende" Zugänge, die naturgemäß lediglich kleine Ausschnitte aus dem großen Fluss des täglichen Protestgeschehens herausgreifen können (siehe Fahlenbach 2002; Rucht 2003a). Hier liegt, neben den Erklärungen für die in diesem Beitrag im Mittelpunkt stehenden Proteststrukturen, eine bislang kaum aufgenommene Herausforderung der Forschung zu Protesten und sozialen Bewegungen.

Literatur

Balistier, Thomas (1996): Straßenprotest. Formen oppositioneller Politik in der Bundesrepublik Deutschland. Münster: Westfälisches Dampfboot.

Benford, Robert/Snow, David (2000): Framing Processes and Social Movements: An Overview and Assessment. In: Annual Review of Sociology, 26, S. 611–639.

Burchardt, Susann (2001): Problemlagen, Unzufriedenheit und Mobilisierung. Proteststrukturen in Ost- und Westdeutschland 1990–1994. Marburg: Tectum Verlag.

Casquete, Jesus (2003): From Imagination to Visualization: Protest Rituals in the Basque Country. Discussion Paper SP IV 2003–401. In: Discussion Paper Reihe des Wissenschaftszentrum Berlin für Sozialforschung (WZB), S. 1–37.

Dalton, Russell J. (2002): Citizen Politics: Public Opinion and Political Parties in Advanced Industrial Democracies. New York: Chatham House.

Eilders, Christiane (1997): Nachrichtenfaktoren und Rezeption. Eine empirische Analyse zur Auswahl und Verarbeitung politischer Informationen. Opladen: Westdeutscher Verlag.

Eilders, Christiane (2001): Die Darstellung von Protesten in ausgewählten Deutschen Tageszeitungen. In: Rucht, Dieter (Hrsg.): Protest in der Bundesrepublik. Strukturen und Entwicklungen, S. 275–311.

Etzioni, Amitai (1970): Demonstration Democracy. New York et al.: Gordon and Breach.

Fahlenbach, Kathrin (2002): Protestinszenierungen. Visuelle Kommunikation und kollektive Identitäten in Protestbewegungen. Wiesbaden: Westdeutscher Verlag.

Fillieule, Olivier (1996): Police Records and National Press in France. Issues in the Methodology of Data-Collections from Newspapers. Working Paper of the Robert Schuman Centre, No. 96/25. Florence: European University Institute.

Galtung, Johan/Ruge, Mari Holmboe (1964): The Structure of Foreign News. The Presentation of the Congo, Cuba and Cyprus Crises in Four Foreign Newspapers. In: Journal of Peace Research, 2, S. 64–91.

Giugni, Marco (1989): Was it Worth the Effort? The Outcomes and Consequences of Social Movements. In: Annual Review of Sociology, 24, S. 371–393.

Giugni, Marco (2001): L'impact des mouvements écologistes, antinucléaires et pacifistes sur les polititiques publiques. Le cas des États-Unis, de l'Italie et de la Suisse, 1975–1995. In: Revue Française de Sociologie, 42–4, S. 641–668.

Giugni, Marco (2004): Social Protest and Policy Change. Ecology, Antinuclear, and Peace Movements in Comparative Perspective. Lanham, Md.: Rowman & Littlefield.

Gurney, Joan N./Tierney, Kathleen J. (1982): Relative Deprivation and Social Movements: A Critical Look at Twenty Years of Theory and Research. In: The Sociological Quarterly, 23 (Winter), S. 33–47.

Heitmeyer, Wilhelm (2002): Rechtsextremistische Gewalt. In: Heitmeyer, Wilhelm/Hagan, Hohn (Hrsg.): Internationales Handbuch der Gewaltforschung. Wiesbaden: Westdeutscher Verlag, S. 501–546.

Hocke, Peter (2002): Massenmedien und lokaler Protest. Eine empirische Fallstudie zur Medienselektivität in einer westdeutschen Bewegungshochburg. Opladen: Westdeutscher Verlag.

Klandermans, Bert (1984): Mobilization and Participation: Social Psychological Expansions of the Resource Mobilization Theory. In: American Sociological Review, 49, 5, S. 583–600.

Klandermans, Bert (1988): The Formation and Mobilization of Consensus. In: Klandermans, Bert/Kriesi, Hanspeter/Tarrow, Sidney (Hrsg.): From Structure to Action: Comparing Social Movement Research Across Cultures. Greenwich, Conn.: JAI Press., S. 173–196.

Koopmans, Ruud (1993): The Dynamics of Protest Waves: West Germany, 1965 to 1989. In: American Sociological Review, 58, S. 637–658.

Koopmans, Ruud (1995): Democracy from Below. New Social Movements and the Political System in West Germany. Boulder: Westview Press.

Koopmans, Ruud/Rucht, Dieter (2002): Protest Event Analysis. In: Klandermans, Bert/Staggenborg, Suzanne (Hrsg.): Methods in Social Movement Research. Minneapolis/London: University of Minnesota Press, S. 231–259.

Kriesi, Hanspeter (2004): Political Context and Opportunity. In: Snow, David A./Soule, Sarah A./Kriesi, Hanspeter (Hrsg.): The Blackwell Companion to Social Movements. Malden, MA.: Blackwell Publishing, S. 67–90.

Kriesi, Hanspeter/Koopmans, Ruud/Duyvendak, Jan Willem/Giugni, Marco G. (1995): New Social Movements in Western Europe: A Comparative Analysis. Minneapolis: University of Minnesota Press.

Kraushaar, Wolfgang (1996): Die Protestchronik 1949–1959. 4 Bände. Hamburg: Rogner & Bernhard.

McCarthy, John D./Zald, Mayer N. (1977): Resource Mobilization and Social Movements: A Partial Theory. In: American Journal of Sociology, 82, (Mai), S. 1212–1241.

McCarthy, John D./McPhail, Clark/Smith, Jackie (1996): Images of Protest: Estimation Selection Bias in Media Coverage in Washington Demonstration, 1982, 1991. In: The American Sociological Review, 61, 3, S. 478–499.

Neidhardt, Friedhelm/Rucht, Dieter (1993): Auf dem Weg in die »Bewegungsgesellschaft«? Über die Stabilisierbarkeit sozialer Bewegungen. In: Soziale Welt, 44, 3, S. 305–326.

Neidhardt, Friedhelm/Rucht, Dieter (1999): Protest und Protestgeschichte in der Bundesrepublik 1950–1994. In: Kaase, Max/Schmid, Günther (Hrsg.): Eine lernende

Demokratie. 50 Jahre Bundesrepublik Deutschland. Jahrbuch 1999 des WZB. Berlin: edition sigma, S. 129–164.
Ohlemacher, Thomas (1993): Brücken der Mobilisierung. Soziale Relais und persönliche Netzwerke in Bürgerinitiativen gegen militärischen Tiefflug. Wiesbaden: Deutscher Universitäts-Verlag.
Pross, Harry (1992): Protestgesellschaft. Von der Wirksamkeit des Widerspruchs. München: Artemis & Winkler.
Roth, Roland (1994): Demokratie von unten. Neue soziale Bewegungen auf dem Wege zur politischen Institution. Köln:
Roth, Roland (1997): „Die Macht liegt auf der Straße". Zur Bedeutung des Straßenprotests für die neuen sozialen Bewegungen. In: Hohm, Hans-Jürgen (Hrsg.): Straße und Straßenkultur. Interdisziplinäre Beobachtungen eines öffentlichen Sozialraumes in der fortgeschrittenen Moderne. Konstanz: UVK, S. 195–214.
Rucht, Dieter/Ohlemacher, Thomas (1992): Protest Event Data: Collection, Uses and Perspectives. In: Eyerman, Ron/Diani, Mario (Hrsg.): Issues in Contemporary Social Movement Research. Beverly Hills: Sage, S. 76–106.
Rucht, Dieter (Hrsg.) (2001): Protest in der Bundesrepublik. Strukturen und Entwicklungen, Frankfurt/M.: Campus.
Rucht, Dieter (2003): Bürgerschaftliches Engagement in sozialen Bewegungen und politischen Kampagnen. In: Enquete-Kommission „Zukunft des Bürgerschaftlichen Engagements"/Deutscher Bundestag (Hrsg.): Bürgerschaftliches Engagement in Parteien und Bewegungen, Schriftenreihe, Band 10, Opladen: Leske + Budrich, S. 17–155.
Rucht, Dieter (Hrsg.) (2003a): Berlin, 1. Mai 2002. Politische Demonstrationsrituale. In: Bürgergesellschaft und Demokratie, Band 11. Opladen: Leske + Budrich.
Sack, Fritz (1984): Die Reaktion von Gesellschaft, Politik und Staat auf die Studentenbewegung. In: Bundesminister des Innern (Hrsg.): Protest und Reaktion. Analysen zum Terrorismus, Band 4/2. Opladen: Westdeutscher Verlag, S. 107–226.
Tartakowsky, Danielle (2004): La manif en éclat. Paris: La Dispute.
Warneken, Bernd Jürgen (Hrsg.) (1991): Massenmedium Straße. Zur Kulturgeschichte der Demonstration. Frankfurt/New York: Campus Verlag.

IV. Ausgewählte Aspekte der politischen Partizipation

Kapitel 9

Politische Beteiligung von Jugendlichen und jungen Erwachsenen

Wolfgang Gaiser, Martina Gille, Johann de Rijke

Im folgenden Beitrag werden zunächst grundsätzliche Aspekte der politischen Partizipation Jugendlicher und junger Erwachsenen skizziert. Anhand empirischer Daten werden das politische Interesse sowie das politikbezogene Informations- und Kommunikationsverhalten als wichtige Voraussetzungen politischer Partizipation betrachtet. Anschließend wird das vielfältige und breite „Repertoire" politischer Verhaltensweisen junger Menschen dargestellt, also ihre Vorstellungen davon, wie sie ihre politischen Einstellungen zur Geltung bringen könnten, und auch, wie sie sich schon einmal ins politische Geschehen eingemischt haben. Als Differenzierungsfaktoren werden geschlechtsspezifische Unterschiede, Einflüsse von Bildung und von Wertorientierungen analysiert.

1. Einleitung

Junge Menschen heute erleben einen rapiden gesellschaftlichen Wandel, der mit Begriffen wie Globalisierung, Entstrukturierung, Individualisierung oder auch Entgrenzung gekennzeichnet wird. Institutionen, Arbeitsplätze und berufliche Anforderungen verändern sich. Biographien werden komplizierter. Für die nachwachsende Generation stellen sich damit neue Herausforderungen beim Erwachsenwerden: Qualifizierung für und Platzierung in einer flexibilisierten Arbeitswelt, Eigenverantwortung in der Wohlfahrtssicherung und politische Beteiligung in einer Gesellschaft, in der einerseits Entscheidungen auf europäischer und globaler Ebene fallen und andererseits die jungen Bürgerinnen und Bürger vermehrt zu Partizipation herausgefordert sind. Die Frage der Partizipation gewinnt damit auf drei grundsätzlichen Ebenen an Gewicht: *Gesamtgesellschaftlich* gesehen kommt der Entwicklung der politischen Kultur, der lebendigen Demokratie und aktiven Bürgergesellschaft ein steigender Stellenwert zu, nicht zuletzt deshalb, weil der soziale Zusammenhalt angesichts geringerer Integration durch die Arbeitswelt und der Prozesse von Europäisierung und Globalisierung immer wieder von Neuem hergestellt und stabilisiert werden muss. Für die Zivilgesellschaft und eine starke Demokratie (Barber 1994) hat damit die politische Partizipation gerade auch der nachwachsenden Generation eine hervorgehobene Bedeutung. Und zweitens stehen *Institutionen* in Veränderungsprozessen: Sie werden umstrukturiert, zusammengelegt, eingespart oder geschlossen. Für junge Menschen bedeutet dies, dass die Schulen, Ausbildungsstätten, Akademien und Universitäten nicht mehr stabile Verlaufsstrukturen und Erfolg versprechende Zertifikate bieten können, sondern selber Veränderungen unterliegen. Und: in der Arbeitswelt angekommen, erfahren junge Erwachsene, dass „Normalarbeitsplätze", die Einkommenssicherheit und kalkulierbare Schritte der weiteren Lebensplanung ermöglichen, selten geworden sind. Wenn Institutionen Partizipationsstrukturen schaffen und damit Mitgestaltung ermöglichen, fördert dies die persönliche Entwicklung, erweitert Handlungsspielräume, verbessert die Kommunikation und stärkt soziale Netze.

Damit stehen drittens *Individuen* vor neuen biographischen Herausforderungen. Für Jugendliche ist der Schritt zum Erwachsensein mit individueller und sozialer Identität, Bildungsqualifikation, beruflicher Kompetenz, ökonomischer Selbständigkeit sowie aktiver Teilhabe in privaten und politischen Kontexten komplizierter geworden. Geradlinige Übergänge werden immer seltener. Geschlechtsrollen orientieren sich immer weniger an herkömmlichen Mustern, sondern müssen eigenständig gestaltet und ausgehandelt werden. Der Lebenslauf mit Chancen und Risiken liegt zunehmend in der Hand der jungen Menschen selbst. Partizipation bedeutet, sich auf die verbindliche Auseinandersetzung mit anderen, mit Institutionen, Zieldefinitionen, Regelungen und Strukturen wirkungsvoll einzulassen.

Betrachtet man die Beteiligung der Jugend am politischen Geschehen in der jüngeren Geschichte in Deutschland, so sind zwischen beiden Teilen der Republik zwei sehr unterschiedliche Traditionslinien zu berücksichtigen: In den westlichen Bundesländern kam es nach der „1968er Generation" und der als „partizipatorische Revolution" charakterisierten Jugendprotest- und Frauenbewegung der späten 60er und frühen 70er Jahre (Barnes/Kaase 1979) in den 80er Jahren zur partiellen Institutionalisierung einiger ihrer zentralen Themen, wie z.B. Gleichberechtigung oder Ökologie. Inzwischen wird „Gender Mainstreaming" europaweit gefördert und die Grünen wandelten sich von einer jungen, kreativen und radikalen Antiparteien-Organisation zu einer staatstragenden Kraft. Außerdem alterten auch die „neuen" sozialen Bewegungen, obwohl diese weiterhin mit der Begrifflichkeit Neue Soziale Bewegungen umschrieben werden (vgl. Klein/Legrand/Leif 1999) und als Gelegenheitsstruktur für die Mobilisierung und politische Beteiligung junger Menschen nicht nur in Deutschland sehr wichtig sind (EUYOUPART 2004a). Auf der „anderen Seite", in der DDR traten nach zunächst dominanter FDJ-Staatsjugend und kleinen Jugendprotesten seit Sommer 1987 verschiedene oppositionelle Gruppierungen mit Demonstrationen an die Öffentlichkeit, und insbesondere die jüngere Bevölkerung brachte ihre Unzufriedenheit mit dem System durch „Republikflucht" und Proteste zum Ausdruck. 1989 kam es „nahezu ohne vermittelnde Institutionen, mobilisierende Akteure und rekrutierende Netzwerke" (Pollack 2000: 254) zu den gerade auch von jungen Menschen getragenen Massenkundgebungen. Mit der Öffnung der Berliner Mauer und dem Beitritt der ostdeutschen Länder zur politischen und wirtschaftlichen Ordnung der Bundesrepublik wurde dann eine Entwicklung eingeleitet, die als Transformationsprozess das gesamte Staats- und Gesellschaftssystem betrifft und auch gegenwärtig in teils gemeinsamen, teils unterschiedlichen Formen der politischen Beteiligung der jungen Generation zum Ausdruck kommt.

Im Folgenden werden die unterschiedlichen Formen politischer Partizipation bei Jugendlichen und jungen Erwachsenen behandelt. Auf die Frage nach der Aktualität möglicher Beteiligung gerade von Jugendlichen wird ebenso eingegangen. Zuvor wird jedoch ein Schwerpunkt auf zentrale Voraussetzungen von Partizipation gelegt: das politische Interesse und die politische Involvierung junger Menschen. Die kritische Sicht auf das Verhältnis von Jugend und Politik stellt ja häufig deren Desinteresse in den Mittelpunkt. Außerdem ist gerade für Heranwachsende politische Beteiligung mit der Entwicklung von darauf bezogenen Motivationen und Interessiertheit verbunden. Aus diesen Gründen soll dieser Aspekt etwas ausführlicher behandelt werden.[1]

2. Politisches Interesse und politische Involvierung

Zu den subjektiven Dispositionen junger Menschen, die das Ausmaß politischer Involvierung (der Hinwendung bzw. der Distanz zur Politik) beschreiben, gehört zum einen die persönliche Wertschätzung von Politik in Relation zur Wichtigkeit von anderen Lebensbereichen, zum anderen das politische Interesse, das die Aufmerksamkeit und Neugier gegenüber politischen Belangen, also eher kognitive Aspekte der politischen Involvierung beschreibt und als eine wichtige Voraussetzung für politisches Engagement gilt. Mit dem Begriff der politischen Involvierung wird häufig zusätzlich die Verarbeitung politischer Informationen (vgl. Gabriel 1986: 179) sowie die soziale Komponente der politischen Gespräche (Inglehart 1989, Kap. 10) verknüpft. Hierzu gehört die Nutzung verschiedener Medien (Bücher, Fernsehen, Zeitungen etc.), um sich über Politik zu informieren, sowie der soziale Aspekt, nämlich das Diskutieren über Politik mit Personen des persönlichen und sozialen Umfeldes. Diese beiden aktiven Aspekte verweisen angesichts alternativer Zeitverwen-

1 Nicht behandelt werden Formen der „sozialen Beteiligung" wie Mitgliedschaften und Aktivitäten in formalen Organisationen (Gewerkschaften, kulturellen Organisationen, Sportvereinen u.ä.); zum Wahlverhalten von Jugendlichen und jungen Erwachsenen vgl. den Beitrag zum Wahlverhalten in diesem Band.

dungsmöglichkeiten in besonderem Maße auf den Stellenwert von Politik im alltäglichen Leben.

2.1 Wichtigkeit von Politik als Lebensbereich

Die persönliche Bedeutsamkeit von Politik im Kontext privater Bereiche der Herkunfts- und eigenen Familie sowie des schulischen und beruflichen Werdegangs werden anhand der Ergebnisse des DJI-Jugendsurvey dargestellt.[2] In allen drei Wellen des DJI-Jugendsurvey, die 1992, 1997 und 2003 jeweils durchgeführt worden sind, gehört Politik neben Kunst und Kultur sowie Religion zu den weniger bedeutsamen Lebensbereichen für junge Menschen in West und Ost.[3] Obwohl es seit 1992 bei verschiedenen Lebensbereichen zu Bedeutungszuwächsen gekommen ist, hat sich an der relativen Position der Politik kaum etwas geändert. Die subjektive Relevanz von Politik bleibt gegenüber den privaten Lebensbereichen wie Familie, Freundeskreis und Beruf eher nebensächlich. Während beim politischen Interesse deutliche Geschlechterdifferenzen zu beobachten sind, ergeben sich bei der Wichtigkeit von Politik als Lebensbereich bei jungen Frauen und Männern übereinstimmende Bewertungen und so gut wie keine Ost-West-Differenzen. In den Antworten der Befragten zeigen sich auch kaum Unterschiede zwischen den verschiedenen Altersgruppen. Jedoch hat das Bildungsniveau, wie auch bei den weiteren Indikatoren der politischen Involvierung, einen Einfluss. Jugendliche und junge Erwachsene mit höherem Bildungsniveau schreiben dem Lebensbereich Politik mehr Bedeutung zu als diejenigen mit niedrigerem Bildungsniveau.

---

2 Der Jugendsurvey des Deutschen Jugendinstituts (DJI) ist eines der großen replikativen Forschungsprojekte, das im Rahmen der Sozialberichterstattung des DJI durchgeführt wird (Projekthomepage: www.dji.de/jugendsurvey). Das Bundesministerium für Familie, Senioren, Frauen und Jugend unterstützt diese Forschung im Rahmen der Finanzierung des DJI. In den ersten beiden Wellen, die 1992 und 1997 im Feld waren, wurden jeweils ca. 7.000 16- bis 29-jährige deutsche Personen befragt (West: ca. 4.500, Ost: ca. 2.500; Hoffmann-Lange 1995; Gille/Krüger 2000a), in der dritten Welle 2003 ca. 9.100 12- bis 29-Jährige mit deutscher und nicht-deutscher Staatsangehörigkeit (West: ca. 6.300, Ost: ca. 2.800).

3 Im Jugendsurvey wird die Wichtigkeit von zehn verschiedenen Lebensbereichen abgefragt. Bildet man eine Expost-Rangreihe für das Erhebungsjahr 2003 für alle Befragten, die die jeweiligen Lebensbereiche als wichtig bewerten (Skalenpunkte 5 bis 7 einer Skala von 1 (=überhaupt nicht wichtig) bis 7 (=sehr wichtig)), so stehen an erster Stelle „Freunde und Bekannte“ und „Eltern und Geschwister“ mit Nennungen von 96% bzw. 94% der Befragten insgesamt. Als nächstes folgen sehr dicht die Lebensbereiche „Beruf und Arbeit“, „Schul- und Berufsausbildung“, „Freizeit und Erholung“ und „Partnerschaft“. „Eigene Familie und Kinder“ erfährt mit 77% eine etwas geringere Bedeutung als die Vorhergenannten. Mit einem deutlichen Abstand folgen „Politik“ und „Kunst und Kultur“ (mit jeweils 42%), und die geringsten Nennungen erhält „Religion“ (29%).

2.2 *Interesse an Politik – Entwicklungstrends in der BRD bei Jugendlichen und Erwachsenen*

Das Interesse an Politik wird als Indikator für die Zuwendung der Bürgerinnen und Bürger zur Politik in empirischen Trendanalysen immer wieder herangezogen (Hoffmann-Lange 1997). Die Entwicklung des politischen Interesses in der Bundesrepublik Deutschland kann über einen langen Zeitraum anhand von Zeitreihen des Instituts für Demoskopie Allensbach seit 1952 sowie durch die im zweijährigen Turnus durchgeführten Studien des ALLBUS (Allgemeine Bevölkerungsumfragen der Sozialwissenschaften) seit 1980 untersucht werden. Allgemein zeigen sich hier ausgeprägte Schwankungen über die Zeit und von Studie zu Studie (vgl. Hoffmann-Lange 2000: 50, van Deth 2004: 279). Seit den 50er Jahren hat das Interesse an Politik stetig zugenommen und erreichte in den späten 60er und frühen 70er Jahren einen Höhepunkt, der dann nur noch 1990/91 zu Beginn der deutschen Wiedervereinigung überschritten wurde. Seit den 90er Jahren hat dann ein deutlicher Rückgang des politischen Interesses stattgefunden, der aber weniger als wachsende Politikdistanz, sondern eher als eine Rückkehr auf ein normales Niveau von politischer Involvierung nach einer Phase starker politischer Mobilisierung zu Beginn des Transformationsprozesses zu interpretieren ist. Das politische Interesse ist also deutlich abhängig von Periodeneffekten, wie dem Umbruch in der DDR und der deutschen Vereinigung, aber auch von kurzfristigen zyklischen Schwankungen, wie sie durch Wahlen hervorgerufen werden. Weßels (2004) konstatiert anhand der Zeitreihendaten des ALLBUS 1980–2002, dass seit 1991 das Interesse an Politik überdurchschnittlich stark bei den jüngeren Bevölkerungsgruppen im Vergleich zum Bevölkerungsdurchschnitt abgenommen und sich erst 2002 der Abstand etwas verringert habe. Hoffmann-Lange (2001: 13) interpretiert den stärkeren Rückgang des politischen Interesses der jüngeren Altersgruppen mit deren größerer Sensibilität gegenüber aktuellen Ereignissen. Da jüngere Bürgerinnen und Bürger in ihren politischen Haltungen noch nicht so festgelegt bzw. geprägt seien, könnten sie noch flexibler auf gesellschaftliche Ereignisse reagieren. Insofern könne aber auch die zunehmende Politikdistanz der Jugend in der Nachwendezeit ein vorübergehendes Phänomen sein.

In Abbildung 1 ist die Entwicklung des politischen Interesses seit 1991 anhand der ALLBUS-Studien für die unter und die ab 30-Jährigen – zusätzlich differenziert nach alten und neuen Bundesländern – dargestellt. Die 18- bis 29-Jährigen weisen über den gesamten Zeitraum ein geringeres politisches Interesse auf als die ältere Vergleichsgruppe. Darüber hinaus haben jüngere und ältere Befragtengruppen in Westdeutschland fast durchgehend ein höheres Politikinteresse als die ostdeutschen Vergleichsgruppen. 2004 haben sich aber insgesamt gesehen die West-Ost-Differenzen verringert. Dies entspricht für die jüngere Altersgruppe auch den Ergebnissen des Jugendsurvey. Das politische Interesse in den alten Bundesländern hat sich nach einem leichten Anstieg

Abbildung 1: Starkes politisches Interesse* von 18- bis 29-Jährigen und über 29-Jährigen in alten und neuen Bundesländern, 1991 bis 2004 (in %)

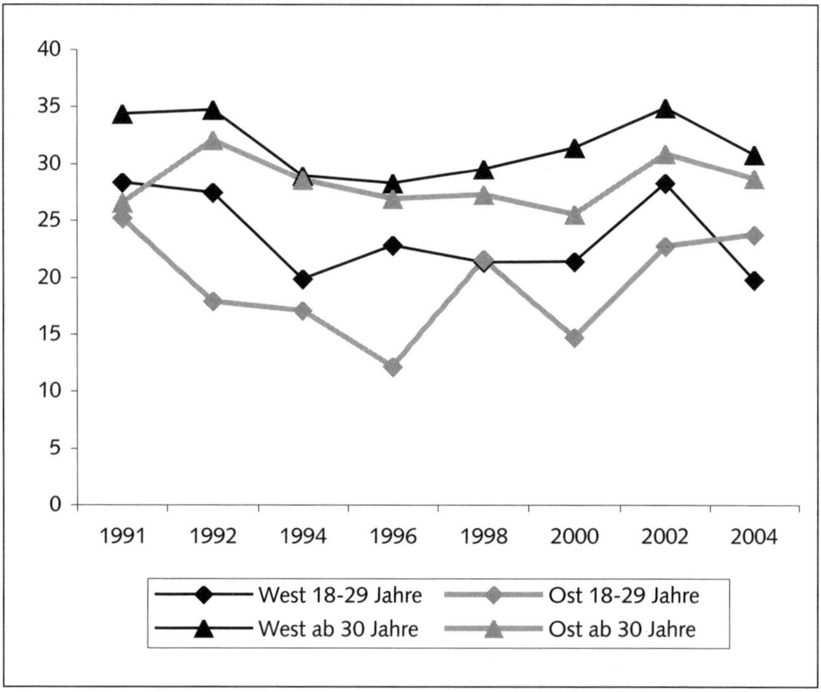

Quelle: ALLBUS 1991 bis 2004; eigene Berechnungen.

* Das politische Interesse wurde mittels fünf Antwortvorgaben erfasst: sehr stark, stark, mittel, wenig und überhaupt nicht. Für diese Abbildung wurden die Kategorien sehr stark und stark zusammengefasst.

zwischen erster und zweiter Welle (vgl. Gille/Krüger/de Rijke 2000) in der 3. Welle auf dem Niveau der ersten eingependelt (Gaiser et al. 2005). Relevante West-Ost-Differenzen im politischen Interesse lassen sich nur für das Jahr 1997 nachweisen.[4] In den Diskussionen über die Politikverdrossenheit der Jugend wird häufig eine wachsende Distanz der jungen Generationen zur

4 Für einen Vergleich von Ergebnissen des DJI-Jugendsurvey zu allen drei Erhebungszeitpunkten können als gemeinsame Untersuchungspopulation nur die 16- bis 29-Jährigen mit deutscher Staatsangehörigkeit herangezogen werden. Dies gilt für alle Ergebnisdarstellungen für einen Drei-Wellen-Vergleich in diesem Beitrag.

Politik im Vergleich zur Erwachsenenpopulation behauptet. Diese These wird durch die hier dargestellten Zeitreihendaten aus unterschiedlichen Untersuchungen zum politischen Interesse allerdings nicht gestützt. Die Ergebnisse verdeutlichen demgegenüber, dass zum einen die jüngeren Befragten stärkere Schwankungen im Niveau politischer Interessiertheit aufweisen als die älteren, und zum anderen die Differenzen zwischen den Altersgruppen nicht konstant sind.

2.3 Interesse an Politik – Lebensalter, Geschlecht, Bildung und Migrationshintergrund

Außer der Differenz zur Erwachsenengeneration geht es beim Thema Jugend und Politik auch um Fragen der Alterseffekte innerhalb der Jugendphase, um den Einfluss der Geschlechtszugehörigkeit, des Bildungsniveaus sowie um Sozialisationsfaktoren wie beispielsweise den soziokulturellen Integrationsgrad, wie er im Migrationshintergrund zum Ausdruck kommen kann.

Aufmerksamkeit für politische Belange zu entwickeln, setzt eine gewisse Lebenserfahrung voraus. Übereinstimmend in allen drei Wellen zeigen sich dementsprechend deutliche Alterseffekte. Exemplarisch wird dies anhand der 3. Welle des Jugendsurvey 2003 in Abbildung 2 dargestellt. Die jüngeren Altersgruppen, insbesondere die 12- bis 17-Jährigen, zeigen ein deutlich geringeres politisches Interesse als die höheren Altersgruppen.

Die geringere politische Interessiertheit der jüngeren Altersgruppen kann darauf zurückgeführt werden, dass das Verständnis für Politik das Ergebnis eines längeren Sozialisationsprozesses ist, in dessen Verlauf Jugendliche sich Wissen aneignen, zunehmend in öffentliche Räume hineinwachsen und schließlich Verantwortungsrollen im familiären, beruflichen und öffentlichen Bereich übernehmen. Abbildung 2 veranschaulicht darüber hinaus – über alle Altersgruppen – die etwas größere Politikdistanz von Mädchen und jungen Frauen sowie generell in den neuen Bundesländern.

Ein längerer Verbleib in Bildungsinstitutionen, d. h. der Erwerb höherer schulischer Bildung, begünstigt die Aufgeschlossenheit junger Menschen gegenüber der Politik. Politisches Interesse und Bildungsniveau hängen eng miteinander zusammen: 1992, 1997 und auch 2003 ist der Anteil der Jugendlichen und jungen Erwachsenen mit einem starken politischen Interesse bei denjenigen mit Fachhochschulreife bzw. Abitur am größten und bei denjenigen mit Hauptschulabschluss und ohne Abschluss am kleinsten.[5] Interessant

5 Das Bildungsniveau wird im Jugendsurvey bei Befragten, die bereits das allgemeinbildende Schulwesen verlassen haben, durch den dort erreichten höchsten Schulabschluss bestimmt; bei Jugendlichen, die noch eine allgemein bildende Schule besuchen, wird dafür der angestrebte Schulabschluss verwendet. Deshalb ist es möglich, dass bei Schüler/innen das von ihnen angegebene Bildungsniveau höher ist, als dasjenige, das sie faktisch erreichen

Abbildung 2: Starkes politisches Interesse* nach Altersgruppen und Geschlecht, 2003 (in %)

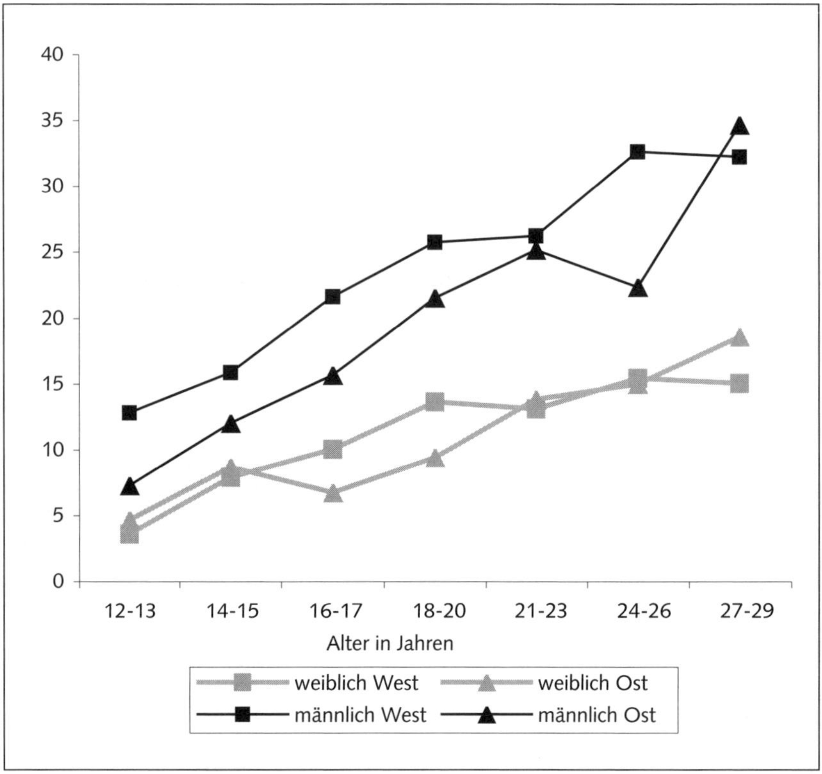

Quelle: Jugendsurvey 2003

* Die Fragestellung lautet: „Wie stark interessierst du dich/interessieren Sie sich für Politik?" Von den Antwortvorgaben „sehr stark", „stark", „mittel", „wenig" und „überhaupt nicht" werden hier „sehr stark" und „stark" zusammengefasst dargestellt.

ist in diesem Zusammenhang, dass ein hohes Bildungsniveau nicht zu einer Annäherung der politischen Interessiertheit von jungen Frauen und Männern führt. Wenn man im Jugendsurvey die Befragten danach unterscheidet, ob sie Fachabitur bzw. Abitur haben oder nicht, so sind die Geschlechterdifferenzen in der Gruppe der Höhergebildeten größer als in der Vergleichsgruppe. Zwar

---

werden. Vergleichsberechnungen mit und ohne die Gruppe der Schüler/innen zeigen, dass dies keine Auswirkungen auf die Ergebnisse zu den politischen Einstellungen hat.

hat die Bildungsexpansion in der Bundesrepublik in den letzten Jahrzehnten zu einer Erhöhung des Niveaus an politischer Interessiertheit in der Bevölkerung geführt und generell unterstützen qualifizierte Bildungswege die Aufgeschlossenheit gegenüber Politik, aber diese Faktoren tragen offensichtlich eher zu einer verstärkten politischen Involvierung von Männern als von Frauen bei. Westle (2005), die in einer Schülerbefragung zu ähnlichen Ergebnissen kommt, folgert daraus, „dass auch im außerschulischen Bereich nach wie vor eine geschlechtsspezifisch differente politische Sozialisation erfolgt".

Auf der individuellen Ebene gibt es also deutliche Zusammenhänge zwischen Bildungsniveau und politischem Interesse. Angesichts der seit Beginn der 60er Jahre erfolgten Bildungsexpansion und des damit ausgelösten Anstiegs des durchschnittlichen Bildungsniveaus der Bevölkerung in den letzten Jahrzehnten stellt sich nun die Frage, wieso sich diese Prozesse nicht in einem stetigen Anwachsen des Niveaus politischer Interessiertheit niederschlagen. Nie et al. (1996) haben dies für die USA seit Beginn der 70er Jahre untersucht. Sie erklären diese paradoxe Entwicklung damit, dass durch die Bildungsexpansion zwar die Zugangschancen zu höheren Bildungsabschlüssen verbessert wurden, dies jedoch nicht – und in diesem Zusammenhang spielt auch die Entwertung von Bildungsqualifikationen eine Rolle – parallel zu einem erleichterten Zugang zu sozialen und politischen Statuspositionen führte. Hoffmann-Lange (2000) weist anhand einer Kohortenanalyse nach, dass jüngere Kohorten in der Bundesrepublik Deutschland ein niedrigeres politisches Interesse haben als ältere, und der Rückgang des politischen Interesses in der höchsten Bildungsgruppe (mit Abitur) am größten ist. Dies zeigt, „dass die Auswirkung der Bildungsexpansion offensichtlich durch einen *ceiling effect* konterkariert wird, d.h. mit zunehmender Bildungsexpansion nimmt die relative Bedeutung höherer Bildung für das politische Interesse ab" (Hoffmann-Lange 2000: 53). Politikdistanz in Form eines niedrigen politischen Interesses ist nicht ausschließlich durch das individuelle Bildungsniveau erklärbar, sondern hier spielen auch andere Faktoren der Politikverdrossenheit eine Rolle, wie die Abnahme des Vertrauens in gesellschaftliche und politische Institutionen und in die Reaktionsbereitschaft des politischen Systems, auf die Wünsche und Interessen der Bürgerinnen und Bürger zu reagieren (vgl. Gaiser/Gille/de Rijke/Sardei-Biermann 2005).

Das Ausmaß politischer Involvierung wird auch davon beeinflusst, ob junge Menschen als deutsche Staatsbürger volle politische Rechte, wenn sie das gesetzliche Mindestalter erreicht haben, beanspruchen können oder ob sie auf Grund einer nicht-deutschen Staatsangehörigkeit z.B. von der Teilnahme an Bundestags- und Landtagswahlen ausgeschlossen sind. Aber nicht nur die formale Staatsangehörigkeit, sondern auch die Dauer des Aufwachsens in Deutschland, d.h. ob die Jugendlichen und jungen Erwachsenen sowie ihre Eltern in Deutschland geboren sind oder ob sie über Migrationserfahrungen verfügen, haben einen Einfluss auf die Kenntnisse der Institutionen und des demokratischen Systems in Deutschland. Einheimische[6] 16- bis 29-Jährige weisen im DJI-Jugendsurvey 2003 ein deutlich höheres Niveau an politischer Interessiertheit auf im Vergleich zu gleichaltrigen Migrantenjugendlichen der 1. und 2. Generation.[7] Dabei erweisen sich insbesondere die Befragten der 1. Generation, die bereits 11 Jahre oder älter waren, als sie nach Deutschland kamen, als besonders distanziert gegenüber Politik. Nicht-deutsche Befragte sind zwar etwas geringer politisch interessiert als deutsche, aber die Bedeutung der Staatsangehörigkeit für politische Involvierung ist gegenüber der Aufenthaltsdauer in Deutschland nachgeordnet.[8]

2.4 Information und Kommunikation über Politik

Neben der bisher betrachteten Einstellungsebene gegenüber der Politik ist für die politische Involvierung auf der Handlungsebene die aktive Kommunikation und Information von Interesse. Über die drei Wellen des DJI-Jugendsurvey lassen sich Gespräche der Befragten über Politik mit den Personengruppen „(Ehe-)Partner bzw. (Ehe-)Partnerin“, „Freunde und Bekannte“, „Mitschüler/ Kommilitonen“ und „Arbeitskollegen“ vergleichen. Gespräche mit Freunden und Bekannten über Politik spielen eine beträchtliche Rolle. „Sehr oft“ und „oft“ führen solche Gespräche 46% der Befragten.[9] Fast gleich häufig führen junge Menschen Gespräche über Politik mit ihren Partnern oder Mitschülern/ Kommilitonen. Mit Arbeitskollegen wird etwas weniger häufig über Politik diskutiert (39%). Die Bedeutung dieser Kommunikationsprozesse schwankt etwas über die Zeit. Betrachtet man die Ergebnisse für die in der 3. Welle zu-

---

6 Zu den Einheimischen werden jene Befragten gezählt, die selbst und deren Eltern in Deutschland geboren sind. Sind die Befragten zwar selbst in Deutschland, aber mindestens ein Elternteil im Ausland geboren, so betrachten wir die Befragten als Migrantenjugendliche der 2. Generation. Migrantenjugendliche der 1. Generation sind selbst ebenso wie ihre Eltern bzw. mindestens ein Elternteil im Ausland geboren. Hier wurde bewusst eine Begrifflichkeit gewählt, die von der Staatsbürgerschaft unabhängig ist, da inzwischen ein nicht unerheblicher Teil der Migrantenjugendlichen die deutsche Staatsbürgerschaft bekommen oder angenommen hat.

7 Bei den 12- bis 15-Jährigen, die insgesamt ein sehr geringes Niveau an politischer Interessiertheit aufweisen, zeigen sich kaum Unterschiede nach Migrationshintergrund.

8 Diese Ergebnisse beruhen auf einer multivariaten Analyse (lineare Regression), die die Wirkung von Staatsangehörigkeit und Migrationshintergrund auf das politische Interesse für die 16- bis 29-Jährigen in Westdeutschland untersuchte. Unklar ist, ob die Migrantenjugendlichen die Frage zum Politikinteresse auf Deutschland oder auf ihr Herkunftsland beziehen. Da Migrantenjugendliche mit deutscher Staatsangehörigkeit und längerer Aufenthaltsdauer ein höheres politisches Interesse äußern als nicht-deutsche Jugendliche, die noch nicht sehr lange in Deutschland leben, könnte man vermuten, dass die Frage nach dem Politikinteresse stärker mit der Politik in Deutschland verknüpft wird (vgl. auch Gille/Krüger 2000b).

9 Die Werte beziehen sich auf die Kategorien sehr oft und oft einer vierstufigen Skala (sehr oft, oft, selten, nie).

sätzlich aufgenommenen familiären Bezugspersonen als Gesprächspartner, so zeigt sich, dass mit dem Vater sehr viel häufiger politische Gespräche geführt werden (38%)) als mit der Mutter (25%). Mit Geschwistern wird selten über Politik gesprochen (17%).

Auch in der Kommunikation über Politik finden sich typische Geschlechterdifferenzen. Veranschaulicht wird dies mit Ergebnissen der 3. Welle: Männer führen häufiger Gespräche über Politik mit Freunden/Bekannten (13 Prozentpunkte Differenz), mit Arbeitskollegen (14 Prozentpunkte Differenz), mit dem Vater (6 Prozentpunkte Differenz) und weniger häufig mit ihren Partnerinnen (11 Prozentpunkte Differenz).

Wie häufig sich junge Menschen über Politik informieren und dazu verschiedene Medien nutzen, wurde in der zweiten und dritten Welle des Jugendsurvey erfasst. Die am meisten genutzte Informationsquelle bleibt das Fernsehen und es gewinnt noch an Bedeutung. 2003 sagen 80%, dass sie das Fernsehen „sehr oft" und „oft" zur Information über Politik nutzen.[10] Die Zeitung erhält entsprechende Nennungen von 61%, das Radio folgt mit 52%. Wichtiger werden Gespräche und Diskussionen (um 8 Prozentpunkte); fast die Hälfte der Befragten (45%) informiert sich auf diesem Weg über Politik. Nur ca. ein Fünftel der Befragten nutzt das Internet, um sich über Politik kundig zu machen, aber trotzdem ist hier gegenüber 1997 ein starker Bedeutungsgewinn zu verzeichnen: der Anteil von Befragten, die noch nie das Internet zur Information über Politik genutzt haben, hat um 28 Prozentpunkte abgenommen. Die – wenn auch kleinen – Geschlechterdifferenzen weisen auch bei dieser Frage in die Richtung einer etwas größeren Politikdistanz von Frauen.

Die hier vorgestellten Indikatoren der politischen Involvierung stellen nicht nur im theoretischen Sinne ein konsistentes Konstrukt dar, sie erweisen sich auch in empirischer Hinsicht als Einstellungen, die sehr eng miteinander zusammenhängen und auch in ihrer Verknüpfung über die Zeit stabil sind.[11] In übereinstimmender Weise zeigen sie, dass die wesentlichen Einflussfaktoren wie Alter, Geschlecht und Bildung im Zeitvergleich in gleichem Maße differenzieren und es hier zu einer weiteren Annäherung von West- und Ostdeutschland gekommen ist. Politische Involvierung ist insgesamt gesehen eine wichtige Voraussetzung für politische Partizipation, die im folgenden Abschnitt in ihrer Bedeutung für Jugendliche und junge Erwachsene beschrieben werden soll.

---

10 Vgl. Anmerkung 9.

11 Die Korrelationen zwischen politischem Interesse, Wichtigkeit des Lebensbereichs Politik und subjektive politische Kompetenz sowie Gespräche über Politik betragen ca. .5.

3. Politische Partizipation

Im vorhergehenden Abschnitt wurden Motive zu politischer Partizipation und Einstellungen zur Politik generell thematisiert. Dies sind wichtige Bedingungen für politische Partizipation, die begrifflich davon zu trennen sind. Allgemein werden „unter politischer Beteiligung... in der Regel jene Verhaltensweisen von Bürgern verstanden, die sie alleine oder mit anderen freiwillig zu dem Ziel unternehmen, Einfluss auf politische Entscheidungen zu nehmen." (Kaase 2002: 350). Die Partizipationsforschung hat eine Reihe von Dimensionen politischer Aktivitäten (bzw. unter dem Blickwinkel der Potentialität die Bereitschaft zu politischen Aktivitäten) unterschieden. Die Begrifflichkeiten sind dabei nicht immer einheitlich, aber lassen sich häufig ineinander überführen. Im Folgenden sollen unterschiedliche Partizipationsformen anhand der Daten des Jugendsurvey (für 16- bis 29-Jährige) betrachtet werden (zu den Dimensionierungen vgl. etwa Uehlinger 1988, Westle 1992, Pickel 2002, EUYOUPART 2004a bezogen auf „political participation of youth", Internet-Portal: „Politische Partizipation" in www.politikon.org). Anschließend werden Bedingungsfaktoren erörtert sowie einige Aspekte des Wandels politischer Partizipation bei Jugendlichen angesprochen.

3.1 Formen politischer Partizipation

Die Partizipationsforschung hat eine Reihe unterschiedlicher Formen bestimmt (vgl. das Einleitungskapitel in diesem Band). Sie reichen von konventionellen Formen im Umkreis von Wahlhandlungen über unkonventionelle Arten, nach dem Grad der Legalität unterscheidbar, bis hin zu neueren Aktivitäten des politischen Konsumverhaltens (political consumerism), die jedoch empirisch noch selten erfasst werden. Anhand der Daten des DJI-Jugendsurvey 2003 können Bereitschaften und Aktivitäten von 16- bis 29-Jährigen bezüglich unterschiedlicher Partizipationsformen dargestellt werden. Tabelle 1 gibt hierzu einen Überblick. Einerseits werden die tatsächlich ausgeübten Aktivitäten dargestellt, die jedoch von Gelegenheitsstrukturen, situativen Faktoren und der Aktualität von politischen Themen abhängen. Aber auch die Handlungsbereitschaft wurde im Jugendsurvey erfragt, also eher einstellungsbetonte Verhaltensneigungen. Aus diesen kann man ein Bild für potentielles Verhalten vor dem Hintergrund genereller Einschätzungen für eigenes Handeln gewinnen, ohne damit tatsächliches Verhalten direkt prognostizieren zu können. Der Vergleich zwischen Bereitschaft und tatsächlichem Handeln zeigt ohnehin deutlich, dass mit ersterem eher Einstellungskomponenten oder auch Zustimmungen erfasst werden, sowie auch (möglicherweise bisher) fehlende Gelegenheiten für konkretes Handeln als Mitmachen. Die Differenz der Werte von Bereitschaft und tatsächlichem Handeln sind teilweise doch beträchtlich, etwa bei genehmigten Demonstrationen oder bei gewerkschaftlichen Streiks.

Tabelle 1: Politische Partizipation – Bereitschaften und Aktivitäten (in %)

	Bereitschaften*	**Aktivitäten****
*Beteiligung an Wahlen****	92	80
*absichtliches Nichtwählen****	15	10
*Wahl einer extremen Partei****	9	4
Briefe/mails an Politiker schreiben	31	8
Teilnahme an öffentl. Diskussionen	46	23
politisches Amt übernehmen	16	2
Mitarbeit in Mitbestimmungsgremium	54	27
Schreiben von Leserbriefen	31	7
aktive Parteiarbeit	19	2
Mitarbeit in Bürgerinitiative	35	5
in anderer politische Gruppierung mitmachen	17	3
Spenden für politische Zwecke	23	7
sich an Unterschriftensammlung beteiligen	80	60
Teilnahme an genehmigter Demonstration	60	32
Teilnahme an nicht genehmigter Demonstration	21	7
Teilnahme an gewerkschaftlichem Streik	41	5
Hausbesetzung	8	1
Beteiligung an wildem Streik	7	1
Teilnahme an Aktionen mit möglicher Sachbeschädigung	4	3
Teilnahme an Aktionen mit möglichem Personenschaden	6	2
Beteiligung an Boykott	25	9

Quelle: DJI-Jugendsurvey 2003 (16- bis 29-Jährige)

* Die Frage lautete: "Angenommen, Sie möchten politisch in einer Sache, die Ihnen wichtig ist, Einfluß nehmen bzw. Ihren Standpunkt zur Geltung bringen. Welche der Möglichkeiten auf dieser Liste kommen für Sie in Frage, und welche nicht?"

** Die Frage lautete im Anschluß an die nach den Bereitschaften: "Bitte gehen Sie alle Möglichkeiten nochmals durch. Was davon haben Sie schon gemacht, was davon haben Sie noch nicht gemacht?"

*** Für diese Items wurden bei den Aktivitäten nur die 18- bis 29-Jährigen berücksichtigt.

Die Beteiligung an Wahlen steht mit Abstand an erster Stelle der Partizipationsformen, zu denen *Bereitschaft* bekundet wird. Von nahezu allen jungen Menschen wird offensichtlich das Wählen als die wichtigste und selbstverständlichste Form demokratischer Beteiligung und politischer Einflussnahme angesehen (92%). Demgegenüber spielen „absichtliches Nichtwählen" als Protestsignal sowie die Wahl einer extremen Partei nur eine geringe Rolle (15% bzw. 9%). Die Beteiligung an Unterschriftensammlungen steht nach der an Wahlen an zweiter Stelle der in Betracht gezogenen Partizipationsformen (80%), gefolgt von der Bereitschaft, sich an genehmigten Demonstrationen zu beteiligen (60%), in Mitbestimmungsgremien im Betrieb, in der Schule, in der Ausbildungsstätte mitzuarbeiten (54%), sich in öffentlichen Versammlungen an Diskussionen zu beteiligen (46%) oder bei gewerkschaftlich beschlossenen Streiks mitzumachen (41%). Auch politisch motivierte Mitarbeit in einer Bürgerinitiative kann sich gut ein Drittel (35%) vorstellen. Knapp ein Drittel (31%) würde auch, um politisch Einfluss zu nehmen, Briefe oder Mails direkt an politisch Verantwortliche oder an Zeitungen, Hörfunk oder das Fernsehen schreiben. Andere institutionalisierte Partizipationsformen wie die aktive Mitarbeit in einer Partei, in einer anderen politischen Gruppierung oder die Übernahme eines politischen Amtes finden sich demgegenüber weniger im Verhaltensrepertoire junger Menschen. Noch seltener ist die Bereitschaft zu politischen Aktionen, die sich an der Legalitätsgrenze bewegen: Während sich die Teilnahme an Boykottaktionen noch 25% der Befragten vorstellen können, gilt solches für weniger als zehn Prozent bei der Besetzung von Häusern, Fabriken, Ämtern, „wilden" Streiks oder politischen Aktionen, bei denen nicht auszuschließen ist, dass Sachen oder Personen dabei Schaden nehmen könnten.

Parteiarbeit und politische Ämter sind in beiden Landesteilen eher „Männersache". Die Anteilswerte junger Frauen liegen hier rund zehn Prozentpunkte niedriger. Bei anderen eher konventionellen Formen politischer Artikulation – wie Geld für politische Zwecke zu spenden oder sich mit Briefen an Politiker oder die Medien zu richten – spielen dagegen Geschlechtsunterschiede keine Rolle.

Geschlechtsspezifische Unterschiede sind bei den unkonventionellen Handlungsbereitschaften durchgängig gering. Aktivitäten, mit denen die Grenzen der Legalität überschritten werden könnten, werden eher von männlichen als von weiblichen Jugendlichen und jungen Erwachsenen in Betracht gezogen.

Politisches Handeln: Einzelne der punktuellen, themenbezogenen Formen politischer Artikulation werden durchaus auch häufig genutzt. Bundesweit haben sich knapp zwei Drittel an Unterschriftssammlungen beteiligt, etwa ein Drittel hat an einer genehmigten Demonstration, etwa ein Viertel an einer öffentlichen Diskussionsveranstaltung teilgenommen. Deutlich ist aber durchgängig die Diskrepanz zwischen Handlungsbereitschaft und tatsächlichem Verhalten: Während beispielsweise etwa vier Zehntel der Befragten sich einem gewerkschaftlich organisierten Streik anschließen und gut ein Drittel in einer Bürgerinitiative mitmachen würden, haben sich nur 5% an solchen Aktivitäten beteiligt. Etwa 7% der 16- bis 29-Jährigen haben sich schon einmal in Briefen an Zeitungen oder Politiker geäußert oder durch Spenden politische

Unterstützung zum Ausdruck gebracht, aber auch sich an nicht genehmigten Demonstrationen oder an Boykottaktionen (hier 9%) beteiligt.

3.2 Neue Soziale Bewegungen

Neue Soziale Bewegungen bezeichnen informelle politische Gruppierungen, die spezifische soziale Probleme thematisieren und häufig mit Mitteln öffentlichen Protests agieren. Sie besitzen einerseits ein gewisses Maß an Kontinuität und bilden eigene Organisationsformen aus, gehen somit über punktuelle Aktionen hinaus; andererseits grenzen sie sich von in ihrem Sinne erstarrten und formal-rationalisierten Großorganisationen wie Parteien oder Gewerkschaften ab. Aufgrund ihrer Inhalte, Ziele, Aktionsorientierung und flexiblen Beteiligungsmöglichkeiten haben solche Gruppierungen gerade bei jungen Menschen eine hohe Anziehungskraft (vgl. allgemein hierzu Brand 1992, Raschke 1985, Roth/Rucht 2002).

Tabelle 2: Einstellungen zu und Aktivitäten in informellen Gruppierungen (Zeilenprozent)

informelle Gruppierungen*	*finde gut, arbeite mit*	*finde gut, besuche ab und zu Treffen*	*finde gut, mache nicht mit*	*finde weder gut noch schlecht*	*lehne ab*	*kenne nicht*
Umweltschutzgruppen	1	6	77	12	1	2
Friedensinitiativen	1	7	76	13	1	3
Anti-AKW-Initiativen	0	1	35	36	17	10
Selbsthilfegruppen	1	2	65	22	3	7
Frauen-/Männergruppen	0	2	35	40	7	16
Dritte-Welt-Initiativen	1	5	66	17	4	7
Menschenrechtsgruppen	1	3	74	15	2	5
Stadtteil-/ Nachbarschafts-/regionale Initiativen	1	7	47	26	2	16
Tierschutzinitiativen	2	7	74	13	1	2
Globalisierungskritiker (z.B. Attac)	0	1	18	29	16	36

Quelle: DJI-Jugendsurvey 2003 (16- bis 29-Jährige)

* Die Frage lautete: „In unserer Gesellschaft gibt es neben Organisationen mit fester Mitgliedschaft auch weniger fest organisierte Gruppierungen oder Bewegungen, die man gut finden und in denen man auch mitarbeiten kann.
... Sagen Sie mir zu jeder Gruppierung, ob Sie diese gut finden, ob Sie dort mitmachen oder ob Sie diese ablehnen".

Den Gruppen, die den Neuen Sozialen Bewegungen zuzurechnen sind, wird von jungen Menschen viel Sympathie entgegengebracht (vgl. Tabelle 2). Dabei liegen Umweltschutzgruppen, Friedensinitiativen und Menschenrechtsgruppen auf den ersten Rangplätzen und etwa gleich hoch die Tierschutzinitiativen. Dann folgen mit etwas Abstand Dritte-Welt-Initiativen, Selbsthilfegruppen und Initiativen in der Region, dem Stadtteil, der Nachbarschaft. Etwa ein Drittel bezieht sich positiv auf Frauen-/Männergruppen und Kernkraftgegner. Neueren Initiativen, die sich kritisch mit Globalisierungsentwicklungen auseinandersetzen, wie z.B. Attac, ist es trotz häufiger Präsenz in Öffentlichkeit und Medien nur bei einem Fünftel der Befragten gelungen, positive Aufmerksamkeit auf sich zu ziehen, und sie sind es auch, die im Vergleich zu allen anderen noch am wenigsten bekannt sind. Gleichzeitig werden sie ebenso wie die Kernkraftgegner von einem Sechstel der Befragten abgelehnt, ein Ausmaß an Negativbewertung, das keine der anderen Gruppierungen auch nur annähernd erfährt. Unentschiedenheit in der Beurteilung bezieht sich auch auf diese beiden Gruppierungen in hohem Maße, übertroffen nur von Einschätzungen gegenüber Frauen- bzw. Männergruppen.

Die tatsächliche Beteiligung, wie sie einerseits in aktiver Mitgestaltung und anderseits im Besuch von Treffen zum Ausdruck kommt, liegt bezogen auf die jeweilige Initiative/Gruppierung bei maximal knapp einem Zehntel. In mindestens einer der erfassten Gruppen ist aber immerhin fast ein Viertel aktiv (tabellarisch nicht ausgewiesen).

Als politisch aktiv können allerdings auch Gruppierungen angesehen werden, die konträre Ziele zu demokratietheoretisch akzeptablen Gruppen wie die der Neuen Sozialen Bewegungen oder der NGO's verfolgen. Es sind dies etwa Neonazistische Gruppierungen, rechte Skins oder allgemein rechte Gruppierungen, aber auch linke Gruppierungen oder als Autonome/Anarchos bezeichnete. Solche politischen Gruppierungen mit gesellschaftlich nicht erwünschten Zielen, die, vor allem in den „rechtsorientierten" Varianten, Abwertungen und Feindschaften gegenüber anderen Fremdgruppen und dezidiert nichttolerante Vorurteile und nichtdemokratische Haltungen beinhalten, gehören gewissermaßen zu den „Schattenseiten" der sozialen politischen Aktivitäten (vgl. Putnam 2000, Roth 2004). Nach solchen Gruppen wurde auch im Jugendsurvey gefragt, gemäß dem obigen Schema. Deutlich ist bei dieser repräsentativen Betrachtung die Ablehnung insbesondere der rechten Gruppierungen (über 80%), geringer bei den linken Gruppierungen (etwa 60%). Dabei ist der Anteil derjenigen, die etwa „Autonome/Anarchos" nicht kennen, relativ hoch (23%). Aktivität wird jedenfalls so gut wie überhaupt nicht angegeben, bei den rechten Gruppen ist die Akzeptanz ohne Aktivität („finde ich gut, mache nicht mit") bei 2%. Allerdings ist Aktivität in rechten Gruppierungen ein Phänomen, welches in repräsentativen Studien kaum zu erfassen ist. In Umfragen sind Personen mit solchen Haltungen eher schwer erreichbar oder sie verweigern die Antwort; zudem gelten solche Themen als problematisch und fallen eher unter ‚soziale Nichterwünschtheit' und werden daher weniger wahrheitsgemäß angegeben. Das Phänomen selbst ist im Übrigen keineswegs breit verteilt, sondern findet sich eher lokal konzentriert, ist dann aber gegebenenfalls sehr wohl in bedrohlicher Weise präsent (vgl. Heitmeyer 2003).

3.3 Bedingungsfaktoren politischer Partizipation

Was sind die wichtigsten Bedingungsfaktoren und Voraussetzungen für politische Partizipation? An dieser Stelle soll ein kursorischer Überblick über zentrale Einflussfaktoren gegeben werden, wie er sich in der Partizipationsforschung generell und im Besonderen für Jugendliche und junge Erwachsene (hier mit Daten des Jugendsurvey 2003) herauskristallisiert hat. Der Schwerpunkt soll dabei auf unkonventionell-legalen Formen, wie sie oben skizziert worden sind, liegen (vgl. für Partizipation allgemein Westle 1994, Gabriel 2004, für Jugendliche und junge Erwachsene Gille u.a. 2006).

Im Rahmen der Partizipationsforschung wurden drei Faktorenbereiche unterschieden, die Merkmale für Begründungen liefern, warum einzelne Personen sich in gesellschaftlichen oder politischen Feldern betätigen. Die Bereiche lassen sich als Ressourcen und Kompetenzen, Motivationen und Interessen sowie Netzwerke (als spezifische intersubjektive Formen von Ressourcen) benennen (vgl. Verba, Schlozman, Brady 1995). Unter Ressourcen werden dabei solche globalen Merkmale verstanden wie etwa Bildung, aber auch sozio-ökonomischer Status oder auch das Geschlecht. Dahinter verbergen sich gewissermaßen Kompetenzen oder Handlungsoptionen (als Ressourcen), die fördernd für Partizipation wirken können. Zum Zweiten sind es subjektive Faktoren, die als Motivationen für Engagement vermutet werden. Dazu gehören etwa das politische Interesse, das Bewusstsein der eigenen Handlungschancen, eigene Kompetenz zur Realisierung von Interessen und die Erwartung von Erfolg dabei, wie auch Werthaltungen wie postmaterialistische Orientierungen, die eher zu gesellschaftlicher Aktivität führen als andere, die mehr individuelle Interessensverfolgung zum Ziele haben. Schließlich sind Netzwerke von Freunden und Bekannten, tendenziell allerdings eher in öffentlichen Bereichen als nur in privaten Zirkeln, für ein Engagement relevant. Hierbei ist sicher eher an Wechselwirkungen zu denken als an eindeutige Beeinflussungsrichtungen: Einerseits kann ein regelmäßiger Austausch mit Freunden zu politischen Themen etwa ein Engagement in politischen Gruppierungen ermöglichen, umgekehrt führt eine regelmäßige Aktivität in politischen wie auch in anderen sozialen Gruppen oder Vereinen dazu, dass sich ein relevanter Freundeskreis ausbildet bzw. erweitert. Jedenfalls wird angenommen, dass soziale Netzwerke Menschen zu politischer oder sozialer Teilnahme motivieren können oder eine solche Teilnahme verstärken und dauerhafter machen können.

Als wichtige Ressource für politische Beteiligung von Jugendlichen und jungen Erwachsenen zählt die Schulbildung.[12] Die Geschlechtszugehörigkeit

---

12 In multivariater Betrachtung reduziert sich zumeist der Einfluss des Schulabschlusses, wie er üblicherweise gemessen wird, da andere Faktoren wie politisches Interesse oder postmaterialistische Orientierungen, die stark mit der Bildungsvariable zusammenhängen, gewissermaßen deren Einfluss aufnehmen bzw. als Folge von Schulbildung gelten können.

spielt bei unkonventioneller Partizipation hingegen kaum eine Rolle (anders als bei den eher männerdominierten Bereichen traditioneller Vereinstätigkeiten oder gewaltorientierter Protestaktivitäten), eher sind es die Frauen, die hier mehr Aktivitäten zeigen. Das politische Interesse hat einen starken Einfluss auf unkonventionelle Partizipation, allerdings auch auf konventionelle. Postmaterialistische Orientierungen verstärken zusätzlich unkonventionelles Engagement. Keinen nennenswerten Effekt hat politische Unzufriedenheit: Politikverdrossenheit für sich motiviert noch nicht zu politischer Aktivität. Als relativ stark bedeutsam haben sich soziale Netzwerke, insbesondere politisch orientierte, und der Austausch in diesen erwiesen. Diese fördern politische Aktivitäten wie auch weniger politisch ausgerichtetes Engagement, z.B. in traditionellen Vereinen. Bei diesen Zusammenhängen ist jedoch daran zu denken, dass es sich um dynamische Wechselwirkungen handeln dürfte und nicht um eindeutig gerichtete Kausalverhältnisse.

Der Effekt der Geschlechtszugehörigkeit beim politischen Interesse – wie oben dargestellt sind junge Frauen weniger politisch interessiert als junge Männer – reproduziert sich nicht bei politischer Aktivität. Sowohl in der Bereitschaft, sich politisch zu beteiligen, als auch im Hinblick auf bereits ausgeübte politische Aktivitäten stehen die jungen Frauen den jungen Männern keineswegs nach. Allerdings zeigen sich zum Teil Geschlechtereffekte dahingehend, dass Frauen der etablierten Politik und ihren Aktivitätsformen ferner stehen (vgl. Achatz/ Gaiser/ Gille 1999, Albert/ Hurrelmann/ Linssen/ Quellenberg 2002). Diese Ergebnisse werfen zum Thema Gender und Politik mehr Fragen auf, als hier beantwortet werden können: Beispielsweise danach, auf Grund welcher Bedingungen Ausschließungs- und Selbstselektionsprozesse bei Frauen stattfinden bzw. welche rational-choice-Aspekte wie erwartbare Gratifikationen (Macht, Einfluss usw.) bei jungen Männern eine Rolle spielen.

3.4 Aspekte des Wandels politischer Partizipation bei Jugendlichen

Zwei Aspekte des Wandels bei politischer Partizipation werden im Folgenden angesprochen: einerseits empirische Ergebnisse zu politischem Engagement, andererseits einige neue Formen bzw. Mobilisierungspotentiale politischer Beteiligung, die in den letzten Jahren diskutiert worden sind.

Betrachtet man die letzten 15 Jahre seit der Vereinigung, so kann (auf Basis der Daten des DJI-Jugendsurvey) von einer gewissen Konstanz von Sympathien wie auch Engagement gesprochen werden. Dies betrifft etwa Unterschriftensammlungen und genehmigte Demonstrationen; die Teilnahme an gewerkschaftlichen Streiks hat eher abgenommen. Die Beteiligung an mindestens einer Gruppe der Neuen Sozialen Bewegungen (zumindest gelegentlich) liegt im erwähnten Zeitraum konstant bei etwa einem Fünftel der Befragten. Die Bereitschaft zu Handlungen zivilen Ungehorsams oder die Akzeptanz von Aktionen mit möglichen Gewalthandlungen hat hingegen etwas abgenommen. Dass das Image von Protestveranstaltungen und -aktivitäten heute einen „normaleren" Charakter trägt, legale unkonventionelle Aktivitäten somit als Erweiterung von politischem Handeln betrachtet werden, dies wird in der Partizipationsforschung schon seit längerem vermerkt und trägt zum nicht unwesentlichen Niveau der jugendlichen Beteiligungsaktivitäten bei.

Ein Vergleich mit Älteren zeigt bezüglich einiger, aber durchaus nicht aller politischen Beteiligungsformen, eine häufigere Aktivität bei den Jüngeren. International wird berichtet, dass Altersunterschiede vor allem relevant sind bei positiven Einstellungen gegenüber legalen wie auch illegalen Formen direkter Partizipation (Jüngere haben positivere Einstellungen), während der Unterschied zwischen Jüngeren und Älteren bei tatsächlichem Beteiligungshandeln weitaus geringer ist, allerdings durchaus noch vorhanden (Kaase 2002: 354, vgl. auch Pickel 2002: 348ff.). Ein solcher Unterschied trifft vornehmlich auf die alten Bundesländer zu (Daten aus dem ALLBUS 2000), vor allem bei Unterschriftensammlungen und genehmigten politischen Demonstrationen (hier ist die Beteiligung bei den 18- bis 29-Jährigen etwa doppelt so hoch wie bei den über 29-Jährigen). In den neuen Bundesländern findet man hingegen diese Generationendifferenz weit weniger; nur bei einem Boykott haben sich mehr Jüngere als Ältere schon einmal beteiligt (vgl. Gaiser/de Rijke 2001).

In den letzten Jahren hat politische Partizipation, insbesondere im Umkreis der Friedensbewegung und Globalisierungskritiken, durch die Folgeereignisse des Anschlags auf das World Trade Center in New York am 11. September 2001 neuen Aufschwung erhalten. Eine der größten Demonstrationen seit Ende des 2. Weltkrieges fand am 15.2.2003 gleichzeitig in einer Reihe europäischer Städte statt. Sie richtete sich gegen den von den USA geplanten Krieg gegen den Irak und wurde bereits als mögliches „Signal für die Geburt einer europäischen Öffentlichkeit" bezeichnet (Habermas 2004: 44). Das wesentlich Neue daran lag in der Internationalität dieser Demonstration für den Frieden. In der Medienpräsenz wurde jedoch auch die starke Beteiligung der Jüngeren hervorgehoben und sogar zu einer „Generation Golfkrieg" hin stilisiert.[13] Eine überproportionale Beteiligung von Jüngeren (15- bis 24 Jahre) bei den Demonstrationen in Berlin etwa wurde in einer zeitgleich durchgeführten Untersuchung festgestellt, allerdings auch ein weit über dem Durchschnitt liegender Bildungsstand (Rucht 2003b). Jedenfalls wurde hier für eine breitere Öffentlichkeit politische Beteiligung von Jugendlichen wieder einmal sichtbar. Ob dies als Schub für weitere Aktivierung gelten kann, eventuell eingebettet in Gruppierungen der Globalisierungskritik unter Verstärkung des politischen

13 „Der Spiegel" 28.3.2003. Aber auch die Rede von einer „Generation attac" (Stay 2005) muss wohl eher der medialen Suche nach eingängigen und griffig-schillernden Begrifflichkeiten zugeschrieben werden und hält kaum einem sozialwissenschaftlich fundierten Generationenkonzept stand.

Interesses und auch in breitere soziale Netze hinauswirkend, muss als offene Frage gelten. Auch die Verbreitung neuer Medien (v.a. Mobiltelefone und das Internet) in den letzten zwei Jahrzehnten, die ja insbesondere von den Jüngeren stärker aufgenommen wurden, hat zur Frage geführt, inwieweit diese Medien die Möglichkeiten zu partizipatorischer Intervention und beteiligungsrelevanter sozialer Vernetzung erweitern (vgl. das Kapitel über „Partizipation via Internet" in diesem Band, auch Emmer/Vowe 2004, Rucht 2003a). Insgesamt wird bei der Beobachtung der weiteren Entwicklung politischer Partizipation bei Jugendlichen und jungen Erwachsenen die Gesamtheit der Bedingungen für Partizipation im Auge behalten werden müssen.

Im Zusammenhang mit dem abnehmenden parteiorientierten Engagement wie mit dem Rückgang der Mitgliedschaften in traditionellen Vereinen wurde nach Organisationsmerkmalen und Strukturen gefragt, die für Jugendliche Partizipation erleichtern könnten. Beispielsweise auf Grundlage der Shell-Jugendstudien kamen hierzu Vorschläge (vgl. etwa Jugendwerk der Deutschen Shell 1997, Fritzsche 2005, auch EUYOUPART 2004b). Für Jugendliche sind danach nicht fest organisierte und klar strukturierte, durch zeitliche Dauer und Regelmäßigkeit gekennzeichnete Formen der Beteiligung attraktiv, sondern eher flexible, zeitlich begrenzte und im Zusammenhang mit besonderen Anlässen stehende Organisationsformen. Motivationsfördernd sind stärker die Möglichkeiten des sozialen Austauschs und der „Aktion" mit Gleichgesinnten und Gleichaltrigen. „Aktionen statt Diskussion", flexible und einfache, wenig hierarchische Strukturen und Aktionen, bei denen die Wirksamkeit des politischen Handelns in den Zielen wie aber auch im „Spaß" des gemeinsamen Handelns direkt erfahrbar ist, sind erstrebenswert. Die Inhalte selber sollten mit den Themen etwas zu tun haben, die die jungen Menschen selbst interessieren und die sie auch wirklich „betreffen". Solche Merkmale jugendlicher Beteiligung werden allerdings eher in qualitativen Untersuchungen festgestellt (vgl. ebd., ÖIJ 2005). In quantitativ orientierten repräsentativen Erhebungen ist es dagegen schwer, solche Merkmale als von Jugendlichen gewünschte Formen von Partizipation zu erfassen. In einem weiten Sinne kann man die geringere Wertschätzung traditioneller Politik, die stärkere Bedeutung jugendbezogener Themen, die Wichtigkeit des Einflusses von politischem Interesse und sozialer Netze für politische Beteiligung in diese Richtung interpretieren. Aber hier ist sicher noch genauere Forschung notwendig, um diese teilweise doch recht frei und aufgrund kleiner Untersuchungsgruppen verallgemeinerten Interpretationen von „wirklich" jugendbezogener Beteiligung auf einen repräsentativen Boden zu stellen. Der replikative Gedanke der Messung von Partizipation mit den gleichen Instrumenten wie vor 10 bis 20 Jahren müsste dabei sicher erweitert werden. Aber gerade im Bereich politischer Partizipation ist replikative Messung ohne ständige Beobachtung und Beachtung dessen, was sich ändert, ohnehin nicht denkbar.

4 Zusammenfassung und Ausblick

Insgesamt lässt sich nicht von einem Verfall des politischen Interesses oder des politischen Engagements bei Jugendlichen und jungen Erwachsenen innerhalb der letzten 15 Jahre sprechen. Das politische Interesse zeigt einen etwas wechselhaften Verlauf, ohne dass ein klarer Rückgang zu erkennen wäre. Es bleibt aber bei den unter 29-Jährigen stets unter dem Niveau der Älteren. Die Abhängigkeit von der Bildung, und der Geschlechtszugehörigkeit hat sich kaum verändert. Bildung ist auch für politische Partizipation wichtig, was sich auch in stark mit Bildung zusammenhängenden Faktoren (wie dem politischen Interesse oder postmodernen Orientierungen) äußern kann. Daneben ist die soziale Einbindung der Individuen relevant; dies drückt sich auch bei neueren oder jugendgemäßeren Formen oder Anlässen politischen Protests aus. Die relative Konstanz der Unterstützung informeller Gruppierungen wie der Neuen Sozialen Bewegungen spricht ebenso gegen die These der nachlassenden politischen Beteiligungsbereitschaft junger Menschen. Die Ausweitung des politischen Verhaltensrepertoires über den Wahlakt hinaus ist längst zu einer Normalität bei Jugendlichen und jungen Erwachsenen geworden.

Ob allerdings aktuelle Themen und jugendgemäßere Formen politischer Beteiligung den Rückgang der Beteiligung in traditionellen Organisationen (Parteien, Gewerkschaften u.a.) ausgleichen, ohne dass diese sich den neuen Erwartungen anpassen, ist zumindest fraglich. Genauer beobachtet werden sollte zudem, wie das Verhältnis von konstanter Mitarbeit in wie auch immer definierten politischen Organisationen und punktueller Mobilisierung sich weiterentwickelt.

In der Diskussion über die politische Beteiligung der Jugend wird außer nach wissenschaftlichen Diagnosen oft zusätzlich gefragt, welche Möglichkeiten bestehen, die nachwachsende Generation zu stärkerem demokratischem Engagement zu bewegen. Hierbei wird durchaus gesehen, dass die Bereitschaft junger Menschen, sich aktiv zu beteiligen, durch ein sehr komplexes Faktorenbündel bestimmt ist: vom Wunsch nach Geselligkeit und Spaß, nach Selbstbestimmung und Anerkennung sowie nach neuen Formen gesellschaftlicher Teilhabe. Als praktische Konsequenz wird hervorgehoben, dass Politik, politische Bildung und Institutionen, in denen Jugendliche sozialisiert werden, die Lebensrealitäten Jugendlicher und deren Interessen zum Ausgangspunkt nehmen und zielgruppenorientierte partizipatorische Konzepte entwickeln sollten (vgl. Beiträge in ÖIJ 2005). In welcher Weise die Schule als die die Jugendphase entscheidend prägende staatliche Institution durch erweiterte institutionalisierte Beteiligungsformen hier einen Beitrag liefern könnte, ist eine differenziert zu analysierende Frage. Die empirischen Ergebnisse des DJI-Jugendsurvey verweisen jedenfalls darauf, dass diejenigen jungen Menschen, die sich in außercurricularen Kontexten der Schule beteiligen, auch jenseits der Schule engagierter und politisch aktiver sind.

Literatur

Achatz, Juliane/Gaiser, Wolfgang/Gille, Martina (1999): Geschlecht und Partizipation. In: DISKURS, 10, 1, S. 58–67.

Albert, Mathias/Hurrelmann, Klaus/Linssen, Ruth/Quellenberg, Holger (2002): Entgrenzung von Politik? Ein Resümee. In: Deutsche Shell (Hrsg.): Jugend 2002. Frankfurt am Main: Fischer, S. 213–220.

Barber, Benjamin (1994): Starke Demokratie. Hamburg: Rotbuch Verlag.

Barnes, Samuel H./Kaase, Max et al. (1979) : Political Action. Mass Participation in Five Western Democracies. Beverly Hills: Sage Publications.

Brand, Karl-Werner (1992): Neue soziale Bewegungen. In: Weidenfeld, Werner/Korte, Karl-Rudolf (Hrsg.): Handwörterbuch zur deutschen Einheit. Frankfurt/M.: Campus, S. 508–517.

Deth, Jan van (2004): Politisches Interesse. In: Deth, Jan van (Hrsg.): Deutschland in Europa. Ergebnisse des European Social Survey 2002–2003. Wiesbaden: VS Verlag für Sozialwissenschaften, S. 275–292.

Deutsche Shell (Hrsg.) (2002): Jugend 2002. Zwischen pragmatischem Idealismus und robustem Materialismus. Hamburg: Fischer.

Emmer, Martin/Vowe, Gerhard (2004): Mobilisierung durch das Internet? Ergebnisse einer empirischen Längsschnittuntersuchung zum Einfluss des Internets auf die politische Kommunikation der Bürger. In: Politische Vierteljahresschrift 45, 2, S. 191–212.

EUYOUPART (2004a): Report on the Meta-Analysis. Vienna, Austria: http://www.sora.at/wahlen/EUYOUPART.

EUYOUPART (2004b): Comparative Report on Qualitative Research Findings. Vienna, Austria: http://www.sora.at/wahlen/EUYOUPART.

Fritzsche, Yvonne (2005): Jugend und Politik: „Ich habe andere Sorgen als Politik" – Drei Abgesänge. In: Eith, Ulrich/Rosenzweig, Beate (Hrsg.): Jugend und Politik. Schwalbach/Ts.: Wochenschau-Verlag, S. 57–75.

Gabriel, Oscar W. (1986): Politische Kultur, Postmaterialismus und Materialismus in der Bundesrepublik Deutschland. Opladen: Westdeutscher Verlag.

Gabriel, Oscar W. (2004): Politische Partizipation. In: Deth, Jan W. van (Hrsg.): Deutschland in Europa. Ergebnisse des European Social Survey 2002–2003. Wiesbaden: VS Verlag, S. 317–336.

Gaiser, Wolfgang/Gille, Martina/de Rijke, Johann/Sardei-Biermann, Sabine (2005): Zur Entwicklung der Politischen Kultur bei deutschen Jugendlichen in West- und Ostdeutschland. Ergebnisse des DJI-Jugendsurvey von 1992 bis 2003. In: Merkens, Hans/Zinnecker Jürgen (Hrsg.): Jahrbuch Jugendforschung. 5. Ausgabe 2005. Wiesbaden: VS Verlag für Sozialwissenschaften, S. 163–198.

Gaiser, Wolfgang/de Rijke, Johann (2001): Gesellschaftliche Beteiligung der Jugend. In: Aus Politik und Zeitgeschichte, B44, S. 8–16.

Gille, Martina/Krüger, Winfried (Hrsg.) (2000a): Unzufriedene Demokraten. Politische Orientierungen der 16- bis 29jährigen im vereinigten Deutschland. DJI-Jugendsurvey 2. Opladen: Leske+Budrich.

Gille, Martina/Krüger, Winfried (2000b): Die Bedeutung des Politischen bei jungen Migranten und jungen Deutschen. In: Gille, Martina/Krüger, Winfried (Hrsg.): Unzufriedene Demokraten. Politische Orientierungen der 16- bis 29jährigen im vereinigten Deutschland. DJI-Jugendsurvey 2. Opladen: Leske+Budrich, S. 399–422.

Gille, Martina/Krüger, Winfried/de Rijke, Johann (2000): Politische Orientierungen. In: Gille, Martina/Krüger, Winfried (Hrsg.): Unzufriedene Demokraten. Politische Orientierungen der 16- bis 29jährigen im vereinigten Deutschland. Opladen: Leske+Budrich, S. 205–265.

Gille, Martina/Sardei-Biermann, Sabine/Gaiser, Wolfgang/de Rijke, Johann (2006): Jugendliche und junge Erwachsene in Deutschland. Lebensverhältnisse, Wertorientierungen und gesellschaftliche Beteiligung 12- bis 29-Jähriger. Wiesbaden: VS Verlag (in Vorbereitung).

Habermas, Jürgen (2004): Der gespaltene Westen. Kleine Politische Schriften X. Frankfurt/M.: Suhrkamp.

Heitmeyer, Wilhelm (Hrsg.) (2003): Deutsche Zustände. Folge 2. Frankfurt/M.: Suhrkamp.

Hoffmann-Lange, Ursula (1997): Jugend und Politik. In: Andresen, Uwe/Woyke, Richard (Hrsg.): Handwörterbuch des politischen Systems der Bundesrepublik Deutschland. 3. Auflage, S. 231–235.

Hoffmann-Lange, Ursula (2000): Bildungsexpansion, politisches Interesse und politisches Engagement in den alten Bundesländern. In: Niedermayer, Oskar/Westle, Bettina (Hrsg.): Demokratie und Partizipation. Festschrift für Max Kaase. Wiesbaden: Westdeutscher Verlag, S. 46–64.

Hoffmann-Lange, Ursula (2001): Politikverdrossenheit oder Politikdistanz? Zum Wandel der politischen Orientierungen junger Menschen. In: DISKURS 11,1, S. 11–19.

Hoffmann-Lange, Ursula (Hrsg.) (1995): Jugend und Demokratie in Deutschland. DJI-Jugendsurvey 1. Opladen: Leske + Budrich.

Inglehart, Ronald (1989): Kultureller Umbruch. Frankfurt / New York: Campus Verlag.

Jugendwerk der Deutschen Shell (Hrsg.) (1997): Jugend '97. Opladen: Leske+Budrich.

Kaase, Max (2002): Politische Beteiligung. In: Greiffenhagen, Martin/Greiffenhagen, Sylvia (Hrsg.): Handwörterbuch zur politischen Kultur der Bundesrepublik Deutschland. Wiesbaden: Westdeutscher Verlag, S. 349–363.

Klein, Ansgar/Legrand, Hans-Josef/Leif, Thomas (Hrsg.) (1999): Neue soziale Bewegungen. Impulse, Bilanzen und Perspektiven. Opladen: Westdeutscher Verlag.

Mammy, Ulrich/Sattig, Jörg (2002): Determinanten und Indikatoren der Integration und Segregation der ausländischen Bevölkerung (Integrationssurvey). Wiesbaden: Bundesinstitut für Bevölkerungsforschung.

Nie, Norman H./Junn, Jane/Stehlik-Barry, Kenneth (1996): Education and Democratic Citizenship in America. Chicago: University of Chicago Press.

Österreichisches Institut für Jugendforschung (ÖIJ) (Hrsg.) (2005): „Die Jugend ist die Zukunft Europas – aber bitte noch nicht jetzt!". Möglichkeiten der Integration und Partizipation von Jugendlichen in Europa. Wien: ÖIJ.

Pickel, Gert (2002): Jugend und Politikverdrossenheit. Opladen: Leske+Budrich.

Pollack, Detlef (2000): Politischer Protest. Politisch alternative Gruppen in der DDR. Opladen: Leske+Budrich.

Putnam, Robert D. (2000): Bowling Alone. The Collapse and Revival of American Community. New York: Simon and Schuster.

Raschke, Joachim (1985): Soziale Bewegungen. Frankfurt/New York: Campus.

Roth, Roland (2004): Die dunklen Seiten der Zivilgesellschaft. Grenzen einer zivilgesellschaftlichen Fundierung von Demokratie. In: Klein, Ansgar/Kern, Kristine/Geißel, Brigitte/Berger, Maria (Hrsg.): Zivilgesellschaft und Sozialkapital.

Herausforderungen politischer und sozialer Integration. Wiesbaden: VS Verlag, S.41–64.
Roth, Roland/Rucht, Dieter (2002): Neue Soziale Bewegungen. In: Greiffenhagen, Martin/Greiffenhagen, Sylvia (Hrsg.): Handwörterbuch zur politischen Kultur der Bundesrepublik Deutschland. Wiesbaden: Westdeutscher Verlag, S. 296–303.
Rucht, Dieter (2003a): NGO's, Internet und Globalisierung. Vortrag am 23.1.2003 im DGB-Bildungszentrum Hattingen (unveröff.).
Rucht, Dieter (2003b): Die Friedensdemonstranten – wer sind sie, wofür stehen sie?. In: Forschungsjournal NSB, Sonderdruck: Konturen der Zivilgesellschaft, Zur Profilierung eines Begriffs, 16, 2, S. 10–13.
Stay, Jochen (2005): Generation attac. In: Blätter für deutsche und internationale Politik, 4, S. 455–462.
Uehlinger, Hans-Martin (1988): Politische Partizipation in der Bundesrepublik. Opladen: Westdeutscher Verlag.
Verba, Sidney/Schlozman, Kay Lehman/Brady, Henry, E. (1995): Voice and Equality. Civic Voluntarism in American Politics. Cambridge: Harvard University Press.
Weßels, Bernhard (2004): Politische Integration und politisches Engagement. In: Statistisches Bundesamt (Hrsg.): Datenreport 2004. Bonn: Bundeszentrale für politische Bildung, S. 639–648.
Westle, Bettina (1994): Politische Partizipation. In: Gabriel, Oscar W./Brettschneider, Frank (Hrsg.): Die EU-Staaten im Vergleich. Strukturen, Prozesse, Politikinhalte. Opladen: Westdeutscher Verlag, S. 137–173.
Westle, Bettina (2006): Politisches Interesse, subjektive politische Kompetenz und politisches Wissen – Eine Fallstudie mit Jugendlichen im Nürnberger Raum. In: Brettschneider, Frank/Deth, van Jan/Roller, Edeltraud: Jugend und Politik: „Voll normal!". Wiesbaden: VS Verlag (im Erscheinen).

Kapitel 10

Politische Partizipation von Frauen in Deutschland[1]

Gesine Fuchs

1. Einführung: Geschlecht und Politik

Seit der Bundestagswahl vom September 2005 wird Deutschland erstmals von einer Bundeskanzlerin regiert. Trotz dieses historischen Ereignisses ist die politische Partizipation von Frauen weiterhin ein Problem; auch Angela Merkels Weg in dieses Amt war weder geradlinig noch selbstverständlich. Insgesamt sind Frauen an den politischen Prozessen nur marginal bis mittelmäßig beteiligt. Dies ist ein zentrales Problem für Theorie und Praxis der Demokratie. Partizipation an Willensbildungs- und Entscheidungsprozessen ist eine zentrale Voraussetzung für die Legitimität demokratischer Herrschaft: ohne Partizipation keine Demokratie. Sowohl bei einer Input- wie bei einer Outputorientierung ist es wichtig, dass rechtlich und faktisch alle Bevölkerungsgruppen partizipieren können. Für die althergebrachte Partizipationsforschung war die Unterrepräsentation von Frauen lange kein Problem oder sie nahm Frauen im Vergleich zu Männern als Defizitwesen wahr: angeblich politisch weniger interessiert und kompetent sowie mit weniger Ressourcen ausgestattet und aus diesen Gründen politisch weniger aktiv, sei es beim Wählen oder beim Demonstrieren, und darum unterrepräsentiert in Parteien, Parlamenten und Regierungen. Geschlecht wurde hierbei als eine individuelle, isolierte Variable betrachtet. Die feministisch beeinflusste Forschung hat immer wieder verdeutlicht, dass solche individuellen Defizithypothesen nicht ausreichen, um die Unterrepräsentation zu erklären. Vielmehr steht Geschlecht in einem gesellschaftlichen Strukturzusammenhang.

Am Beginn dieses Beitrags steht darum eine kurze Diskussion der Bedeutung von Geschlecht als gesellschaftlichem Verhältnis für die politische Partizipation. Das zweite Kapitel beschäftigt sich mit Begründungs- und Erklärungsmustern für weibliche politische Beteiligung. Das dritte Kapitel zeigt den Stand für die Bundesrepublik Deutschland in Parteien, Parlamenten und Bewegungen auf. Zum Schluss stellt das vierte Kapitel Perspektiven und Ansätze zu einer geschlechtergerechten Partizipation vor.

1 Ich danke meiner Mutter Elke Fuchs für die Betreuung unserer wunderbaren Tochter Marit, so dass ich diesen Beitrag verfassen konnte.

Geschlecht und Zweigeschlechtlichkeit bilden grundlegende Strukturierungen unserer Gesellschaft. Dabei ist Geschlecht nicht ein natürlich und statisch vorhandenes Merkmal (*sex*) von Personen, sondern es ist ein soziales Konstrukt (*gender*), bei welchem biologische Unterschiede zum Ausgangspunkt für Macht- und Herrschaftsverhältnisse werden:

> „... gender is a constitutive element of social relationships based on perceived differences between the sexes, and gender is a primary way of signifying relationships of power" (Scott 1986: 1067).

Geschlecht (und Zweigeschlechtlichkeit) bilden so ein produktives Symbolsystem. Männlichkeit und Weiblichkeit dienen dazu, Personen unterschiedliche Bedeutungen, Fertigkeiten, Ressourcen und Bereiche zuzusprechen. Diese Unterscheidungen bewirken gesellschaftliche Ungleichheiten und Hierarchien. Mittels Theorien und Ideologien, durch Institutionen wie Staat oder Markt sowie durch materielle Bedingungen und Ressourcenverteilung werden Herrschaft und Abhängigkeiten geschaffen, befestigt und reproduziert. Ein zentrales Beispiel ist die Trennung in Öffentlichkeit und Privatsphäre oder die Teilung in produktive und reproduktive Arbeiten. Diese werden Frauen und Männer zugewiesen und schließlich unterschiedlich hoch bewertet. Geschlechterverhältnisse sind also einerseits objektiv vorhandene Strukturen, auf die die Individuen treffen, andererseits werden sie durch das Sprechen und Handeln von Personen selbst immer wieder diskursiv hergestellt – und verändert. Birgit Sauer spricht darum von Geschlecht als strukturierender und strukturierter Struktur (2004: 11).

Die Öffentlichkeit ist folglich keine geschlechtsabstrakte Sphäre, sondern sie hat sich historisch als geschlechtshomogene, als von Männern geprägte und beherrschte Sphäre herausgebildet, die aber in vielfacher Weise auf die private Sphäre bezogen ist.[2] Auf der Ebene staatlicher Institutionen wirken formelle (z. B. Wahlrecht) und informelle Ausschlussmechanismen von politischer Macht wie Muster der Elitenrekrutierung oder Bevorzugung männlicher Lebensentwürfe. Im Bereich der politischen Kultur ist es die Definition von politisch oder unpolitisch. Durch die Trennung zwischen privat und öffentlich können Männer als politische und Frauen als unpolitische Wesen konstruiert werden. Auch bei der Formung politischer Identitäten und der Interessenformulierung wirkt Geschlecht als Strukturverhältnis mit. Politiken wirken grundsätzlich auch auf Geschlechterverhältnisse ein bzw. haben für die Geschlechter unterschiedliche Auswirkungen. Wenn wir die politische Partizipation von Frauen untersuchen, ist es darum wichtig, die geschlechtsspezifische Strukturierung dieser Sphäre in die Analyse einzubeziehen und zu analysieren, wie die Ge-

---

2 Für eine Einführung in diese Grundfragen geschlechtersensibler Politikwissenschaft empfohlen: Braun et al. 2000, Rosenberger/Sauer 2004 und die Beiträge auf dem Portal „Gender-Politik Online" unter www.fu-berlin.de/gpo/

schlechterverhältnisse die Partizipation prägen und beeinflussen. Der Slogan der Frauenbewegung „Das Private ist politisch" hat diese Überlegungen gut auf den Punkt gebracht. Die Verhältnisse in der Privatsphäre sind sehr wohl Gegenstand politischer Regulierung und von Dominanzverhältnissen, etwa in Form wohlfahrtsstaatlicher Arrangements oder durch geschlechtshierarchische Sozialisation. Vornehmlich Frauen erbringen in der Privatsphäre Erziehungs- und Reproduktionsarbeiten, die ein (männliches) Engagement in der Erwerbsarbeit oder der Politik erst ermöglichen. Auch ist die Privatsphäre kein rechtsfreier Raum, sondern Grundrechte auf körperliche Unversehrtheit, Autonomie und Teilhabe gelten auch hier.

2. Begründungs- und Erklärungsmuster für die politische Partizipation von Frauen

2.1 *Begründungsmuster*

In der wissenschaftlichen und politischen Diskussion tauchen drei grundlegende Begründungsmuster für eine ausgewogene Beteiligung beider Geschlechter in politischen Gremien und Entscheidungspositionen auf. In der politischen Praxis überwiegt der Mix mehrerer Argumente.

Im **Paritätsansatz** wird aus dem Grundsatz der politischen Gleichheit und Gerechtigkeit abgeleitet, dass Frauen und Männer sich an Politik beteiligen sollen. Männliche Dominanz in Gremien sei unfair. Dieser Ansatz knüpft unmittelbar an demokratietheoretische Postulate an: Alle von politischen Entscheidungen Betroffenen bzw. Gruppen müssen rechtlich und faktisch die Möglichkeit haben, sich an ihrem Zustandekommen zu beteiligen. Die Forderung nach Gleichheit und Gerechtigkeit ist einer der stärksten Argumente für die gleichberechtigte politische Teilhabe der Geschlechter (vgl. Phillips 1994).

Tabelle 1: Begründungsmuster politischer Partizipation von Frauen

	Argument	*Mögliche politische Strategien*
Paritätsansatz: Gleichheit und Gerechtigkeit Inputorientierung	Frauen und Männer haben die gleichen Rechte, an politischen Entscheidungen teilzunehmen und sie zu beeinflussen. Die Monopolisierung eines Geschlechts ist ungerecht.	• positive Frauenfördermaßnahmen • Quoten für Mandate und Kandidatenlisten • Bewusstseinsarbeit auch bei Männern, Geschlechterrollen verändern

	Argument	*Mögliche politische Strategien*
Differenzansatz: Fraueninteressen Outputorientierung	Weil Frauen andere Interessen als Männer haben, müssen sie am politischen Entscheidungsprozess beteiligt sein, um dessen Qualität zu verbessern.	• Gender Mainstreaming • Aufbau von und Arbeit in einer Frauenorganisation
Emanzipationsansatz: Emanzipation und Veränderung des politischen Prozesses Prozess- und Outputorientierung	Weil die patriarchale Gesellschaft ein Machtgefälle zwischen Frauen und Männern produziert, müssen diese Strukturen durch politisches Handeln überwunden werden, damit sich eine selbstbestimmte Gesellschaft entwickeln kann.	• Doppelstrategie: Das Engagement gegen patriarchale Muster in Bewegungen und Organisationen erzeugt politischen Druck und wird durch parlamentarische Arbeit unterstützt.

Quelle: Fuchs/Hoecker 2004: 2

Das **Argument der Fraueninteressen** weist darauf hin, dass Interessen von Frauen in männerdominierten Gremien unterdrückt, verschleiert und marginalisiert würden. Unabhängig davon, ob es „objektive Fraueninteressen" gäbe oder Fraueninteressen sich in einem konkreten Prozess herausbildeten, sei die Anwesenheit von Frauen in politischen Gremien eine notwendige, aber nicht hinreichende Voraussetzung für bestimmte Politiken zugunsten von Frauen (vgl. Jonasdottir 1988). Emanzipative Argumente beziehen sich einerseits auf die Überwindung patriarchaler Machtstrukturen, andererseits weisen sie darauf hin, dass vermehrte Beteiligung von Frauen die Qualität demokratischer Entscheidungen erhöhe, eine bessere Balance zwischen Partizipation und Repräsentation sowie eine bessere Rückbindung an die „Basis" herstellen könne (vgl. Hoecker 1995: 27f. und Phillips 1994: 74–76).

2.2 Zum Begriff der politischen Partizipation

Welche Handlungen als politische Beteiligung gelten sollen und wie diese zu systematisieren sind, war und ist Gegenstand wissenschaftlicher Diskussion. Eine heute gängige Definition lautet:

> „Partizipation in der Politik bedeutet alle Handlungen, die Bürger einzeln oder in Gruppen freiwillig mit dem Ziel unternehmen, Entscheidungen auf den verschiedenen Ebenen des politischen Systems (Gemeinde, Land, Bund, evtl. supranationale Einheiten) zu beeinflussen und/oder diese selbst zu treffen" (Kaase 1994: 442).

Heute wird in der Partizipationsforschung im Allgemeinen zwischen konventionellen und unkonventionellen (auch: verfassten und unverfassten) Formen der

Partizipation unterschieden. Mit konventionell ist die Beteiligung an Wahlen, die Mitarbeit in einer Partei oder das Mandat in einem Parlament gemeint. Als unkonventionell gelten Aktivitäten in einer Bürgerinitiative, die Teilnahme an Demonstrationen, Unterschriftensammlungen oder auch häufig illegale Protestformen wie wilde Streiks, Besetzungen, Blockaden, Gewalt gegen Sachen. Unkonventionelle Formen sind erst seit einiger Zeit in ihrer demokratischen Funktion akzeptiert. Gegen diese Begriffe hat die feministische Kritik eine Reihe von Einwänden formuliert und Vorschläge für einen weiteren Begriff gemacht (z. B. Sauer 1994. Für einen Überblick Geißel/Penrose 2003: 2–5): Insbesondere wurde kritisiert, dass nur intentionale Handlungen als politisch gelten. Identitätsbildungsprozesse, expressive Handlungsweisen gerade sozialer Bewegungen und gesellschaftliches Engagement, das sich auf die Zivilgesellschaft richtet, hätten nämlich sehr wohl politische bzw. politisierende Konsequenzen. Ein enger Begriff verschleiere die politische und soziale Partizipation von Frauen. Allerdings ist ein sehr breiter Partizipationsbegriff empirisch schlecht handhabbar. Sowohl die Wissenschaft wie die aktive Bevölkerung sieht heute die so genannten konventionellen und unkonventionellen Partizipationsformen zunehmend als parallele und sich gegenseitig ergänzende Aktivitäten an (Bertelsmann-Stiftung 2004: 14). Die Begrifflichkeiten verlieren somit an Trennschärfe und Aussagekraft.

Es ist sinnvoll, die Beziehung zwischen sozialer und politischer Partizipation zu untersuchen, weil damit auch Politisierungsprozesse und die Konstituierung politischer AkteurInnen analysiert werden können. Zudem bietet es sich an, verschiedenartige Partizipationsakte integriert zu betrachten, wenn es um das Entstehen und die Bearbeitung eines politischen Problems im Policy-Zyklus geht. Wie ein Sachverhalt zum politischen Problem wird und mit welchen Methoden und Formen entsprechende Interessen und Forderungen formuliert werden und schließlich auf der politischen Agenda landen und wie diese zwischen Exekutive, Legislative und Zivilgesellschaft bearbeitet werden, lässt sich mit einem geschlechtersensiblen Blick auf Benachteiligungen, Ausschlüsse und spezifische Partizipationsstrategien analysieren.

2.3 Erklärungsansätze für die Unterrepräsentation von Frauen in der Politik: das magische Dreieck der geschlechtersensiblen Partizipationsforschung

Im Gegensatz zum Mainstream weisen genderorientierte WissenschaftlerInnen immer wieder darauf hin, dass Geschlecht nicht eine einzelne Variable ist, um Partizipationsunterschiede zu erklären, sondern dass Geschlechterverhältnisse in vielfältiger Form auf Individuen und in politischen Institutionen wirken (vgl. Kapitel 1). Darum müssen auch verschiedene Erklärungsansätze eingesetzt und aufeinander bezogen werden. Eine Möglichkeit ist das „Magische Dreieck“. Sozioökonomische Strukturen, politische Kultur und Sozialisation sowie Institutionen sind drei miteinander verbundene Bestimmungsfaktoren für politische Beteiligung. Das konkrete Handeln politischer Akteurinnen wird von ihnen beeinflusst. Umgekehrt können diese versuchen, diese Umstände zu beeinflussen, um ihre Partizipation und Repräsentation zu erhöhen und ihre Ziele durchzusetzen.

Abbildung 1: Das magische Dreieck zur Erklärung der politischen Beteiligung von Frauen

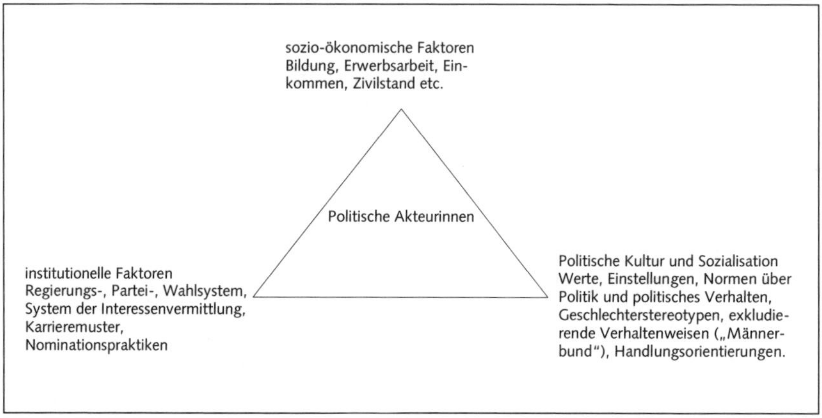

Quelle: Fuchs/Hoecker 2004: 3.

2.3.1 Sozioökonomische Faktoren

Seit dem von Verba und Nie in den 1970er Jahren und bis heute gültigen so genannten Sozioökonomischen Standardmodell (SES-Modell, vgl. Burns et al. 2001) besteht zwischen der individuellen Ressourcenausstattung und dem Interesse an Politik sowie tatsächlicher Beteiligung ein Zusammenhang: je mehr Einkommen, Zeit, Bildung, Selbstvertrauen und Status eine Person hat, desto wahrscheinlicher partizipiert sie. Da Frauen durchschnittlich weniger Bildung haben, weniger erwerbstätig sind und ein geringeres Einkommen haben als Männer, wird so ihre geringere Partizipation erklärt.[3] Auch neuere Studien bestätigen diese Zusammenhänge und lassen ihn unproblematisiert (Bertelsmannstiftung 2004). Aufgrund solcher Mängel wurden das SES-Modell und seine Methode, quantitative Umfrageforschung, von feministischer Seite heftig

3 Zu den geschlechtsspezifischen Ungleichheiten in Deutschland vgl. Hoecker 1999: 41–71.

kritisiert, da es Geschlecht nicht als Strukturkategorie fasst und das Problem der Unterrepräsentation auf individuelle Merkmale verengt. Auch stand die Frage nach „politischem Interesse" im Verdacht, lediglich eine männliche, auf Institutionen verengte Definition von Politik zu messen – schließlich sind die Unterschiede in der Wahlbeteiligung kaum mehr messbar, die im politischen Interesse jedoch immer noch deutlich (vgl. Sauer 1994: 106ff.). Bettina Westle hat 2001 diese Kritik aufgenommen und mit repräsentativen Umfragedaten (ALLBUS 1998) einige kontroverse Aspekte genauer untersucht. Sie stellte fest, dass deklariertes politisches Interesse positiv mit *allen* politischen Beteiligungsformen korrelierte (Westle 2001: 149f.). Die bekannten soziodemographischen Variablen hatten positiven Einfluss auf politisches Interesse und subjektive politische Kompetenz. Bei gleichem soziodemographischen Hintergrund hätten nun die Partizipationsunterschiede zwischen Frauen und Männern verschwinden müssen. Tatsächlich aber bleiben sie bestehen, sie bilden einen „unerklärten Rest" und zeigen die Grenzen dieser Erklärungsfaktoren auf.

2.3.2 Politische Kultur und Sozialisation

Die politische Kultur eines Landes stellt einen zentralen Einflussfaktor auf die politische Partizipation von Frauen dar. Sie umfasst die Gesamtheit aller politisch relevanten Meinungen, Einstellungen und Werte der Mitglieder einer Nation, die im Rahmen des politischen Sozialisationsprozesses geprägt und übermittelt werden. Gesellschaftliche Orientierungen gegenüber der politischen Rolle von Frauen sowie die damit verbundenen Einstellungen zur weiblichen politischen Partizipation sind darin eingebettet. Zur politischen Kultur gehören auch die vorherrschenden Frauen- und Männerbilder in der Politik. Die Wissenschaft hat erstaunlich lange ohne ausreichende bzw. mit verzerrten empirischen Befunden am Mythos der unpolitischen Frauen gestrickt.[4]

Der Zusammenhang zwischen dem Frauenanteil in der Politik und den in einem Land vorherrschenden Geschlechterrollen wie Wertvorstellungen kann als weitgehend bestätigt gelten. So zeigen skandinavische Länder mit ihrer egalitären politischen Kultur auch egalitäre Frauen- und Männerbilder und hohe Frauenanteile in den Parlamenten und Regierungen, während in konservativen Ländern mit einer hierarchischen politischen Kultur, einer hohen Bedeutung der emanzipationsfeindlichen katholischen Kirche und relativ niedriger Frauenerwerbstätigkeit die Frauenanteile in der Politik eher gering bleiben.[5] Aussagekräftiger Indikator im internationalen Vergleich ist außerdem

4 Eine erste Kritik bei Bourque/Grossholtz 1984, zuerst 1979.

5 Vgl. Morgan/Wilcox 1992 und Hoecker 1995: 182–188. Neuere Erhebungen liegen leider nicht vor. Vgl. aber die Untersuchungen mit Daten des World Value Survey (www.worldvaluessurvey.org)

die Einführung des Frauenwahlrechts; je früher es kam, manchmal gleichzeitig mit dem allgemeinen Männerwahlrecht, desto wahrscheinlicher ist ein hoher Frauenanteil in den Parlamenten.[6]

Sozialisationsprozesse prägen wesentlich Handlungsorientierungen, Selbstkonzepte und die Aneignung von Geschlechterrollen. Eine politikferne Sozialisation in Familie, Schule und via Medien von Mädchen und Frauen kann diese also entmutigen, politisch aktiv zu werden oder sich für Politik zu interessieren. Untersuchungen über Politikerinnen zeigen immer wieder, wie wichtig für die Einzelnen weibliche *und* männliche Vorbilder eines politischen Engagements waren (z. B. Weber et al. 1998).

Bei Frauen und Männern sind häufig unterschiedliche Politikschwerpunkte zu beobachten. Die Zuordnung zu Politikfeldern erfolgt dabei in einer Wechselwirkung aus individuellen Interessen, externen Erwartungen und stereotypen Zuschreibungen. Problematisch ist dabei, dass „weiblichen" Politikbereichen wie Soziales und Bildung häufig ein niedriger Status verliehen wird, der sich nicht mit der tatsächlichen Bedeutung des Feldes deckt. Zum Erfahrungsschatz von Parteipolitikerinnen gehören nach wie vor offene und versteckte Diskriminierung, Beleidigung und ihr Ausschluss aus männerbündischen Strukturen in der Politik, d. h. durch Seilschaften, informelle Netze und Beziehungen von Führung und Gefolgschaft.[7]

Die Frage nach einem anderen, weiblichen Politikverständnis ist in der deutschsprachigen Forschung in den neunziger Jahren vielfach bearbeitet worden. Birgit Meyer (1992: 9f.) hatte eine „kontrastive Arbeitsdefinition" erstellt, etwa egalitäre versus hierarchische Orientierung, ein kommunikatives statt strategisches Machtverständnis oder Kompetenz- statt Karriereorientierung. Qualitative Studien fanden zwar einzelne Belege dafür, doch war die Datenbasis insgesamt zu schmal und es fehlten vergleichende Studien zu Männern. Im Rückblick sind diese Untersuchungen eher hypothesengenerierend als thesenbestätigend gewesen, so die Einschätzung von Geißel und Penrose (2003: 6).

Last but not least ist die Rolle der Medien für die politische Sozialisation und Kultur zentral. Bisher haben die Medien eher traditionale und marginale Bilder von Frauen allgemein und von Politikerinnen im Besonderen gezeichnet und dabei die Wirklichkeit weniger gespiegelt als mitkonstruiert (vgl. Klaus 2002, Holtz-Bacha 2003). Insbesondere wird über Politikerinnen seltener berichtet und sie werden seltener als Expertinnen eingeladen und zitiert – und zwar noch weniger, als ihr Anteil am politischen Personal beträgt. Neuere

6 Ronald Inglehart und Pippa Norris (2003) bezeichnen die immensen Einstellungsunterschiede zur Geschlechtergleichheit zwischen westlichen und islamischen Staaten sogar als den wahren „clash of civilizations" (Huntington); gleichzeitig erfreut sich Demokratie bei der Bevölkerung islamischer Länder nämlich gleich großer Beliebtheit wie im Westen.

7 Für einen Überblick vgl. Kreisky 1995.

Studien haben immerhin festgestellt, dass sich die stereotype Darstellung von Politikerinnen, z. B. Fixierung auf ihr Äußeres, zumindest abgeschwächt hat und das Privatleben nicht mehr häufiger im Fokus steht als bei Politikern (vgl. Pfannes 2004 und Hardmeier/Klöti 2004). Was übrigbleibt, ist häufig ebenso dumm wie frech. Angela Merkel wurde in diversen Interviews beispielsweise gefragt, ob sie Highheels im Schrank habe, Bücher läse, Angst habe, was noch mal ihr Job sei, ob sie hochbegabt oder bloß eine kleine Streberin sei und ob sie sich schön fände (zitiert nach Emma Sept./Okt. 2005: 43). Die Unterrepräsentierung von Politikerinnen ist deshalb so fatal, weil Politik fast nur über Medien erfahrbar ist und so der Eindruck verstärkt wird, es gäbe nur wenig kompetente und profilierte Politikerinnen. Umgekehrt liegt in der Arbeit der Medien also auch viel Gestaltungsspielraum und Potenzial, um die politische Beteiligung von Frauen zu fördern.

2.3.3 Institutionelle Faktoren

Schließlich spielen auch institutionelle Faktoren eine wichtige Rolle für weibliche Partizipation. Dies betrifft einmal das Parteiensystem und dabei insbesondere die politischen Rekrutierungs- und Laufbahnmuster, das Wahlsystem und das System der Interessenvermittlung. Wie zahlreiche Studien inzwischen belegen, begünstigen Verhältniswahlsysteme die Kandidaturen und Wahlchancen von Frauen, während Mehrheitswahlsysteme diese eher erschweren. Der Grund für die geringeren Nominierungschancen von Frauen im Falle eines Mehrheitswahlrechts wird allgemein in der starken Personenorientierung gesehen. Im Unterschied zur Listenwahl muss sich die Wählerschaft bei der Mehrheitswahl für einen Kandidaten bzw. eine Kandidatin im Wahlkreis direkt entscheiden. Nach wie vor bestehen Zweifel an der politischen Kompetenz von Frauen. Auch der harte innerparteiliche Konkurrenzkampf um sichere Wahlkreise mindert die Chancen von Frauen, überhaupt aufgestellt zu werden (vgl. Rule 1994, Norris 2000). Ohne politischen Willen ist auch ein Verhältniswahlsystem kein Garant für eine hohe Präsenz von Frauen im Parlament. Zwar bieten Verhältniswahlsysteme den Vorzug einer Quotierung der Parteilisten zu Gunsten von Frauen, allerdings müssen diese Quoten einen relevanten Anteil fixieren, verbindlich sein und sich zudem explizit auf die aussichtsreichen Listenplätze beziehen.

Linke und grüne Parteien neigen eher als konservative Parteien dazu, aktive und starke interne Frauenförderpolitik zu betreiben. Dabei helfen ein substanzieller weiblicher Mitgliederanteil und eine starke Frauenorganisation. Quotenregelungen in linken Parteien haben eine Sogwirkung auch auf das mittlere und rechte Parteienspektrum gehabt. Insgesamt sind Mehrparteiensysteme mit pluralistischen Karrierekanälen und Parteien mit einem transparenten, lokal verankerten Rekrutierungsverfahren besser für eine gute Frauenrepräsentation geeignet (vgl. Norris 1993). Demgegenüber können klientelistische Strukturen in traditionalistischen Ländern Frauen aus einflussreichen Oberschichtfamilien den Weg auch in höchste Staatsämter ebnen – aber eben auch nur ihnen. Beispiele sind Tansu Çiller in der Türkei oder Benazir Bhutto in Pakistan.

Das deutsche Interessenvermittlungssystem ist stark korporatistisch und konsensorientiert, d. h. einige wenige Großverbände sind Verhandlungspartner der Politik und Verwaltung. Es ist für Frauen schwierig, sich in diesen „alteingesessenen" Verbänden mit ihren Themen und Interessen Einfluss zu verschaffen oder sich mit eigenen neuen Interessenverbänden einen Platz in diesem System zu erkämpfen (vgl. dazu Lang 1997: 108f.). Je offener, transparenter und basisorientierter also institutionelle Faktoren ausgestaltet sind, desto eher können sie sich für neue Themen und AkteurInnen öffnen, also auch für Frauen und ihre Interessen.

3. Politische Partizipation von Frauen in Deutschland

3.1 Voraussetzung: Kampf um politische Rechte

Ohne allgemeines Wahlrecht keine Demokratie. Die Ausweitung des Wahlrechts auf alle Erwachsenen ist ein langer konflikthafter Prozess, bei dem Frauen nicht automatisch „mitgemeint" waren, weil sich der aufklärerische Gleichheitsbegriff nicht auf sie bezog. Frauen mussten darum kämpfen, als Staatsbürgerinnen und handlungsfähige Subjekte anerkannt zu werden. Im 19. Jahrhundert und bis 1908 war es in vielen deutschen Ländern Frauen durch Vereinsgesetze verboten, Mitglied in politischen Vereinigungen zu sein und an politischen Versammlungen teilzunehmen. Die ersten Frauenbewegungen in Deutschland formulierten zu Beginn Forderungen nach Zugang zu Bildung sowie das Recht auf Erwerbstätigkeit. Erst 1900 wurde der erste Frauenstimmrechtsverein gegründet. Ideologische Spaltungen, u. a. um die Ausgestaltung des Wahlrechts, schwächten die Bewegung erheblich. Es gelang auch nicht, die eigene Forderung durch strategische Allianzen mit anderen sozialen Bewegungen zu stärken. Ute Rosenbusch (1998) sieht denn auch in der revolutionären Situation im November 1918 den entscheidenden Grund dafür, dass der Rat der Volksbeauftragten das Frauenwahlrecht dekretierte. Seit der Weimarer Republik haben Frauen gleiche politische Rechte, sind sie auf dem Papier „politikfähig" – ihre zivilrechtliche Gleichstellung musste hingegen bis 1977 warten.[8]

---

8 1977 wurden Frauen und Männer im Ehe- und Familienrecht gleichgestellt. Die Indikationslösung bei Abtreibungen trat in Kraft.

3.2 Partizipation durch Wahlen

Die Stimmabgabe bei Wahlen ist einer der einfachsten und verbreitesten Partizipationsakte. Über das Wahlverhalten wissen wir durch repräsentative Statistiken und Umfragen Bescheid, und die Wahlsoziologie versucht, individuelle Wahlentscheidungen zu erklären (vgl. Fuchs 2004: 76–82). Dabei wurde traditionell eine höhere Wahlbeteiligung bei Männern als bei Frauen festgestellt. In Deutschland waren diese Unterschiede allerdings gering und sanken seit Kriegsende (größter Unterschied: 3.3 Prozentpunkte). Bei der Bundestagswahl 2002 gingen sogar mehr Frauen als Männer an die Urne. Eine Lücke zwischen Frauen und Männern gibt es mittlerweile nur noch bei den höchsten Alterskohorten. Bei den jüngsten StaatsbürgerInnen waren Frauen leicht wahlfreudiger, eine Umkehrung zu den neunziger Jahren.[9] Ähnliche Angleichungstendenzen sind auch aus anderen entwickelten Demokratien bekannt.

In den achtziger Jahren sank die Wahlbeteiligung junger Frauen in Deutschland überdurchschnittlich; ihre niedrige Wahlbeteiligung korrelierte mit fehlender sozialer Einbindung, Herkunft, Bildung sowie niedrigem politischem Interesse. Es gab aber auch 10% politisch interessierte, „bewusste" Nichtwählerinnen (vgl. Hoecker 1999: 81f., Piel 1989). Es besteht offensichtlich ein enger Zusammenhang zwischen deklariertem politischen Desinteresse und Wahlenthaltung, doch ist politisches Interesse keine Voraussetzung zur Teilnahme an Wahlen. Andere Untersuchungen zur Wahlenthaltung haben sich bisher nicht mit dem Geschlecht beschäftigt.

Bis etwa in die sechziger Jahre wählten Frauen in Industriestaaten konservativer als Männer, auch in der Bundesrepublik. Dies wurde allgemein auf strukturelle Unterschiede in Religiosität und Erwerbstätigkeit zurückgeführt und stimmte mit den Ergebnissen überein, die Frauen als politisch apathischer und mit engerem Horizont ausgestattet charakterisierten. Dann begannen die Geschlechterunterschiede zu schwinden, was zuerst in den USA beobachtet wurde. Für diese Entwicklung kamen die steigende weibliche Erwerbstätigkeit und die Lockerung bisheriger Verbindungen zwischen Parteien mit Klasse und Religion in Frage. In der Bundesrepublik kam es seit 1969 zu einer Angleichung der Frauen- und Männerstimmen bei den Volksparteien CDU/CSU und SPD. Bis 1980 wählten vor allem junge Frauen eher SPD. Bis Mitte der 90er Jahre stimmten wieder Frauen vermehrt für die Christdemokraten, doch traf dies nur auf ältere Frauen zu. Die CDU/CSU war und ist für jüngere Altersgruppen vergleichsweise unattraktiv (2002: 32% bei den 18–24-Jährigen und 46% bei den über 60-Jährigen, Werner 2003: 180), wobei die Geschlechterunterschiede eher gering ausfallen (ausführlich Hoecker 1998: 82–95). Bei der Erklärung dieses gewandelten Wahlverhaltens dürften sich die unterschied-

9 Aktuellere Beiträge zum Thema: Werner 2003, Hoecker 1999 Kap. 3 und Molitor/Neu 1999, jeweils mit weiteren Verweisen.

lichen Erklärungsansätze der Wahlsoziologie ergänzen; so besteht Einigkeit über die gesellschaftsstrukturelle, relativ stabile Verankerung von Wahlentscheidungen und über die gesteigerte Bedeutung situativer, thematischer und politisch-konjunktureller Faktoren (Fuchs 2004: 76f.).

3.3 Politische Partizipation in Parteien

In der deutschen Parteiendemokratie ist ein hoher Frauenanteil in Parteien wichtige Voraussetzung für eine ausgewogene Repräsentation von Frauen in Macht- und Entscheidungspositionen. In den 1950er und 1960er Jahren lagen die Frauenanteile in den Parteien zum Teil deutlich unter 20% und stiegen erst in den 1970er Jahren im Zuge des Politisierungstrends langsam an (vgl. Geißel/Penrose 2003: 7). Allerdings verlieren die Parteien massiv Mitglieder: Seit 1991 gingen der CDU 23%, der SPD 35%, der FDP gar über die Hälfte und der PDS zwei Drittel ihrer Mitglieder verloren, lediglich die Grünen haben leichte Zuwächse.[10] Zugleich dümpeln die Frauenanteile vor sich hin, d. h. Frauen und Männer kehren in etwa gleichem Maße den Parteien den Rücken.

Tabelle 2: Frauenanteile in Parteien und Parteigremien 2003

Partei	**Mitglieder**	**Vorstand**	**Präsidium**
SPD	29,7 %	42,3%	50%
GRÜNE	37,2%	50%	--
CDU	25,1%	42,3%	17,4%
CSU	17,7%	26,1%	--
FDP	23,6%	18,8%	18,7%
PDS	45,7%	55%	--

Quellen: BMFSFJ 2005:110 für Gremien, Statistisches Bundesamt 2004: 177f. für Mitgliederzahlen

Christdemokratische und liberale Parteien vermögen am wenigsten Frauen anzuziehen, doch auch die SPD weist nicht mehr als 30% Frauen unter den Mitgliedern auf. Am besten sind Frauen bei PDS und Grünen repräsentiert. Außer in der FDP sind in den Parteivorständen überproportional Frauen vertreten. Dies kann auf verschiedene Quotenregelungen bzw. auf die Sogwirkung dieses politischen Instruments für alle Parteien zurückgeführt werden;

10 Eigene Berechnungen nach Niedermayer 2005: 384.

Anfang der 1980er Jahre waren noch weniger Frauen in den Bundesvorständen von SPD, CDU, CSU und FDP präsent als ihr Mitgliederanteil betrug (vgl. Hoecker 1987: 57).

Tabelle 3: Quotenregeln in Parteien für Parteiämter und Wahllisten

Partei	Seit	Quotenregeln
Grüne	1980	50/50-Regel für Wahllisten, parteiinterne Gremien und Posten sowie Parteitage. Reißverschlussverfahren, ungerade Listenplätze für Frauen. Mentoring-Programm
SPD	1988	Zuerst 33%, ab 1998 40% Mindestpräsenz auf Wahllisten und für Parteigremien. Mentoring-Programm
PDS	1990	50%-Frauenquote im Parteistatut festgelegt, gilt für Wahllisten, Parteigremien und Mitarbeitende. Reißverschlussverfahren, ungerade Listenplätze für Frauen.
CDU	1996/2001	33% Quorumsbeschluss zuerst für 5 Jahre, dann definitiv übernommen: Ein Drittel Frauenanteil soll auf allen Wahllisten, bei Parteitagen u. ä. erreicht werden.

Quelle: McKay 2004

CSU und FDP haben sich Quotenregeln bisher verweigert und setzen nach wie vor auf rhetorische Frauenförderung, ohne dabei substanzielle Erfolge zu erzielen.

3.4 Politische Repräsentation in Parlamenten und Regierungen

3.4.1 Bundestag

Noch 1983 waren nicht einmal 10% der Bundestagsabgeordneten weiblich. Mit dem erstmaligen Einzug der Grünen setzte eine solide Aufwärtsentwicklung ein, die auch die anderen Parteien erfasste.

> „Quotas and policies on list placement of women have led to a tripling of the proportion of women in less than 20 years. The high proportion of Bundestag seats held by women is part of a trend that began in 1983 when the Green Party made women's representation a key issue and encouraged other parties to follow suit." (Brzinski 2003: 71)

Abbildung 2: Frauenanteil im Deutschen Bundestag 1949 – 2005 (in %)

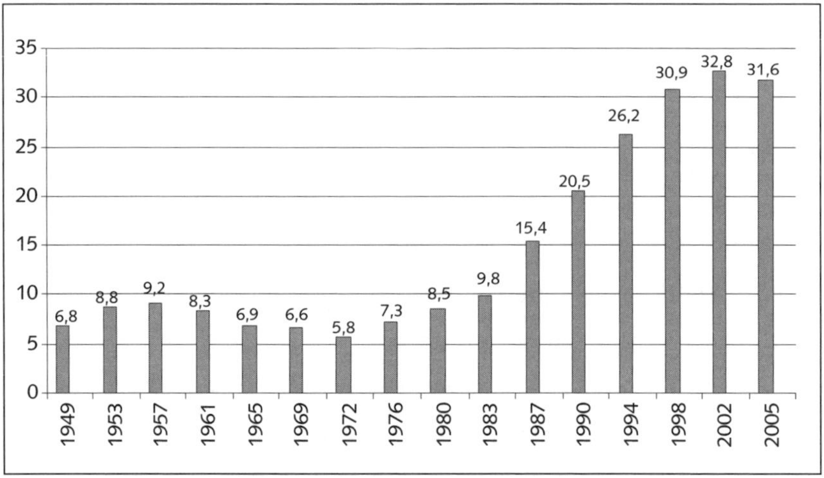

Quellen: Schindler 1999: 635 sowie www.bundestag.de. Daten jeweils Beginn der Legislaturperiode

Und auch McKay (2004: 63) konstatiert über die Grünen:

> „Their contribution towards the feminisation of German politics has been considerable“.

Je höher die Quote und je verbindlicher die Listengestaltung (z. B. Reißverschlussverfahren) ist, desto mehr Frauen finden sich in den Fraktionen der Parteien wieder. In der neuen Wahlperiode sank der Frauenanteil in allen Fraktionen leicht:

Tabelle 4: Frauen und Männer in den Fraktionen (16. WP, Beginn 2005)

Fraktion	**Frauen**	**Männer**	**gesamt**	**Frauen in %**
SPD	80	142	222	36
CDU/CSU	45	181	226	19,9
Grüne	29	22	51	56,9
FDP	15	46	61	24,6
Die Linke	25	29	54	46,3
Gesamt	194	420	614	31,6

Quelle: www.bundestag.de/mdb/mdb-zahlen/frauen.html (13. April 2006)

Frauen gelangen allerdings vor allem über die Landeslisten und weniger über Direktmandate in den Bundestag. Dies bestätigt die Forschungsergebnisse zu den Nachteilen des Mehrheitswahlrechts für weibliche Repräsentation. Die Bundestagsparteien nominieren wesentlich weniger Frauen für Direktmandate als auf den Landeslisten. Und noch weniger Frauen schaffen es über Direktmandate tatsächlich ins Parlament (Verhältnis Direkt- und Listenmandate 1994: 1 zu 3, vgl. Schindler 1999 und Hoecker 1998: 146). Hier ermöglicht das Wahlsystem das Umgehen von Quoten (vgl. auch Kapitel 4). Zudem ist die Wiederwahlquote für Frauen geringer (Hoecker 1994: 565) oder anders gesagt: Das Risiko, nicht wieder nominiert und/oder nicht wieder gewählt zu werden, ist für Frauen höher. Mindestens bis zur 12. Wahlperiode lässt sich konstatieren, dass Frauen unterdurchschnittlich in parlamentarischen Führungspositionen vertreten sind (Hoecker 1994: 566–568), also z. B. als Fraktions- und Ausschussvorsitzende oder im Präsidium des Bundestags.[11] Joanna McKay (2004) weist, auch auf Länderebene, für SPD, CDU und die PDS auf ein Stellvertreterinnen-Syndrom hin: Frauen werden, wo sie nun schon zahlenmäßig erheblich aufholen, mit Vizeposten abgespeist ohne realistische Chance, von dort aufzusteigen.

Im Bundestag gab es in der 15. Wahlperiode (bis 2005) 21 ständige Ausschüsse. In diesen hatten 9 Frauen den Vorsitz und 7 den stellvertretenden Vorsitz, das sind 43% bzw. 33,3% und damit mehr als der Frauanteil insgesamt.[12] Dies deutet darauf hin, dass bei einem Anteil von einem Drittel ein *critical must of numbers* erreicht worden ist, bei dem die Minderheit auf Integration pochen kann. Besonders hoch ist der Anteil der weiblichen Bundestagsabgeordneten aber immer noch in den Ausschüssen „klassisch weiblicher" Politikfelder. International vergleichend werden Ressorts mit der sog. BEIS-Typologie klassifiziert:

Tablle 5: BEIS-Typologie

	Beispiele für Ressorts und Ausschüsse
Staatliche **B**asisfunktionen (B – basic)	Innen- und Außenpolitik, Verteidigung, Justiz, EU
Wirtschaft (**E** – economic)	Finanzen, Haushalt, Wirtschaft, Arbeit
Infrastruktur	Verkehr
Soziales	Gesundheit, Bildung, Soziales, Entwicklungshilfe, Familie

Quelle: Klassifizierung nach der Tabelle unter europa.eu.int/comm/employment_social/women_men_stats/defcon_en.htm#B

11 Bisherige Bundestagspräsidentinnen: Annemarie Renger, SPD (1972–76) und Rita Süßmuth, CDU (1988–98).

12 Eigene Berechnungen nach www.bundestag.de.

Im Bereich der Basisfunktionen liegen die staatlichen Machtzentren. Der Frauenanteil in entsprechenden Ausschüssen und auf Ministerposten ist demnach ein Indikator für tatsächliche politische Macht von Frauen. Für den Bundestag der 13. bis 15. Wahlperiode zeigt sich, dass die Präsenz in „B-Ausschüssen" (Innen-, Auswärtiger, Rechts-, Verteidigungs- und EU-Ausschuss) sich verbessert hat.

Abbildung 3: Frauenanteile im Bundestag und in „B-Ausschüssen" in Prozent

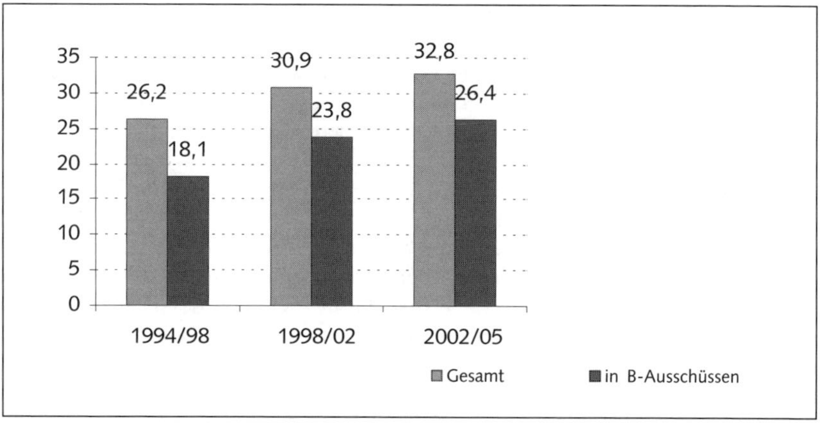

Quelle: Eigene Berechnungen nach Lemke-Müller 1999: 971 und 977 und www.bundestag.de

3.4.2 Bundesregierung

1961 wurde Elisabeth Schwarzhaupt, CDU, die erste Bundesministerin überhaupt und übernahm das Gesundheitsressort. Bis 1976 boten die Kabinette immer ein Gruppenbild mit Dame, danach gab es jeweils zwei Ministerinnen. Erst Ende der achtziger Jahre bekamen unter Bundeskanzler Kohl Frauen auch Ressorts außerhalb des Sozialbereichs (z. B. Raumordnung). 1992 wurde Sabine Leutheusser-Schnarrenberger (FDP) die erste „B-Ministerin" und übernahm das Justizressort – das bis heute von Frauen geführt wird. 1998 und 2002 stieg die Zahl der Ministerinnen auf ein Drittel bzw. 40%: Die Ministerien für Justiz, Familie und Frauen, Gesundheit, Bildung, Entwicklungshilfe sowie Verbraucherschutz und Landwirtschaft wurden bis 2005 von Frauen geführt (vgl. Schindler 1999 und www.bundesregierung.de).

3.4.3 Länderparlamente und Länderregierungen

In den Parlamenten und Regierungen der Bundesländer ist die Präsenz von Frauen ebenfalls gestiegen, hat aber in letzter Zeit durch konservative Regierungswechsel gelitten. In den neuen Ländern konnte nach einem Einbruch 1990 sich der Frauenanteil auf knapp ein Drittel steigern und lag damit über dem Westdurchschnitt (vgl. Hoecker 1996: 30f.). Der Frauenanteil von durchschnittlich 22% (vgl. Grafik) in den Regierungen liegt deutlich unter dem der Bundesregierung. Zudem ist er in fast allen Ländern niedriger als im Parlament, wo ein gewisser Anteil durch Quotenregelungen der Parteien sichergestellt ist. Wenn aber Personal für politische Ämter nominiert wird, haben Frauen offensichtlich immer noch das Nachsehen. Das lässt sich auch am Bundesrat zeigen; die Mitglieder der zweiten Kammer werden von den Landesregierungen ernannt. Von den 69 Mitgliedern waren im Juli 2005 nur knapp 19% weiblich (vgl. www.bundesrat.de).

Abbildung 4: Frauenanteil in den Landesparlamenten und Landesregierungen

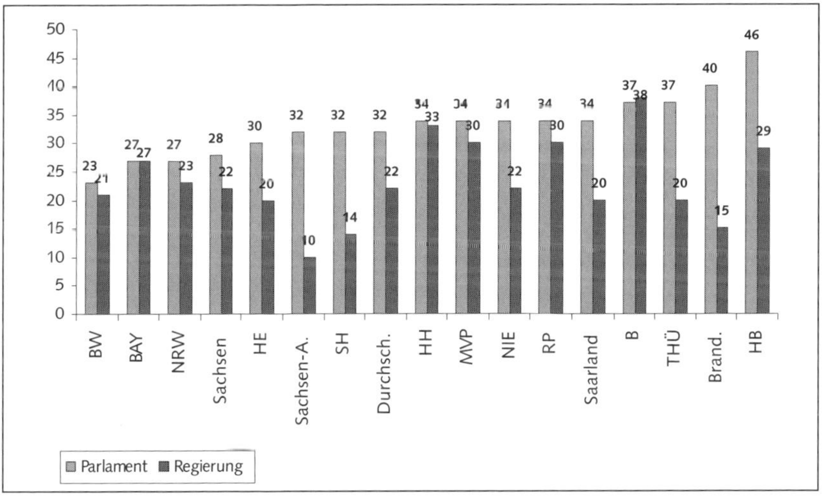

Quelle: Europäische Kommission, DGEMPL, Datenbank über Frauen und Männer in Entscheidungsprozessen, für NRW und Schleswig-Holstein nach den entsprechenden Webseiten

Im europäischen Vergleich liegt Deutschland bei den regionalen Regierungen damit nur im Mittelfeld, gleichauf mit Bulgarien und hinter der Schweiz mit 23,4%.[13]

---

13 Nach Datenbank über Frauen und Männer in Entscheidungsprozessen der Europäischen Kommission und www.bfs.admin.ch, 23. Juli 2005.

Für die Partizipation in der Kommunalpolitik liegen keine vollständigen Daten vor, doch zeigen die zugänglichen Zahlen, dass diese unterste Ebene ein sehr schwieriges Pflaster für Politikerinnen ist. Im Westen lag der Frauenanteil in Gemeinde- und Stadträten 1973 bei 8,2%, 1985 bei 14,4% und in Gesamtdeutschland 1996 bei 25,2%. Es gibt auch ein deutliches Stadt-Land-Gefälle: Je größer die Kommune, desto wahrscheinlicher ist auch ein hoher Frauenanteil. 2002 betrug der Frauenanteil in den Räten von Städten über 500.000 EinwohnerInnen 36,3%; dennoch gab es in großen Städten 2002 nur 5% Bürger- und Oberbürgermeisterinnen (BMFSFJ 2005: 112).

3.5 Zivilgesellschaftliches Engagement als Alternative?

Lange hat die geschlechtersensible Forschung darauf hingewiesen, dass Frauen in nicht-institutionalisierten und zivilgesellschaftlichen Partizipationsformen stärker involviert seien als in den bisher besprochenen institutionalisierten Formen. Tatsächlich sind hier die Geschlechterunterschiede geringer. Über die Gründe einer solchen geschlechtsspezifischen Beteiligungsweise an Politik ist wenig geforscht, doch viel spekuliert worden (vgl. Geißel/Penrose 2003: 12). Vermutungen dazu fußen oftmals auf geschlechterstereotypen Vorannahmen.

Über ein Drittel der Bevölkerung über 14 Jahren ist in Deutschland freiwillig engagiert, das sind 22 Millionen. In den Bereichen Soziales, Bildung und in der Kirche sind Frauen mit zwei Dritteln deutlich überrepräsentiert, während Männer in den Bereichen Politik, Feuerwehr und Justiz deutlich überwiegen. Insgesamt sind 30% der Frauen und 38% der Männer freiwillig engagiert – zurückgeführt wird dies auf die Mehrfachbelastung von Frauen mittleren Alters. Die Motive und Gründe sind allerdings noch nicht gründlich eruiert worden, schließlich sind Frauen mit Kindern zwischen vier und 15 Jahren überdurchschnittlich engagiert (BMFSFJ 2005: 115). 61% der Männer und 46% der Frauen sind Mitglied in einem Verein (Bertelsmannstiftung 2004: 104); jeder vierte Verein deckt politische Bereiche ab. Unterdurchschnittlich sind Frauen in den Gewerkschaften repräsentiert. Ihr Anteil betrug 2002 31,8%, das ist weniger als ihr Anteil an allen Erwerbstätigen (44%). Allerdings sind nur noch 22,5% aller abhängig Beschäftigten überhaupt in einer Gewerkschaft (Statistisches Bundesamt 2004: 179). Die Zunahme prekärer Beschäftigung unter Frauen dürfte den Abwärtstrend noch verstärken (vgl. BMFSFJ 2005: 118f.)

Frauen und Männer sind fast gleichermaßen (10 bzw. 12%) in Initiativen aktiv, die zu über 40% politischen Zielsetzungen haben (Bertelsmannstiftung 2004: 109). Viele der so genannten nicht-institutionalisierten Partizipationsformen sind für große Teile der Bevölkerung mittlerweile breit akzeptiert. 77% haben sich bereits an einer Unterschriftensammlung beteiligt, 35% an genehmigten Demonstrationen und ein Fünftel war/ist in einer Bürgerinitiative aktiv. Die Unterschiede nach sozialer Lage und Alters sind dabei größer als zwischen den Geschlechtern (Bertelsmannstiftung 2004: 93–103). Ehrenamtliches Engagement ist auch als individuelle Strategie von (Mittelschichts-) Frauen beschrieben worden, die darin ein Mittel ihrer gesellschaftlichen Integration sehen; es kann so ein Ersatz für die Integration via Erwerbsarbeit sein (vgl. Backes 1987). Werden im Zuge der Renaissance „bürgerschaftlichen Engagements" solche Strategien verdeckt oder offen wieder vorgeschlagen, so hat dies doch reaktionären Charakter und dient eher dazu, Frauen ihren Platz im Erwerbssektor streitig zu machen.

3.6 Frauenpolitisches Engagement

Festzuhalten bleibt, dass ungleiche Partizipation von Frauen und Männern auch ein Ausdruck einer ungleichen Verteilung von Zeit, Geld, Macht und Anerkennung ist, also soziale Ursachen hat. Diese Ursachen zu beseitigen, ist das facettenreiche Ziel frauenpolitischen Engagements. Etwa drei Viertel der Frauen in Deutschland sehen einen klaren Handlungsbedarf für mehr Gleichstellung und halten dabei eine engagierte und organisierte Interessenvertretung von Frauen für notwendig (BMFSFJ 2005: 112f.).

Die neue deutsche Frauenbewegung kristallisierte sich seit Ende der 1960er Jahre an der Schnittstelle von Verteilungs-, Macht- und Herrschaftsfragen und von Forderungen nach neuen Identitäten und Lebensformen. Zum Einen forderte sie tatsächliche Gleichberechtigung, die Anerkennung der so genannten Reproduktionsarbeit und Selbstbestimmung über den eigenen Körper. Zum anderen propagierte sie neue Normen, Frauen- und Männerbilder und kulturelle Identitäten, die diese Forderungen überhaupt erst legitimierten und das vermeintlich Private zum Gegenstand einer politischen Diskussion machten (vgl. Punkt. 1.1; zum Thema soziale Bewegungen siehe auch den Beitrag von Geißel in diesem Band). Die Frauenbewegung distanzierte sich zu Beginn bewusst von etablierten und hierarchischen Organisationen. So sind auch heute im Deutschen Frauenrat, in dem über 50 Organisationen mit etwa 11 Mio. Mitgliedern zusammengeschlossen sind, kaum feministische Vereinigungen vertreten. Da der Frauenrat noch am ehesten als eine Lobbyorganisation anzusehen ist, sind feministische Stimmen im Interessenvermittlungssystem sehr leise. In der ersten Entwicklungsphase der Frauenbewegung waren Solidarität unter Frauen, ein positiver Selbstbezug und der Aufbau einer Gegenkultur wichtige Neuerungen. Ab Anfang der 1980er Jahre wurden viele Projekte mit staatlichen Geldern unterstützt, z. B. Frauenhäuser. Staatliche Gleichstellungsstellen entstanden; die Bewegung institutionalisierte sich und ihre Forderungen wurden selektiv integriert. Diese Institutionalisierung ging jedoch auch auf Kosten der Radikalität der Positionen, der Mobilisierungs- und der politischen Handlungsfähigkeit (vgl. Lang 1997). Die unabhängige Frauenbewegung der DDR/Ostdeutschlands hat diese Institutionalisierung noch schneller vollzogen, hatte aber im Vergleich zu anderen Ostblockstaaten in der Transformation eine hohe Mobilisierung aufzuweisen.

Wie erfolgreich die Frauenbewegung war, ist umstritten, denn es besteht eine widersprüchliche Bilanz aus Erfolgen und unerledigten Anliegen. Erreicht wurden mehr formale Gleichheit, mehr Selbstbestimmungsrecht über den eigenen Körper und bessere Bildung für Frauen und Mädchen. In die Lebensentwürfe jüngerer Frauen sind feministische Vorstellungen von Selbstbestimmung und Autonomie selbstverständlich eingeflossen (vgl. Holland-Cunz 2003 und Gerhard 2003). Dennoch bestehen weiterhin strukturelle Diskriminierungen in der Sozial- und Erwerbspolitik sowie bei der Arbeitsteilung. Was also tun? Das folgende letzte Kapitel beschäftigt sich mit möglichen Strategien für eine ausgewogene politische Partizipation von Frauen und Männern.

4. Perspektiven geschlechtergerechter Partizipation

Entscheidungsverfahren, an denen auch faktisch alle Bürgerinnen und Bürger teilnehmen können, die Berücksichtigung unterschiedlicher Interessen und Lebenslagen und die Transparenz der Konfliktlösung wie Entscheidungsfindung machen die Leistungsfähigkeit und die Legitimität einer Demokratie aus. Insofern sind alle in Kapitel 2.1 erwähnten Begründungsmuster für mehr Frauen in der Politik – Gerechtigkeit, Fraueninteressen und Veränderung des politischen Prozesses – stichhaltig. Die Inklusion von Frauen in politische Entscheidungsprozesse ist in den letzten Jahrzehnten ein gutes Stück vorangekommen. Dies ist die Voraussetzung, dass Interessen von Frauen, so unterschiedlich sie im Einzelnen sein mögen, bei politischen Entscheidungen berücksichtigt werden. Es ist das Verdienst der sozialen Bewegungen, darunter auch der Frauenbewegung, dass sich ehemals unkonventionelle Partizipationsformen stark verbreitet haben und vielen Gruppen und Interessen als zusätzlicher Partizipationskanal dient.

Insgesamt gesehen kann aber von einer ausgewogenen Beteiligung und Repräsentation der Geschlechter nicht die Rede sein. Die Gründe dafür liegen auf allen Seiten des Magischen Dreiecks, also bei den sozioökonomischen, institutionellen und politisch-kulturellen Faktoren. Diese beeinflussen sich gegenseitig und wirken je nach Land und Kontext auch in einem spezifischen Mix.[14] Maßnahmen, Ansätze und Verfahren zur Erhöhung des Frauenanteils in der Politik können und müssen darum an allen Seiten ansetzen. Die folgende Abbildung zeigt einige Strategien auf.

14 Vgl. für Europa Hoecker 1998 und Hoecker/Fuchs 2004.

Abbildung 5: Ansätze zur Erhöhung politischer Partizipation von Frauen

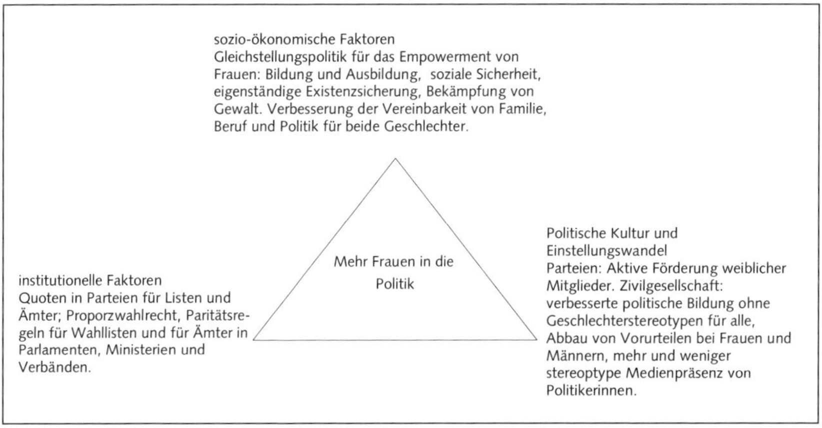

Quelle: Fuchs/Hoecker 2004: 11.

Eine Politik zur Demokratisierung der Geschlechterverhältnisse in Bildung, Beruf und sozialer Sicherung sowie bei der geschlechtsspezifischen Arbeitsteilung verbessert die Voraussetzungen und das soziale und kulturelle Kapital von Frauen, um politisch zu partizipieren. Eine solche Politik hat auch einen Wert an sich, wenn sie nämlich Handlungsoptionen und Handlungsfähigkeit von Frauen verbessert.

Die Wirkung der Quotierungsbeschlüsse der Parteien sind ein gutes Beispiel, wie institutionelle und politisch-kulturelle Faktoren zusammenwirken. Die Quoten[15] haben in kurzer Zeit einen substanziellen Anstieg von Frauen in politischer Verantwortung gebracht und gleichzeitig das Vorurteil von weniger gut qualifizierten und weniger interessierten Politikerinnen Lügen gestraft; im öffentlichen Bewusstsein sind Politikerinnen nicht mehr nur Ausnahmen. Quoten können allerdings auch umgangen werden, indem z.B. Entscheidungen weiterhin in informellen exklusiven Netzwerken vorbereitet werden. Auch das System der Direktmandate erlaubt ein Umgehen von Quotenbeschlüssen. Eine gesetzliche paritätische Besetzung von Kandidaturen wie in Frankreich[16] und die Einführung von Präferenzstimmensystemen statt starrer Listen sind bedenkenswerte Reformvorschläge.

Ebenfalls werden direktdemokratische Instrumente wie Volksinitiativen, Volksbegehren und Volksentscheide als Instrumente für frauenfreundliche Politik und die Umgestaltung der politischen Öffentlichkeit diskutiert (vgl. Fuchs

15 Aktuelle Diskussion bei Tinker 2004.
16 Vgl. Tobler 2002 und Teissier 2002.

2004: 82–84). Untersuchungen aus der Schweiz haben gezeigt, dass gerade bei brisanten Themen, wie die Einführung eines Gleichstellungsartikels in die Verfassung oder die Fristenregelung bei Abtreibung, eine parteiübergreifende Mobilisierung unter Frauen diesen fortschrittlichen Vorlagen zum Erfolg verhalf (vgl. Senti 1998). Direktdemokratische Verfahren können Kanäle sein, bisher marginalisierte „Fraueninteressen" auf die politische Agenda zu setzen, beispielsweise mit dem Frauenvolksbegehren in Österreich. Direkte Demokratie kann als Katalysator zur Interessenartikulation wirken, kann die Partizipation auch marginalisierter Gruppen erhöhen und bietet Chancen einer geschlechtergerechten politischen Öffentlichkeit. Zu bedenken ist aber auch, dass direktdemokratische Instrumente auch immer als mäßigendes und konservierendes Instrument eingesetzt werden und ihre Erfolgschancen stark von der Ressourcenausstattung der einzelnen Initiativgruppen abhängig sind.

Schließlich gilt es, einen Kultur- und Bewusstseinswandel zu befördern, was die langfristigste Aufgabe ist. Potenzielle politische Akteurinnen müssen ermutigt werden, sich zu engagieren. Sie brauchen Wissen und Vorbilder. Für die Parteien bedeutet dies, dass eine aktive Förderung weiblicher Mitglieder z.B. über Mentoringprogramme und über Quotenbeschlüsse notwendig ist. Gesamtgesellschaftlich ist eine umfassende politische Bildung notwendig, die geschlechtersensibel ist, sich bewusst von Geschlechterstereotypen abwendet (vgl. dazu Oechsle/Wetterau 2000) und gerade Mädchen und Frauen zu politischem Engagement ermutigt. Die Präsenz von Frauen und Politikerinnen in den Medien muss verbessert werden, und die vorhandenen Stereotypen müssen abgebaut werden. Ein großer Teil der Verantwortung liegt bei den Medienschaffenden. Ohne gesellschaftlichen Druck und die Propagierung der neuen Werte einer ausgeglichenen politischen Beteiligung aus der Zivilgesellschaft, durch Frauenorganisationen und durch fortschrittliche Parteimitglieder kann diese Aufgabe nicht gelingen.

Angela Merkel als erste Bundeskanzlerin ist ein wichtiger Meilenstein für die politische Partizipation von Frauen in Deutschland. Auf diesem Posten muss sie dabei weder die Interessen aller Frauen vertreten noch eine besonders feministische Politik machen, nur weil sie eine Frau ist. Sie kann als Vorbild wirken. Eine Gleichberechtigung ist damit aber noch nicht erreicht.

Literatur und Internetressourcen

Backes, Gertrud (1987): Frauen und soziales Ehrenamt: zur Vergesellschaftung weiblicher Selbsthilfe. Augsburg: Maro-Verlag.

Bertelsmann-Stiftung (2004): Politische Partizipation in Deutschland. Ergebnisse einer repräsentativen Umfrage. Bonn: Bundeszentrale für politische Bildung.

BMFSFJ (2005): Frauen in Deutschland. Von der Frauen- zur Gleichstellungspolitik. Berlin.

Bourque, Susan/Grossholtz, Jean (1984): Politics as unnatural practice: political science looks at female participation. In: Silanen, Jean/Stanworth, Michelle; (Hrsg.): Women and the Public Sphere. A Critique of Sociology and Politics. London, S. 103–121.

Brzinski, Joanne Bay (2003): Women's Representation in Germany: A Comparison of East and West. In: Matland, Richard E./Montgomery, Kathleen A. (Hrsg.): Women's access to political power in post-communist Europe. Oxford: Oxford University Press, S. 63–80.

Burns, Nancy/Schlozman, Kay Lehman/Verba, Sidney (2001): The private roots of public action : gender, equality, and political participation. Cambridge: Harvard University Press.

Fuchs, Gesine (2004): Wahl- und Stimmverhalten als Forschungsfeld für feministische Politikwissenschaft. In: Hardmeier, Sibylle (Hrsg.): Staat, Politik und Geschlecht. Genderforschung in der Politikwissenschaft. Zürich: UniFrauenstelle, S. 73–87.

Fuchs, Gesine/Hoecker, Beate (2004): Ohne Frauen nur eine halbe Demokratie. Politische Partizipation von Frauen in den osteuropäischen Beitrittsstaaten vor den Europawahlen. Eurokolleg Nr. 49. Bonn: Friedrich-Ebert-Stiftung.

Geißel, Brigitte/Penrose, Virginia (2003): Dynamiken der politischen Partizipation und Partizipationsforschung. Politische Partizipation von Frauen und Männern. Berlin. Verfügbar unter www.fu-berlin.de/gpo/index.htm am 25. Oktober 2004.

Gerhard, Ute (2003): Frauenbewegung in Deutschland. Gemeinsame und geteilte Geschichte. – In: Miethe, Ingrid/Roth, Silke (Hrsg.): Europas Töchter : Tradition, Erwartungen und Strategien von Frauenbewegungen in Europa. Opladen: Leske + Budrich, S. 81–100.

Hardmeier, Sibylle/Klöti, Anita (2004): Doing Gender in der Wahlkampfkommunikation? Eine Analyse zur Herstellung und Darstellung von Geschlecht im Rahmen der Presseberichterstattung zu den eidgenössischen Wahlen 2003. In: F – Frauenfragen No. 2, S. 11–22.

Hoecker, Beate (1995): Politische Partizipation von Frauen. Ein einführendes Studienbuch. Opladen: Leske + Budrich.

Hoecker, Beate (1994): Parlamentarierinnen in Deutschen Bundestag 1949 bis 1990. Ein Postskriptum zur Abgeordnetensoziologie. In: Zeitschrift für Parlamentsfragen 26, No. 4, S. 556–581.

Hoecker, Beate (1996): Politische Partizipation von Frauen im vereinigten Deutschland;. Ein Ost-West-Vergleich. In: Aus Politik und Zeitgeschichte, B 21–22, S. 23–33.

Hoecker, Beate (1998) (Hrsg.): Handbuch Politische Partizipation von Frauen in Europa. Opladen: Leske + Budrich.

Hoecker, Beate (1999): Lern- und Arbeitsbuch Frauen, Männer und die Politik. Bonn: Dietz.

Hoecker, Beate/Fuchs, Gesine (2004) (Hrsg.): Handbuch Politische Partizipation von Frauen in Europa. Band II: Die Beitrittsstaaten. Wiesbaden: VS Verlag für Sozialwissenschaften.

Holland-Cunz, Barbara (2003): Die alte neue Frauenfrage. Frankfurt a.M: Suhrkamp.

Holtz-Bacha, Christina (2003): Die Darstellung von Politikerinnen in den Medien. – In: F – Frauenfragen No. 1, S. 47–49.

Inglehart, Ronald/Norris, Pippa (2003): The True Clash of Civilizations. In: Foreign Policy No. March-April, S. 67–74.

Jonasdottir, Anna G. (1988): On the concept of interest, women's interests, and the limitations of interest theory. In: Jones, Kathleen B./Jonasdottir, Anna G. (Hrsg.): The political interests of gender. London: Sage, S. 33–65.

Kaase, Max (1994): Partizipation. In: Holtmann, Everhard (Hrsg.): Politik-Lexikon. München: Oldenbourg, S. 442–445.

Klaus, Elisabeth (2002): Perspektiven und Ergebnisse der Geschlechterforschung in der Medien- und Kommunikationswissenschaft. In: Beiträge zur feministischen Theorie und Praxis 25. Jg., No. 61, S. 11–31.

Kreisky, Eva (1995): Der Stoff, aus dem die Staaten sind. Zur männerbündischen Fundierung politischer Ordnung. In: Becker-Schmidt, Regina/Knapp, Gudrun-Axeli (Hrsg.): Geschlechterverhältnisse als Gegenstand der Sozialwissenschaften. Frankfurt/Main/New York: Campus, S. 85–114.

Lang, Sabine (1997): The NGOization of Feminism. In: Kaplan, Cora/Keates, Debra/Scott, Joan W. (Hrsg.): Transitions, environments, translations: feminism in international politics. New York/London: Routledge, S. 101–120.

Lemke-Müller, Sabine (1999): Funktionen und Politikverständnis der weiblichen Abgeordneten in den Ausschüssen des 13. und 14. Bundestages. In: Zeitschrift für Parlamentsfragen 30, No. 4, S. 968–979.

McKay, Joanna (2004): Women in German Politics: Still Jobs for the Boys?. In: German Politics 13, No. 1, S. 56–80.

Meyer, Birgit (1992): Die „unpolitische“ Frau – Politische Partizipation von Frauen oder: Haben Frauen ein anderes Verständnis von Politik? In: Aus Politik und Zeitgeschichte B 25–26, S. 3–16.

Molitor, Ute/Neu, Viola (1999): Das Wahlverhalten der Frauen bei der Bundestagswahl 1998: Kaum anders als das der Männer. In: Zeitschrift für Parlamentsfragen, Vol. 30, No. 2. S. 252–267.

Morgan, April/Wilcox, Clyde (1992): Anti-Feminism in Western Europe, 1975–1987. In: West European Politics 15, No. 4, S. 151–169.

Nave-Herz, Rosemarie (1997): Die Geschichte der Frauenbewegung in Deutschland. Hannover: Landeszentrale für politische Bildung. 6. Auflage.

Niedermayer, Oskar (2005): Parteimitgliedschaften im Jahre 2004. In: Zeitschrift für Parlamentsfragen No. 2, S. 382–389.

Norris, Pippa (1993): Comparing Legislative Recruitment. In: Norris, Pippa/Lovenduski, Joni (Hrsg.): Gender and Party Politics. London/New Delhi: Thousand Oaks; Sage, S. 309–330. [Deutsche Übersetzung: Schlussfolgerung: Ein Vergleich parlamentarischer Rekrutierung. In: Braun, Kathrin et al. (Hrsg.): Feministsche Perspektiven der Politikwissenschaft. München: Oldenbourg, 2000, S. 269–292].

Norris, Pippa (2000): Women's Representation and Electoral Systems. In: Rose, Richard (Hrsg.): International Encyclopedia of Elections. London/Washington DC: Macmillan; CQ Press, S. 348–351.

Oechsle, Mechtild/Wetterau, Karin (2000) (Hrsg.): Politische Bildung und Geschlechterverhältnis. Opladen: Leske + Budrich.

Pfannes, Petra (2004): Powerfrau, Quotenfrau, Ausnahmefrau? Die Darstellung von Politikerinnen in der deutschen Tagespresse. Marburg: Tectum Verlag.

Phillips, Anne (1994): Democracy and Representation, or: why should it matter, who our representatives are?. In: Schweizerisches Jahrbuch für Politische Wissenschaft 34, S. 63–76.

Piel, Edgar (1989): Kein Interesse an Politik. Motive und Reaktionen junger Nichtwählerinnen. In: Frauenforschung, No. 3. S. 1–9.

Rosenberger, Sieglinde Katharina/Sauer, Birgit (2004) (Hrsg.): Politikwissenschaft und Geschlecht: Konzepte – Verknüpfungen – Perspektiven. Wien: WUV.

Rosenbusch, Ute (1998): Der Weg zum Frauenwahlrecht in Deutschland. Baden-Baden: Nomos.

Rule, Wilma (1994): Parliaments of, by and for the people: except for women?. In: Rule, Wilma/Zimmerman, Joseph F. (Hrsg.): Electoral Systems in Comparative Perspective. Their Impact on Women and Minorities. Westport: Greenwood Press, S. 15–30.

Sauer, Birgit (1994): Was heißt und zu welchem Zweck partizipieren wir? Kritische Anmerkungen zur Partizipationsforschung. In: Biester, Elke et al. (Hrsg.): Demokratie oder Androkratie? Theorie und Praxis demokratischer Herrschaft in der feministischen Diskussion, Frankfurt: Campus, S. 99–130.

Sauer, Birgit (2004): Geschlecht als politikwissenschaftliche Analysekategorie: theoretische und methodische Überlegungen. In: Hardmeier, Sibylle (Hrsg.): Staat, Politik und Geschlecht. Genderforschung in der Politikwissenschaft. Zürich: Uni-Frauenstelle, S. 5–19.

Schindler, Peter (1999): Datenhandbuch zur Geschichte des Deutschen Bundestages, 1949 bis 1999: Gesamtausgabe in drei Bänden. (Kapitel 3.11 Weibliche Abgeordnete, S. 634–661). Baden-Baden: Nomos.

Scott, Joan W. (1986): Gender – a useful category in historical analysis. In: American Historical Review 91, No. 5, S. 1053–1075.

Senti, Martin (1998): Geschlecht als einheitsstiftende Kategorie? Das Abstimmungsverhalten von Frauen in gleichstellungspolitisch relevanten Sachfragen in der Schweiz. In: Kölner Zeitschrift für Soziologie und Sozialpsychologie 50, S. 685–710.

Statistisches Bundesamt (2004): Datenreport 2004. Zahlen und Fakten über die Bundesrepublik Deutschland. Bonn: Bundeszentrale für politische Bildung.

Teissier, Cécile (2002): Gesetzliche Verwirklichung der Geschlechterparität bei französischen Wahlmandaten – Erste Anwendungserfahrungen. In: Zeitschrift für Parlamentsfragen 33, No. 1, S. 115–124.

Tobler, Christa (2002): Parité – trois syllabes magiques. Oder: Wie Frankreich zur Geschlechterquote kam. In: Recht Richtung Frauen. Beiträge zur feministischen Rechtswissenschaft, St. Gallen: Dike Verlag, S. 199–224.

Weber, Ulla/Esch, Marion/Schaeffer-Hegel, Barbara (1998): Politikerin als Beruf. Ergebnisse einer Untersuchung zur politischen Bildung und Professionalisierung von Frauen für die Politik. In: Aus Politik und Zeitgeschichte No. 22–23, S. 3–11.

Werner, Tim C. (2003): Wählerverhalten bei der Bundestagswahl 2002 nach Geschlecht und Alter. Ergebnisse der Repräsentativen Wahlstatistik. In: Wirtschaft und Statistik 55, No. 3, S. 171–188.

Westle, Bettina (2001): Politische Partizipation und Geschlecht. In: Koch, Achim/Wasmer, Martina/Schmidt, Peter (Hrsg.): Politische Partizipation in der Bundesrepublik Deutschland. Empirische Befunde und theoretische Erklärungen. Opladen: Leske + Budrich, S. 131–168.

europa.eu.int/comm/employment_social/women_men_stats/index_de.htm – Website zu Frauen und Männer in Entscheidungsprozessen mit stets aktueller Datenbank

www.ipu.org – Die Interparlamentarische Union hält eine Übersicht über Frauen in allen Parlamenten der Welt aktuell und hat eine entsprechende bibliographische Datenbank dazu.

www.idea.int/gender/ – Eines der fünf Schwerpunktthemen des International Institute for Democracy and Electoral Assistance ist Frauen in der Politik.

www.fu-berlin.de/gpo – „Gender Politik Online“ ist ein Portal mit Lehrtexten zu Gender in den Sozialwissenschaften, mit politikwissenschaftlichem Schwerpunkt.

Kapitel 11

Politische Partizipation von Migranten und Migrantinnen

Claudia Wiedemann

1. Einleitung

In den vergangenen fünf Jahrzehnten hat sich Deutschland allmählich zu einem Einwanderungsland entwickelt. Betrug der Anteil ausländischer Staatsangehöriger an der Gesamtbevölkerung 1955 lediglich rund ein Prozent, so liegt er heute bei rund acht Prozent. Mit einer durchschnittlichen Aufenthaltsdauer von 16 Jahren prägen Arbeitsmigranten und ihre Familienangehörigen, aber auch Aussiedler, Flüchtlinge und Asylbewerber inzwischen mit das Bild der in Deutschland lebenden Bevölkerung. Zugleich gibt es auch unter den deutschen Staatsbürgern/-bürgerinnen immer mehr Menschen mit Migrationshintergrund, wie z.B. Eingebürgerte nicht-deutscher Herkunft oder Kinder aus deutsch-ausländischen Ehen. Nach dem neuen Staatsangehörigkeitsrecht erhalten zudem – unter bestimmten Voraussetzungen – Kinder ausländischer Eltern mit der Geburt die deutsche Staatsbürgerschaft.

Es liegt in der Natur der Sache, dass Migrationsprozesse nicht immer konfliktfrei verlaufen. Die Politik steht folglich vor der Herausforderung, das Zusammenleben von „Inländern" und „Ausländern" möglichst befriedigend zu gestalten. Dabei kann es sicherlich nicht um eine einseitige Einordnung der Migranten in Staat und Gesellschaft gehen, vielmehr handelt es sich um einen Prozess der wechselseitigen Anerkennung. Soll das Zusammenleben gelingen, sind Integrationsleistungen sowohl der Mitglieder der Aufnahmegesellschaft wie auch der Migrantinnen und Migranten erforderlich.

Auf Seiten der Zuwanderer kommt den politischen Beteiligungsrechten dabei eine besondere Rolle zu, da eine aktive Teilnahme am politischen Willensbildungs- und Entscheidungsprozess die Integration zweifelsohne fördern kann. Wie also steht es um die politische Partizipation der Migranten? Haben sie daran überhaupt ein Interesse? Wenn ja, in welcher Art und Weise beteiligen sie sich? Und welche Unterschiede bestehen eventuell zwischen den verschiedenen Zuwanderungsgruppen, denn die ausländische Bevölkerung ist ja keineswegs homogen. Befragt man hierzu die durchaus umfangreiche Migrationsforschung, so zeigt sich schnell, dass das Thema der politischen Partizipation von Migranten – trotz seiner unbestrittenen Relevanz – bislang eher vernachlässigt wurde (Jungk 2002: 2; Santel 2002: 1). Vorrangig dominieren Einzelfallstudien, die oftmals lokal und/oder ethnisch beschränkt bleiben und somit kaum differenzierte Aussagen über die Beteiligung der Migranten insgesamt erlauben (Enquete-Kommission 2002: 106). Gleichwohl kann eingeschränkt etwa mit den Daten des Sozio-ökonomischen Panels (SOEP)[1] gearbeitet werden, um zu verlässlichen Ergebnissen zu kommen.

Ausgehend von den rechtlichen Rahmenbedingungen untersucht der Beitrag im Folgenden, inwiefern die bestehenden Partizipationsmöglichkeiten von den Migranten genutzt werden und welche Unterschiede sich zwischen ihnen sowie im Vergleich zur deutschen Bevölkerung zeigen. Analog der Einteilung nach Uehlinger (1988) stehen dabei folgende Partizipationsformen im Mittelpunkt: Beteiligung an Wahlen, Mitarbeit in Parteien, problemorientierte Partizipation (z.B. Mitwirkung in einer Bürgerinitiative), ziviler Ungehorsam (z.B. Hausbesetzung) und politische Gewalt gegen Personen und Sachen. Den Ausführungen vorangestellt werden einige Grundinformationen zur demographischen Struktur der Migranten.

2. Migranten in Deutschland – Begriffsbestimmung und demographische Struktur

Alle Personen, die nicht nach Art. 116 Abs. 1 GG Deutsche sind, gelten als Ausländer, unabhängig davon, ob sie Migranten im Wortsinn sind, also selbst nach Deutschland zugewandert sind, oder ob es sich um Nachkommen der Migranten, also um in Deutschland Geborene ohne deutschen Pass (Menschen mit Migrationshintergrund) handelt. So fallen Aussiedler, EU-Binnenmigranten, Arbeitsmigranten aus Nicht-EU-Staaten, aber auch Saisonarbeiter, (Bürger-)Kriegsflüchtlinge, De-facto-Flüchtlinge wie auch Asylberechtigte und Asylbewerber in die Kategorie Ausländer. Illegale Zuwanderer, also Migranten ohne ausländerrechtlichen Status, deren Zahl Schätzungen zufolge zwischen 0,5 und 1,5 Millionen liegt, werden von der Statistik nicht erfasst.

Im Rahmen der Darstellung der Partizipation von Migranten ist es, sofern die Daten dies ermöglichen, sinnvoll, auch diejenigen Personen miteinzubeziehen, die auf Grund von Einbürgerung keine Ausländer im Sinne des Art. 116 GG mehr sind.

Anzahl und Quoten: Ende des Jahres 2004 lebten 6,7 Millionen Ausländer mit einem längerfristigen Aufenthaltstitel in der Bundesrepublik, das entspricht

1 Beim Sozio-ökonomischen Panel handelt es sich um eine repräsentative Längsschnittstudie privater Haushalte in Deutschland. Seit 1984 in den alten Ländern und seit 1990 in den neuen Ländern werden jährlich Deutsche und Zuwanderer befragt. Die so gewonnenen Mikrodaten stehen der sozial- und wirtschaftswissenschaftlichen Grundlagenforschung zur Verfügung.

einem Anteil von 8,1% an der Gesamtbevölkerung. Diese neue Statistik ergibt sich nach einer Bereinigung des Ausländerzentralregisters, aus dem auf Grund unterschiedlicher Schreibweisen doppelt eingetragene Migranten sowie inzwischen Eingebürgerte gestrichen wurden (Netzwerk Migration in Europa e.V. 2005: 1). Ende 2003 wurden demgegenüber noch 7,3 Millionen gezählt. Dies entsprach einem Anteil von 8,9% an der Gesamtbevölkerung, wobei sich dieser Anteil seit 1998 als recht konstant erwiesen hatte. Während in den neuen Flächenländern die Ausländerquoten nur zwischen 2,0% und 2,8% liegen, variieren die Anteile in den westdeutschen Ländern zwischen 5,4% (Schleswig-Holstein) und 14,6% (Hamburg). Der Frauenanteil liegt insgesamt bei ca. 48%.

Nationen: Migranten mit türkischer Staatsangehörigkeit bildeten im Jahr 2004 mit 1,8 Millionen und rund 26% aller Ausländer die größte Gruppe, gefolgt von Italienern mit 0,55 Millionen und Personen aus Serbien und Montenegro mit 0,51 Millionen. Griechen, Polen und Kroaten sind die nächstgrößeren Gruppen. Gut 30% aller Ausländer besitzen eine EU-Staatsbürgerschaft (vgl. Tab. 1).

Tabelle 1: Ausländerinnen und Ausländer nach ausgewählten Staatsangehörigkeiten 2004

	absolut	*in Prozent*
EU gesamt	2.108.010	31,4
Türkei	1.764.318	26,3
Italien	548.194	8,2
Serbien und Montenegro	507.328	7,6
Griechenland	315.989	4,7
Polen	292.109	4,3

Quelle: Statistisches Bundesamt 2005b: 2.

Aufenthaltsdauer: Etwas mehr als ein Drittel der 2003 in Deutschland lebenden Ausländer hält sich schon länger als 20 Jahre in der Bundesrepublik auf; demgegenüber weisen 39,2% der Ausländer eine kürzere Aufenthaltsdauer als zehn Jahre auf, 21,5% leben erst seit fünf Jahren oder kürzer in Deutschland.

Alter: Differenziert man nach dem Alter, dann zeigt sich Folgendes: Unter 18 Jahre alt waren Ende 2003 18,3%, zwischen 18 und 65 Jahren 75,7% und älter als 65 Jahre 6,0%. Insgesamt ist die ausländische Bevölkerung in Deutschland damit jünger als die deutsche. Dieser Befund wird noch deutlicher, wenn man nur die 16- bis 29-Jährigen betrachtet: 30% der Ausländer, aber nur 16% der Deutschen fallen in diese Altersklasse. Damit ist jeder siebte in Deutschland lebende Migrant zwischen 16 und 29 Jahre alt. Von ihnen wollen 60% in Deutschland bleiben, nur etwa 15% haben den Wunsch, Deutschland wieder zu verlassen. Einstellung zur und Partizipation an Politik weist für diese Gruppe und für Deutschland demzufolge eine hohe Relevanz auf (Gille/Krüger 2000: 400ff.).

Insgesamt lässt sich also von den knapp 7 Millionen Ausländern in Deutschland sagen, dass sie vorrangig in den alten Ländern leben, und dass sie zu mehr als einem Drittel über 20 Jahre und zu etwa einem Fünftel weniger als fünf Jahre in Deutschland leben. Mehr als 30% stammen aus EU-Mitgliedstaaten, gut 26% aus der Türkei. Die ausländische Wohnbevölkerung ist jünger als die deutsche Bevölkerung und weist einen etwas niedrigeren Frauenanteil auf.

3. Partizipation von Migranten in Deutschland

Allgemein versteht man unter politischer Partizipation die Teilnahme an Willensbildungs- und Entscheidungsprozessen der Demokratie. Konkreter ist die Definition, nach der freiwillige Handlungen eines Bürgers oder mehrerer Bürger als politische Partizipation bezeichnet werden, die das Ziel haben, Einfluss auf politische Entscheidungen zu nehmen (Kaase 2003: 495). Als wichtige Voraussetzungen für eine politische Beteiligung gelten insbesondere die rechtlichen Regelungen sowie die individuelle sozioökonomische Ressourcenausstattung (Bildung, Beruf, Einkommen). Beide Aspekte werden im Folgenden für die Migranten dargestellt.

3.1. Rechtliche Voraussetzungen

Während die im Grundgesetz aufgelisteten Menschenrechte für alle in Deutschland lebenden Personen gelten, kommen die Bürgerrechte lediglich Deutschen nach Art. 116 GG zu. Ausländer, also (noch) nicht eingebürgerte Migranten und Migrantinnen, müssen demzufolge auf die Bürgerrechte verzichten.

Für die Partizipation von Ausländern sind die Religionsfreiheit, die Unverletzlichkeit der Wohnung, das Recht auf Eigentum, das Petitionsrecht sowie vor allem das Recht auf freie Meinungsäußerung von Bedeutung. Auf die Bürgerrechte Versammlungs-, Vereinigungs- und Koalitionsfreiheit sowie das Recht auf Freizügigkeit, Berufsfreiheit und Auslieferungsverbot können sich Ausländer dagegen nicht unmittelbar berufen (Art. 8, 9, 11, 12 und 16.2 GG gelten als so genannte Deutschen-Grundrechte).

Allerdings gewährt das Vereinsgesetz das Recht auf Bildung sowie Mitgliedschaft in Vereinen, das Versammlungsgesetz das Recht auf Organisation sowie Beteiligung an Versammlungen. Zudem fand sich im Ausländergesetz, das als besondere Rechtsgrundlage für die politische Betätigung von Migranten galt und im Jahre 1965 die bis dahin geltende Ausländerpolizeiverordnung aus dem Jahre 1938 ablöste (Schmid-Eckhart 1985: 14), ein eingeschränktes Recht auf politische Beteiligung, das auch nach dem seit 1. Januar 2005 geltenden Aufenthaltsgesetz gewährt wird. Ausländer dürfen demnach in deutschen Parteien mitarbeiten und Gewerkschaften angehören. Zudem haben sie das Recht, aktiv an Sozialwahlen und Wahlen zu den berufsständischen Selbstverwaltungskörperschaften im Bereich der Hochschulen sowie aktiv und passiv an Betriebsratswahlen teilzunehmen. Auf kommunaler Ebene steht ihnen die Mitarbeit in den Ausländerbeiräten offen (Santel 2002: 6). An anderen Wahlen dürfen nur Deutsche im Sinne des Art. 116 GG teilnehmen. Eine Ausnahme hiervon besteht für Staatsangehörige anderer EU-Mitgliedstaaten, die das Wahlrecht auf kommunaler Ebene besitzen.

Minderheitenrechte, wie etwa die Reservierung von Sitzen in Regierungen, Verwaltungen und Gerichten, gibt es in Deutschland nicht. Allerdings existieren in den meisten deutschen Städten beratend tätige Ausländerbeiräte. In Ansätzen stellen diese durchaus eine Volksgruppenvertretung dar und können demzufolge als spezielle Form der Minderheitenrepräsentation betrachtet werden (Diehl 2002: 125).

Dagegen existiert eine Negativ-Definition, die Ausländern die politische Beteiligung in den Fällen verbietet, in denen sie – nach § 47 des Aufenthaltsgesetzes – entweder das Völkerrecht verletzt oder die freiheitlich-demokratische Grundordnung der Bundesrepublik gefährdet. Diese Verstöße gelten darüber hinaus als Ausweisungstatbestände (§ 54 AufenthG).

Wichtig ist, dass sich die Partizipationsmöglichkeiten je nach Partizipationsform sehr stark voneinander unterscheiden. Während Migranten hinsichtlich der Partizipation in (unpolitischen) ethnischen Vereinigungen deutschen Staatsbürgern faktisch weitgehend gleichgestellt sind, gilt für die politische Partizipation, dass zwischen den Möglichkeiten der politischen Betätigung einerseits und den Erfolgsaussichten politischen Engagements andererseits unterschieden werden muss.

Mit Ausnahme des Wahlrechts verfügen Zuwanderer in Deutschland über umfangreiche politische Partizipationsmöglichkeiten. Die Erfolgsaussichten der auf Deutschland gerichteten Aktivitäten bleiben allerdings insofern begrenzt, als Forderungen – sowohl bei individual- als auch bei gruppenbezogener Partizipation – nicht in der gleichen Weise durchgesetzt werden können wie etwa Forderungen deutscher Staatsbürger. Die Interessenvertretung erweist sich demnach als relativ ineffektiv. Das bereits angesprochene, den deutschen Staatsbürgern vorbehaltene Wahlrecht stellt eine gewichtige Abweichung von der weitgehenden rechtlichen Gleichstellung derjenigen Einwanderer dar, die über einen gesicherten Aufenthaltsstatus verfügen. Somit können Migranten nicht damit drohen, ihre Wahlentscheidung von der Berücksichtigung ihrer Interessen abhängig zu machen (Diehl 2002: 125f.).

3.2. Sozioökonomische Ressourcenausstattung und politisches Interesse als Voraussetzungen der Partizipation

In modernen Gesellschaften wie der Bundesrepublik sind Lebenschancen eng mit dem Erwerb von Bildung verbunden. Dies gilt einerseits hinsichtlich der Berufs- und damit auch der Einkommenschancen, andererseits aber auch für die Teilhabe am politisch-sozialen Geschehen. Im Hinblick auf die politische Partizipation gilt: je höher die Bildung, desto größer das politische Interesse und desto höher auch die politische Beteiligung. Somit stellt sich die Frage nach der Verteilung von Bildung, beruflicher Stellung und Einkommen bei der ausländischen Bevölkerung in Deutschland.

Betrachtet man zunächst die Sprachkenntnisse, dann ergeben Daten des SOEP von 2003, dass sowohl Aussiedler als auch EU-Angehörige ihre deutschen Sprachkenntnisse zu 80% als gut einschätzen, für die Schreibfähigkeit wird diese Aussage immerhin noch von 60% vorgenommen. Bei Migranten aus der Türkei und aus dem ehemaligen Jugoslawien liegen die entsprechenden Werte allerdings um 20–30 Prozentpunkte niedriger.

Hinsichtlich der schulischen und beruflichen Bildung bestehen große Unterschiede zwischen den Nationalitäten. Während im Jahr 2003 nur etwa 2% der Deutschen keinen Schulabschluss vorweisen konnten, gilt dies für 21% der Türken, für 13% der EU-Bürger, für 15% der Zuwanderer aus dem ehemaligen Jugoslawien und für 7% der Aussiedler. Ähnlich gravierende Unterschiede sind bei der Ausbildung zu beobachten. Auffällig ist vor allem, dass 61% der Türken keine Ausbildung haben, dass aber EU-Bürger, Migranten aus dem ehemaligen Jugoslawien und Spätaussiedler häufiger als Deutsche einen akademischen Abschluss vorweisen können (vgl. Tab. 2).

Tabelle 2: Ausbildung von Deutschen und Zuwanderern 2003 im Vergleich (in Prozent)

	Deutsche	*Türken*	*EU-Bürger*	*ehem. Jugosl.*	*Aussiedler*
keine Ausbildung	20	61	41	39	26
Berufsausbildung	64	32	39	42	45
akademischer Abschluss	16	7	20	20	29

Quelle: Statistisches Bundesamt 2005: 578.

Interessant ist, dass die Werte von Migranten der zweiten Generation bereits deutlich besser ausfallen als die der jeweiligen Gesamtgruppe, wobei der Trend zu höheren Abschlüssen besonders den Frauen zugute kommt; allerdings besteht hier auch das größte Nachholpotential (Statistisches Bundesamt 2005: 578f.).

Auch unter den Jugendlichen und jungen Erwachsenen mangelt es etwa 10% der Nicht-Deutschen an einem Schulabschluss, 45% kommen über den Hauptschulabschluss nicht hinaus (Gille/Krüger 2000: 400f.). Kinder mit Migrationshintergrund haben im Vergleich zu deutschen Kindern im Durchschnitt ein dreifach erhöhtes Risiko, auf der Hauptschule zu bleiben. Deutsche Kinder hingegen haben eine fast doppelt so hohe Chance, das Gymnasium zu besuchen.

Diese Befunde der schlechteren Voraussetzungen im Bildungsbereich setzen sich im Hinblick auf die Erwerbstätigkeit und auf das Einkommen der Migranten fort. Generell ist der Arbeitsmarkt in Deutschland seit Jahren angespannt, v.a. in Ostdeutschland hält sich die Arbeitslosenquote auf hohem Niveau. Doch nicht nur die hohe Arbeitslosenquote, auch die rechtlichen Beschränkungen zur Arbeitsaufnahme schlagen sich bei Türken und Migranten aus dem ehemaligen Jugoslawien nieder, so dass deren Erwerbsbeteiligung auch deswegen niedriger ausfällt als die der Vergleichsgruppe. So gehen Deutsche und Zuwanderer aus den alten EU-Staaten zu weit über 60% einer Erwerbstätigkeit nach, während dieser Wert für Aussiedler und Zuwanderer aus dem ehemaligen Jugoslawien knapp 60% und für Türken nur 45% beträgt. Der letzte Wert ist zudem darauf zurückzuführen, dass vor allem türkische Frauen nur selten eine Erwerbstätigkeit ausüben (70% der türkischen Frauen verfügen nicht über eine Berufsausbildung).

Tabelle 3: Erwerbsstatus von Deutschen und Migranten 2001 (in Prozent)

	Deutsche	*EU-Bürger*	*ehem. Jugoslawen*	*Türken*	*Aussiedler*
in Vollzeit erwerbstätig	50	58	42	39	43
in Teilzeit erwerbstätig	17	10	13	5	15
temporär nicht erwerbstätig	6	7	8	5	8
arbeitslos	5	4	8	15	10
nicht erwerbstätig	22	22	29	36	24

Quelle: Statistisches Bundesamt 2005: S. 580.

Von der hohen Arbeitslosigkeit sind insbesondere Aussiedler und Türken betroffen (vgl. Tab. 3), wobei sich das Risiko, arbeitslos zu werden, für alle Zuwanderer seit den 1990er Jahren erhöht hat.

Dass beschäftigte Zuwanderer vor allem als ungelernte oder angelernte Arbeiter im industriellen Sektor tätig sind, hängt vorrangig mit ihrem niedrigen Bildungsniveau zusammen und spiegelt sich auch im Einkommen wider. Eine Ausnahme davon stellen EU-Ausländer dar, die zu über 40% als Angestellte beschäftigt sind und eine ähnliche Beschäftigungsstruktur wie Deutsche aufweisen (vgl. Tab. 4); ihr Bildungsniveau fällt aber auch – wie dargestellt – deutlich höher aus.

Tabelle 4: Berufliche Stellung von Deutschen und Migranten 2003 (in Prozent)

	Deutsche	*EU-Bürger*	*ehem. Jugoslawen*	*Türken*	*Aussiedler*
ungelernte Arbeiter	4	7	20	15	10
angelernte Arbeiter	8	24	21	34	32
Facharbeiter/Meister	12	17	16	18	21
einfache Angestellte	13	11	19	8	14
Mittl./höhere Angestellte	43	32	22	14	19
Selbständige	11	9	2	10	3
Beamte	10	1	0	1	2

Quelle: Statistisches Bundesamt 2005: S. 581.

So ist es nicht überraschend, dass Deutsche und Zuwanderer aus den alten EU-Staaten über ein vergleichbares Einkommen verfügen, wobei letztere die Deutschen sogar noch übertreffen; Zuwanderer aus der Türkei, Aussiedler und Migranten aus dem ehemaligen Jugoslawien hingegen folgen erst mit einigem Abstand.

Tabelle 5: Monatliches Haushaltsäquivalenzeinkommen[2] in Euro (2003)

Deutsche	*EU-Bürger*	*Türken*	*Aussiedler*	*ehem. Jugoslawen*
2.810	2.940	2.340	2.300	2.220

Quelle: Statistisches Bundesamt 2005: S. 577.

Wie bereits erwähnt, hat der formale Bildungsabschluss nicht nur große Auswirkungen auf Berufs- und Einkommenschancen, sondern auch auf das Inter-

2 Das Äquivalenzeinkommen ist ein gewichtetes Pro-Kopf-Einkommen, das die Faktoren Haushaltsgröße und Alter der Haushaltsangehörigen berücksichtigt, um die tatsächlichen materiellen Verhältnisse darstellen und vergleichen zu können.

esse an Politik. Dieses Interesse ist bei Eingebürgerten und Türken zwar um fast 20 Prozentpunkte schwächer ausgeprägt als bei gebürtigen Deutschen, auf der anderen Seite liegt es jedoch mit 16 Prozentpunkten deutlich über dem der Spätaussiedler aus der ehemaligen Sowjetunion.

Tabelle 6: Interesse für Politik nach Nationalität (in Prozent)

	geb. Deutsche	*Eingebürgerte*	*Spätaussiedler SU*	*Türken*	*Polen*	*Rumänen*
kaum oder gar kein Interesse	13	25	37	27	21	22
etwas Interesse	41	47	51	45	53	56
(sehr) starkes Interesse	46	28	12	28	27	22

Quelle: Wüst 2003: 34.

Insbesondere die Werte für Aussiedler und Türken verdeutlichen aber auch, dass der Faktor Bildung nicht allein ausschlaggebend ist. Das Interesse wird zudem durch Faktoren wie Lebensalter und Geschlechtszugehörigkeit beeinflusst. Dennoch darf der Faktor Bildung auch nicht unterschätzt werden: Sowohl bei Frauen als auch bei Männern steigt das Interesse an Politik mit zunehmendem Alter und mit höherem Bildungsniveau, wobei Männer allgemein höhere Werte erreichen. Besonders geringes Interesse zeigen Zuwanderer ohne Schulabschluss und junge verheiratete ausländische Frauen (Gille/Krüger 2000: 410; vgl. auch Diehl/Urbahn 1998).

Sowohl die Bereitschaft zu politischer Beteiligung als auch die Beteiligung selbst sind – wie bereits festgestellt – vor allem vom Interesse und von der Beteiligungsfähigkeit der Akteure abhängig. Der insgesamt niedrigere Status der meisten Zuwanderer hinsichtlich Bildung, Erwerbstätigkeit und auch Einkommen impliziert somit auch eher schlechte Voraussetzungen für politische Partizipation. Als positiv ist jedoch zu bewerten, dass die zweite und dritte Generation ein höheres Bildungsniveau erreichen als ihre Eltern und Großeltern, auch wenn dieses noch hinter dem der Deutschen zurückbleibt.

3.3. Kategorisierung der politischen Partizipation von Migranten

Im Falle der politischen Partizipation von Migranten wird üblicherweise die Unterscheidung in herkunftslandorientierte und aufnahmelandorientierte Partizipation vorgenommen. Als herkunftslandorientiert gilt Beteiligung, wenn sie innerhalb der eigenen ethnischen Gruppe stattfindet und Politik und Kultur des Herkunftslands im Mittelpunkt stehen; als aufnahmelandorientiert gilt sie hingegen, wenn Politik und Kultur des Aufnahmelands eine hervorgehobene Rolle spielen, wenngleich auch hier Gruppierungen denkbar sind, die sich nur aus einer ethnischen Gruppe zusammensetzen (Diehl/Urbahn 1998: 14).

Übersicht 1: Beispiele für Grundformen der Partizipation von Migranten

	politische Motivation	keine politische Motivation
herkunftslandorientiert	kurdische, nationalistische oder politisch-religiöse Gruppen	ethnisch homogene religiöse, kulturelle oder Sportvereine
aufnahmelandorientiert	deutsche Parteien und Gewerkschaften oder Bürgerrechtsgruppen	deutsche Sport- und Freizeitvereine

Quelle: Diehl/Urbahn 1998: 17.

In der Praxis ist es jedoch so, dass die meisten Organisationen versuchen, eine Verbindung zwischen beiden Formen herzustellen. So ergab eine Befragung von 1000 Organisationen in Nordrhein-Westfalen aus dem Jahr 1999, dass 67% beide Ziele verfolgen (Santel 2002: 8).

Diehl kombiniert die Einteilung in herkunftsland- und aufnahmelandorientierte Partizipation von Migranten mit den verschiedenen Einflussfaktoren, denen politische Aktivität unterliegt. Dafür stellt sie einen Zusammenhang zwischen Kapitalausstattung und dem Partizipationsverhalten von Zuwanderern her. Demnach können Migranten in vier Gruppen eingeteilt werden. In der *ersten* Gruppe finden sich Zuwanderer, die vor allem herkunftslandorientierte Kapitalien besitzen – diese partizipieren hauptsächlich an ethnischen Vereinigungen des Herkunftslandes und verfolgen das Ziel, im Aufnahmeland die eigene Identität zu erhalten. Die *zweite* Gruppe besteht aus Migranten, die vor allem über generalisierbare Kapitalien verfügen – diese Zuwanderer erstreben den Zugang zu den Netzwerken und Statussystemen der Aufnahmegesellschaft; Partizipation ist für diese Gruppe eine Möglichkeit, langfristig das Recht auf Gleichbehandlung einzufordern, wobei die Forderung nach individuellen Rechten hierbei im Vordergrund steht. Die *dritte* Gruppe bilden Ausländer, die über die Kapitalien und Kompetenzen beider bereits genannter Gruppen verfügen und daher sowohl an herkunftsland- als auch an aufnahmelandorientierten Partizipationsformen teilhaben können. Damit ist es für diese Gruppe auch möglich, eine Art Vermittlerrolle zwischen Aufnahmegesellschaft und Zuwanderern zu übernehmen. Die *vierte* Gruppe schließlich besteht aus Migranten, die weder über die erst- noch über die zweitgenannten Kapitalien verfügen und demzufolge auch nicht oder kaum partizipieren werden (Diehl 2002: 93f.). Für die Darstellung der politischen Partizipation von Zuwanderern in Deutschland sind vor allem die zweite und die dritte Gruppe relevant.

4. Beteiligung von Migranten und Migrantinnen an Wahlen

4.1. Rechtliche Regelungen

„Das Wahlrecht und das Recht, Parteien zu gründen, sind .. Deutschen vorbehalten, sieht man einmal davon ab, daß EU-Bürger seit 1994 auf kommunaler Ebene wählen dürfen." (Diehl/Urbahn 1998: 19).[3] Dass Ausländer in Deutschland kein Wahlrecht besitzen, ist nicht explizit im Grundgesetz festgelegt, sondern ergibt sich aus diesem. Nach Art. 20 GG geht die Staatsgewalt vom Volke aus. Das Volk wird auf Grund der Präambel mit dem „deutschen Volk" gleichgesetzt, und hier kommt Art. 116 GG ins Spiel, der bestimmt, wer Deutscher ist (Leutheusser-Schnarrenberger 2001: 38).

Migranten ist die Teilnahme an Wahlen folglich nur über die Einbürgerung möglich. Viele Zuwanderer wollen jedoch nicht auf ihre ursprüngliche Staatsangehörigkeit verzichten, was im Regelfall aber nötig wäre, um die deutsche Staatsangehörigkeit zu erlangen (Diehl/Urbahn 1998: 19f.). Daher entscheiden sich Migranten oftmals gegen die Einbürgerung, obgleich viele von ihnen durchaus am Wahlrecht interessiert wären.

4.2. Partizipation von Migranten bei den Wahlen zu Ausländerbeiräten

Die Einrichtung von Ausländerbeiräten wurde in den 1970er Jahren begonnen, um einerseits der Tatsache Rechnung zu tragen, dass oft ein erheblicher Anteil der Wohnbevölkerung nicht über das (kommunale) Wahlrecht verfügt und um andererseits dieser Personengruppe politische Partizipation zu ermöglichen. In einigen Fällen wurden die Beiräte trotzdem erst ab Anfang der 1990er Jahre auch von ausländischen Mitbürgern gewählt, so etwa in Frankfurt oder München (Ergi 2000: 83f.).

Die genaue Ausgestaltung dieser parlamentarischen Gremien, die nur auf kommunaler Ebene auftreten, ist den Ländern vorbehalten. Hauptaufgabe der Beiräte ist es, den Stadtrat in allen ausländische Einwohner betreffenden Fragen zu beraten und Empfehlungen auszusprechen (Schmid-Eckhardt 1985: 26f., 30). Zwar werden Angelegenheiten von ausländerpolitischer Relevanz

---

3 Auf kommunaler Ebene sind etwa 1,6 Millionen in Deutschland lebende EU-Bürger wahlberechtigt (Beauftragte der Bundesregierung für Migration, Flüchtlinge und Integration 2005: 306). Allerdings machten z.B. in Bremen im Jahr 1999 nur 17% der EU-Bürger auch von ihrem Wahlrecht Gebrauch. In einigen Kommunen Baden-Württembergs wurden immerhin bis zu 44% erreicht (Santel 2002: 3).

erst dann in den Gemeinderäten oder Bezirkstagen behandelt, wenn der Ausländerbeirat schriftlich dazu Stellung genommen hat. Zudem muss die Verwaltung innerhalb von drei Monaten auf Anfragen des Ausländerbeirats reagieren. Dennoch handelt es sich nicht um ein echtes Vertrauensorgan, weil keine Entscheidungsrechte damit verbunden sind, obwohl die Beiräte durch Wahl zustande kommen und in einigen Ländern, wie etwa in Nordrhein-Westfalen mit Zusatz-Kompetenzen ausgestattet sind (Kilicgedik 2001: 65). So bleiben die Räte rein konsultative Organe und sind keine Entscheidungsgremien (Santel 2002: 7).

Damit lässt sich – zumindest teilweise – auch die oftmals nur niedrige Wahlbeteiligung erklären, obwohl diese die demokratische Legitimität der Gremien schmälert. In Nordrhein-Westfalen beispielsweise wurden 2004 in 37 Städten die Ausländerbeiräte neu gewählt. Durchschnittlich lag die Wahlbeteiligung bei 11,4% und fiel damit um 2,7 Prozentpunkte niedriger aus als noch im Jahr 1999 (LAGA NRW 2005). In Düsseldorf beteiligten sich bei der ersten Wahl im Jahr 1989 noch 23,1% der Wahlberechtigten, 1995 waren es 15,9%, 1999 nur noch 6,9%, und bei den letzten Wahlen 2004 waren es noch 6,2% (Landeshauptstadt Düsseldorf 2005). Demgegenüber fanden in Nürnberg die ersten Wahlen bereits 1973 mit einer Beteiligung von 18,6% statt. 1978 beteiligten sich 10,5% (1983: 12,5%, 1990: 16,4%, 1997: 12,6%) und bei den bisher letzten Wahlen von 2003 11,7% (Amt für Stadtforschung und Statistik der Stadt Nürnberg 1997 und 2003).

4.3. Partizipation von eingebürgerten Migranten bei Bundestagswahlen

Im Gegensatz zur niedrigen Beteiligung bei den Wahlen der Ausländerbeiräte machen Neubürger von ihrem Bundestagswahlrecht „nahezu so häufig Gebrauch .. wie gebürtige Deutsche“ (Wüst 2000: 222). Eine Politbarometer-Umfrage der Jahre 2001/02 ergab, dass sich 87% der gebürtigen Deutschen und 82% der Eingebürgerten an der Bundestagswahl beteiligen wollten (Wüst 2002: 35). Da Eingebürgerte derzeit knapp fünf Prozent der wahlberechtigten Bevölkerung stellen, ist ihr Wahlverhalten für den Ausgang von Wahlen mit entscheidend.

Nach einer Untersuchung aus dem Jahr 1998 weisen Eingebürgerte als Gesamtgruppe mit 48% eine recht hohe Affinität zu den Unionsparteien auf, wobei dieser Wert vor allem deshalb zustande kommt, weil 54% der eingebürgerten Männer diese Absicht haben. Umgekehrt wählen die gebürtigen deutschen Männer häufiger als Eingebürgerte die SPD und seltener die CDU/CSU. Auch die PDS wird von den eingebürgerten Männern seltener gewählt. Die Unterschiede zwischen gebürtigen deutschen Frauen und eingebürgerten Frauen fallen dagegen kaum ins Gewicht.

Tabelle 7: Wahlabsicht von gebürtigen Deutschen und Eingebürgerten zur Bundestagswahl 1998 (in Prozent)

Wahlabsicht zur Bundestagswahl 1998	*CDU/ CSU*	*SPD*	*Bündnis 90/Grüne*	*FDP*	*PDS*
Deutsche	43	32	5	3	3
Eingebürgerte	48	29	5	2	2
deutsche Männer	45	32	5	3	4
deutsche Frauen	42	31	6	2	3
eingebürgerte Männer	54	27	4	2	1
eingebürgerte Frauen	42	31	5	3	2

Quelle: Wüst 2000: 190.

Dagegen macht es einen Unterschied, ob die Eingebürgerten in Deutschland geboren sind oder ob es sich um Migranten im Wortsinne handelt. So entscheiden sich in Deutschland Geborene wesentlich häufiger für die SPD als Zugewanderte, die ihrerseits die Unionsparteien bevorzugen. Dieser Befund lässt sich mit der relativ hohen Zahl an Spätaussiedlern erklären, die eine klare Präferenz für die Unionsparteien zeigen. Eingebürgerte Türken weisen demgegenüber eine starke Affinität zu den Sozialdemokraten auf (vgl. Tab. 8 und 9).

Tabelle 8: Wahlabsicht von Eingebürgerten zur Bundestagswahl 1998 nach Geburtsstaat (in %)

	CDU/ CSU	*SPD*	*Bündnis 90/Grüne*	*FDP*	*PDS*	*REP/DVU*	*andere*	*k. A.*
in D. geboren	37	38	6	3	3	0	3	11
nicht in D. geboren	50	28	5	2	1	1	2	12

Quelle: Wüst 2000: 190.

Tabelle 9: Wahlabsicht von Eingebürgerten zur Bundestagswahl 1998 nach Herkunftsstaat (in %)

	CDU/CSU	*SPD*	*Bündnis 90/Grüne*	*FDP*	*PDS*	*REP/DVU*	*andere*	*k. A.*
Türkei	8	57	15	4	2	0	4	10
ehem. SU	69	14	0	3	1	0	2	11
Rumänien	60	14	5	4	1	2	4	11
Polen	52	25	2	4	0	0	3	15

Quelle: Wüst 2000: 190.

Dieses Bild ändert sich allerdings, wenn die Religionszugehörigkeit berücksichtigt wird. So geben konfessionslose Eingebürgerte aus Ländern der ehemaligen Sowjetunion in ihrer Mehrheit an, die SPD zu bevorzugen, während einer christlichen Konfession angehörende eingebürgerte Türken mehrheitlich den Unionsparteien nahe stehen. Ein Unterschied zwischen gebürtigen Deutschen und Eingebürgerten zeigt sich darin, dass gebürtige Deutsche als Protestanten besonders häufig die SPD wählen, eingebürgerte Protestanten hingegen eine ausgeprägte Affinität zu den Unionsparteien zeigen (Wüst 2000: 220). Damit kommt auch dem Faktor Religion Erklärungskraft zu.

Untersuchungen ergaben außerdem, dass Neubürger mit sehr guten deutschen Sprachkenntnissen tendenziell die SPD wählen, während Eingebürgerte, die segregiert leben, vorzugsweise für die CDU/CSU stimmen (Wüst 2000: 206).

Während das Vorliegen eines deutschen Schulabschlusses die Beteiligungsquote unter Eingebürgerten leicht erhöht, erweisen sich andere Unterscheidungen, wie etwa nach formalem Bildungsabschluss, einzelnen Berufsgruppen, Gewerkschaftsmitgliedschaft oder auch nach Alter oder Konfession zum Teil als uneinheitlich (Wüst 2002: 167f.).

Nicht überraschend ist, dass der direkte Einfluss des Migrationshintergrundes auf die Wahlentscheidung mit zunehmender Dauer des Besitzes der deutschen Staatsbürgerschaft sinkt; allerdings ist nicht damit zu rechnen, dass dieser Einfluss in absehbarer Zukunft völlig bedeutungslos wird (Wüst 2000: 216, 219).

5. Mitwirkung von Migranten und Migrantinnen in Parteien

Während Ausländer in Deutschland nach geltender Rechtslage keine eigenen Parteien gründen dürfen[4], entscheiden die Parteien nach § 10 des Parteiengesetzes frei darüber, welche Personen sie als Mitglieder aufnehmen wollen. Dies führt faktisch dazu, dass Ausländer – wenn auch zum Teil erst nach bestimmten Mindestaufenthaltszeiten in Deutschland – den großen deutschen Parteien beitreten können. Für öffentliche Ämter jedoch dürfen sie nicht kandidieren und sind auch von der Nominierung der Kandidaten ausgeschlossen (Pfützenreuter 2001: 59). „Dieses Recht kommt als integraler Bestandteil des Wahlrechtes nur wahlberechtigten Mitgliedern zu.“ (Schmid-Eckhardt 1985: 17). Von diesen beiden Einschränkungen abgesehen, sind ausländische Partei-

---

4 Eine Ausnahme stellen anerkannte Minderheiten wie z.B. die Dänen in Schleswig-Holstein dar.

mitglieder den deutschen Mitgliedern gleichgestellt, verfügen demnach über das gleiche Stimmrecht in allen anderen Entscheidungen.

5.1. Parteiaffinität von Migranten in Deutschland

Nach einer Untersuchung von Diehl und Urbahn fällt das Interesse an der deutschen Parteienlandschaft unter Migranten relativ gering aus. Während 53,7% der Deutschen eine Präferenz für eine Partei angeben, liegen die Werte bei den befragten Migranten lediglich zwischen 19% und 30,1%.

Tabelle 10: Parteipräferenz nach Nationalität 1996 (in %)

	nicht vorhanden	*vorhanden*	*unentschieden*
Deutsche	41,0	53,7	5,3
Türken	73,2	21,7	5,1
ehem. Jugoslawen	70,1	20,2	9,7
Griechen	73,6	19,0	7,4
Italiener	61,1	24,1	14,8
Spanier	65,5	30,1	4,4

N= 7.507

Quelle. Diehl/Urbahn 1998: 37.

Belässt man es nicht bei allgemeinen Aussagen, sondern differenziert nach Nationalitäten, dann fällt auf, dass vor allem Spanier, aber auch Italiener etwas stärkere parteipolitische Präferenzen als Zuwanderer aus anderen Staaten zeigen. Dagegen bestehen zwischen Türken, Griechen und (Ex-)Jugoslawen mit Anteilen von jeweils etwa 20% keine nennenswerten Unterschiede (vgl. Tab. 10). Daraus schließen Diehl und Urbahn, dass „das kommunale Wahlrecht für EU-Zuwanderer offenbar (noch) keinen großen Einfluß auf die Einstellungen gegenüber den deutschen Parteien" (Diehl/Urbahn 1998: 38) hat, weil sich unter den untersuchten Nationalitäten sowohl Angehörige von EU-Mitgliedstaaten als auch Migranten aus anderen Staaten befinden.

Die Untersuchung, bei der Spätaussiedler nicht berücksichtigt wurden, ergab auf einer relativ schwachen Datenbasis ferner, dass sich mit Werten zwischen 68,6% (Ex-Jugoslawen) und 86,7% (Italiener) der Großteil der Migranten, die überhaupt eine Parteipräferenz angeben, zur SPD hingezogen fühlen. Die CDU/CSU erreichte hier lediglich Werte von rund einem Zehntel (bei den Türken) bis einem Viertel (bei den Ex-Jugoslawen). Auffällig ist die vergleichsweise hohe Affinität der Türken zu Bündnis 90/Die Grünen (17,6%).

Wenig überraschend dürfte hingegen sein, dass FDP, PDS und Republikaner von den Migranten kaum bzw. nicht als präferierte Parteien genannt werden (Diehl/Urbahn 1998: 38f.).

Tabelle 11: Parteipräferenz nach Nationalität 1996 (in %)

	SPD	*CDU/CSU*	*FDP*	*Bündnis 90/ Grüne*	*PDS*	*Republikaner*	*Sonstige*
Deutsche	41,3	43,1	2,7	10,5	0,3	1,4	0,8
Türken	68,9	9,5	2,0	17,6			2,0
ehem. Jugoslawen	68,6	27,1	1,4	2,9			
Griechen	69,6	21,7	2,2	6,5			
Italiener	86,7	10,7		2,7			
Spanier	76,5	11,8	2,9	8,8			

N= 3.482

Quelle: Diehl/Urbahn 1998: 38.

Ein weiterer wichtiger Befund liegt darin, dass die Zuwanderer in ihren Parteipräferenzen nicht festgelegt sind und dass sie deswegen im Falle der Wahlberechtigung in ihrem Wahlverhalten wohl vergleichsweise flexibel wären (Diehl/Urbahn 1998: 40).

Betrachtet man allein die Gruppe der eingebürgerten Personen, dann zeigt eine Unterscheidung nach soziodemographischen Merkmalen, dass zu den Anhängern der CDU/CSU überproportional viele ältere Befragte und auch Katholiken gehören. Daneben weisen auch Personen ohne gewerkschaftliche Bindung und überdurchschnittlich viele Arbeiter, Protestanten und Aussiedler eine Affinität zu den Unionsparteien auf. So erhalten die Unionsparteien von Russland- und Rumäniendeutschen die besten Bewertungen, von Eingebürgerten türkischer Herkunft mit Abstand die schlechtesten. Die SPD hingegen erzielt Spitzenwerte bei Befragten nicht-christlichen Glaubens, bei in Deutschland geborenen Ausländern sowie bei eingebürgerten Türken. Diese Aussagen lassen sich auch auf die Grünen übertragen, die zusätzlich unter Eingebürgerten, die sich noch in Ausbildung befinden, sehr gut abschneiden. SPD und Grüne finden auf der einen Seite beste Einschätzungen unter eingebürgerten Personen türkischer Abstammung, erhalten auf der anderen Seite die negativsten Einschätzungen im Falle der SPD von Russland- und Rumäniendeutschen, im Falle von Bündnis 90/Die Grünen von Eingebürgerten polnischer Herkunft. Die Distanz, die Russlanddeutsche gegenüber den Grünen zeigen, ist ähnlich groß wie diejenige eingebürgerter Türken gegenüber der CSU. Zur FDP zeigen einzig die Selbständigen unter den Eingebürgerten eine nennenswerte Bindung. Überdurchschnittliche, wenn auch insgesamt geringe Werte erreicht die PDS als letzte der großen Parteien bei Konfessionslosen sowie bei eingebürgerten Türken (Wüst 2002: 177, 183, 186).

Werden diese Ergebnisse zum Parteienspektrum in Bezug gesetzt, zeigt sich, dass es Tabuzonen gibt. Diese beginnen bei Aussiedlern links von der SPD und bei eingebürgerten Türken rechts von der CDU. Bemerkenswert sind hierbei die Unterschiede, die sich zwischen Eingebürgerten aus Ländern der ehemaligen Sowjetunion und aus Polen gegenüber Rumäniendeutschen zeigen. Während sich die beiden erstgenannten Gruppen mehrheitlich von der rechten Mitte des Parteiensystems angesprochen fühlen, positioniert sich nahezu die Hälfte der Rumäniendeutschen deutlich rechts von der Mitte. Die SPD hingegen gehörte für alle Spätaussiedler nicht zu den drei am meisten präferierten Parteien.

Alle Eingebürgerten lehnen die Republikaner strikt ab, wohingegen sich die ausgeprägten Vorbehalte gegenüber der CSU als ein Spezifikum eingebürgerter Türken erwies (Wüst 2002: 215). Vor diesem Hintergrund konstatiert Santel: „Insgesamt drückt sich in diesen Zahlen eine deutliche Distanz der befragten Ausländerinnen und Ausländer zu den bundesdeutschen Parteien aus. Diese haben es offenkundig nicht verstanden, mit ihrer Programmatik und politischen Arbeit attraktiv zu werden." (Santel 2002: 6).

5.2. Parteimitgliedschaft

Sowohl die FDP als auch die PDS erheben keine Daten zur Staatsangehörigkeit ihrer Mitglieder. Die CDU kann nur ungefähre Angaben machen. So sind unter ihren 572.882 Mitgliedern 1488 EU-Ausländer und 843 übrige Ausländer. Allerdings basiert diese Zahl auf Angaben der Kreisverbände, die nicht in jedem Fall die dafür vorgesehenen Felder im Mitgliederverwaltungsprogramm ausfüllen. Daher kann von einer wesentlichen höheren Zahl ausgegangen werden (Angaben der Bundesgeschäftsstelle, Stand: August 2005). Die SPD hingegen ist in der Lage, genaue Zahlen zu nennen. So waren am 31. Dezember 2004 exakt 5200 Männer und 1555 Frauen, insgesamt also 6755 Personen ohne deutsche Staatsangehörigkeit Mitglieder der SPD, dies entspricht gut einem Prozent aller Mitglieder. Nationalitäten mit mehr als 100 Mitgliedern werden in folgender Tabelle dargestellt. Der Männeranteil liegt hier unterschiedlich deutlich über dem Anteil der Frauen:

Tabelle 12: Ausländische SPD-Mitglieder 2004 in absoluten Zahlen nach häufig vertretenen Nationalitäten

Nationalität	*Mitglieder*	*Männer*	*Frauen*
Türken	2794	2401	393
Italiener	710	575	135
Griechen	573	438	135
Österreicher	294	193	101
Niederländer	275	150	125
Ex-Jugoslawen	204	157	47
Franzosen	159	89	70
Spanier	158	127	31
Briten	149	99	50
Iraner	135	106	29

Quelle: Angaben der SPD.

Mit dem Ziel, Formen und Bestimmungsfaktoren der politischen Partizipation der ausländischen Bevölkerung in Deutschland zu erfragen, wurde 2000/2001 eine Untersuchung unter Deutschen sowie italienisch- und türkischstämmigen Migranten zwischen 18 und 30 Jahren durchgeführt. Wenig überraschend zeigte sich hinsichtlich der Parteimitgliedschaft, dass ausländische junge Erwachsene (ca. 2% der Türken und ca. 4% der Italiener) seltener einer deutschen Partei angehören als gleichaltrige Deutsche (ca. 8%), wobei dies zumindest teilweise auf das fehlende Wahlrecht zurückzuführen ist. So lässt sich auch erklären, dass vor allem unter Türken, die auch auf kommunaler Ebene nicht wählen dürfen, die Werte sehr niedrig ausfallen. Personen mit binationaler Abstammung (ca. 6%), mit doppelter Staatsbürgerschaft (ca. 5%) oder Eingebürgerte (ca. 7%) dagegen sind öfter Mitglieder einer deutschen Partei als Ausländer ohne einen solchen Bezug (Glatzer 2004: 61f.). Auch diese Studie kommt zu dem Ergebnis, dass junge erwachsene Frauen eine größere Distanz zu Parteien zeigen als Männer. Dieser Zusammenhang tritt bei Personen türkischer Herkunft am deutlichsten zutage (Glatzer 2004: 84).

Allgemein gewinnt eine Parteimitgliedschaft für Migranten erst dann an Attraktivität, wenn die Einbürgerung stattgefunden hat. Zudem werden die Zuwanderer auch erst nach diesem Ereignis für die Parteien interessant, weil die Nichtbeachtung ihrer Interessen ab diesem Zeitpunkt zu schwächeren Wahlergebnissen führen kann (Santel 2002: 8).

5.3. Anbindung ausländerpolitischer Arbeit an bundesdeutsche Parteien

Außerhalb der Parteien existiert zwar ein dichtes Netzwerk an Migrantenselbstorganisationen, die vor allem Aufgaben in den Bereichen Kulturpflege, Information und Beratung sowie politische Aktivitäten übernehmen. Auf der Ebene der Bundespolitik gelten diese allerdings nicht als Interessenrepräsentanten. Dies zeigt sich beispielsweise, wenn der Innenausschuss des Bundestages das Thema Staatsangehörigkeit behandelt, aber nur einen Vertreter der Migranten einlädt (Santel 2002: 9, 11). Dennoch sind diese Migrantenselbstorganisationen ein wichtiger Faktor der Zivilgesellschaft, da sie unter anderem Dienstleistungen für ihre Mitglieder erbringen und eine breitere Öffentlichkeit herstellen (Jungk 2002: 10).

Insbesondere türkische Migranten, die gesellschaftlich und politisch aktiv sind, haben sich im vergangenen Jahrzehnt verstärkt bemüht, ihre ausländerpolitische Arbeit organisatorisch an die der politischen Parteien in Deutschland anzubinden. So hat etwa der in Deutschland und in Teilen Europas aktive türkische Verein „Föderation der Volksvereine“ enge Beziehungen zur SPD geschaffen. Die Freiheitlich-Türkische Freundschaftsgesellschaft (Hürtürk) pflegt enge Kontakte zur CDU. Und die erst seit 1993 aktive Liberale Türkisch-Deutsche Vereinigung (L.T.D.) ihrerseits sucht die Nähe zur und Zusammenarbeit mit der FDP (Ergi 2000: 106f.).

Auch die deutschen Parteien zeigen sich auf Grund vermehrter Einbürgerungen an dieser Zusammenarbeit interessiert, nicht zuletzt, um auf diesem Wege neue Wähler und Wählerinnen zu gewinnen (Santel 2002: 5).

6. Weitere Partizipation von Migranten und Migrantinnen

Neben der Wahlteilnahme und der Mitarbeit in Parteien bestehen weitere Möglichkeiten einer politischen Beteiligung, und zwar die problemorientierte Beteiligung, der zivile Ungehorsam und die politische Gewalt. Für diese drei Bereiche ist die Datenlage wesentlich schwächer. Die vorliegenden Untersuchungen befassen sich hauptsächlich mit Jugendlichen und jungen Erwachsenen bis 30 Jahre.

6.1. Problemorientierte Beteiligung

Die problemorientierte Beteiligung umfasst Aktivitäten wie die Mitarbeit in einer Bürgerinitiative, die Beteiligung an einer genehmigten Demonstration, einer Unterschriftensammlung oder das Verfassen von Briefen an Politiker.

Die bereits erwähnte Umfrage unter deutschen, italienischen und türkischen jungen Erwachsenen im Alter zwischen 18 und 30 Jahren ergab, dass insgesamt etwa 44% der Befragten bereits an einer Unterschriftensammlung teilgenommen haben, 8% einen Brief an einen Politiker geschrieben und sich ebenfalls 8% an einer Bürgerinitiative beteiligt haben. Dabei erfolgen die beiden erstgenannten Formen weitgehend geschlechtsneutral (Glatzer 2004: 61f., 84), wobei die generelle Bereitschaft, sich an Unterschriftensammlungen zu beteiligen, höher liegt als die bisher tatsächlich erfolgte Beteiligung (Glatzer 2004: 94). Deutsche schreiben ungefähr doppelt so häufig Briefe an Politiker als Türken und Italiener. Einbürgerung oder doppelte Staatsbürgerschaft führen aber auch in diesem Fall zu einer Annäherung des Beteiligungsverhaltens an die deutsche Bevölkerung (Glatzer 2004: 63).

In Bürgerinitiativen sind die jungen Erwachsenen mit ausländischer Herkunft mit ungefähr 7% etwas seltener vertreten als die jungen Deutschen mit etwa 10% (Glatzer 2004: 62). In diesem Fall weist Glatzer auf den interessanten Befund hin, dass türkische Frauen geringfügig häufiger partizipieren als gleichaltrige türkische Männer (Glatzer 2004: 84).

6.2. Beteiligung in Gewerkschaften und Berufsverbänden

Auch die Beteiligung von Migranten in Gewerkschaften und Berufsverbänden ist unter die problemorientierte Partizipation zu fassen. Als wichtiger Bestandteil dieser Kategorie erhält sie ein eigenes Kapitel. Sie ist insofern ein Sonderfall, als Migranten hier, anders als bei der Wahlteilnahme und bei der Parteimitgliedschaft, über volle Partizipationsrechte verfügen. In diesem Bereich nähern sich die Partizipationsraten der Zuwanderer denen der Deutschen an. Migranten aus dem ehemaligen Jugoslawien und auch Spanier weisen mit 26% bzw. 24,6% gar höhere Partizipationsquoten auf als die Deutschen mit 21,7%. Der Anteil der Türken liegt demgegenüber bei 19,6%. Die Tatsache, dass besonders Migranten, die angeben, sich in Deutschland zurechtzufinden, häufig Gewerkschaftsmitglieder sind, verwundert nicht, denn diese Gruppe verfügt über eine vergleichsweise bessere Kenntnis sowohl der deutschen Sprache als auch der politischen Institutionen (Diehl/Urbahn 1998: 41f., 44). Jedoch üben auch überproportional viele Migranten Berufe aus, die eine Gewerkschaftsmitgliedschaft ermöglichen und nahe legen.

Eine Untersuchung der Häufigkeit der Gewerkschaftsmitgliedschaft unter Eingebürgerten hatte zum Ergebnis, dass etwa 25% aller Eingebürgerten Gewerkschaftsmitglieder sind. Die Einzelwerte betragen 35% bei den gebürtigen Türken, 32% bei den gebürtigen Polen, 28% bei den gebürtigen Rumänen und 17% bei den Spätaussiedlern aus der ehemaligen Sowjetunion (Wüst 2003: 33). Der geringe Wert der Spätaussiedler korreliert mit den bereits dargestellten niedrigen Werten des politischen Interesses.

Tabelle 13: Gewerkschaftsmitglieder 2001/2002 (in Prozent)

	Gebürtige Deutsche	*Eingebürgerte gesamt*	*Eingebürgerte ehem. SU*	*Eingebürgerte Türkei*	*Eingebürgerte Polen*	*Eingebürgerte Rumänien*
Gewerkschaftsmitgliedschaft	25	25	17	35	32	28

Quelle: Wüst 2003: 34.

Unter den jungen Erwachsenen zwischen 18 und 30 Jahren zeigt sich, dass es nach den Sportvereinen die Gewerkschaften sind, in denen sie besonders häufig Mitglied sind. Dabei organisieren sich die jungen Erwachsenen türkischer Herkunft (ca. 16%) sogar etwas häufiger gewerkschaftlich als die gleichaltrigen Italiener (ca. 14%) und die Deutschen (ca. 12%). Auch junge Erwachsene mit binationalem Kontext (ca. 17%) oder mit doppelter Staatsangehörigkeit (ca. 16%) zeigen eine überdurchschnittlich ausgeprägte Gewerkschaftsmitgliedschaft (Glatzer 2004: 50).

Eine weitere Befragung von jungen Erwachsenen, hier zwischen 16 und 29 Jahren, kommt zu ähnlichen Ergebnissen. Die Zahlen liegen auf Grund des geringeren Alters der Befragten insgesamt niedriger. Der Befund, dass Männer häufiger als Frauen Mitglieder sind, bestätigt bekannte Muster.

Tabelle 14: Gewerkschaftsmitglieder 2001/2002 (in %)

	Frauen (16–29)	*Männer (16–29)*
Westdeutsche	4	7
Ostdeutsche	3	10
Türken	6	19
Griechen	10	16
Italiener	11	13

Quelle: Weidacher 2000: 102.

Die Untersuchung der 18–30-Jährigen ergab zudem, dass etwa 11% der jungen Türken, etwa je 12% der jungen Italiener und der jungen Deutschen sowie etwa 20% der jungen Erwachsenen mit binationalem Kontext oder mit doppelter Staatsbürgerschaft an gewerkschaftlich beschlossenen Streiks teilgenommen haben, wobei der Durchschnittswert 13% beträgt. Eine generelle Bereitschaft zur Teilnahme zeigen durchgängig zwischen 42% und 53% der Befragten. Sowohl hinsichtlich der Mitgliedschaft als auch in Bezug auf die Durchsetzung gewerkschaftlicher Interessen sind die Beschäftigten ausländischer Herkunft demzufolge als Stütze der Gewerkschaften zu betrachten (Glatzer 2004: 60f, 92).

6.3. Ziviler Ungehorsam

Zur Kategorie des zivilen Ungehorsams gehört die Teilnahme an nicht genehmigten Demonstrationen, Hausbesetzungen oder wilden Streiks. In der Gruppe der jungen Erwachsenen beteiligen sich junge Deutsche, Personen mit binationalem Kontext oder mit doppelter Staatsbürgerschaft sowie Eingebürgerte etwa gleich häufig an Demonstrationen, während die Werte der jungen Türken und Italiener darunter liegen. Im Großen und Ganzen ergibt sich jedoch das Bild einer ähnlichen Demonstrationsbeteiligung, wobei der Durchschnittswert der Stichprobe bei 32% liegt (Glatzer 2004: 60).

Wie schon bei der Bereitschaft zu Unterschriftensammlungen liegt auch die Bereitschaft für Demonstrationen höher als die tatsächliche Teilnahme. So ist es für 41% der Türken, 43% der Italiener, 52% der Deutschen, 42% der Personen mit binationalem Kontext, 57% der Personen mit doppelter Staatsangehörigkeit und für 48% der Eingebürgerten vorstellbar, sich einer Demonstration anzuschließen (Glatzer: 2004: 93).

Da die Datenlage für diese Kategorien insgesamt recht schmal ist, hilft ein Blick auf die allgemeine Übersicht der Partizipationsformen, die von 16–29-Jährigen bereits wahrgenommen wurden.

An nicht genehmigten Demonstrationen haben sich 3,1% der Italiener, 3,9% der Griechen, 4,5% der Türken, 14,6% der Ostdeutschen und 10,7% der Westdeutschen bereits beteiligt. Migranten sind folglich auch in diesem Bereich zurückhaltender. Dies gilt jedoch nicht für die Teilnahme an Streiks, die nicht von einer Gewerkschaft beschlossen wurden. Hieran haben 3,3% der befragten jungen Italiener, 4,5% der Griechen, 3,7% der Türken, aber nur 1,9% der Ostdeutschen und 2,3% der Westdeutschen teilgenommen (Weidacher 2000: 203).

Zusammengefasst sind die Arten politischer Partizipation, an denen sich die 16–29-Jährigen beteiligt haben, in Tabelle 15 abzulesen. Auffällig ist die recht hohe Zahl derer, die bisher überhaupt nicht partizipiert haben. Dieser Anteil liegt bei Migranten etwa um 20 Prozentpunkte höher als bei Deutschen.

Tabelle 15: Durchgeführte Partizipation der 16–29-Jährigen (in Prozent)

	keine Beteiligung	Briefe an Politiker	Parteieintritt	Politisches Amt	Unterschriftensammlung	Genehmigte Demo	Gewerkschaftlicher Streik	Bürgerinitiative	nicht genehmigte Demo	Sonstiger Streik	Boykott
Italiener	53	3	1	1	35	15	6	4	3	3	9
Griechen	44	4	1	1	42	19	7	7	4	5	11
Türken	55	3	1	1	28	16	6	4	5	4	7
Ostdeutsche	28	5	2	1	61	37	6	7	15	2	10
W.-Deutsche	27	10	5	3	59	39	7	9	11	2	16

Quelle: Weidacher 2000: 202f.

6.4. Politische Gewalt

Im Bereich der fünften Kategorie nach Uehlinger, der politischen Gewalt, ist die Datenlage am schlechtesten. So lässt sich lediglich feststellen, dass unter Eingebürgerten konfrontative Partizipationsformen seltener als erwartet genannt werden. Auffällig ist jedoch, dass Gewalt gegen Personen als konfrontativste Art vor allem von älteren Aussiedlern durchaus als Möglichkeit gesehen wird, für eine Sache zu kämpfen (Wüst 2000: 215).

7. Fazit und Ausblick

Eingebürgerte stehen alles in allem hinter der Demokratie in Deutschland, wenn dies auch für eingebürgerte Türken nicht im gleichen Maße wie für Aussiedler gilt. Dagegen zeigen sich eingebürgerte Türken, und darunter insbesondere in Deutschland Geborene, politisch weit interessierter und informierter als Aussiedler, mit Ausnahme der Rumäniendeutschen (Wüst 2002: 163).

Bei (noch) nicht eingebürgerten Migranten steigt das Interesse für Politik mit höherem Alter, höherem Bildungsabschluss, guten deutschen Sprachkenntnissen und einem hohen Integrationsgrad. Mit dem Interesse für Politik erhöht sich auch die Partizipation. Damit sind das fehlende Wahlrecht auf der einen Seite und die im Durchschnitt niedrigere formale Bildung Erklärungsfaktoren für die, im Vergleich zu Deutschen, geringere politische Beteiligung von Zuwanderern (Diehl/Urbahn 1998: 34ff.).

Unter Kontrolle der übrigen Variablen zeigt sich, dass das Interesse für Politik bei in Deutschland lebenden Spaniern und Griechen am geringsten ausgeprägt ist, während es zwischen Italienern, Türken und (Ex-)Jugoslawen kaum Unterschiede gibt. Die Differenzierung nach EU-Ausländern und übrigen Migranten kann bestehende Abweichungen nicht erklären (Diehl/Urbahn 1998: 34ff.), obwohl dies auf Grund des kommunalen Wahlrechts zu erwarten wäre.

Unter den jungen Erwachsenen ist der Anteil derer, die keinerlei politische Aktivität aufweisen, mit insgesamt etwa 40% auffallend hoch. Dies gilt für Frauen in noch stärkerem Maße als für Männer, wobei die Unterschiede zwischen den Frauen aus verschiedenen ethnischen Kontexten zum Teil markant sind (Glatzer 2004: 60, 84). Dennoch weisen ausländische und deutsche junge Erwachsene insgesamt nur geringe Unterschiede auf, die sich noch weiter verringern, wenn die Befragten mindestens über die Mittlere Reife verfügen (Weidacher 2000: 265).

„Partizipation kann dazu beitragen, gesellschaftliche Integration zu fördern und zu stabilisieren, jedoch können Nicht-Partizipation und extreme Partizipationsformen die integrativen Bindungen auch schwächen." (Glatzer 2004: 102). Insofern wäre es angesichts der Tatsache, dass Deutschland ein Einwanderungsland ist, sinnvoll, zum einen bestimmte Partizipationsrechte an einen breiteren Personenkreis zu vergeben, wie das als wichtig erachtete Wahlrecht. Zum anderen sollte die tatsächliche Partizipation seitens der Wissenschaft besser erforscht werden, um herauszufinden, auf welchem Weg Beteiligung und Demokratie gestärkt werden können. Weitere bestimmende Faktoren, wie insbesondere die Bildung – und hier legen die PISA-Ergebnisse ein Handeln ohnehin nahe – können und sollten über andere Politikfelder beeinflusst werden, um die Partizipation von Migranten über eine verbesserte formale Bildung zukünftig zu stärken.

Literatur

Amt für Stadtforschung und Statistik der Stadt Nürnberg (1997): Statistik aktuell. Monatsbericht Januar 1997. Wahl des Ausländerbeirats am 23.02.1997. Unter: http://www.statistik.nuernberg.de/stat_inf/mb/mb0197.htm, Zugriff am 12. Juli 2005.

Amt für Stadtforschung und Statistik der Stadt Nürnberg (2003): Statistik aktuell. Monatsbericht September 2003. Wahl des Ausländerbeirats am 19.10.2003. Unter: http://www.statistik.nuernberg.de/stat_inf/mb/mb200309.htm, Zugriff am 12. Juli 2005.

Beauftragte der Bundesregierung für Migration, Flüchtlinge und Integration (2005): Bericht der Beauftragten der Bundesregierung für Migration, Flüchtlinge und Integration über die Lage der Ausländerinnen und Ausländer in Deutschland. Unter: http://www.integrationsbeauftragte.de/download/LageberichtInternet.pdf, Zugriff am 24. August 2005.

Beauftragte der Bundesregierung für Migration, Flüchtlinge und Integration (2004): Daten – Fakten – Trends. Strukturdaten der ausländischen Bevölkerung. Unter: http://www.integrationsbeauftragte.de/download/Strukturdaten.pdf, Zugriff am 7. April 2005.

Diehl, Claudia (2002): Die Partizipation von Migranten in Deutschland. Rückzug oder Mobilisierung? Opladen: Leske + Budrich.

Diehl, Claudia/Urbahn, Julia (1998): Die soziale und politische Partizipation von Zuwanderern in der Bundesrepublik Deutschland. Erschienen bei: Forschungsinstitut der Friedrich-Ebert-Stiftung, Abteilung Arbeit und Sozialpolitik. Bonn.

Enquete-Kommission „Zukunft des Bürgerschaftlichen Engagements" (2002): Bericht der Enquete-Kommission „Zukunft des Bürgerschaftlichen Engagements". Bürgerschaftliches Engagement: auf dem Weg in eine zukunftsfähige Bürgergesellschaft. Bundestagsdrucksache 14/8900.

Ergi, Irfan (2000): Lebenssituation und politische Beteiligung von ArbeitsimmigrantInnen in der Bundesrepublik Deutschland. Möglichkeiten, Probleme und Formen, dargestellt am Beispiel von TürkInnen. Marburg: Tectum Verlag.

Glatzer, Wolfgang (2004): Integration und Partizipation junger Ausländer vor dem Hintergrund ethnischer und kultureller Identifikation. Ergebnisse des Integrationssurveys des BIB. Wiesbaden: Bundesinstitut für Bevölkerungsforschung.

Gille, Martina/Krüger, Winfried (2000): Die Bedeutung des Politischen bei jungen Migranten und jungen Deutschen. In: Gille, Martina/Krüger, Winfried (Hrsg.): Unzufriedene Demokraten. Politische Orientierungen der 16- bis 29jährigen im vereinigten Deutschland. Opladen: Leske + Budrich, S. 399–422.

Jungk, Sabine (2002): Politische und soziale Partizipation von Migrantinnen und Migranten und ihren Selbstorganisationen – Möglichkeiten der Mitwirkung, Inanspruchnahme und Chancen in Deutschland. Tagungsvortrag vom 18.11.2002 unter: http://www.lzz-nrw.de/docs/navend.pdf, Zugriff am 16. März 2005.

Kaase, Max (2003): Politische Beteiligung/Politische Partizipation. In: Andersen, Uwe/Woyke, Wichard (Hrsg.): Handwörterbuch des politischen Systems. Bonn: Bundeszentrale für politische Bildung, S. 495–500.

Kilicgedik, Mehmet (2001): Bielefeld. Politische Partizipation fängt auf der kommunalen Ebene an. In: Büttner, Christian/Meyer, Berthold (Hrsg.): Integration durch Partizipation. ‚Ausländische Mitbürger' in demokratischen Gesellschaften. Frankfurt/New York: Campus Verlag, S. 61–67.

Landesarbeitsgemeinschaft der kommunalen Migrantenvertretungen NRW: Wahlbeteiligung Ausländerbeirat. Unter: http://www.laga-nrw.on.spirito.de/xd/public/content/index._cGlkPTQ1_.html, Zugriff am 12. Juli 2005.

Landeshauptstadt Düsseldorf: Chronik Ausländerbeirat. Unter: http://www.duesseldorf.de/ausland/chronik_ab.shtml, Zugriff am 12. Juli 2005.

Leutheusser-Schnarrenberger, Sabine (2001): Zwischen Einbürgerung und politischer Partizipation ‚ausländischer Mitbürger'. Welchen Spielraum gewährt der demokratische Rechtsstaat in Deutschland? In: Büttner, Christian/Meyer, Berthold (Hrsg.): Integration durch Partizipation. ‚Ausländische Mitbürger' in demokratischen Gesellschaften. Frankfurt/New York: Campus Verlag, S. 31–43.

Netzwerk Migration in Europa e.V. (2005): Deutschland. Bereinigtes Ausländerzentralregister. Unter: http://www.migration-info.de/migration_und_bevoelkerung/archiv/ausgaben/ausgabe0505.htm, Zugriff am 24. August 2005 (hier S. 1).

Pfützenreuter, Wolf-Dieter (2001): Zwischen Konfliktverwaltung und Bemühungen um politische Partizipation. Das Beispiel Berlin. In: Büttner, Christian/Meyer, Berthold (Hrsg.): Integration durch Partizipation. ‚Ausländische Mitbürger' in demokratischen Gesellschaften. Frankfurt/New York: Campus Verlag, S. 50–60.

Santel, Bernhard (2002): Außen vor? Zur politischen Partizipation von Zuwanderern in Deutschland. In: Krüger-Potratz, Marianne/Reich, Hans/Santel, Bernhard (Hrsg.): Integration und Partizipation in der Einwanderungsgesellschaft. Beiträge der Akademie für Migration und Integration der Otto-Benecke-Stiftung, Heft 5, Osnabrück, S. 11–25. Unter: http://www.lzz-nrw.de/docs/ausen_vor.pdf, Zugriff am 23. März 2005 (hier S. 1–11).

Schmid-Eckhardt, Marianne (1985): Politische Partizipation von Ausländern. Problem: Ausländerbeiräte. Weinheim und Basel: Beltz Verlag.

Statistisches Bundesamt (2005): Datenreport 2004. Zahlen und Fakten über die Bundesrepublik Deutschland. Zweite, aktualisierte Auflage. Bonn: Bundeszentrale für politische Bildung.

Statistisches Bundesamt (2005b): Über 30% der Ausländer stammen aus der EU. Pressemitteilung vom 2. Mai 2005.

Weidacher, Alois (2000): In Deutschland zu Hause. Politische Orientierungen griechischer, italienischer, türkischer und deutscher junger Erwachsener im Vergleich. Opladen: Leske + Budrich.

Wüst, Andreas M. (2002): Wie wählen Neubürger? Politische Einstellungen und Wahlverhalten eingebürgerter Personen in Deutschland. Opladen: Leske + Budrich.

Wüst, Andreas M. (2003): Das Wahlverhalten eingebürgerter Personen in Deutschland. In: Aus Politik und Zeitgeschichte B 52, S. 29–38.

V. Perspektiven

Kapitel 12

Mehr Partizipation via Internet?

Theoretische Erwartungen und empirische Befunde

Beate Hoecker

1. Einleitung

Der Siegeszug des Internet scheint unaufhaltsam. Nach mehr als zehn Jahren Präsenz auf dem Medienmarkt ist das digitale „Netz der Netze" heute für viele Menschen selbstverständlicher Bestandteil des Alltags. Nachrichten werden per E-Mail verschickt und empfangen, Bankgeschäfte online erledigt, und auch das E-Shopping erfreut sich großer Beliebtheit. Nicht zuletzt aber hat sich das Internet inzwischen einen nahezu gleichberechtigten Platz neben den „alten" Medien – Presse, Hörfunk und Fernsehen – erkämpft; ja, es scheint ihnen auf Grund seiner Multimedialität und Interaktivität sogar überlegen.

Die Frage nach den gesellschaftlichen und politischen Konsequenzen dieses rasanten technologischen Entwicklungsprozesses beschäftigt seit längerem auch die Politikwissenschaft und stellt sich hier vorrangig als Frage nach den Folgen der computervermittelten Kommunikation für die Demokratie. Wie wirkt sich das neue Medium auf unser repräsentatives System aus? Kann es den Kommunikationsfluss zwischen Institutionen, Bürgern/Bürgerinnen, Parteien und Interessengruppen verbessern? Wird das Internet bestehende Beschränkungen im politischen Meinungs- und Willensbildungsprozess aufheben oder ihnen zumindest entgegenwirken? Wird es die politische Beteiligung der Bürgerschaft fördern, mehr direkte Demokratie ermöglichen? Oder bedeutet das Internet im Gegenteil eine Gefahr für die Demokratie, zum Beispiel durch die Verbreitung extremer politischer Inhalte? Muss vielleicht ein „elektronischer Populismus" befürchtet werden, der sich auf Informationsdominanz und einseitige Informationen stützt?

Die Antworten fallen – in Abhängigkeit vom jeweiligen demokratietheoretischen Standpunkt – höchst unterschiedlich aus und reichen von enthusiastischen bis hin zu eher skeptischen bzw. warnenden Einschätzungen (Barber 1984; Hague/Loader 1999; Wilhelm 2000). Zwei konkurrierende Thesen lassen sich hier in der politikwissenschaftlichen Diskussion unterscheiden, und zwar die *Mobilisierungsthese* und die *Reinforcementthese* (Verstärkungsthese).

Die *Mobilisierungsthese* geht davon aus, dass die neue Informations- und Kommunikationstechnik „bisher politikferne Gesellschaftsgruppen zur Teilhabe an der Politik anregt" (Wagner 2004: 120). Folglich steige die Zahl der Bürger, die sich mit Politik befassen. Darüber hinaus würden sich zugleich neue Formen eines basisdemokratischen politischen Aktionismus' im Netz entwickeln. Dieser „Netzaktivismus werde sich zu einem eigenen, neuen Typ politischer Partizipation entwickeln, der sich von den traditionellen Typen wie Parteiarbeit, Bürgerinitiative oder Lobbyismus klar unterscheidet: Die institutionellen Barrieren für Bürgerbeteiligung fallen weg, die finanziellen Hürden sind viel geringer, und die Möglichkeiten der Gruppendynamik, des Informationsaustauschs und der sachorientierten politischen Debatte sind ungleich größer" (Siedschlag/Rogg/Welzel 2002: 37).

Im Gegensatz dazu postuliert die *Reinforcementthese* eine Verstärkung bestehender politischer Strukturen und Motivationen, denn eine neue Technik allein generiere noch kein politisches Interesse. „Just because more information about our politics is available does not mean that many people will be interested in receiving that information" (Arterton 1987: 31). Da zudem ein spezifisches Orientierungswissen notwendig ist, um die Relevanz und Glaubwürdigkeit der Informationen im Netz beurteilen zu können, gelte folglich: „Wer schon überdurchschnittlich gut sozial vernetzt, politisch motiviert und aktiv ist, schöpft auch die neuen Möglichkeiten des Internets aus; wer es aber nicht ist, wird es auch durch das Internet nicht." (Siedschlag/Rogg/Welzel 2002: 38)

Im Folgenden soll für drei zentrale Bereiche (Parteien, Wahlen, Kampagnen) die Relevanz dieser beiden Thesen anhand empirischer Befunde untersucht werden. Prüffrage ist dabei jeweils, ob das Internet politische Partizipation tatsächlich fördert, also mehr Menschen zu einer Beteiligung am politischen Entscheidungsprozess motiviert und somit letztlich zu mehr politischer Gleichheit beiträgt. Zuvor jedoch ist es sinnvoll, einen generellen Blick auf die Gruppe der Onliner zu werfen, insbesondere ihre zahlenmäßige Entwicklung, die soziodemographische Struktur sowie die Nutzungsmuster. Wer also ist im Netz, und welchen Inhalten gilt das vorrangige Interesse? Die seit 1997 jährlich durchgeführten repräsentativen ARD/ZDF-Online-Studien geben hierüber Auskunft.[1]

---

1 Auch die Forschungsgruppe Wahlen erhebt regelmäßig Strukturdaten zur Internet-Nutzung (www.forschungsgruppe.de). Der (N)Onliner Atlas 2005 ist demgegenüber eine gemeinsame Untersuchung der Initiative D21 und TNS Infratest (www.nonliner-atlas.de). Aufgrund zum Teil unterschiedlicher methodischer Zugänge sind die jeweiligen Ergebnisse jedoch nicht immer untereinander vergleichbar.

2. Onliner: Umfang, soziodemographisches Profil und Nutzungsmuster

Grundbedingung für ein Surfen auf dem *information highway* ist zunächst der Zugang zu einem Netzanschluss. Waren 1997 erst 4,1 Millionen Bundesbürger/innen im Netz, so erhöhte sich ihre Zahl bis 2005 auf immerhin 37,5 Millionen. Der prozentuale Anteil der Internetnutzer innerhalb der bundesdeutschen Bevölkerung ab 14 Jahren stieg damit von 6,5 auf beachtliche 57,9 Prozent (van Eimeren/Frees 2005: 363). Somit sind die Onliner inzwischen klar in der Mehrheit (vgl. Tabelle 1). Gleichwohl hat sich das Wachstum auf dem Internetsektor zuletzt deutlich abgeschwächt und lässt auch für die Zukunft geringere Steigerungsraten erwarten. Nach neuesten Schätzungen dürfte sich der Anteil der Internetnutzer bis 2010 aber zumindest bei etwa 70 Prozent der Bevölkerung ab 14 Jahren einpendeln (ebd.: 378); die „digitale Kluft" fällt damit erfreulicherweise deutlich geringer aus als noch vor kurzem prognostiziert.[2]

Tabelle 1: Entwicklung der Onlinenutzung in Deutschland (1997, 2001, 2005)*

	1997	*2001*	*2005*
Gesamt			
in Millionen	4,1	24,8	37,5
in %	6,5	38,8	57,9
Männer			
in Millionen	3,0	14,7	20,9
in %	10,0	48,3	67,5
Frauen			
in Millionen	1,1	10,1	16,5
in %	3,3	30,1	49,1

** Personen ab 14 Jahren; gelegentliche Onlinenutzung*

Quelle: Zusammengestellt nach van Eimeren/Frees 2005: 363f

Betrachtet man das soziodemographische Profil der Internetnutzer, so zeigt sich, dass der Anteil der Frauen nach wie vor unter dem der Männer liegt (49,1% zu 67,5%). Trotz hoher Steigerungsraten unter den Frauen ist der Ab-

2 Vor wenigen Jahren ging man noch davon aus, dass mittelfristig nur etwa die Hälfte der Bevölkerung das Internet nutzen würde. Jüngste Zuwächse gerade in den internetfernen „Randgruppen" der Älteren und Nicht-Berufstätigen haben diese Vorstellung jedoch korrigiert. Vgl. van Eimeren/Gerhard/Frees 2001: 393 sowie van Eimeren/Frees 2005: 365f.

stand zu den Männern seit 2001 nahezu unverändert geblieben (vgl. Tabelle 1). Nach Auffassung der Autorinnen der ARD/ZDF-Online-Studie 2005 geht dieser Unterschied „maßgeblich auf die älteren Frauen zurück, die dem neuen Medium deutlich zurückhaltender gegenüberstehen als ihre männlichen Altersgenossen. Ihre oftmals fehlende berufliche Biografie dürfte hier ein wesentlicher Grund sein" (van Eimeren/Frees 2005: 364f). Bei den bis 39-jährigen Frauen dagegen „liegen die weiblichen Surfer gleichauf mit den männlichen Vertretern ihrer Generation" (ebd.: 365).

Die Differenzierung nach dem Alter zeigt denn auch insgesamt, dass junge Menschen das Internet wesentlich intensiver nutzen als ältere (vgl. Tabelle 2). Dennoch zählt auch von den 50–59-Jährigen zwischenzeitlich über die Hälfte (56,5%) zu den mehr oder weniger regelmäßigen Internetanwendern. Eine klare Minderheit sind demgegenüber nach wie vor die ab 60-Jährigen (18,4%). Entsprechendes gilt für die Rentner und Nicht-Berufstätigen, die nur zu gut einem Viertel das Internet nutzen. Gleichwohl sind für diese eher internetfernen Gruppen der Älteren und Nicht-Berufstätigen im Jahr 2005 die größten Zuwächse zu verzeichnen. Der Grund dafür dürfte darin liegen, „dass das Internet in den letzten Jahren den Nimbus des schwer erlernbaren, komplizierten und teuren Mediums verloren hat" (ebd.).

Tabelle 2: Internetnutzung nach Alter und Berufstätigkeit (1997, 2001, 2005)*

	1997	*2001*	*2005*
Alter			
14–19 Jahre	6,3	67,4	95,7
20–29 Jahre	13,0	65,5	85,3
30–39 Jahre	12,4	50,3	79,9
40–49 Jahre	7,7	49,3	71,0
50–59 Jahre	3,0	32,2	56,5
60 Jahre und älter	0,2	8,1	18,4
Berufstätigkeit			
in Ausbildung	15,1	79,4	97,4
Berufstätig	9,1	48,4	77,1
Rentner/nicht berufstätig	0,5	14,5	26,3

* *Personen ab 14 Jahren; gelegentliche Onlinenutzung*

Quelle: Zusammengestellt nach van Eimeren/Frees 2005: 363f

Dies trifft auch für die formal niedrigeren Bildungsgruppen zu. Immerhin 38,5% derjenigen, die lediglich über einen Haupt- oder Volksschulabschluss verfügen, nutzen das Internet zumindest gelegentlich. Gleichfalls hohe Steigerungsraten finden sich in den mittleren Bildungsgruppen; hier stieg der Anteil der Onliner von 45,4% im Jahr 2001 auf 71% im Jahr 2005 (vgl. Tabelle 3).

Angesichts dieser jüngsten Entwicklungen erscheint es durchaus berechtigt, von einer „Demokratisierung" des Netzes zu sprechen (vgl. ebd.: 365). Zwar ist die Teilnahme bzw. Nichtteilnahme am Internet weiterhin abhängig von den klassischen Faktoren Geschlecht, Alter, formale Bildung und Berufstätigkeit, gleichwohl haben sich die jeweiligen Einflüsse in den letzten vier Jahren erkennbar abgeschwächt. Das soziodemographische Profil der Onliner nähert sich damit zunehmend der Gesamtbevölkerung an.[3]

Tabelle 3: Entwicklung der Onlinenutzung nach formaler Schulbildung 2002–2005

	2002	*2003*	*2004*	*2005*
Volksschule	23,6	32,4	36,1	38,5
weiterführende Schule	55,0	66,4	67,7	71,0
Abitur	76,4	86,2	87,4	84,8
Studium	79,3	78,7	79,4	83,1

Quelle: van Eimeren/Frees 2005: 365

Die Frage, wie die Nutzer mit dem Internet umgehen, zeigt ein sehr differenziertes Bild, denn *den* Internetnutzer gibt es nicht.[4] Neben den Anwendungsbereichen Information und Kommunikation dient das Netz zunehmend auch als Shoppingcenter und Unterhaltungsbörse. Eine Aufstellung der häufig bzw. gelegentlich genutzten Onlineinhalte ergibt der ARD/ZDF-Studie zufolge für 2005 folgende Reihenfolge: Knapp die Hälfte der Onliner nutzt das Netz, um aktuelle Nachrichten abzurufen (47%). Auf jeweils gut zwei Fünftel kommen Informationen aus Wissenschaft, Forschung und Bildung; Freizeitinformationen/Veranstaltungstipps sowie aktuelle Serviceinformationen (Wetter/Verkehr). Ein Drittel der Anwender ruft Verbraucher- und Ratgeberinformationen sowie Informationen aus dem Kulturbereich auf. Für Sportinformationen interessieren sich 29 Prozent, für Informationen zu Wirtschaft und Börse knapp ein Viertel, und Unterhaltungsangebote (Comedy/Spiele) kommen auf 10 Prozent (vgl. van Eimeren/Frees 2005: 369). Unter den Onlineanwendungen dominiert

3 Diese Ergebnisse werden in der Tendenz auch durch den (N)Onliner Atlas 2005 und die Forschungsgruppe Wahlen bestätigt (vgl. Anmerkung 1).

4 Oehmichen und Schröter (2005) unterscheiden sechs Online-Nutzertypen, für die divergierende Herangehensweisen an das Netz typisch sind: Randnutzer (30%), Selektivnutzer (19%), Junge Flaneure (12%), Routinierte Infonutzer (17%), E-Consumer (16%) und Junge Hyperaktive (7%).

nach wie vor das Versenden/Empfangen von E-Mails (78%), während die Beteiligung an Gesprächsforen, Newsgroups und Chats lediglich auf 16 Prozent kommt (vgl. ebd.: 371).

Inwiefern die Nutzer – abgesehen von den Nachrichten – gezielt *politische* Informationen suchen bzw. sich an *politischer* Kommunikation im Netz beteiligen, geht aus der ARD/ZDF-Online Studie von 2005 leider nicht hervor. Zu vermuten ist jedoch, dass den spezifisch politischen Inhalten nicht gerade das Primärinteresse der Anwender gilt; 2001 zumindest standen politische Themen lediglich auf dem neunten und damit vorletzten Platz der zehn wöchentlich am meisten genutzten Anwendungen (van Eimeren/Gerhard/Frees 2001: 387).

3. E-Partizipation in ausgewählten Bereichen

3.1 Parteien und virtuelle Beteiligung

Im politischen System der Bundesrepublik nehmen die Parteien eine zentrale Stellung ein. Nach §1 des Parteiengesetzes wirken sie an der „Bildung des politischen Willens des Volkes auf allen Gebieten" mit und sollen als intermediäre Organisationen u. a. für eine „lebendige Verbindung" zwischen dem Volk und den Staatsorganen sorgen. In der Bereitstellung von Beteiligungsangeboten liegt somit eine wichtige Funktion der Parteien, doch die Erfüllung dieser Partizipationsfunktion bereitet den Parteien seit längerem gravierende Probleme:[5]

> „*Erstens* haben fast alle Parteien mit einem stetigen Mitgliederrückgang zu kämpfen, *zweitens* ist eine deutliche Überalterung der Mitgliedschaften festzustellen, und *drittens* weist die innerparteiliche Partizipation in den klassischen Bahnen erhebliche Defizite auf." (Kießling 2001: 29)

Angesichts dieser Situation haben die Parteien die Chancen einer computergestützten Kommunikation und Partizipation für ihre eigene Revitalisierung frühzeitig erkannt und entsprechende Maßnahmen ergriffen. Hinsichtlich der digitalen Außenkommunikation richten sich die Erwartungen dabei ganz allgemein auf eine effektivere Ansprache der Bürger und Bürgerinnen als potenzielle Unterstützer und Wähler. Für die Binnenkommunikation wird demgegenüber eine quantitative Erweiterung sowie qualitative Vertiefung der Mitgliederpartizipation erhofft (Wiesendahl 2002; Harth 2001). Inwiefern die Online-Angebote der Parteien aus politikwissenschaftlicher Sicht tatsächlich

---

5 Siehe hierzu auch den Beitrag von Elmar Wiesendahl in diesem Buch.

zu mehr Partizipation führen, soll anhand aktueller Forschungsergebnisse im Folgenden aufgezeigt werden.

3.1.1 Nach außen gerichtete Online-Angebote der Parteien

Mitte der 1990er Jahre eröffneten die großen Parteien ihre virtuellen Parteizentralen[6], die anfangs allerdings „kaum mehr als digitale Wiedergänger längst bekannter Glanzpapierwerbung waren" (Bieber 1999: 102). Nach einer längeren Experimentierphase folgten dann kontinuierliche Verbesserungen, und inzwischen können die virtuellen Parteizentralen als voll ausgebaute Web-Portale gelten, die in unterschiedlichen Dimensionen ein vielfältiges Angebot bereit stellen. In der Dimension der *Marketing-Kommunikation* finden sich Informations- und Werbematerialen. Die Kategorie *Inhaltsvermittlung* umfasst u.a. politische Standpunkte in aktuellen Debatten, Presseerklärungen sowie Archive und Downloads. Und in der Dimension der *virtuellen Gemeinschaften* schließlich werden Diskussionsforen sowie Chats mit Politikern angeboten, wobei der Interaktionswert in dieser Rubrik eindeutig am höchsten ausfällt (vgl. Rogg 2003: 99). Spezielle Internetredaktionen betreuen die virtuellen Parteizentralen und bilden zugleich die Schnittstelle zwischen den ‚Offline-Zentralen' und dem Online-Content. Insofern kommt ihnen eine zentrale Bedeutung zu, denn ihre Funktions- und Leistungsfähigkeit ist mitentscheidend dafür, ob die konkreten Inhalte der Online-Kommunikation tatsächlich eingespeist werden in den tradierten politischen Willensbildungs- und Entscheidungsprozess innerhalb der Parteigremien.

Im Hinblick auf die Wahrnehmung der Angebote der Parteien im Netz ist im Zeitverlauf eine erhebliche Steigerung zu verzeichnen. Noch Ende der 1990er Jahre stellten Lutz Hagen und Klaus Kamps fest:

> „Die Vermutung, Internet und kommerzielle Online-Dienste könnten dazu beitragen, dass Bürger in größerem Umfang direkt auf Informationsangebote – etwa von Behörden oder Parteien – zugreifen, bestätigt sich ... bislang nicht." (Hagen/Kamps 1999: 222)

Inzwischen jedoch gehen die monatlichen Web-Seitenzugriffe in die Millionen (vgl. Hoecker 2002: 39; Wiesendahl 2002: 379). Auch wenn die Zahl der Zugriffe allein noch nichts über die Intensität der Nutzung aussagt, so dokumentiert sich hier doch ein bemerkenswertes Interesse an politischer Information. Zwar spricht einiges dafür, dass es sich bei diesen Personen vorrangig um „ohnehin politisch Interessierte bzw. die aktive Parteibasis und Journalisten" (Bilgeri/Lamatsch/Siedschlag 2002: 20) handelt, aber erst weitere empirische Untersuchungen werden zu gesicherten Erkenntnissen führen.

---

6 SPD, CDU und FDP gingen Mitte bzw. Ende 1995 an das Netz, die Grünen folgten Ende 1996 und die FDP im Frühjahr 1998. Vgl. Bieber 1999: 100.

Unter dem hier im Mittelpunkt stehenden Gesichtspunkt der E-Partizipation sind allerdings nicht die Informationsangebote der Parteien, sondern vielmehr ihre *interaktiven Kommunikationsangebote* relevant, denn nur diese erlauben eine zielgerichtete Beeinflussung des politischen Entscheidungsprozesses. Ebenso wie für die Offline-Partizipation gilt nämlich auch für die E-Partizipation, dass „die Angebote im Netz die Möglichkeit der Einflussnahme auf die Entscheidungsträger in Politik und Verwaltung bieten" müssen (Gabriel/Mößner 2002: 215). Dieses Kriterium aber erfüllen die internetgestützten Beteiligungsofferten der Parteien in der Praxis bislang höchstens ansatzweise, wie Untersuchungsergebnisse insbesondere zu den Online-Diskussionsforen der Parteien zeigen. Zwar ist das Interesse an den durchweg moderierten, öffentlichen Diskussionsforen durchaus hoch (vgl. Rogg 2003: 105ff), doch die Effekte ihrer Kommunikation sind für die Teilnehmenden kaum ersichtlich. Mit Blick auf die Foren der Bundestagsparteien stellt Arne Rogg fest, „dass die Mehrzahl der Foren zwar redaktionell begleitet, aber nicht wirklich ausgewertet wird und dass selbst dort, wo diese Auswertung stattfindet, sie nicht in die Foren zurück vermittelt wird" (Rogg 2001: 37).

Diese Beobachtung verweist auf das generelle Problem, wie sich die virtuelle Kommunikation in das reale institutionelle Gebäude der repräsentativen Parteiendemokratie einfügen lässt. Auch wenn nach Angaben der Internetredaktionen interessante Beiträge und Anregungen durchaus an entsprechende Personen in der Partei weitergeleitet werden, so hat allein die SPD diesen Informationsfluss bislang institutionalisiert: An der täglichen Lagebesprechung in der Parteizentrale nimmt hier stets auch ein Mitglied der Online-Redaktion teil und kann über aktuelle Themen und Trends Auskunft geben (Rogg 2003: 103).

Angesichts dieser Situation fällt das Fazit von Arne Rogg zu den Online-Foren und auch Chats folglich recht ernüchternd aus:

> „Obwohl die Foren der Parteien ... zu den interaktiven Kernbestandteilen der virtuellen Parteizentralen gehören, liegt ihr hauptsächlicher Nutzen für die Parteien derzeit immer noch im Marketingbereich, da die Tatsache, dass es ein Forum und auch einen Chat gibt, wichtiger zu sein scheint als die Einbindung in den politischen Prozess." (ebd.: 111)

Noch deutlicher urteilt Elmar Wiesendahl, wenn er feststellt:

> „Interaktive Diskussionsforen oder auch Chats können solange nicht den Eindruck des gehobenen virtuellen Stammtischpalavers abstreifen, wie der tatsächlich davon ausgehende Entscheidungseinfluss gegen Null tendiert." (Wiesendahl 2002: 384)

Entsprechendes gilt auch für die Kommunikation der Parteien speziell in Wahlkämpfen. Gellner und Strohmeier konstatieren hier:

> „Im Rahmen der Wahlkampfkommunikation können ... über Newsgroups, E-Mails und auch Chats immerhin Statements, Anregungen und Fragen von den Nutzern zur Partei

> transportiert werden. Grundsätzlich ist die traditionelle Einbahnstraßenkommunikation zur Überzeugung der potenziellen Wählerschaft für Parteien im Wahlkampf jedoch weitaus bedeutsamer als die Entgegennahme von irgendwelchen Botschaften bzw. die Beantwortung von individuellen Fragen aus der Nutzerschaft. ... Theoretisch besteht selbstverständlich die Möglichkeit der Erhöhung von Partizipationschancen. Fraglich ist jedoch, inwiefern es Internet-Nutzern tatsächlich ermöglicht wird, am politischen Geschehen zu partizipieren und über die von dem Wahlkampfmanagement zugedachte Rolle des ‚Stimmviehs' hinauszuwachsen." (Gellner/Strohmeier 2002: 192)

Hinsichtlich der Kandidaten-Chats gilt – wie auch für die Foren –, dass sie in der Regel moderiert werden. Das theoretische Prinzip einer gleichberechtigten Kommunikation ist damit in der Praxis nicht gegeben:

> „Jeder kann sich zwar äußern, aber nicht jeder kommt zu Wort. ... Der Moderator wählt aus, was vom gepflegten und gehegten Kandidaten beantwortet wird und anschließend auf die Bildschirme flattert." (Wachter 2002: 31)

Insofern kann von einem offenen und kritischen Diskurs zwischen Wählern und politischen Akteuren keine Rede sein. Auch andere Untersuchungen konstatieren eine insgesamt nur geringe Bereitschaft der politischen Akteure zu einer zweiseitigen und weniger asymmetrischen Kommunikation; ihr Umgang mit der Online-Kommunikation diene vielmehr in erster Linie der eigenen Öffentlichkeitsdarstellung (Kleinsteuber 1999; Rogg 2001). Das interaktive Potenzial zur Intensivierung der Repräsentationsbeziehung zwischen Wählern und Gewählten bleibt somit (noch) weitgehend ungenutzt.

Gleichwohl besteht durchaus die Chance, die derzeit eher folgenlose E-Partizipation in eine effektive Beteiligung umzuwandeln und das interaktive Potenzial zukünftig stärker auszuschöpfen. So schlägt Rogg vor:

> „Um der Partizipation tatsächlich eine *politische* Bedeutung zu geben, wäre es sinnvoll, beispielsweise ein Verfahren zum Initiieren von Anträgen oder Referenden vorzusehen, die dann bei einer breiten Unterstützung von ausgesuchten Parteigremien – etwa Parteitagen oder Ausschüssen – behandelt werden müssten." (Rogg 2003: 112)

Inwiefern die Parteien bereit sind, diese Anregungen umzusetzen, bleibt abzuwarten.

Ein aktives Engagement insbesondere in den Foren begnügt sich darüber hinaus nicht mit dem Lesen, sondern setzt mit dem Schreiben von Diskussionsbeiträgen ein. Eine herausgehobene Sprach- und Argumentationskompetenz zählt damit zur Ressourcenausstattung der Cyber-Aktivisten und begünstigt zweifelsohne Menschen, die über eine höhere formale Bildung verfügen bzw. schreibende oder redende Berufe ausüben (vgl. Wiesendahl 2002: 383). Empirische Befunde zur Sozialstruktur der Nutzer von Parteiforen bestätigen diesen Zusammenhang und zeigen „ein Übergewicht der besser (aus)gebildeten und ökonomisch besser gestellten männlichen Bevölkerungsteile" (Siedschlag/Rogg/Welzel 2002: 68). Von einer Stärkung der politischen Partizipationschancen der Bevölkerung insgesamt kann somit – zumindest derzeit – keine Rede sein.

3.1.2 Parteiinterne Online-Angebote

Neben der Kommunikation mit ihrer Umwelt setzen die Parteien das „Netz der Netze" auch im innerparteilichen Willensbildungs- und Entscheidungsprozess ein. Parteiinterne Mitgliedernetze, virtuelle Parteitage oder auch die Einrichtung von virtuellen Parteigruppierungen stehen für einen Wandel der parteiinternen Organisations- und Kommunikationsstruktur. Die Erwartungen an die neuen Formen der Binnenkommunikation lassen sich nach Leggewie so zusammenfassen:

- „Mitgliedschaft soll attraktiver werden, auch durch politikferne oder politikfreie Zusatzangebote,
- die Kommunikation zwischen Parteiführung und Mitgliedern soll effizienter, kostengünstiger und vor allem ohne Umweg über die Massenmedien laufen,
- die parteiinterne Beteiligung und Mobilisierung soll intensiviert werden,
- jüngere, stärker technikorientierte Mitglieder sollen rekrutiert werden."
(Leggewie 2002: 183; vgl. auch Marschall 2001)

Inwiefern sich diese recht hoch gesteckten Erwartungen bislang tatsächlich erfüllt haben, ist allerdings nur schwer einzuschätzen, denn die Forschung hat sich in erster Linie auf die internetgestützte Außendarstellung der Parteien konzentriert. Umfassende Kenntnisse über Ausmaß und konkreten Stellenwert der virtuellen Binnenkommunikation fehlen somit noch weitgehend (Wiesendahl 2006: 172).

Gleichwohl gibt es Hinweise darauf, dass Ausbau und Nutzung von Mitgliedernetzen in den Parteien nur schleppend vorankommen. Die internen Datennetze dienen in erster Linie der Informations- und Materialverteilung von oben an die Parteigliederungen, bieten aber auch Diskussionsforen und besondere Serviceangebote. So offeriert beispielsweise die interne Kommunikationsplattform der FDP (my.FDP) neben Informationen für die Parteiarbeit und Wahlkampf-Tipps auch parteiferne Zusatzangebote wie Sonderkonditionen bei Hotels, Vodafone und der privaten Krankenversicherung DKV oder auch ihre blau-gelben Seiten, wo Dienstleistungsangebote anderer FDP-Mitglieder abgerufen werden können (www.fdp-bundesvorstand.de).

Über die konkrete Nutzung der Binnenkommunikation ist nur wenig bekannt; nach Angaben der SPD liegt der Anteil der Nutzer ihres Partei-Intranets jedoch lediglich bei 10 Prozent der Mitglieder (Stand: Ende 2004) und ist damit noch sehr überschaubar (Wiesendahl 2006: 173; vgl. auch Marschall 2001). Bezieht man ausländische Erfahrungen mit ein (USA, Großbritannien oder auch Norwegen), dann zeichnet sich schon jetzt ab,

> „dass der Einsatz neuer Informationstechnologien die Effizienz der Parteiarbeit bisher eher in der Weise steigert, dass die Ortsvereine zentral versorgt und gesteuert werden,

als dass die idealtypisch gewünschte Aktivierung von unten nach oben befördert wird. Die interaktiven Potenziale des Netzes werden dabei wieder nur suboptimal genutzt, der – nicht eben massenhafte und selten enthusiastische – Input der Parteigliederungen ist zu schwach institutionalisiert und nicht ausreichend an die Entscheidungskommunikation der oberen und obersten Parteigremien angeschlossen.“ (Leggewie 2002: 184)

Ermutigender fallen demgegenüber erste Befragungsergebnisse aus, die darauf hinweisen, dass sich via Internet durchaus Neumitglieder rekrutieren lassen. Immerhin 53 Prozent der Neueintritte in die SPD sind nach einer Neumitgliederbefragung von 2004 (Polis 2004) online vollzogen worden. Diese Online-Rekrutierten zeichnen sich zudem durch ein besonderes Profil aus; so sind sie im Vergleich zu den offline eingetretenen Neumitgliedern nicht nur jünger, besser gebildet und ausgebildet sowie in ein großstädtisches Wohnfeld eingebunden, sondern sie zeigen zudem eine erkennbar stärkere Bereitschaft, aktiv zu sein und auch Ämter zu übernehmen. Das Netz scheint somit eine spezifische Gruppe politisch Interessierter anzusprechen, die auf „normalem“ Weg nicht unbedingt in die Partei eingetreten wären. Insofern könnte das Jungmitgliederdefizit, unter dem alle Parteien derzeit leiden, zukünftig etwas abgemildert werden.

Weitere Formen der digitalen Binnenkommunikation stellen die *virtuellen Parteitage* (Hebecker 2002) oder auch die *virtuellen Parteigliederungen*, wie beispielsweise der „Virtuelle Ortsverein“ (www.vov.de) der Sozialdemokratischen Partei oder der Internet-Landesverband der FDP (www.fdp-lv-net.de) dar. Beide Formen sind jedoch im Organisationsleben der Parteien bislang absolute Randerscheinungen ohne nennenswerte partizipative Effekte geblieben. Insofern ist dem Resümee von Wiesendahl zur Binnenkommunikation nur zuzustimmen:

„Eine quantitativ und qualitativ beachtenswerte Partizipationsausweitung und demokratische Stärkung der Parteimitglieder durch Onlinebinnenkommunikation ist gegenwärtig nirgendwo festzustellen.“ (Wiesendahl 2006: 174)

Die bisherigen empirischen Befunde lassen es zudem wenig wahrscheinlich erscheinen, dass sich die deutschen Parteien zu „Netzwerkparteien“ (Leggewie 2002) transformieren, die vorrangig im virtuellen Raum agieren. Anzunehmen ist vielmehr auch zukünftig ein Dualismus von traditioneller Mitgliederpartei und Online-Partei. Die Parteien stehen folglich vor der Herausforderung, für beide Formen verstärkt nach Mitteln und Wegen zu suchen, um ihrer Partizipationsfunktion gerecht zu werden.

3.2 Online-Wahlen und Abstimmungen

Befürworter einer elektronischen bzw. digitalen Demokratie wollen mit Hilfe des Internets nicht nur die Informationslage der Bevölkerung verbessern und politische Diskussionen anregen, sondern das Internet auch als Instrument für politische Entscheidungen nutzen und Wahlen zu den Volksvertretungen sowie Abstimmungen über politische Streitfragen durchführen. Auf diese Weise könne die Demokratie „direkter" und damit stärker werden. Eine solche Demokratie werde folglich wieder mehr Spaß machen; Politik- und Parteienverdrossenheit würden abgebaut und Beteiligung angeregt (Kleinsteuber/Hagen 1998; Bauer 2004).

So faszinierend dieses Bild einer digitalen Demokratie auch scheint, gibt es gleichwohl ernstzunehmende Bedenken. Diese beziehen sich zum einen auf wahltechnische Aspekte, zum anderen auf die unterstellte partizipationsfördernde Wirkung der neuen Medien. Ein computergestütztes Wahlverfahren kann nur dann zur Anwendung kommen, wenn es mindestens ebenso sicher ist wie die bisherige Wahlordnung, das heißt die Grundsätze der allgemeinen, gleichen, freien und geheimen Wahl müssen gewährleistet sein. Diese Bedingungen aber verursachen gegenwärtig noch Probleme, insbesondere was die Geheimhaltung der Wahlentscheidung angeht (Buchstein 2004). Gleichwohl dürften die technischen Voraussetzungen kein unlösbares Problem darstellen; entsprechende Test- und Pilotprojekte werden bereits in Deutschland wie in anderen Ländern durchgeführt.

Gewichtiger erscheint demgegenüber der Einwand, ob eine Wahl via Internet tatsächlich die Wahlbeteiligung steigern und damit dem zweifellos vorhandenen Trend einer kontinuierlich sinkenden Wahlbeteiligung entgegenwirken kann.[7] Gleiches gilt auch für die von den Verfechtern der digitalen Demokratie gewünschte Ausweitung der Abstimmungsangelegenheiten. Führen mehr Abstimmungen über politische Sachthemen zwangsläufig zu einer höheren Beteiligung der Bürger und Bürgerinnen am politischen Entscheidungsprozess?

Kritischen Stimmen zufolge beruht die These von den partizipationsfördernden Effekten der neuen Medien auf der falschen Annahme, dass die vorherige Nicht-Teilnahme vorrangig ein technisches Problem war (Donges/Jarren 1999). Aus der empirischen Partizipationsforschung ist dagegen bekannt, dass politische Partizipation zahlreichen Einflussfaktoren unterliegt. So spielen situative und motivationale Faktoren, aber auch subjektive Einstellungen aus dem Bereich der politischen Kultur eine wichtige Rolle. Neben diesen Einflussgrößen ist es jedoch zuallererst die individuelle Ressourcenausstattung, welche die Chancen für eine politische Mitwirkung massiv beeinflusst. Das von Sidney Verba und Norman Nie in den 1970er Jahren entwickelte

---

7 Zur Entwicklung der Wahlbeteiligung in Deutschland sowie den vielschichtigen Gründen einer Nicht-Teilnahme vgl. den Beitrag von Michael Eilfort in diesem Buch.

und nach wie vor gültige Standardmodell besagt: Je höher die Bildung und je qualifizierter der Beruf, desto größer ist die Chance für eine politische Partizipation (Verba/Nie 1972).

Vor dem Hintergrund dieser Ergebnisse erscheint es überaus fraglich, ob sich allein auf Grund einer neuen Technik gerade ressourcenschwache Bevölkerungsgruppen mobilisieren und in den politischen Prozess integrieren lassen. Solange die gesellschaftlichen Voraussetzungen hierfür fehlen, ist vielmehr auch im Netz eine Reproduktion, wenn nicht sogar eine Verschärfung der bisherigen Muster der politischen Beteiligung zu erwarten. So zeigte sich denn auch bei einem Pilotprojekt in Marburg, bei dem es sich um eine Wahlsimulation handelte, „dass politisch desinteressierte Bevölkerungsgruppen kaum zur Beteiligung motiviert werden konnten" (Kersting 2004: 21).

Interessant ist in diesem Kontext ein weiteres Forschungsergebnis, das – unabhängig vom E-Voting – einen Zusammenhang zwischen Internetnutzung und Wahlbeteiligung belegt. So fand Sandra Wagner in ihrer Analyse der Bestimmungsfaktoren der Wahlbeteiligung bei der Bundestagswahl 2002 Folgendes heraus:

> „Sowohl die Tatsache, dass jemand das Online-Medium nutzt, als auch die Auswahl politischer Seiten erweisen sich als signifikant. Dabei hat Letzteres erwartungsgemäß einen größeren Effekt auf die Wahlbeteiligung. Im Vergleich zu Alter, Parteiidentifikation, politischem Interesse und dem Kompetenzgefühl sind diese beiden Variablen für die Wahlbeteiligung aber von relativ geringer Bedeutung. Dennoch bleibt festzustellen: Von einem schwachen Mobilisierungseffekt durch das Internet kann tatsächlich gesprochen werden." (Wagner 2004: 136)

Da der Kreis politisch stark interessierter Internetnutzer innerhalb der Online-Gemeinde insgesamt jedoch recht klein ausfällt, ist eine signifikante Steigerung der Wahlbeteiligung kaum zu erwarten.

Die oben genannten Einwände gegen eine vorrangig technikdeterministische Sicht der politischen Partizipation gelten auch im Hinblick auf die von den Befürwortern einer direkten Demokratie gewünschte Ausweitung politischer Abstimmungen im Netz. Wer die repräsentative Demokratie in eine direktdemokratische transformieren will, muss nicht nur die demokratietheoretische Frage beantworten können, wie in einer komplexen, durch Spezialisierung und Ausdifferenzierung gekennzeichneten Demokratie eine anspruchsvolle und auf gesellschaftlichen Interessensausgleich bedachte Entscheidungsfindung gewährleistet werden kann, sondern er muss auch die vorausgesetzte hohe Partizipationsbereitschaft der Bürgerinnen und Bürger gut begründen können. Die bisherigen empirischen Ergebnisse jedenfalls sprechen eher gegen die These einer unendlichen politischen Beteiligungsbereitschaft der Bevölkerung.

3.3 Online-Kampagnen und Online-Protest

Nicht nur Parteien, Politiker und Regierungen haben das Internet für ihre Zwecke entdeckt, auch für die Organisation und Durchsetzung zivilgesellschaftlicher Interessen ist es mittlerweile zu einem wichtigen Bestandteil geworden. International agierende Nichtregierungsorganisation wie z.B. Amnesty International, Greenpeace oder auch das Anti-Globalisierungsbündnis Attac nutzen das neue Medium als öffentliches Forum, um auf ihre Anliegen aufmerksam zu machen. Aber auch für Anliegen in einem kleineren Maßstab, wie z.B. die Interessensvertretung durch Bürgerinitiativen, stellt das Internet eine geeignete Plattform dar. Dass es inzwischen eine unüberschaubare Vielzahl von Netzwerkorganisationen und virtuellen Gemeinschaften gibt, die zwischen globalen Aktionen und lokalem Handeln angesiedelt sind, hängt auch mit dem Vertrauensschwund der Bürger in die etablierten politischen Institutionen zusammen und hat den Trend zur Nutzung des Internets für zivilgesellschaftliche Interessen zweifellos zusätzlich befördert (Bieber 1999).

Online-Kampagnen stellen neue Formen des politischen Protestes dar bzw. dienen als Instrumente zur Verbreitung und Umsetzung politischer Forderungen. Ihr Ziel ist es folglich, Einfluss auf politische Entscheidungen oder die öffentliche Meinungsbildung zu nehmen. Fanden politische Kampagnen früher vorrangig auf der Strasse oder in den Printmedien statt, so bietet das Internet nunmehr neue, schnelle und preiswerte Möglichkeiten der Vernetzung und der Kampagnenarbeit. Oftmals werden eigene Web-Sites entwickelt, auf denen sich in der Regel Informationen zum Kampagnenthema finden, Material vertrieben wird (z.B. Flyer, Kampagnenlogo oder auch T-Shirts) und E-Mail-Unterschriftenlisten zur Verfügung gestellt werden. Ein neueres Beispiel hierfür stellt die Aktion „pro-information" (www.pro-information.de) aus dem Jahr 2005 dar, die u.a. von Transparency International – Deutsches Chapter e.V., politik-digital.de und Netzwerk Recherche e.V. gestartet wurde. Mit ihrer Unterschrift forderten dort die Bürgerinnen und Bürger den Deutschen Bundestag auf, ein neues Informationsfreiheitsgesetz zu erlassen – und hatten damit letztlich auch Erfolg.

Als ein besonders wirksames Mittel zur Protestbekundung gelten zudem reine E-Mail-Kampagnen, die nicht unbedingt in eine eigene Web-Site eingebunden sein müssen. Ein frühes Beispiel hierfür beschreibt Bieber:

> „Die 1995 vom französischen Staatspräsidenten Chirac angeordneten Atomtests vor dem Mururoa-Atoll können als erstes Ziel großangelegter ‚elektronischer Kettenbriefe' gesehen werden. Dabei sollten Teilnehmer solcher Aktionen ‚mit der eigenen Mail-Adresse einen Protestbrief an Chirac unterschreiben und die ganze Nachricht zurückschicken, sie aber auch an Bekannte weiterleiten' (Bulkare 1995). Diese Form der ‚urgent action' hat inzwischen weite Verbreitung gefunden und ist zum festen Bestandteil der meisten Online-Protestkampagnen geworden." (Bieber 1999: 167)

Neben reinen E-Mail-Kampagnen kommen aber auch andere, nicht immer legale Formen des Online-Protestes zur Anwendung. So werden beispielsweise virtuelle Sit-ins abgehalten, indem massenhafte Anfragen einen Server blockieren (Denial-of Service-Attacke); oder es werden Web-Seiten zeitweise unkenntlich gemacht (z.B. durch Schwärzen) und dadurch bestreikt oder schließlich Kampagnen-Seiten ins Netz gestellt, die Enthüllungen präsentieren, zum Boykott aufrufen und/oder Unterschriften sammeln (Siedschlag/RoggWelzel 2002; Bieber 1999). Zwischenzeitlich haben sich auch verschiedene Protestnetzwerke gebildet, wie z.B. www.protest.net oder www.indymedia.net, die als Anlaufstelle für die alternative Öffentlichkeit fungieren.

Darüber hinaus zeichnet sich der Trend ab, „dass die Online-Protestaktionen immer stärker mit klassischen Formen der Protestkommunikation verbunden werden und damit eine Vernetzung alter und neuer Strategien stattfindet" (Bieber 1999: 171). Dem Internet kommt dabei oftmals eine koordinierende Funktion für „reale" Protestaktionen zu (Rucht 2005).[8]

Vor diesem Hintergrund stellt sich nun die Frage, ob die neuen Formen der Online-Kampagnen mehr Menschen zu einer Beteiligung motivieren können. Bislang gibt es dafür allerdings kaum Belege, was angesichts der vorangegangenen Ausführungen zu den Determinanten einer politischen Beteiligung auch nicht verwunderlich ist. Nach Rucht liegt der Vorteil des Internets vor allem im beschleunigenden Effekt bei der Vernetzung schon aktionsbereiter Aktivisten; die Mobilisierung vieler neuer Aktivisten über das Internet dagegen trifft nach seinen Beobachtungen nicht zu:

> „Es gibt bislang keine belastbaren Befunde dazu, dass vom Internet eine starke mobilisierende Wirkung ausgeht. Vielmehr ist anzunehmen, dass die ohnehin bereits politisch interessierten und motivierten Aktivisten das Internet nutzen, um Informationen zu suchen und innerhalb ihrer Netzwerke für ihre Ziele und Aktivitäten zu werben. Der Kreis derer, der erst via Internet zur Partizipation ermuntert und ermutigt werden, dürfte sehr begrenzt sein." (Rucht 2005: 10)

Zudem gibt Rucht zu bedenken, dass Netzaktivitäten oftmals nicht besonders nachhaltig sind, was u.a. ihre Glaubwürdigkeit schmälert:

> „Protestaktionen, die ausschließlich im Internet ablaufen und den Beteiligten manchmal nur einen Klick mit der Maus abverlangen, sind – auch wenn es Millionen von Unterstützern geben sollte – nicht besonders eindrucksvoll im Vergleich zu einem Protest, der den Teilnehmern gewisse Opfer abverlangt und damit auch an Glaubwürdigkeit gewinnt. So gesehen kann sich ein Hauptvorteil des Internet – die Leichtigkeit der Beteiligung – in das Gegenteil verkehren. Hinzu kommt die Möglichkeit technischer Manipulationen, die es erlauben, die Zahl von Protestierenden künstlich zu erhöhen." (ebd.)

---

8 Zur Entwicklung „realer" Proteste siehe den Beitrag von Dieter Rucht in diesem Buch.

Und schließlich weist Rucht noch darauf hin, dass die fehlende emotionale Mobilisierung eine Beteiligung im Netz nicht unbedingt attraktiv erscheinen lässt – ein Einwand, der auch für andere Online-Beteiligungsformen, wie z.B. die oben erwähnten virtuellen Parteitage oder virtuellen Gemeinschaften, Gültigkeit hat:

> „Das Internet ist im Vergleich zum direkten Gespräch ein unpersönlicher Kommunikationskanal. Das direkte Zusammenkommen scheint dagegen weiterhin in vielen Fällen wichtig zu sein, zumal wenn es darum geht, vertrauensvolle Beziehungen aufzubauen und komplexere Dinge auszuhandeln bzw. ‚auszudiskutieren'. Direkte Begegnungen vermitteln auch die sinnliche Erfahrung von Gruppensolidarität, Begeisterung und Anteilnahme – Erfahrungen, die kaum durch mediatisierte Kommunikation möglich sind." (ebd.)

Es bleibt somit auch für die Online-Kampagnen festzuhalten, dass eine neue Technik allein kaum Anreize für mehr Beteiligung schafft; die Reinforcementthese dürfte sich einmal mehr bestätigen.

4. Konsequenzen

Dass mit dem Internet demokratische Potenziale verbunden sind, ist unbestritten; so ermöglicht es zweifellos mehr Information, Kommunikation und auch Partizipation. Um diese Potenziale aber tatsächlich zur Entfaltung zu bringen und die nach wie vor bestehende *digitale Kluft* innerhalb der Bevölkerung zu überwinden, sind bestimmte Voraussetzungen erforderlich:

(1) Eine der wohl wichtigsten Herausforderungen der Politik besteht darin, für gleiche Beteiligungschancen aller Bürgerinnen und Bürger zu sorgen. Da derzeit nur gut die Hälfte der Bevölkerung vernetzt ist und sich unter den neuen Bedingungen informieren wie artikulieren kann, muss die Politik zunächst einen universellen Zugang zu Information und Wissen ermöglichen. Zentrale Aspekte dieser „informationellen Grundversorgung" sind der Abbau von finanziellen und technischen Zugangsbarrieren.

(2) Eine annähernd gleiche Versorgung mit moderner Medieninfrastruktur ist zwar wichtige Voraussetzung, aber keineswegs schon Gewähr für eine politisch-mediale Chancengleichheit. Erforderlich sind darüber hinaus vielmehr gezielte Anstrengungen zur Vermittlung einer spezifischen Medienkompetenz.

Politikbezogene Medienkompetenz bedeutet generell die Fähigkeit, sich kritisch-reflektierend, selbstbestimmt und verantwortungsbewusst in der Medienwelt zu bewegen und die Medien für eine eigenständige Meinungsbildung wie ein eigenständiges Handeln zu nutzen. Eine solche Medienkompetenz basiert auf einem Grundwissen über politische Zusammenhänge sowie die

Rolle der Medien als Vermittler wie Akteure im politischen Prozess; sie ist folglich als Schlüsselqualifikation integraler Bestandteil einer demokratischen Bürgerkompetenz.

Die neuen Optionen, die das Internet eröffnet, werden nur dann demokratisch genutzt werden, wenn der Umgang mit ihnen auf neue Fähigkeiten trifft, sie anzuwenden. Insbesondere die politisch Bildung ist aufgefordert, hier entsprechende Konzepte und Maßnahmen zu entwickeln und umzusetzen.

(3) Neben diesen Konsequenzen muss aber auch die Politik selbst die neuen technischen Möglichkeiten positiv aufnehmen und in den politischen Gestaltungsprozess einbinden. Konkret heißt das:

Wenn die politische Beteiligung der Bürgerschaft tatsächlich gefördert werden soll, dann müssen seitens der politischen Institutionen erstens mehr interaktive Angebote im Netz offeriert werden, die statt der „top-down-Kommunikation" eine von „unten" nach „oben" gerichtete Einflussnahme ermöglichen.

Erforderlich sind zweitens qualitätssichernde Mechanismen sowie eine thematische Fokussierung der politischen Kommunikationsströme im Netz. Gut konzipierte und sachkundig moderierte Diskussionsforen könnten hierzu einen Beitrag leisten.

Und drittens muss die Frage gestellt und beantwortet werden, wie digital vermittelte Beteiligungsinputs zu entscheidungsfähigen Alternativen umgeformt werden können. Politische Diskurse und Beteiligung, die um ihrer selbst willen stattfinden und ohne erkennbare Wirkung auf den Entscheidungsprozess bleiben, stellen letztendlich eine folgenlose Partizipation dar und sind für eine nachhaltige Mobilisierung der Bürgerinnen und Bürger kaum geeignet.

Literatur

Arterton, Christopher F. (1987): Teledemocracy. Can Technology protect Democracy? Newbury Park: Sage.

Bauer, Andreas (2004): E-Demokratie – neue Bürgernähe oder virtuelle Luftblase? In: Aus Politik und Zeitgeschichte, B 18/2004, S. 3–6.

Barber, Benjamin R. (1984): Strong Democracy. Berkeley: University of California Press.

Bieber, Christoph (1999): Politische Projekte im Internet. Online-Kommunikation und politische Öffentlichkeit. Frankfurt/New York: Campus.

Bilgeri, Alexander/Lamatsch, Dorothea/Siedschlag, Alexander (2002): Wahlkampf im Internet – Erfahrungen, Lehren, Perspektiven. In: Siedschlag, Alexander/Bilgeri, Alexander/Lamatsch, Dorothea (Hrsg.): Kursbuch Internet und Politik, Band 1. Opladen: Leske + Budrich, S. 11–23.

Buchstein, Hubertus (2004): Präsenzwahl, Briefwahl, Onlinewahl und der Grundsatz der geheimen Stimmabgabe. In: Zeitschrift für Parlamentsfragen, 31 (2004), Heft 4, S. 886–902.

Donges, Patrick/Jarren, Otfried (1999): Politische Öffentlichkeit durch Netzkommunikation? In: Kamps, Klaus (Hrsg.): Elektronische Demokratie? Perspektiven politischer Partizipation. Wiesbaden: Westdeutscher Verlag, S. 85–108.

Eimeren, Birgit/Frees, Beate (2005): ARD/ZDF-Online Studie 2005. Nach dem Boom: Größter Zuwachs in internetfernen Gruppen. In: Media Perspektiven 8, S. 362–379.

Eimeren, Birgit van/Gerhard, Heinz/Frees, Beate (2001): ARD/ZDF-Online-Studie 2001. Internetnutzung stark zweckgebunden. In: Media Perspektiven 8, S. 382–396.

Gabriel, Oscar W./Mößner, Alexandra (2002): E-Partizipation. In: Kubicek, Herbert et al.: Innovation @Infrastruktur. Informations- und Dienstleistungsstrukturen der Zukunft. Jahrbuch Telekommunikation und Gesellschaft. Heidelberg: Hüthig, S. 215–221.

Gellner, Winand/Strohmeier, Gerd (2002): Parteien in Internet-Wahlkämpfen. In: Alemann, Ulrich von/Marschall, Stefan (Hrsg.): Parteien in der Mediendemokratie. Wiesbaden: Westdeutscher Verlag, S. 189–209.

Hagen, Lutz M./Kamps, Klaus (1999): Netz-Nutzer und Netz-Nutzung. Zur Rezeption politischer Informationen in Online-Medien. In: Kamps, Klaus (Hrsg.): Elektronische Demokratie? Perspektiven politischer Partizipation. Wiesbaden: Westdeutscher Verlag, S. 209–226.

Hague, Barry N./Loader, Brian D. (Hrsg.) (1999): Digital Democracy. Discourse and Decision Making in the Information Age. New York.

Harth, Thilo (2001): Digitale Partizipation. In: Friedrich-Ebert-Stiftung (Hrsg.): ParteiPolitik 2.0. Der Einfluss des Internet auf parteiinterne Kommunikations- und Organisationsprozesse. Bonn, S. 72–87.

Hebecker, Eike (2002): Digitale Delegierte? Funktionen und Inszenierungsstrategien virtueller Parteitage. In: Alemann, Ulrich von/Marschall, Stefan (Hrsg.): Parteien in der Mediendemokratie. Wiesbaden: Westdeutscher Verlag, S. 232–255.

Hoecker, Beate (2002): Mehr Demokratie via Internet? Die Potenziale der digitalen Technik auf dem empirischen Prüfstand. In: Aus Politik und Zeitgeschichte, B 39–40/2002, S. 37–45.

Kersting, Norbert (2004): Online-Wahlen im internationalen Vergleich. In: Aus Politik und Zeitgeschichte, B 18/2004, S. 16–23.

Kießling, Andreas (2001): Politische Kultur und Parteien in Deutschland: Sind die Parteien reformierbar? In: Aus Politik und Zeitgeschichte, B 10/2001, S. 29–37.

Kleinsteuber, Hans J. (1999): Politik und Medienevolution. In: Kamps, Klaus (Hrsg.): Elektronische Demokratie? Perspcktiven politischer Partizipation. Wiesbaden: Westdeutscher Verlag, S. 39–62.

Leggewie, Claus (2002): Netzwerkparteien? Parteien in der digitalen Öffentlichkeit. In: Alemann, Ulrich von/Marschall, Stefan (Hrsg.): Parteien in der Mediendemokratie. Wiesbaden: Westdeutscher Verlag, S. 173–188.

Oehmichen, Ekkehard/Schröter, Christian (2005): Junge Nutzertypen: Aktiv-dynamischer Umgang mit dem Internet. Ergebnisse der OnlineNutzerTypologie (ONT) in der ARD/ZDF-Online-Studie 2005. In: Media Perspektiven 8/2005.

Polis (2004): Neumitglieder 2004. Ergebnisse der Befragung 2004, o.O.

Rogg, Arne (2001): Computervermittelte Partizipation und die großen deutschen Parteien. In: Siedschlag, Alexander/Bilgeri, Alexander/Lamatsch, Dorothea (Hrsg.): Kursbuch Internet und Politik, Band 1/2001. Opladen: Leske + Budrich, S. 27–46.

Rogg, Arne (2003): Demokratie und Internet. Der Einfluss von computervermittelter Kommunikation auf Macht, Repräsentation, Legitimation und Öffentlichkeit. Opladen: Leske + Budrich.

Rucht, Dieter (2005): Cyberprotest – Möglichkeiten und Grenzen netzgestützter Proteste. In: Online-Journalismus. Chancen, Risiken und Nebenwirkungen der Internet-Kommunikation. Ergebnisse der Kommunikations-Fachtagung des netzwerk recherche e.V. in Zusammenarbeit mit der Bundeszentrale für politische Bildung. Wiesbaden, 7./8. Mai 2005, S. 11–26.

Siedschlag, Alexander (2005): Die Entwicklung der Internet-und-Politik-Debatte in Deutschland und den USA. In: Siedschlag, Alexander (Hrsg.): Kursbuch Internet und Politik 2004/2005. Politische Öffentlichkeit. Wiesbaden: VS Verlag, S. 139–163.

Siedschlag, Alexander/Rogg, Arne/Welzel, Carolin (2002): Digitale Demokratie. Willensbildung und Partizipation per Internet. Opladen: Leske + Budrich.

Verba, Sidney/Nie, Norman (1972): Participation in America. Political Democracy and Social Equality. New York: Harper & Row.

Wachter, Florian (2002): Kandidaten-Websites: Politiker als virtuelle Popstars? In: Siedschlag, Alexander/Bilgeri, Alexander/Lamatsch, Dorothea (Hrsg.): Kursbuch Internet und Politik, Band 1/2002. Opladen: Leske + Budrich, S. 25–34.

Wagner, Sandra (2004): Die Nutzung des Internet als Medium für die politische Kommunikation: Reinforcement oder Mobilisierung? In: Brettschneider, Frank/van Deth, Jan/Roller, Edeltraud (Hrsg.): Die Bundestagswahl 2002. Analysen der Wahlergebnisse und des Wahlkampfes. Wiesbaden: VS Verlag, S. 119–140.

Wiesendahl, Elmar (2006): Nach der Mitgliederpartei. Wiesbaden: VS Verlag.

Wiesendahl, Elmar (2002): Parteienkommunikation parochial – Hindernisse beim Übergang in das Online-Parteienzeitalter. In: Alemann, Ulrich von/Marschall, Stefan (Hrsg.): Parteien in der Mediendemokratie. Wiesbaden: Westdeutscher Verlag, S. 364–389.

Wilhelm, Anthony G. (2000): Democracy in the Digital Age: Challenges to Political Life in Cyberspace. London/New York: Routledge.

Kapitel 13

Bürgerschaftliches Engagement: Das politisch-soziale Beteiligungsmodell der Zukunft?

Analysen auf Basis der Freiwilligensurveys 1999 und 2004

Thomas Gensicke, Sabine Geiss

1. Gespanntes Verhältnis der Bürgerinnen und Bürger zur Parteipolitik, aber ausgeprägtes politisch-öffentliches Interesse

Das Verhältnis der Bürgerinnen und Bürger zu den politischen Parteien, aber auch zu ihrer wichtigsten politischen Vertretungskörperschaft ist angespannt. Man kann das am geringen Vertrauen der Menschen in Deutschland in die Parteien und in ihr Bundesparlament ablesen. Ende 2004 schenkten nur 26% der Bürgerinnen und Bürger den politischen Parteien ihr Vertrauen, dem Bundestag nur 41%.[1] Dringlichen Verbesserungsbedarf in der Arbeit der Parteien sahen 79%, bei der Arbeit des Bundesparlamentes 66% (Grafik 1).[2] Bürgerinnen und Bürger sehen sich offensichtlich in der etablierten politischen Weise der Bündelung und Umsetzung ihrer Interessen durch die politischen Parteien unzureichend vertreten. Vertiefende Nachfragen zeigen, dass große Teile der Bevölkerung die Prozesse der politischen Vertretung und Entscheidungsfindung nicht als transparent empfinden. Viele Bürgerinnen und Bürger haben den Verdacht, Finanz- und Machtinteressen der Parteipolitiker gingen eine unheilvolle Allianz mit den Interessen von Lobbyisten aus Wirtschaft und Finanzwelt ein.

Dabei trifft das politische Geschehen in Deutschland auf eine besonders hohe Aufmerksamkeit in der Bevölkerung, insbesondere in den mittleren und älteren Jahrgängen. In Deutschland waren Ende 2004 mit 71% besonders viele Bürgerinnen und Bürger an Politik und öffentlichem Leben interessiert. Für Ende 2003 ist mit demselben Indikator ein europäischer Vergleich möglich. Danach waren 72% der Bevölkerung in Deutschland, aber nur 42% in Italien,

---

1 Diese Prozentsätze umfassen die Werte 1 bis 3 auf einer Skala von 1 „vertraue sehr" bis 6 „vertraue überhaupt nicht". Die Daten des gesamten ersten Abschnitts stammen aus repräsentativen Umfragen von TNS Infratest Sozialforschung für das Projekt „Perspektive Deutschland" im Auftrag von McKinsey Deutschland.

2 Diese Prozentsätze umfassen die Werte 1 und 2 einer Skala von 1 „sehr dringlich" bis 6 „überhaupt nicht dringlich".

44% in Polen, 48% in Großbritannien und 52% in Frankreich politisch-öffentlich interessiert (Grafik 2).[3] Der European Social Survey (ESS) zeigt, dass Deutschland auch in einem erweiterten europäischen Vergleich einen Spitzenplatz beim politischen Interesse einnimmt.[4] Politik kann also in Deutschland mit besonders viel Aufmerksamkeit rechnen, unterliegt damit aber auch vermehrt der Kritik der Bürgerinnen und Bürger. Dieser Befund zeigt, dass es in Deutschland zwar eine Parteien- und Politikerverdrossenheit gibt, aber keine resignative Abwendung von der Politik.

Grafik 1: Vertrauen in die politischen Parteien und den Deutschen Bundestag sowie Verbesserungsbedarf von deren Arbeit (2004)

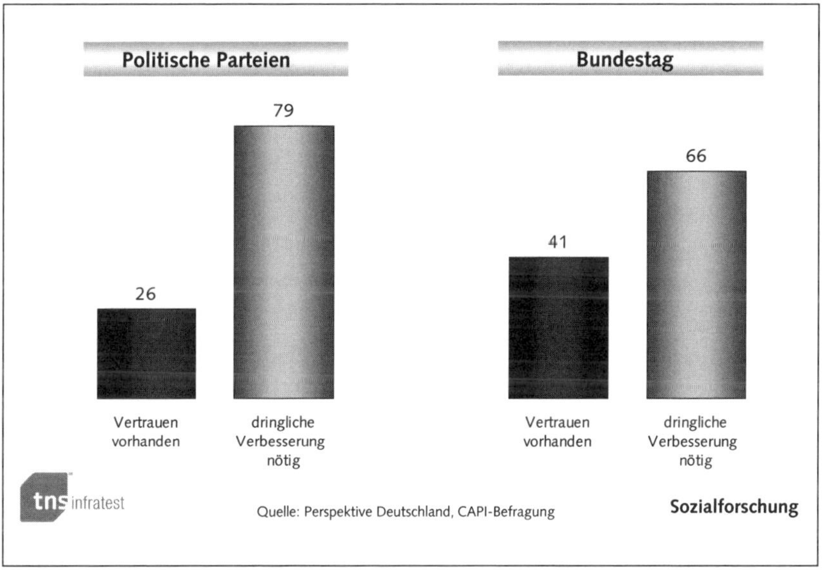

Bevölkerung von 16 bis 69 Jahren (Angaben in %)

3 Diese Prozentsätze umfassen die Werte 1 bis 3 auf einer Skala des politisch-öffentlichen Interesses von 1 „sehr stark" bis 6 „gar nicht".

4 „Das politische Interesse ist in Deutschland insgesamt sehr hoch und damit unterscheiden West- und Ostdeutschland sich von fast allen Ländern in Ost- und Westeuropa." Vgl. Van Deth 2004a: S. 288.

Grafik 2: Politisch-öffentliches Interesse in Europa (2003)

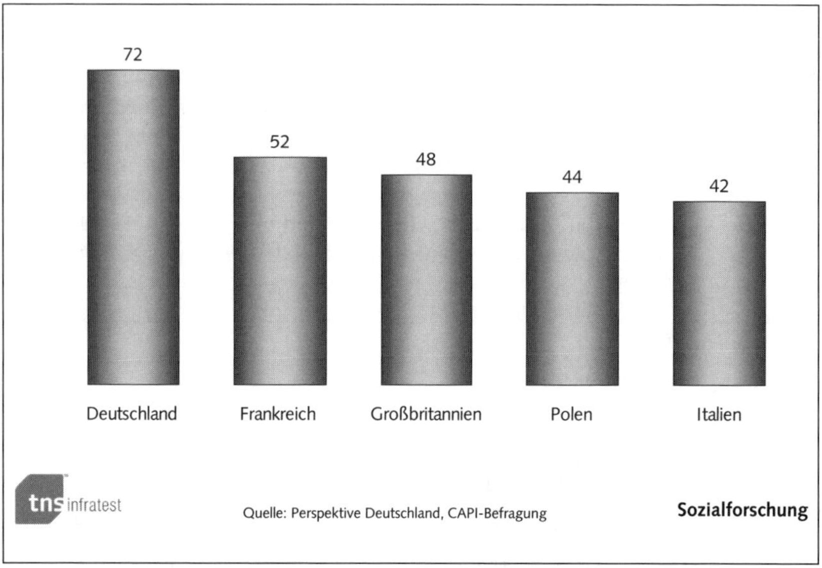

Bevölkerung von 16 bis 69 Jahren (Angaben in %)

62% der Menschen in Deutschland geben in Umfragen ausdrücklich an, dass sie sich für die Gesellschaft verantwortlich fühlen.[5] Zwar herrscht in der breiten Bevölkerung eine Alltagstheorie vor, nach der die deutsche Gesellschaft zunehmend durch übertriebene Verfolgung von Eigeninteressen in ihrem Zusammenhalt bedroht wird. Dem steht jedoch das Bedürfnis vieler Menschen gegenüber, ihr Leben nicht nur der Verfolgung privater Zwecke zu widmen, sondern sich darüber hinaus für öffentliche Angelegenheiten und andere Menschen zu engagieren. Neben die „politische Partizipation" (Gabriel 2004: 317) tritt zunehmend eine „soziale Partizipation" (van Deth 2004b: S. 295), die in einem erweiterten Sinne als politisch bezeichnet werden kann.

Die politische Partizipation hat in der alten Bundesrepublik in den 60er und 70er Jahren deutlich zugenommen. Der Wertewandel (Klages 2002, Klages/Gensicke 2005) hat Bedürfnisse nach politischer Teilhabe und Mitbestimmung gefördert, oft in unkonventionellen Bahnen. Das politische Interesse hat sich in Deutschland seit den 80er Jahren auf hohem Niveau stabilisiert. Damit ist die Aufmerksamkeit für wirkliche oder vermeintliche Mängel und Fehler im

5 Werte 1 bis 3 auf einer Skala von 1 „stimmt genau" bis 6 „stimmt gar nicht".

Agieren der politischen Entscheidungsträger und im politischen System selbst gewachsen. Die Massenmedien spielen dabei zunehmend eine ambivalente Rolle. Einerseits schauen sie den Politikern auf die Finger und kontrollieren diese. Andererseits hat insbesondere die Privatisierung des Fernsehens einer oberflächlichen und personalisierten Sichtweise von Politik Vorschub geleistet. Verkaufsförderliche Skandalisierung und Simplifizierung sind weitere Kennzeichen dieser Art von Berichterstattung über Politik.[6]

Politische Enttäuschungen sowie eine Emotionalisierung der öffentlichen Politikwahrnehmung führten zu jener Parteien- und Politikerverdrossenheit, die Deutschland seit den letzten zwei Jahrzehnten kennzeichnet. Die Parteien selbst passen sich in ihrer Öffentlichkeitsarbeit und ihren Wahlkämpfen dem oberflächlichen und personalisierenden Trend der Politikdarstellung an, um mittels der Werbung abgelauschter Manipulierungsmethoden kurzfristig doch noch die Zuwendung der Wähler zu erreichen.

2. Öffentliche Partizipation, Zivilgesellschaft und freiwilliges Engagement

Die politikwissenschaftlichen Begriffe der sozialen und politischen Partizipation wollen wir zunächst unter dem Oberbegriff der „öffentlichen" Partizipation von Bürgerinnen und Bürgern zusammenfassen. Diese öffentliche Partizipation der Bürgerinnen und Bürger entfaltet sich im Rahmen einer „zivilgesellschaftlichen Infrastruktur" (Heinze und Olk 2001: S. 17). Pollack definiert in diesem Zusammenhang den Begriff „Zivilgesellschaft" als die „Gesamtheit der öffentlichen Assoziationen, Vereinigungen, Bewegungen und Verbände (…), in denen sich Bürger auf freiwilliger Basis versammeln". (Pollack 2004: S. 27)

Politische Partizipation ist laut Gabriel gegenüber sozialer Partizipation insofern anders gefasst, als sie sich auf „politische Zwecke, insbesondere die Einflussnahme auf politische Entscheidungen" richtet. Soziale Partizipation umfasst die ganze Breite der anderen Zwecke, um die sich die Zivilgesellschaft dreht, z.B. sportliche und kulturelle Aktivitäten in Vereinen und Verbänden, Hilfe für sozial Benachteiligte und Schwache in Einrichtungen und Initiativen, Einsatz bei der freiwilligen Feuerwehr und den Rettungsdiensten, für den Umweltschutz, Engagement und Betreuung in der Kinder- und Jugendarbeit. Van Deth meint, dass sich auch die soziale Partizipation auf die Beeinflussung

6 Unter den Printmedien spielt vor allem die auflagenstarke „Bildzeitung" eine solche skandalisierende und simplifizierende Rolle.

der Entscheidungsfindung innerhalb der verschiedenen Organisationsformen der Zivilgesellschaft richte.[7]

Unsere empirischen Forschungen im Auftrag der Bundesregierung für das Informationssystem „Freiwilligensurvey" haben dazu geführt, gegenüber der Politikwissenschaft gewisse Präzisierungen sowie gelegentlich etwas andere Begriffsverwendungen für die verschiedenen Aspekte der Partizipation vorzunehmen, um die jeweiligen Theorien zur empirischen Praxis passfähig zu machen. Wie der Name des Surveys bereits zeigt, steht dabei der Begriff der „Freiwilligkeit"[8] als Kurzkennzeichnung im Zentrum.[9] Freiwilligkeit gehört notwendig zur Definition der Zivilgesellschaft hinzu, wie auch das obige Zitat von Pollack betont. International scheint das ebenso zu sein, wie etwa der Begriff „Volunteering" im angelsächsischen Sprachraum zeigt.[10]

Die Empirie zeigt weiterhin, dass Menschen sich nicht nur in Vereinen und Organisationen (inklusive der Kirchen) beteiligen, sondern auch in staatlichen bzw. kommunalen Einrichtungen.[11] Vor allem öffentliche Schulen, Kindergärten, Krankenhäuser, Hospize, Behinderteneinrichtungen und Altenheime sind hier zu nennen, aber auch die an kommunale Einrichtungen gebundene freiwillige Feuerwehr sowie das lokale Bürgerengagement. Bürger üben hier bestimmte Funktionen aus (Elternsprecher etc.) bzw. beteiligen sich freiwillig an vielfältigen öffentlichen Aufgaben und Arbeiten. Man muss beim Konzept der Partizipation also berücksichtigen, dass die Zivilgesellschaft in den staatlichen Bereich hineinreicht.

Dem Freiwilligensurvey ging es allerdings um mehr. Bisher war in Deutschland der traditionelle Begriff des „Ehrenamtes" dafür reserviert, öffentliche Partizipationsformen herauszuheben, die eine längerfristige Ausübung von Aufgaben, Ämtern und Arbeiten in Vereinen, Gruppen, Organisationen und Einrichtungen darstellen. Ehrenämter erfordern regelmäßiges Einbringen von Zeit und eine längerfristige Bindung an eine Organisation oder Einrichtung. Sie sind allerdings nur teilweise echte „Ämter" (z.B. Vereinsvorsitz oder Vorstandsfunktion), sondern umfassen in ihrer (zumeist weiblichen Ausprägung) vielfältige Aufgaben und Hilfstätigkeiten.

Neben diese ehrenamtlichen Tätigkeiten sind allerdings im Laufe der Zeit Tätigkeiten getreten, die ebenso an bestimmte Aufgaben, Ämter und Arbeiten

---

7 Vgl. van Deth 2004b: S. 297.

8 Die Berichterstattung, die unter Leitung von Thomas Gensicke erfolgte, ist beendet. Vgl. Thomas Gensicke, Sibylle Picot, Sabine Geiss, Freiwilliges Engagement in Deutschland 1999 und 2004, noch unveröffentlichter Bericht, München, Dezember 2005 (Veröffentlichung im ersten Halbjahr 2006 in einem sozialwissenschaftlichen Verlag).

9 Vgl. auch van Deth 2004b: S. 297: „Schließlich handelt es sich bei sozialer Partizipation um individuelle Beteiligungsakte, die einen freiwilligen Charakter haben."

10 Auch in den romanischen Sprachen, im Niederländischen und in den germanischen skandinavischen Sprachen ist das Wort „Freiwilligkeit" für das Bürgerengagement zentral.

11 Dieser Aspekt der öffentlichen Einrichtungen bleibt bei van Deth 2004b neben Vereinen und Verbänden unberücksichtigt, ähnlich auch bei Gabriel/Trüdinger/Völkl 2004.

gebunden sind, die jedoch von denen, die sie ausüben, nicht mehr als Ehrenämter verstanden werden. Solche Tätigkeiten werden bevorzugt als „Freiwilligenarbeit" bezeichnet (Grafik 3). Da solche Tätigkeiten besonders häufig vorkommen, hat der Freiwilligensurvey sich entschlossen, denjenigen Teil der öffentlichen Partizipation, der in der längerfristigen Ausübung von Aufgaben, Ämtern und Arbeiten besteht, nicht mit dem Begriff des Ehrenamtes zu bezeichnen, sondern mit dem Begriff des „freiwilligen Engagements". Nicht unwesentlich war bei dieser Entscheidung auch die internationale Passfähigkeit des Begriffes.

Grafik 3: Selbstverständnis der freiwilligen Tätigkeiten (2004)

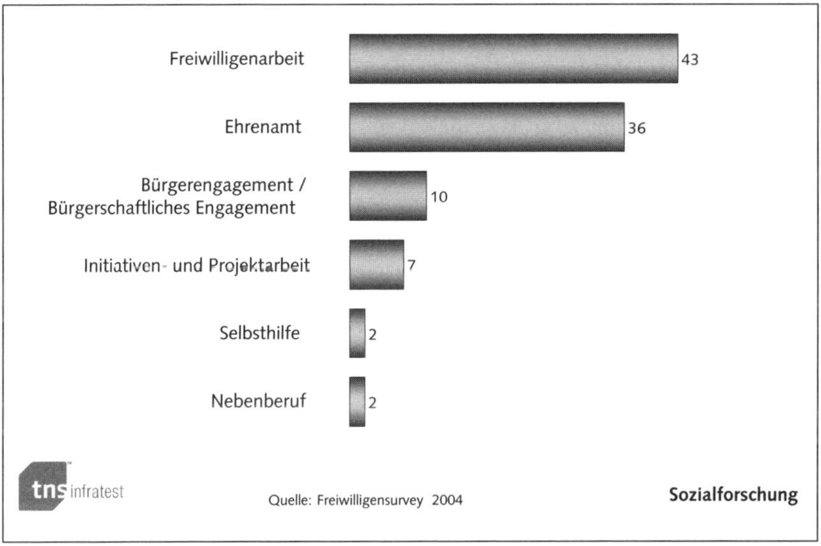

Alle genannten Tätigkeiten (Angaben in %)

Das Konzept des Freiwilligensurveys zieht somit einerseits eine qualitative Grenze des Grades der Verbindlichkeit und Längerfristigkeit öffentlicher Partizipation. Es definiert ein zweistufiges Partizipationsmodell (unabhängig davon, ob politisch oder sozial). Dieses führt von ersten, nur teilnehmenden Kontakten zur „Infrastruktur der Zivilgesellschaft" dahin, dass sich teilnehmend Partizipierende in einem stärkeren Maße freiwillig binden, indem sie Aufgaben, Ämter und Arbeiten übernehmen und längerfristig ausüben. Andererseits werden diese stärker Gebundenen nicht als „Ehrenamtliche", sondern als „Freiwillige" bezeichnet, die „freiwilliges Engagement" ausüben.

3. Gemeinschaftsaktivität und freiwilliges Engagement

Dem politikwissenschaftlichen Begriff der öffentlichen Partizipation im weiteren Sinne entspricht im Freiwilligensurvey der Begriff der *Gemeinschaftsaktivität.* Menschen, die gemeinschaftsaktiv sind, haben bereits Zugang zur „Infrastruktur der Zivilgesellschaft". Ihre Tätigkeitsform ist *teilnehmende Aktivität.* Der öffentlichen Partizipation im engeren Sinne entspricht im Freiwilligensurvey der Begriff „freiwilliges Engagement" (englisch „Volunteering"). Freiwillig engagiert sind Menschen, die an der „Infrastruktur der Zivilgesellschaft" nicht nur teilnehmen, sondern dort längerfristig Aufgaben, Ämter und Arbeiten ausüben (dort sozusagen ehrenamtlich oder freiwillig „arbeiten").[12]

„Arbeiten" haben wir allerdings in Anführungsstriche gesetzt, weil wir dieses Wort wegen seiner ökonomischen Verknüpfungen nicht treffend fanden. Wir denken, dass der Begriff „Engagement" eher einen öffentlichen Anklang hat als der Arbeitsbegriff und dass er dennoch das Moment der Motivation und der Anstrengung zum Ausdruck bringt, freilich einer Anstrengung, die freiwillig erbracht wird und die positive Gefühle vermitteln kann.[13]

Zusammenfassend können wir festhalten: Der Freiwilligensurvey verwendet den Begriff „Gemeinschaftsaktivität" analog zum Begriff der öffentlichen Partizipation im Sinne der teilnehmenden Aktivität an der „Infrastruktur der Zivilgesellschaft". „Freiwilliges Engagement" meint im Freiwilligensurvey öffentliche Partizipation im Sinne der längerfristigen Ausübung von Ämtern, Aufgaben und Arbeiten. Beides gilt sowohl für die soziale als auch für die politische Partizipation. Die folgende Begriffsübersicht soll das noch einmal verdeutlichen.

Welche Rolle spielt im Zusammenhang unseres Begriffsschemas der Begriff des „bürgerschaftlichen Engagements"? Wir wissen, dass Freiwillige diesen Begriff noch weniger treffend für ihre Tätigkeit empfinden als den Begriff des „Ehrenamtes". Er wird von Freiwilligen zwar zunehmend, aber immer noch selten verwendet (vgl. nochmals Grafik 3). Wir denken, der Begriff sollte als ein *wertender* gekennzeichnet und verwendet werden. Er würdigt den Wert freiwilligen Engagements, weil Bürgerinnen und Bürger dadurch ihren besonderen Beitrag für die Gestaltung des Gemeinwesens erbringen. Gesellschaftliche Gestaltung wird auf diese Weise von Bürgerinnen

---

12 Gabriel, Trüdinger und Völkl reden in diesem Zusammenhang von „Arbeiten, die nicht unter die Erwerbstätigkeit fallen und über bloße formale Mitgliedschaft in Organisationen hinausgehen". Wichtig ist auch die Abgrenzung von der privaten Hausarbeit bzw. von privaten Hilfstätigkeiten und die Annahme einer gewissen zeitlichen Dauer und Regelmäßigkeit der freiwilligen Tätigkeit. Vgl. Gabriel / Trüdinger / Völkl 2004: S. 339f.

13 Unmittelbarer und vor allem mittelbarer ökonomischer Nutzen ist durchaus ein erheblicher Nebeneffekt freiwilligen Engagements, aber niemals dessen wesentlicher Bestimmungsgrund.

Übersicht: Begriffsverwendung für Partizipation in der empirischen Politikwissenschaft und im Freiwilligensurvey

Politikwissenschaft	**Freiwilligensurvey (FWS)**	**Abgrenzung im FWS**
Öffentliche (soziale und politische) Partizipation (im weiteren Sinne)	Gemeinschaftsaktivität	Teilnehmende Aktivität an Veranstaltungen, Diskussionen etc. in der „Infrastruktur der Zivilgesellschaft"
Soziale Partizipation (im engeren Sinne)	Freiwilliges (=„bürgerschaftliches") Engagement, (inklusive des politischen Engagements)	Längerfristige freiwillige und unentgeltliche[13] Übernahme von Aufgaben, Ämtern und Arbeiten
Politische Partizipation (im engeren Sinne)	Freiwilliges politisches Engagement, als Teil des freiwilligen Engagements insgesamt	Wie oben, aber politische Aufgaben, Ämter und Arbeiten

und Bürgern nicht an politische und soziale Entscheidungsträger delegiert, sondern eigenverantwortlich wahrgenommen. Es geht sowohl um den Anspruch auf „bürgerschaftliche" Mitgestaltungsmöglichkeiten, als auch um die Bereitschaft, dabei freiwillig Leistungen der gesellschaftlichen Mitgestaltung zu erbringen.

Weil sie diesen Wert und diese Funktion bürgerschaftlichen Engagements herausheben wollen, verwenden Politik[15], zunehmend jedoch auch Entscheidungsträger und Multiplikatoren in allen Bereichen der Gesellschaft, bevorzugt den Begriff der „Bürgerschaftlichkeit" des Engagements. Der Begriff „freiwilliges Engagement" ist dagegen weniger wertend als der Begriff „bürgerschaftliches Engagement" und somit empirienäher. Im Wesentlichen können beide zwar deckungsgleich verwendet werden, daher haben wir „bürgerschaftlich" in unserem Begriffsschema in Klammern hinter „freiwillig" eingesetzt. Im Bereich der empirischen Forschung erscheint jedoch der Begriff des freiwilligen Engagements als geeigneter, weil mehr sachlicher assoziiert.

14 Bzw. gegen maximal eine geringe Aufwandsentschädigung.

15 Im politischen Bereich freiwilligen Engagements (1999: 20%, 2004: 33%) und auch im Bereich des lokalen Bürgerengagements (1999: 32%, 2004: 31%) ist der Begriff des bürgerschaftlichen Engagements besonders populär. Im politischen Bereich scheint dieses Verständnis freiwilliger Tätigkeit zunehmend dasjenige des „Ehrenamtes" zu ersetzen (1999: 43%, 2004: 33%).

3.1 Gemeinschaftsaktivität und freiwilliges Engagement im Trend

Wir wollen im Folgenden auf der eben definierten Begriffsbasis aufbauend ein empirisches Bild der öffentlichen Partizipation in Deutschland zeichnen. Insbesondere geht es dabei um die Zukunftsfähigkeit des freiwilligen („bürgerschaftlichen“) Engagements und um die Frage, welche Rolle das „Politische“ in diesem Zusammenhang spielt und spielen wird. Die Freiwilligensurveys von 1999 und 2004 liefern uns als Informationssystem die Datenbasis.[16] Dieses Informationssystem wurde nicht nur geschaffen, um möglichst genaue Informationen über die öffentliche Partizipation der Bürgerinnen und Bürger in Deutschland bereitzustellen, sondern um Handlungsfelder für Entscheidungsträger zu definieren, die die Rahmenbedingungen des freiwilligen Engagements gestalten.

Es geht dabei um so wichtige Fragen, ob z.B. im staatlichen Handeln steuerliche und andere materielle Erleichterungen des freiwilligen Engagements Priorität haben sollten oder Anstrengungen zur verbesserten Information und Kommunikation über Möglichkeiten des freiwilligen Engagements. Da die Untersuchung bereits wiederholt wurde, können auch erste Trends beschrieben werden. Alle diese Aspekte sind wiederum für die Beurteilung der Zukunftsaussichten des freiwilligen (bürgerschaftlichen) Engagements wichtig.

Zunächst können wir festhalten, dass es seit 1999 in Deutschland eine deutliche Zunahme der Gemeinschaftsaktivität (teilnehmende öffentliche Partizipation) der Bürgerinnen und Bürger im Rahmen von Vereinen, Organisationen, Gruppen und Einrichtungen gab. 1999 beteiligten sich 66% der Bevölkerung ab 14 Jahren in solchen zivilgesellschaftlichen Zusammenhängen, 2004 waren es bereits 70%. Die „Infrastruktur der Zivilgesellschaft“ ist somit gestärkt worden. Diese Zunahme der Partizipation (im weiteren Sinne) wurde auch durch eine Zunahme des freiwilligen Engagements begleitet. Im

---

16 Der Freiwilligensurvey (Ehrenamt, Freiwilligenarbeit, Bürgerengagement) wurde vom Bundesministerium für Familie, Senioren, Frauen und Jugend in Auftrag gegeben. Die im Rahmen des Freiwilligensurveys 1999 veröffentlichten Ergebnisse sind in der Literaturliste aufgeführt. Die Berichterstattung für den Freiwilligensurvey 2004, die bei TNS Infratest Sozialforschung lag, war zum Zeitpunkt der Erstellung dieses Beitrags nahezu abgeschlossen. Das Berichtswerk, das sich besonders mit den Trends zwischen 1999 und 2004 beschäftigt, soll Ende dieses Jahres im Barbara Budrich Verlag erscheinen. Es beruht auf repräsentativen telefonischen Befragungen (CATI) durch TNS Infratest Sozialforschung von jeweils ca. 15.000 zufällig ausgewählten Menschen ab 14 Jahren im Frühsommer 1999 und im Frühsommer 2004. Neben der allgemeinen Berichterstattung, die auf die Gesamtergebnisse eingeht und generelle Unterschiede zwischen Männern und Frauen, 4 Altersgruppen, neuen und alten Bundesländern sowie zwischen den wichtigsten Erwerbsstatusgruppen untersucht, enthält das Berichtswerk detaillierte Trendberichte für die Geschlechter, für Jugendliche zwischen 14 und 24 Jahren sowie für ältere Menschen ab 60 Jahren. Außerdem gibt es erstmals eine detaillierte Auswertung für Migranten. Im Jahr 2009 soll der dritte Freiwilligensurvey durchgeführt werden. Auf dieser Basis können dann Trends der öffentlichen Partizipation in Deutschland weiterverfolgt werden.

längerfristigen und verbindlichen Sinne (Ausübung von Aufgaben, Ämtern und Arbeiten) partizipierten 1999 34% der Bürgerinnen und Bürger an der „Infrastruktur der Zivilgesellschaft", 2004 waren es 36%.

Der Freiwilligensurvey ist zwar keine international eingebettete Untersuchung, dennoch lassen sich Deutschland und seine Zivilgesellschaft mittels anderer internationaler Untersuchungen durchaus in einer bestimmten Position einordnen. Neuere Studien wie der World Value Survey sowie der European Social Survey (ESS) zeigen, dass „Deutschland zu der Spitzengruppe nordwesteuropäischer Länder mit einem hohen Niveau sozialer Partizipation" (bzw. auch politischer Partizipation) gehört.[17] Das bezieht sich auch auf die neuen Bundesländer, die ebenfalls dieser Gruppe zugehören und „sich eindeutig von anderen osteuropäischen Ländern unterscheiden", und es kann hinzugefügt werden, auch von den südeuropäischen Ländern. Weltweit führend beim freiwilligen Engagement bzw. „Volunteering" sind die USA und Kanada sowie Norwegen und Schweden.

Teilt man die gesamte öffentliche Partizipation in den unverbindlichen Teil („nur" teilnehmend Aktive) und in den verbindlichen Teil („freiwillig Engagierte") und vergleicht man das Wachstum dieser Gruppen, fällt dieses etwa gleich aus (Grafik 4).

Grafik 4: Freiwillig Engagierte und „nur" Gemeinschaftsaktive (1999/2004)

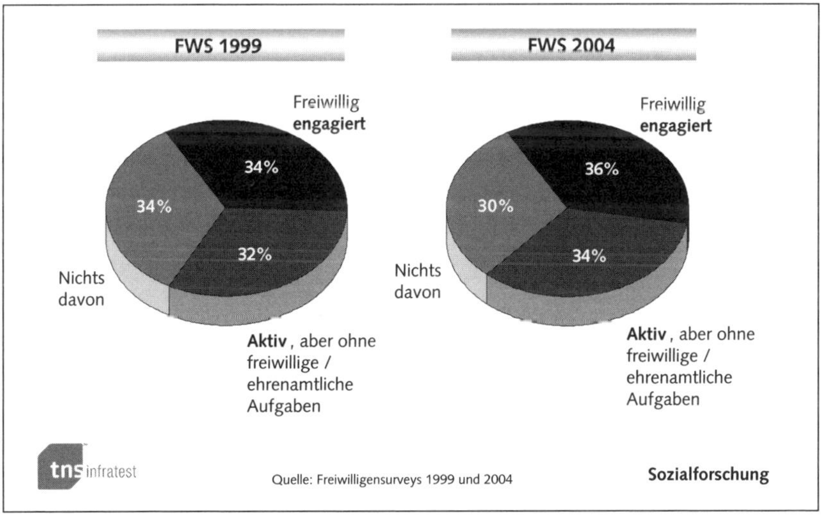

Bevölkerung ab 14 Jahren (Angaben in %)

17 Vgl. van Deth 2004b: S. 312.

Das freiwillige Engagement wuchs besonders deutlich in Bevölkerungsgruppen, die 1999 noch weniger am Engagement beteiligt waren: Ältere Menschen, Arbeitslose, neue Bundesbürger und Migranten, teilweise auch bei den Frauen (Grafiken 5 und 6). Der Zugang zur Zivilgesellschaft war also 2004 demografisch, geografisch und sozial ausgeglichener als noch 1999. Bereits an dieser Stelle können wir in den verschiedenen Begriffsverwendungen festhalten, dass die Zivilgesellschaft, die öffentliche Partizipation bzw. die Bürgerschaftlichkeit gute Zukunftsaussichten hat. Insbesondere die seit 1999 ausgeglichenere Beteiligung über die verschiedenen Bevölkerungsgruppen hinweg ist dabei ein positives Signal.

Grafik 5: Freiwillig Engagierte nach Geschlecht und Alter

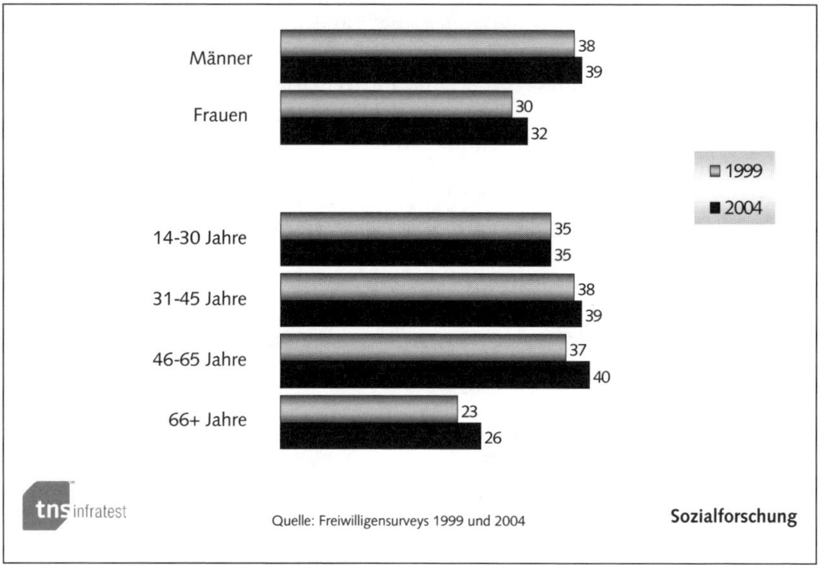

Bevölkerung ab 14 Jahren (Angaben in %)

Grafik 6: Freiwillig Engagierte nach Region und Erwerbsstatus

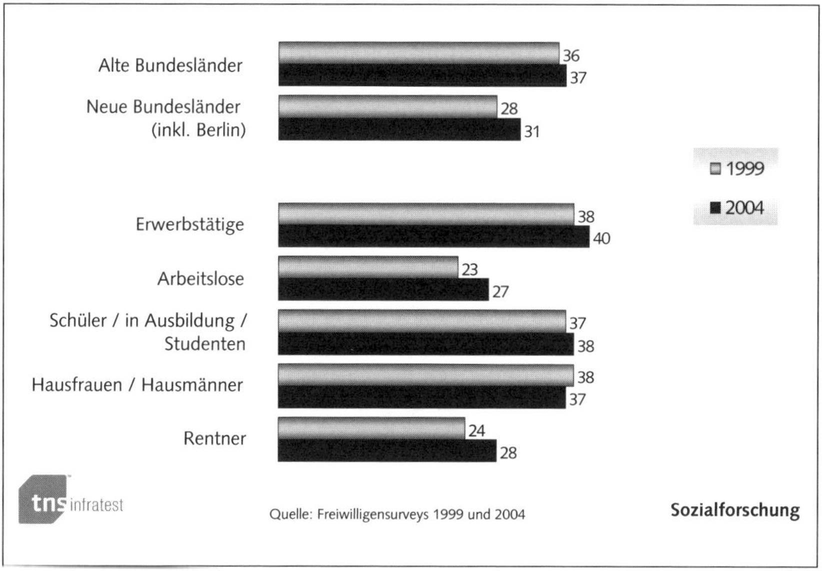

Bevölkerung ab 14 Jahren (Angaben in %)

3.2 Freiwilliges politisches Engagement

Ebenso wie für die gesamte öffentliche Partizipation kann man auch im politischen Bereich eine unverbindliche teilnehmende Partizipation innerhalb der „Infrastruktur der Zivilgesellschaft" von einer verbindlichen Partizipation im Sinne der Ausübung politischer Aufgaben, Ämter und Arbeiten unterscheiden (freiwilliges politisches Engagement). Während 2004 36% der Bevölkerung in einem verbindlichen Sinne öffentlich partizipieren, betrifft die verbindliche politische Partizipation allerdings nur 2,5% der Bevölkerung. Politische Beteiligung vollzieht sich offensichtlich nur in einem relativ geringen Umfang als verbindliches Engagement im Sinne der Ausübung von Aufgaben, Ämtern und Arbeiten in Organisationen, Gruppen oder Einrichtungen. Immerhin weitere 4% der Bevölkerung waren 1999 zumindest teilnehmend in solchen Organisationen und Einrichtungen aktiv. Dieser Prozentsatz war 2004 auf 4,5% gestiegen.

Offensichtlich bildet der Freiwilligensurvey mit seinen Instrumenten nicht jenen nur lose oder gar nicht an Organisationen gebundenen, individuellen Teil der politischen Partizipation ab. Dieser Teil der politischen Partizipation vollzieht sich z.B. in politischen Diskussionen im Familien-, Freundes- und

Bekanntenkreis oder in Form von spontanen und punktuellen Aktionen, wie sie für politische Beteiligung typisch sind. Was wir mit dem Freiwilligensurvey zeigen können, sind Umfang und Entwicklung des organisationsnahen Teils der politischen Partizipation im verbindlichen und unverbindlicheren Sinne. Dieser Typ der politischen Beteiligung scheint im verbindlichen Sinne stabil und im unverbindlichen Sinne leicht zunehmend zu sein.

Wir können aber auch etwas über den Typ der Organisation aussagen, innerhalb dessen sich das verbindliche politische Engagement abspielt. 1999 banden die politischen Parteien 63% dieses politischen Engagements. Zu 20% spielte sich das politische Engagement in öffentlichen Einrichtungen ab (2004: 23%) und zu 6% in Vereinen und Verbänden. 2004 war der Anteil der Parteien allerdings auf 52% gesunken, vor allem zugunsten der Vereine und Verbände (14%). Politisches Engagement im verbindlichen Sinne war also bereits 1999 zu einem erheblichen Teil nicht an die Parteien gebunden, ein Phänomen, das sich seitdem verstärkt hat. Initiativen und gruppenhafte Formen bestimmten das politische Engagement 1999 wie 2004 zu jeweils 10%.

3.3 Bereichsstruktur des freiwilligen Engagements: Profile von Männern und Frauen

Ein großer Teil des freiwilligen Engagements vollzieht sich im Umfeld der Vereine, ist also sportlichen und kulturellen Zwecken sowie der Freizeitgestaltung gewidmet (Grafik 7). Auf einen unmittelbar erkennbaren Gemeinwesenbezug lassen zunächst eigentlich nur die Bereichsetiketten „Politik“, „Soziales“, „Umweltschutz“, „lokales Bürgerengagement“ und „freiwillige Feuerwehr/Rettungsdienste“ schließen. Kinder- und Jugendarbeit sowie berufliche Interessenvertretung scheinen eher bestimmten Gruppeninteressen gewidmet zu sein als dem Gemeinwesen. Kirchliche Arbeit integriert zwar religiöse Menschen, aber nicht unbedingt die Gesellschaft als Ganzes.

Männer und Frauen sind in vielen Bereichen nicht gleichmäßig vertreten (Grafik 8). So üben Frauen deutlich mehr als Männer freiwillige Tätigkeiten im Bereich „Kindergarten und Schule“, „Kirche und Religion“ sowie im sozialen und gesundheitlichen Bereich aus. Freiwillige Tätigkeiten von Männern finden häufiger im Bereich „Sport und Bewegung“ statt, im Vergleich zu Frauen allerdings besonders häufig bei der freiwilligen Feuerwehr und den Rettungsdiensten sowie in der politischen und beruflichen Interessenvertretung. Aber auch Tätigkeiten im Bereich „lokales Bürgerengagement“ werden vermehrt von Männern ausgeführt, vermehrt auch in den Bereichen „Kultur und Musik“ sowie „Freizeit und Geselligkeit“. Der große Sektor, der von den Vereinen bestimmt wird, sowie die Interessenvertretung sind somit männliche Domänen. Vermehrte Vertretung in Leitungs- und Wahlfunktionen komplettieren dieses männliche Profil des Engagements.

Grafik 7: Engagement in verschiedenen Engagementbereichen (1999/2004)

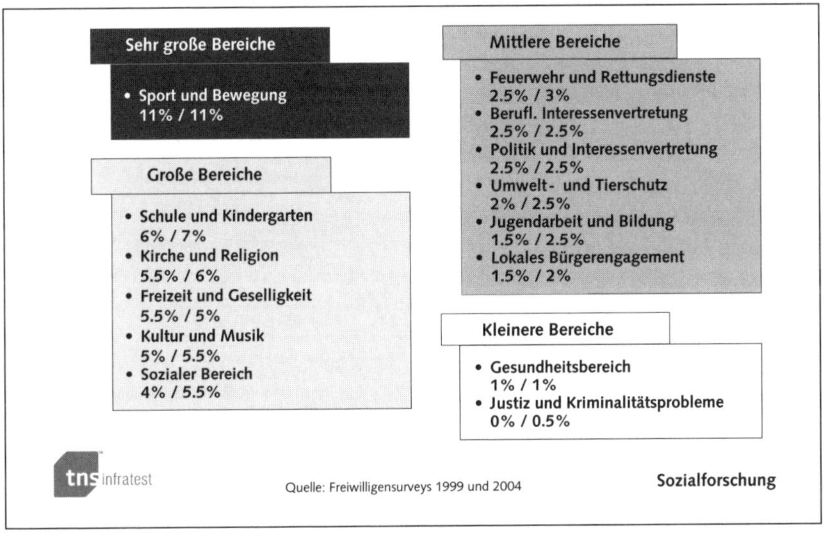

Bevölkerung ab 14 Jahren (Angaben in %, Mehrfachnennungen)

Wir finden somit auch in der „Infrastruktur der Zivilgesellschaft" eine „Arbeitsteilung" der Geschlechter im Sinne eines vermehrt sachlich-technischen, repräsentierenden und Interessen vertretenden Engagements bei Männern und eines mehr personenbezogenen, auf Hilfe und Betreuung ausgerichteten weiblichen Engagements, das sich häufig auf Kinder, Jugendliche, ältere Menschen und andere Gruppen richtet. Seit 1999 haben sich einige Annäherungen dieser Profile der Geschlechter ergeben. So haben Männer ihr Engagement in den Bereichen „Schule und Kindergarten" und „Soziales" verstärkt. Frauen haben zumindest im Rahmen einer vorhandenen zweiten Tätigkeit vermehrt Zugang zum männlich dominierten Vereinswesen gefunden. Vollzeitbeschäftigte Frauen waren 2004 deutlich häufiger freiwillig engagiert als 1999, arbeitslose Frauen genauso häufig wie arbeitslose Männer. Frauen mit Kleinkindern im Haushalt hatten 2004 deutlich mehr Freiräume für freiwilliges Engagement als 1999, weil Männer sich vermehrt in die Kinderbetreuung einbrachten.[18]

18 Wie Grafik 5 bereits zeigte, sind Frauen insgesamt deutlich weniger freiwillig engagiert als Männer. Es gibt also nicht nur ein qualitativ unterschiedliches Profil, sondern auch einen deutlichen quantitativen Unterschied zwischen den Geschlechtern beim Zugang zum freiwilligen Engagement. Als Hauptgrund vermuten wir die wesentlich größere Belastung der Frauen mit Familienarbeit, was bei gleichzeitiger Berufstätigkeit zu einer problematischen Doppelbelastung führen kann. Andererseits hängen viele Gelegenheiten zu freiwilligem Engagement auch mit der beruflichen Tätigkeit zusammen, in der Frauen, insbesondere

Grafik 8: Engagement in verschiedenen Engagementbereichen (2004) (Männer/Frauen)

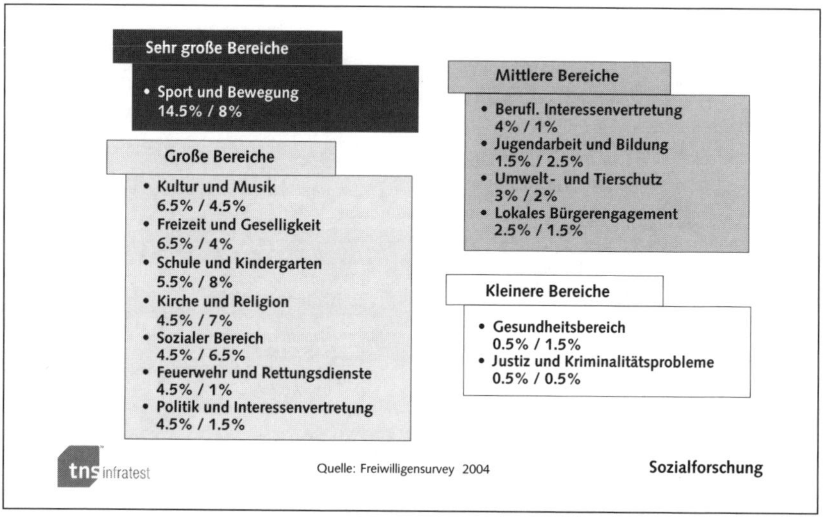

Bevölkerung ab 14 Jahren (Angaben in %, Mehrfachnennungen)

3.4 Gesellschaftspolitischer Anspruch des freiwilligen Engagements

Mit der Frage, welchen Gemeinwesenbezug die vielfältigen freiwilligen Tätigkeiten haben, beschäftigte sich insbesondere der zweite Freiwilligensurvey von 2004. Es sollte überprüft werden, inwiefern auch bei den freizeit- und geselligkeitsbezogenen Bereichen bzw. bei den auf bestimmte Gruppen bezogenen Bereichen des Bürgerengagements übergreifende Motive der Gesellschaftsgestaltung eine Rolle spielen. Das würde zum Ausdruck bringen, dass diese Formen des Engagements von Freiwilligen auch subjektiv als „bürgerschaftliches" Engagement gemeint sind.

Es lässt sich in der Tat nachweisen, dass Freiwillige mit großer Mehrheit „voll und ganz" den Anspruch erheben, mit ihrem Engagement „die Gesellschaft zumindest im Kleinen mitzugestalten" (Grafik 9). Wenigstens teilweise wird dieses Motiv von sogar fast allen Engagierten angegeben. Erstaunlich ist

in Form der Vollberufstätigkeit, immer noch deutlich weniger als Männer vertreten sind. Verbesserte öffentliche, vor allem ganztägige Kinderbetreuungsmöglichkeiten und eine vermehrte Beteiligung der Männer an der Familienarbeit wären hier eine wichtige Unterstützung. In den Vereinen und Organisationen bedarf es außerdem der Öffnung einer oftmals männlich dominierten Kultur für Frauen und einer verstärkten Ermunterung für diese, Wahl- und Leitungsfunktionen zu übernehmen.

Grafik 9: Motive für das freiwillige Engagement (2004)

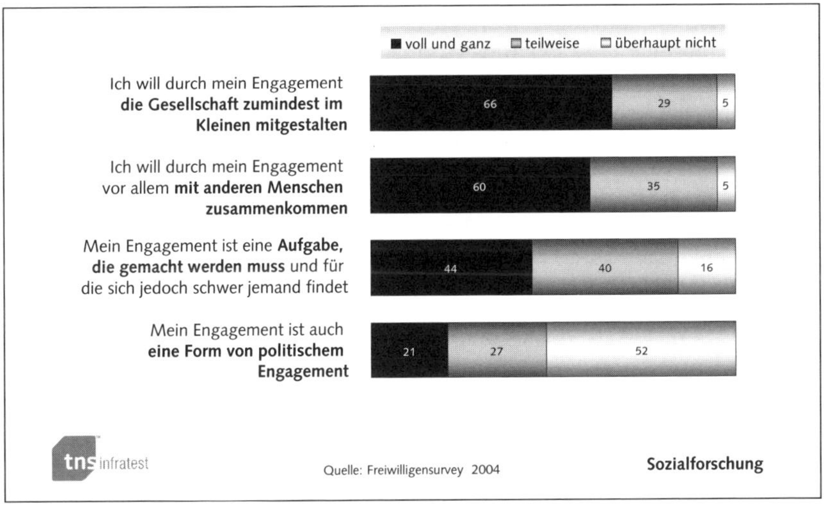

Alle freiwillig Engagierten (Angaben in %)

Grafik 10: Motive in verschiedenen Engagementbereichen

Auswahl: „voll und ganz"

„Ich will durch mein Engagement die Gesellschaft zumindest im Kleinen mitgestalten"	
Politik / Interessen	86%
Gesundheit	76%
Lok. Bürgerengagement	75%
Soziales	72%
Jugend / Bildung	71%
Beruf / Interessen	70%
Schule / Kindergarten	69%
Kirche / Religion	68%
Kultur / Musik	67%
FFW / Rettungsdienste	60%
Freizeit / Geselligkeit	60%
Umwelt- / Tierschutz	59%
Sport / Bewegung	59%

„Mein Engagement ist auch eine Form von politischem Engagement"	
Politik / Interessen	82%
Beruf / Interessen	42%
Lok. Bürgerengagement	34%
Soziales	30%
Umwelt- / Tierschutz	25%
Jugend / Bildung	22%
Kirche / Religion	18%
Kultur / Musik	18%
Schule / Kindergarten	18%
Gesundheit	15%
FFW / Rettungsdienste	13%
Freizeit / Geselligkeit	12%
Sport / Bewegung	11%

tns infratest Quelle: Freiwilligensurvey 2004 **Sozialforschung**

Alle freiwillig Engagierten (Angaben in %)

aber auch, dass fast die Hälfte des Engagements der Bürgerinnen und Bürger (wenigstens teilweise) politisch gemeint ist (48%). Mit einem Fünftel der Engagierten, die ihr Engagement sogar voll und ganz als politisch motiviert einstufen (absolut 7,5% der Bevölkerung), ist der Prozentsatz deutlich höher als der jener 2,5%, die sich selbst als freiwillig für politische Zwecke engagiert eingestuft haben. Das heißt, eine ausdrücklich politische Motivation ist nicht an eine dezidiert politische Tätigkeit gebunden, sondern kann auch mit anderen Tätigkeitszwecken einhergehen.

Wie uns die Grafik 10 zeigt, gibt es zwischen den verschiedenen Engagementbereichen Unterschiede in Bezug auf den gesellschaftsgestaltenden Anspruch freiwilliger Tätigkeit. Politisches und lokales Bürgerengagement sind in dieser Hinsicht stärker motiviert als etwa sportliches Engagement. Aber auch bei diesem erheben 59% der Engagierten voll und ganz den Anspruch auf Mitgestaltung der Gesellschaft durch ihr Engagement. Eine große und nachvollziehbare Differenzierung zwischen den Engagementbereichen erzeugt dagegen der ausdrücklich politische Gestaltungsanspruch. Dieser bleibt schon beim lokalen Bürgerengagement deutlich unter der 50%-Marke, ist in vielen Bereichen naturgemäß weniger ausgeprägt, wobei der Sport zusammen mit der freiwilligen Feuerwehr, den Rettungsdiensten und dem Bereich Freizeit und Geselligkeit an letzter Stelle steht.

4. Zukunftsperspektiven des freiwilligen („bürgerschaftlichen") Engagements

Dass das freiwillige („bürgerschaftliche") Engagement in Deutschland trotz der angespannten ökonomischen Lage und der Parteien- und Politikerverdrossenheit zwischen 1999 und 2004 zugenommen hat, ist ein positives Signal für die Zukunft der Zivilgesellschaft in Deutschland. Dieses Signal wird dadurch verstärkt, dass das Engagement in einigen Gruppen besonders zugenommen hat, die 1999 dem Engagement weniger nahe standen, nämlich bei älteren Menschen, Arbeitslosen, Migranten, neuen Bundesbürgern, teilweise bei den Frauen.

Es ist mit dem Freiwilligensurvey aber auch anderweitig möglich, Hinweise über die Zukunftsperspektiven des freiwilligen Engagements zu gewinnen. 1999 wie 2004 haben wir Menschen, die nicht freiwillig engagiert waren, danach gefragt, ob sie sich vorstellen können, sich freiwillig zu engagieren. Insbesondere wenn Menschen in bestimmter Form die Absicht zum Engagement bekunden, ist das ein Hinweis auf die Zukunftsfähigkeit des Bürgerengagements in Deutschland. In der Tat haben seit 1999 nicht nur die Gemeinschaftsaktivität und das freiwillige Engagement in Deutschland zugenommen, sondern auch die Bereitschaft zum freiwilligen Engagement bei nicht

Grafik 11: Freiwilliges Engagement und Bereitschaft zum freiwilligen Engagement

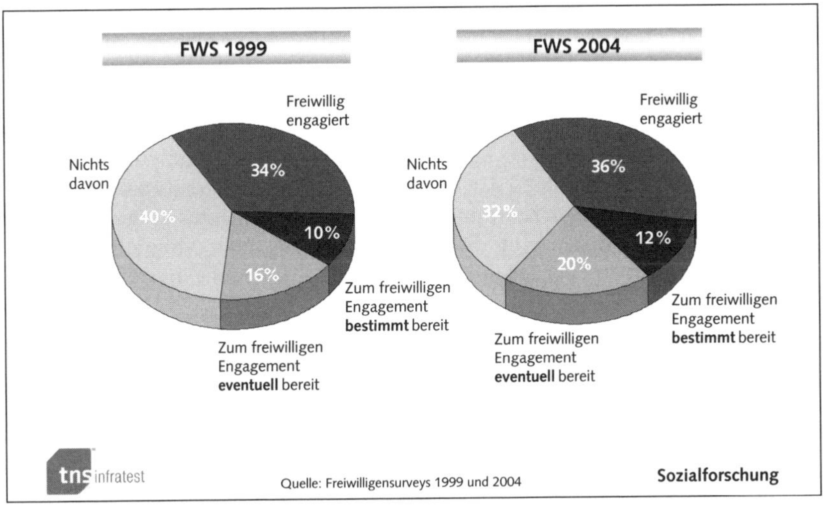

Bevölkerung ab 14 Jahren (Angaben in %)

Grafik 12: Was durch den Staat bzw. die Öffentlichkeit verbessert werden sollte

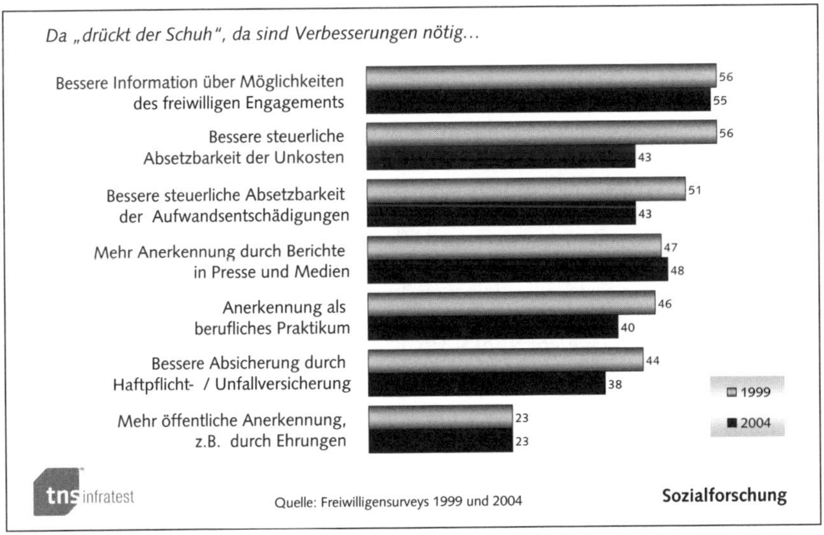

Alle freiwillig Engagierten (Angaben in %)

Engagierten (Grafik 11). Der Trend bei der Bereitschaft ist deutlich stärker als beim realen Verhalten.[19] Erfreulich ist, dass auch die bestimmte Bereitschaft, sich zu engagieren, deutlich gestiegen ist.

Das deutlich verbesserte Klima für freiwilliges Engagement in Deutschland geht mit einer besseren Einschätzung der Rahmenbedingungen bei den Freiwilligen einher. Insbesondere Fragen der materiellen Unterstützung werden seit 1999 weniger als Problem genannt, sei es steuerlicher oder versicherungstechnischer Art (Grafik 12). Immer mehr in den Mittelpunkt der Verbesserungsvorschläge seitens der Freiwilligen geraten Unterstützungsformen, die mit Information und Kommunikation über freiwilliges Engagement zu tun haben, sowohl durch eine öffentliche Beratung über Möglichkeiten des freiwilligen Engagements als auch durch die angemessene Berichterstattung in den Medien.

Wir können damit empirisch feststellen, dass das freiwillige („bürgerschaftliche“) Engagement und damit die Zivilgesellschaft in Deutschland gute Zukunftsaussichten besitzen. Immer mehr Menschen beteiligen sich daran, immer mehr Menschen interessieren sich dafür und die Engagierten schätzen die Rahmenbedingungen ihres Engagements besser ein. Die kritische Phase, die der Modernisierungsprozess im Moment in Deutschland durchläuft, steht dem nicht in dem Maße entgegen, wie man vermuten könnte. Vielleicht setzt dieser Prozess, zumindest solange er nicht zu große soziale Verwerfungen mit sich bringt, sogar neue Energien frei und Bürgerinnen und Bürger nehmen gesellschaftliche Probleme zunehmend selbst in die Hand.

Literatur

Anheier, Helmut K./Priller, Eckhard/Seibel, Wolfgang/Zimmer, Annette (1997): Der Dritte Sektor in Deutschland. Organisationen zwischen Staat und Markt im gesellschaftlichen Wandel. Berlin: rainer bohn verlag.

Braun, Joachim/Bischoff, Stefan/Gensicke, Thomas (2001): Förderung des freiwilligen Engagements und der Selbsthilfe in Kommunen. Köln: ISAB-Verlag.

Deth, Jan v. (2004a): Politisches Interesse. In: Deth, Jan v. (Hrsg): Deutschland in Europa. Ergebnisse des European Social Survey 2002–2003. Wiesbaden: VS Verlag für Sozialwissenschaften, S. 275–292.

Deth, Jan v. (2004b): Soziale Partizipation. In: Deth, Jan v. (Hrsg): Deutschland in Europa. Ergebnisse des European Social Survey 2002–2003. Wiesbaden: VS Verlag für Sozialwissenschaften, S. 295–315.

19 Das zeigt zunächst einmal, dass zwischen 1999 und 2004 offensichtlich eine Imageverbesserung des freiwilligen Engagements eingetreten ist. Da der Übergang von der Bereitschaft zum realen Verhalten für den Einzelnen immer auch mit „Kosten“ im Sinne von Entschlusskraft und Zeitaufwand verbunden ist, verändert sich das Verhalten langsamer als die Einstellung dazu.

Enquetekommission „Zukunft des Bürgerschaftlichen Engagements" Deutscher Bundestag (2002): Bürgerschaftliches Engagement: Auf dem Weg in eine zukunftsfähige Bürgergesellschaft. Opladen: Leske + Budrich.

Gabriel, Oscar W./Trüdinger, Eva-Maria/Völkl, Kerstin (2004): Bürgerengagement in Form von ehrenamtlicher Tätigkeit und sozialen Hilfsleistungen. In: Statistisches Bundesamt: Alltag in Deutschland. Analysen zur Zeitverwendung. Wiesbaden: Statistisches Bundesamt, S. 337–356.

Gabriel, Oscar W. (2004): Politische Partizipation. In: Deth, Jan v. (Hrsg): Deutschland in Europa. Ergebnisse des European Social Survey 2002–2003. Wiesbaden: VS Verlag für Sozialwissenschaften, S. 317–338.

Gensicke, Thomas (2006): Bürgerschaftliches Engagement in Deutschland. In: Aus Politik und Zeitgeschichte, 12/2006, S. 9–16.

Gensicke, Thomas/Geiss, Sabine (2004): Erfassung freiwilligen Engagements (Ehrenamt, Freiwilligenarbeit, Bürgerengagement) in den Freiwilligensurveys 1999/2004. In: Statistisches Bundesamt: Alltag in Deutschland. Analysen zur Zeitverwendung. Wiesbaden: Statistisches Bundesamt, S. 357–372.

Gensicke Thomas (2004): Individuelle Voraussetzungen für freiwilliges Engagement. Analyse des Zugangs zum freiwilligen Engagement unter besonderer Berücksichtigung der Situation in den neuen Ländern. In: Rosenzweig, Beate/Eith, Ulrich (Hrsg.): Bürgerschaftliches Engagement und Zivilgesellschaft. Ein Gesellschaftsmodell der Zukunft? Schwalbach/Ts.: WOCHENSCHAU Verlag.

Gensicke, Thomas (2003): Freiwilliges Engagement in Ostdeutschland. Ergebnisse einer repräsentativen Bevölkerungsumfrage. In: Backhaus-Maul, Holger/Ebert, Olaf/Jakob, Gisela/Olk, Thomas (2003). Bürgerschaftliches Engagement in Ostdeutschland. Potenziale und Perspektiven. Opladen: Leske+Budrich, S. 89–107.

Gensicke Thomas/Geiss, Sabine (2003): Keine Zeit für freiwilliges Engagement? In: Rinderspacher, Jürgen P. (Hrsg): Zeit für alles, Zeit für nichts? Die Bürgergesellschaft und ihr Zeitverbrauch. Bochum: SWI-Verlag, S. 40–63.

Gensicke, Thomas/Rosenbladt, Bernhard von (2003): Perspektiven des freiwilligen Engagements in Deutschland aus Sicht der empirischen Sozialforschung. In: Olk, Thomas (Hrsg.): Förderung des bürgerschaftlichen Engagements. Fakten, Prioritäten, Empfehlungen. Stiftung Bürger für Bürger, S. 155–159.

Heinze, Rolf G./Olk, Thomas (2001) (Hrsg.): Bürgerengagement in Deutschland. Bestandsaufnahmen und Perspektiven. Opladen: Leske + Budrich.

Heinze, Rolf G./Strünck, Christoph (2001): Freiwilliges soziales Engagement – Potenziale und Fördermöglichkeiten. In: Heinze, Rolf G./Olk, Thomas (Hrsg.): Bürgerengagement in Deutschland. Bestandsaufnahmen und Perspektiven. Opladen: Leske + Budrich.

Kistler, Ernst/Noll, Heinz-Herbert/Priller, Eckhard (1999): Perspektiven gesellschaftlichen Zusammenhalts. Berlin: rainer bohn verlag.

Klages, H./Braun, J. (2001) (Hrsg.): Zugangswege zum freiwilligen Engagement und Engagementpotential in den neuen und alten Bundesländern, Bd. 2 der Berichte zur Repräsentativerhebung 1999 zu Ehrenamt, Freiwilligenarbeit und bürgerschaftlichem Engagement. Schriftenreihe des Bundesministeriums für Familie, Senioren, Frauen und Jugend, Stuttgart/Berlin/Köln, 2. Aufl.

Klages, Helmut (2002): Der blockierte Mensch. Zukunftsaufgaben gesellschaftlicher und organisatorischer Gestaltung. Frankfurt/Main: Campus Verlag.

Klages, Helmut/Gensicke, Thomas (2005): Wertewandel und die Big Five-Dimensionen. In Schumann, Siegfried (Hrsg.): Persönlichkeit. Eine vergessene Größe der empirischen Sozialforschung. Wiesbaden: VS Verlag für Sozialwissenschaften.

Klein, Ansgar/Kern, Kristine/Geißel, Brigitte/Berger, Maria (2004): Zivilgesellschaft und Sozialkapital. Wiesbaden: VS Verlag für Sozialwissenschaften.

Rosenbladt, B. v. (2001) (Hrsg.): Freiwilliges Engagement in Deutschland. Ergebnisse der Repräsentativerhebung zu Ehrenamt, Freiwilligenarbeit und bürgerschaftlichem Engagement in Deutschland, Bd. 1, Schriftenreihe des Bundesministeriums für Familie, Senioren, Frauen und Jugend, Bd. 194.1, Stuttgart/Berlin/Köln, 2. Aufl.

Rosenzweig, Beate/Eith, Ulrich (Hrsg.) (2004): Bürgerschaftliches Engagement und Zivilgesellschaft. Ein Gesellschaftsmodell der Zukunft? Schwalbach/Ts.: WOCHENSCHAU Verlag.

Picot, S. (2001) (Hrsg.): Freiwilliges Engagement in Deutschland: Frauen und Männer, Jugend, Senioren, Sport, Bd. 3 der Berichte zur Repräsentativerhebung 1999. Schriftenreihe des Bundesministeriums für Familie, Senioren, Frauen und Jugend, Stuttgart/Berlin/Köln, 2. Aufl.

Pollack, Detlef (2004): Zivilgesellschaft und Staat in der Demokratie. In: Klein, Ansgar/Kern, Kristine/Geißel, Brigitte/Berger, Maria (Hrsg): Zivilgesellschaft und Sozialkapital. Wiesbaden: VS Verlag für Sozialwissenschaften, S. 23–40.

Zimmer, Annette/Priller, Eckhard (2004):Gemeinnützige Organisationen im gesellschaftlichen Wandel. Ergebnisse der Dritte-Sektor-Forschung. Wiesbaden: VS Verlag für Sozialwissenschaften.

Autoren und Autorinnen

Broschek, Jörg, Jg. 1973, Dipl. Pol., wissenschaftlicher Mitarbeiter am Institut für Kanada-Studien der Universität Augsburg. – *Neuere Veröffentlichungen*: Föderalismus und Wohlfahrtsstaat im historischen Kontext: Der Fall Kanada. In: Politische Vierteljahresschrift (2) 2005, S. 238–261. Die kanadische Unterhauswahl vom 28. Juni 2004: Das Parteiensystem auf dem Weg vom Mehrheits- zum Minderheitsregime? In: Zeitschrift für Parlamentsfragen (2) 2005, S. 280–300 (zusammen mit Rainer-Olaf Schultze); „Collaborative Federalism" in Kanada: Eine neue Ära in den Beziehungen zwischen Bund und Provinzen? In: Zeitschrift für Parlamentsfragen (3) 2004, S. 428–448.

Decker, Frank, Jg. 1964, Dr. rer. pol., Dipl.-Pol., Professor für Politische Wissenschaft an der Universität Bonn. *Arbeitsschwerpunkte*: Regierungssystemvergleich, Parteienforschung, Rechtspopulismus, Föderalismus, Demokratiereform, Umweltpolitik. – *Neuere Veröffentlichungen u.a.*: Populismus. Nützliches Korrektiv oder Gefahr für die Demokratie? Hg., Wiesbaden 2006; Föderalismus an der Wegscheide? Optionen und Perspektiven einer Reform der bundesstaatlichen Ordnung, Hg., Wiesbaden 2004; Der neue Rechtspopulismus, 2. Auflage, Opladen 2004.

Eilfort, Michael, Jg. 1963, Dr. rer. soc., seit 2005 Honorarprofessor an der Universität Tübingen, seit 2004 Vorstand der Stiftung Marktwirtschaft. *Arbeitsschwerpunkte*: Empirische Sozialforschung; Vergleichende Systemlehre (insbesondere Deutschland, USA, Frankreich). – *Veröffentlichungen* u.a.: Die Nichtwähler. Wahlenthaltung als Form des Wahlverhaltens. Paderborn 1994.

Fuchs, Gesine, Dr. phil., Politikwissenschaftlerin, Lehrbeauftragte an der Universität Basel und freischaffende Tätigkeit. *Forschungsschwerpunkte*: Politische Beteiligung, soziale Bewegungen und Transformationsprozesse in Osteuropa. – *Neuere Publikationen*: „Geschlechterpolitik nach der EU-Osterweiterung", Schwerpunktheft der femina politica 1/2006 (Gastherausgeberin); Europäisierung der Zivilgesellschaft als bilaterale Herausforderung: die polnische Frauenbewegung und die Europäische Union. In: Knodt, Michèle/ Finke, Barbara (Hrsg.): Europäisierung der Zivilgesellschaft. Wiesbaden: VS Verlag für Sozialwissenschaften 2005, S. 345–364; Handbuch Politische Partizipation von Frauen in Europa II – Die Beitrittsstaaten zur Europäischen Union (Hrsg. zusammen mit Beate Hoecker), Wiesbaden 2004: VS Verlag für Sozialwissenschaften.

Gaiser, Wolfgang, Jg. 1945, Dr. rer. soc., Diplom-Soziologe, seit 1973 wissenschaftlicher Referent am Deutschen Jugendinstitut. *Arbeitsschwerpunkte*: Jugendforschung, Lebenslauf und sozialer Wandel, gesellschaftliche und politische Partizipation, Jugendhilfeforschung, europäische Vergleichsforschung. – *Neuere Veröffentlichungen*: Youth and Democracy in Germany. In: Journal of Youth Studies, Volume 6, Number 3, September 2003, pp. 295–317 (zusammen mit Martina Gille, Winfried Krüger und Johann de Rijke); L'engagement politique des jeunes Allemand. Domaines d'action et modèles de participation. Questions de Communication, Univ. Metz/Nancy 5/2004, pp. 259–280 (zusammen mit Johann de Rijke); Politische Partizipation junger Menschen in Deutschland und Europa. In: Österreichisches Institut für Jugendforschung (Hrsg.): „Die Jugend ist die Zukunft Europas – aber bitte noch nicht jetzt!" Möglichkeiten der Integration und Partizipation von Jugendlichen in Europa. Beiträge zum 1. Internationalen Symposium des Österreichischen Instituts für Jugendforschung, Wien: OIJ, S. 101–124 (zusammen mit Johann de Rijke).

Geiss, Sabine, Diplom-Betriebswirtschaftlerin, seit 2003 Studienleiterin bei TNS Infratest Sozialforschung im Bereich „Staat und Bürger"; stellvertretende Projektleiterin des „2. Freiwilligensurvey".

Geißel, Brigitte, Dr. rer. pol., seit 2004 am Wissenschaftszentrum Berlin für Sozialforschung (WZB). *Forschungsschwerpunkte*: Verhältnis von Bürger und Demokratie (Innenpolitik/Komparatistik), v.a. politische Partizipation, politische Kultur, Zivilgesellschaft, Governance, lokale Politik. – *Neuere Veröffentlichungen*: Local Governance und Zivilgesellschaft: Good Fellows? In: Forschungsjournal Neue Soziale Bewegungen 3/2005, S. 19–28; Democratic Mobilization Through Quotas – Experiences from India and Germany. In: The Journal of Commonwealth & Comparative Politics, Vol. 3, No. 2; July 2005, pp. 222–244 (zusammen mit Evelin Hust); Responsivität und Responsivitätswahrnehmung – Thesen zu einem undurchsichtigen Verhältnis. In: Zeitschrift für Politikwissenschaft, 14. Jg., Heft 4/2004, S. 1239–1259.

Gensicke, Thomas, Dr. rer. pol., Leiter des Arbeitsbereiches „Staat und Bürger" bei TNS Infratest Sozialforschung und Projektleiter des „2. Freiwilligensurvey". *Arbeitsschwerpunkte*: bürgerschaftliches Engagement und Besonderheiten der neuen Bundesländer.

Gille, Martina, Jg. 1954, Diplom-Soziologin, seit 1985 wissenschaftliche Mitarbeiterin am Deutschen Jugendinstitut, seit 1989 im Projekt DJI-Jugendsurvey (1.–3. Welle). *Arbeitsschwerpunkte*: Jugendforschung, Wertorientierung, Lebensentwürfe, gesellschaftliches und politisches Engagement von Jugendlichen und jungen Erwachsenen unter einer Genderperspektive. – *Veröffentlichungen u.a.*: Unzufriedene Demokraten. Politische Orientierungen der 16–29Jährigen im vereinigten Deutschland. DJI-Jugendsurvey 2, Opladen 2000: Leske+ Budrich (zusammen mit Winfried Krüger, Hrsg.); Mädchen und Politik: Gibt es einen weiblichen Blick auf Politik und politisches Engagement? In: Institut für Politik- und Verwaltungswissenschaften Rostock, Jugend und Politik – Verdrossenheit? Hrsg. von Gudrun Heinrich. Rostocker Informationen zu Politik und Verwaltung, Heft 20/2004, S. 33–54; Zur Entwicklung der Politischen Kultur bei deutschen Jugendlichen in West- und Ostdeutschland. Ergebnisse des DJI-Jugendsurvey von 1992 bis 2003. In: Merkens, Hans/Zinnecker, Jürgen (Hrsg.): Jahrbuch Jugendforschung, 5. Ausgabe 2005, Wiesbaden: VS Verlag für Sozialwissenschaften, S. 163–198 (zusammen mit Wolfgang Gaiser, Johann de Rijke, Sabine Sardei-Biermann).

Hoecker, Beate, Jg. 1954, Dr. rer soc., Diplom-Soziologin, Privatdozentin für Politische Wissenschaft an der Universität Hannover. *Arbeitsschwerpunkte*: politische Partizipation, Wahl- und Parteienforschung, politischer Systemvergleich, Geschlechterforschung. – *Veröffentlichungen u.a.*: Handbuch Politische Partizipation von Frauen in Europa II – Die Beitrittsstaaten zur Europäischen Union (Hrsg. zusammen mit Gesine Fuchs), Wiesbaden 2004; Handbuch Politische Partizipation von Frauen in Europa I – Die Mitgliedstaaten der Europäischen Union (Hrsg.), Opladen 1998; Mehr Demokratie via Internet? Die demokratischen Potenziale der digitalen Technik auf dem empirischen Prüfstand. In: Aus Politik und Zeitgeschichte, B 39–40/2000, S. 37–45

Rijke, Johann de, Jg. 1946, Diplom-Soziologe, seit 1989 wissenschaftlicher Mitarbeiter am Deutschen Jugendinstitut, seit 1992 im Projekt DJI-Jugendsurvey (1.–3. Welle). *Forschungsschwerpunkte*: Jugend und Politik, politische und gesellschaftliche Partizipation, sozialwissenschaftliche Methodologie. – *Neuere Veröffentlichungen*: Zur Entwicklung der Politischen Kultur bei deutschen Jugendlichen in West- und Ostdeutschland. Ergebnisse des DJI-Jugendsurvey von 1992 bis 2003. In: Merkens, Hans/Zinnecker, Jürgen (Hrsg.): Jahrbuch Jugendforschung 2005, Wiesbaden: VS Verlag für Sozialwissenschaften, S. 163–198 (zusammen mit Wolfgang Gaiser, Martina Gille, Sabine Sardei-Biermann); Gesellschaftliche Beteiligung der Jugend. Handlungsfelder, Entwicklungstendenzen, Hintergründe. In: Aus Politik und Zeitgeschichte, B 44/2001, S. 8–16 (zusammen mit Wolfgang Gaiser).

Rucht, Dieter, Dr. rer. pol., Honorarprofessor für Soziologie an der Freien Universität Berlin und Ko-Leiter der Forschungsgruppe „Zivilgesellschaft, Citizenship und politische Mobilisierung in Europa“ am Wissenschaftszentrum Berlin für Sozialforschung. *Arbeitsschwerpunkte*: politische Partizipation, soziale Bewegungen, Protest, Agenda Setting. – *Neuere Veröffentlichungen*: Shaping Abortion Discourse: Democracy and the Public Sphere in Germany and the United States, Cambridge 2002 (zusammen mit Myra Marx Ferree, William Gamson, Jürgen Gerhards); Women's Movements Facing the Reconfigured State, Cambridge 2003 (zusammen mit Lee Ann Banaszak, Karen Beckwith, Hg.);

Cyberprotest: New media, citizens and social movements, London 2004: Routledge (zusammen mit Wim van de Donk, Brian D. Loader, Paul Nixon, Hg.).

Schultze, Rainer Olaf, Jg. 1945, Dr. phil., seit 1985 Professor für Politikwissenschaft an der Universität Augsburg. Zahlreiche Veröffentlichungen zur vergleichenden Politikforschung, zu Föderalismusfragen und zur empirischen Wahlforschung. Mitherausgeber u.a. der Politikwissenschaftlichen Paperbacks, einiger Bände des Lexikons der Politik, der Reihe Kanada-Studien sowie des Lexikons Politikwissenschaft. – *Neuere Veröffentlichungen*: Lexikon der Politikwissenschaft, 3. Aufl., München 2005 (zusammen mit Dieter Nohlen); Friedens- und Konfliktforschung in Deutschland, Wiesbaden 2004 (zusammen mit Ulrich Eckern und Leonie Herwarth-Emden); Conservative Parties and Right-Wing Politics in North America, Opladen 2003 (zusammen mit Roland Sturm und Dagmar Eberle).

Weixner, Bärbel Martina, Jg. 1965, Dr. phil., Studium der Politikwissenschaft, Soziologie und Sozialpsychologie in München; Lehrbeauftragte am Geschwister-Scholl-Institut der LMU München und an der Universität der Bundeswehr München. *Arbeitsschwerpunkte*: Vergleichende politische System- und Regierungslehre, politischer Prozess und Partizipation. – *Veröffentlichungen*: Direkte Demokratie in den Bundesländern. Verfassungsrechtlicher und empirischer Befund aus politikwissenschaftlicher Sicht, Opladen 2002; Direkte Demokratie in Bayern. In: Kost, Andreas (Hrsg.): Direkte Demokratie in den deutschen Ländern. Eine Einführung, Wiesbaden 2005, S. 29–59.

Wiedemann, Claudia, Jg. 1977, M.A.; von 1996–2001 Studium der Politikwissenschaft, Kommunikationswissenschaft und Soziologie in München; 2001–2003 Mitarbeit an Politik/ON/ im Bereich Politikfeldanalyse (Grundlagen der Politikfeldanalyse und Einwanderungspolitik). Seit 2003 wissenschaftliche Mitarbeiterin an der Professur für Innenpolitik und Vergleichende Regierungslehre an der Universität der Bundeswehr München. – *Arbeitsschwerpunkte*: Föderalismus, Systemvergleich, Wahlsysteme, Politikfeldanalyse, Einwanderungspolitik. *Dissertationsthema*: Entwicklung und Stabilität föderaler Strukturen in Belgien, Spanien und Russland. Eine vergleichende Analyse.

Wiesendahl, Elmar, Jg. 1945, Dipl. Soz., Dr. rer. pol. habil., Professor für Politikwissenschaft an der Universität der Bundeswehr München. *Forschungsschwerpunkte*: Parteien, politische Eliten, Demokratieforschung. – *Veröffentlichungen u.a.*: Mitgliederparteien am Ende? Eine Kritik der Niedergangsdebatte, Wiesbaden 2006. Das Ende der Mitgliederpartei. Die Parteiendemokratie auf dem Prüfstand. In: Dettling, Warnfried (Hrsg.): Parteien in der Bürgergesellschaft, Wiesbaden 2005, S. 23–42; Die Zukunft der Parteien. In: Gabriel, Oscar W./Niedermayer, Oskar/Stöss, Richard (Hrsg.): Parteiendemokratie in Deutschland, 2. Aufl., Bonn 2001, S. 592–622.

FachZeitschriften beim Verlag Barbara Budrich

Gesellschaft. Wirtschaft. Politik (GWP)
Sozialwissenschaften für politische Bildung

GWP ist die älteste Fachzeitschrift in der Bundesrepublik für Studium und Praxis des sozialwissenschaftlichen Unterrichts. Als sozialwissenschaftliches Magazin ist sie der Aktualität wie dem Grundsätzlichen verpflichtet, der sorgfältigen Fundierung wie der lebendig wechselnden Stilistik.

GWP finden Sie im Interent unter www.gwp-pb.de

femina politica
Zeitschrift für feministische Politik-Wissenschaft

femina politica ist die einzige Zeitschrift für feministische Politik-Wissenschaft im deutschsprachigen Raum. Sie wendet sich an politisch und politikwissenschaftlich Arbeitende, die den Gender-Aspekt bei ihrer Arbeit berücksichtigen. *femina politica* analysiert und kommentiert aktuelle tagespolitische und politikwissenschaftliche Themen aus feministischer Perspektive, berichtet über Forschungsergebnisse und informiert über Projekte, Tagungen und einschlägige Neuerscheinungen.

femina politica finden Sie im Internet unter www.femina-politica.de

UTB-Lehrbücher beim Verlag Barbara Budrich

In der UTB erscheinen Einführungen und Grundlegungen, die sich ausgezeichnet für Studium und Lehre an der Hochschule eignen. Durch die besonders strukturierte Aufbereitung der Inhalte und die gute Lesbarkeit eignen sich die Bände auch für Interessierte, die eine Einstiegshilfe für die jeweilige Thematik suchen.
Bislang sind im Verlag Barbara Budrich die folgenden UTB-Bände erschienen:

Gary S. Schaal
Felix Heidenreich
Einführung in die Politischen Theorien der Moderne
1. Auflage 2006. UTB M

Das Buch liefert eine systematische Einführung in die Politischen Theorien der Moderne entlang der Leitunterscheidung „Republikanismus“ – „Liberalismus“. Aufgrund seines didaktischen Aufbaus eignet es sich hervorragend für das Selbststudium.

Sven Bernhard Gareis
Johannes Varwick
Die Vereinten Nationen
Aufgaben, Instrumente und Reformen
4. aktualisierte und erweiterte Auflage 2006. UTB L

Das zum Standardwerk gewordene Lehrbuch führt in die zentralen Tätigkeitsfelder der VN ein, bewertet ihre Refomrperspektiven und diskutiert die Rolle der Weltorganisation in der internationalen Politik. In der vierten Auflage wurde es vollständig überarbeitet und umfassend erweitert.